Karl Dietrich Bracher
Geschichte als Erfahrung

Karl Dietrich Bracher

Geschichte
als Erfahrung

Betrachtungen zum
20. Jahrhundert

Deutsche Verlags-Anstalt
Stuttgart München

Die Deutsche Bibliothek – CIP-Einheitsaufnahme
Ein Titeldatensatz für diese Publikation ist bei
Der Deutschen Bibliothek erhältlich

© 2001 Deutsche Verlags-Anstalt GmbH, Stuttgart München
Alle Rechte vorbehalten
Satz: Sabon und Helvetica (QuarkXPress) im Verlag
Druck- und Bindearbeit: Friedrich Pustet, Regensburg
Diese Ausgabe wurde auf chlor- und säurefrei gebleichtem,
alterungsbeständigem Papier gedruckt.
Printed in Germany
ISBN 3-421-05444-4

Meiner Frau Dorothee geb. Schleicher
nach fünfzig Jahren gemeinsamer Arbeit gewidmet

Inhalt

Vorwort

Wir stehen am Ende eines Jahrhunderts, das vom bestürzenden Einbruch der großen Weltkriege und Gewaltregimes, zumal der sowjetrussischen und deutschen Diktaturen mit ihren weitreichenden Folgen für die Entwicklung in Europa und der Welt, bestimmt war. Es wurde zu einem Jahrhundert extremer Großideologien mit Verführung, Unterdrückung und Massenmord ungeahnten Ausmaßes, zum »Jahrhundert der Wölfe« (Nadeshda Mandelstam). Es war gewiß kein »kurzes Jahrhundert«, wie es neuerdings viele im Anschluß an den ehedem marxistischen Historiker Eric J. Hobsbawm formulieren, wobei dieser als Anfangs- und Endpunkte die russische Oktoberrevolution von 1917 und das »Wendejahr« 1989 hervorhob, mit dem die kommunistische Vision ihre Strahlkraft verliert.

Im Grunde fand unser vergangenes Säkulum seine Wurzeln und auch seinen Beginn schon lange vor dem Ersten Weltkrieg: sowohl im modernen, extremen Nationalismus und Imperialismus wie im Sozialdarwinismus und Rassismus bereits seit Mitte des so hochgelobten 19. Jahrhunderts – einer äußerst üppigen Inkubationszeit für unser dann so lautes und vermessenes 20. Jahrhundert. Und all diese Kräfte und Tendenzen des Massenzeitalters wirken noch immer fort, vielfach sogar beschleunigt, in das neue Jahrhundert, obwohl sie im Lauf des 20. doch in ihren Exzessen grausam bloßgestellt, widerlegt und definitiv überwunden schienen, wie man in glücklichen Augenblicken der Geschichte, so 1945 oder nun 1989, glauben mochte.

Aber dieses 20. Jahrhundert wird zu Recht im Gegensatz zu allzu globalen Verdikten auch betont als ein Zeitalter der Befreiung von Diktaturen und der Zusammenarbeit der Demokratien gesehen, die am Ende erfolgreich waren. Tatsächlich stand es schon vor und nach dem Ersten Weltkrieg und wieder zur Jahrhundertmitte, nach der blutigen

Niederkämpfung von Faschismus und Nationalsozialismus, schließlich mit der Auflösung der Sowjetunion und dem Sturz aller kommunistischen Diktaturen, wenigstens in Europa durchaus ambivalent im Zeichen eines Auf und Ab sowohl der Unterdrückungen wie auch der Emanzipationen.

Aber dies vollzog sich eben nicht mehr im Stil der vorangegangenen Jahrhunderte der Absolutismen und Kabinettskriege, sondern vor allem in Auseinandersetzung mit den neuen Phänomenen totalitärer Herrschaft: einmal von links kommend über siebzig Jahre hindurch im Leninismus und Stalinismus mit all seinen Folgen; zum andern von rechts über 23 Jahre hin im Faschismus und Nationalsozialismus, der übrigens durchaus mit eigenen Wurzeln und nicht bloß (wie Ernst Nolte behauptet) als Reaktion oder gar in einem »kausalen Nexus« zum Bolschewismus nicht minder schrecklich Geschichte macht. In den autoritären Systemen der Zwischenkriegszeit und vor allem in den radikal national-imperialen Diktaturen zuerst Mussolinis und dann Hitlers findet dieser säkulare Jahrhundert-Trend zum Totalitären historisch-politisch eigenständige Formen, bis hin zum extremen Nationalismus und Rassismus mit Weltherrschaftsansprüchen.

Im Rückblick ist es aber letztlich berechtigt, nicht nur von einem Jahrhundert der größenwahnsinnigen Diktaturen zu sprechen, sondern auch von einem Zeitalter ihrer Überwindung und, soweit möglich, der Befreiung durch Erinnerung und bewußte Aufarbeitung. Damit wird es betont unter einem Blickwinkel betrachtet, der sein Ziel in der Entwicklung des modernen demokratischen Staates und seiner Gesellschaft überhaupt sieht: nämlich in der historisch-politischen »Bewältigung« jener Diktaturen, die in ihrer Einzigartigkeit über alle bisherigen Formen und Konsequenzen hinausgegangen sind. Ihr Sturz verlangt nicht bloße Wiederherstellung vordiktatorischer Ordnung, sondern einen weitgehenden Bruch mit bisherigen Strukturen und Vorstellungen politischer Herrschaftsausübung und eine entschiedene Transformation in antitotalitäre Formen der Demokratie, die deren Aufgaben besser gewachsen sind. Die Berufung auf Geschichte als Erfahrung – positive wie negative – hat hierfür wie wohl kaum zuvor auf allen Ebenen der Politik im Lauf des vergangenen Jahrhunderts wachsende Bedeutung gewonnen, am deutlichsten erkennbar sowohl an den Wendezeiten und Schlüsselentscheidungen nach den Weltkriegen wie dann im Verlauf des langen Kalten Krieges, der die zweite Jahrhunderthälfte so wesentlich bestimmte.

Auch nach der Jahrhundertwende werden Politik und Kultur der Gegenwart, zumal in einem endlich zur Demokratie befreiten Deutschland und Europa, weiterhin im Zeichen tief einschneidend erlebter und zu Erfahrung verarbeiteter Geschichte stehen und auf die Einsicht und die Kraft angewiesen sein, die daraus für eine Gestaltung der Zukunft zu gewinnen ist.

Herrn Ulrich Volz von der DVA in Stuttgart danke ich erneut für seine vortreffliche Hilfe und Kooperation.

Bonn, am Jahresbeginn 2001   *Karl Dietrich Bracher*

Das Jahrhundert als Epoche

Ideologien ohne Ende?

Zu den Epochenbezeichnungen für unser ans Ende gelangendes Jahrhundert gehört in der Rückschau auch das Wort von der »Zeit der Ideologien«. Seit ich Anfang der achtziger Jahre unter diesem Titel eine Geschichte politischen Denkens im 20. Jahrhundert schrieb, hat sich die Welt, haben sich besonders Deutschland und Europa in vielerlei Hinsicht tiefgreifend verändert. So stellt sich heute eine doppelte Frage: Wie zutreffend war und ist es, die Bedeutung der Ideologien als einen zentralen Faktor der geschichtlichen und politischen Entwicklung unseres Säkulums hervorzuheben? Und ist es nicht richtiger, im Blick auf sein letztes Viertel und den sich beschleunigenden Verfall und Zusammenbruch der kommunistischen Herrschaftssysteme in Mittel- und Osteuropa von einem »Ende des ideologischen Zeitalters« zu sprechen, wie dies etwa Peter Bender in seinem gleichnamigen Buch von 1980 schon behauptet hat, oder aber nach der Revolution von 1989 optimistisch mit dem Sieg der westlichen Demokratie gar das »Ende der Geschichte« zu verkünden – wie im vielzitierten Buchtitel des amerikanischen Regierungsberaters Francis Fukuyama von 1990.

Andererseits neigen Historiker zumal marxistischer Herkunft als Bewunderer der Leninschen Oktoberrevolution von 1917 dazu, den Zusammenbruch des europäischen Kommunismus nun, nach 72 Herrschaftsjahren, eher zu bedauern und von einem verkürzten »Jahrhundert der Extreme« zu sprechen, das angeblich nur vom Ersten Weltkrieg bis 1989 gereicht habe. Dies nachzureden bedeutet freilich eine Unterschätzung oder Ignorierung der Vor- und Frühgeschichte jener großen Totalitarismen Kommunismus, Faschismus und Nationalsozialismus, deren radikale Triebkräfte wie National-Imperialismus und Weltrevolution, Sozialdarwinismus und Rassismus sich schon vor dem Ende des 19. Jahrhunderts entfalteten – mit ihren damals noch unabsehbaren Folgen für das neue Jahrhundert und weit darüber hinaus.

Ich gliedere meine folgenden Betrachtungen in sieben Punkte.

Ideologien in der Weltkriegsära

Von Anbeginn steht das 20. Jahrhundert im Zeichen eines lange vorbereiteten Kampfes der Ideen, die im Gefolge extremer Denker wie Marx und Nietzsche nun auch politisch unmittelbar wirksam werden. Sie stürzen bisher gehegte Wert- und Moralordnungen um und führen schließlich in eine Selbstbedrohung der Menschheit, die noch nie in der Geschichte dem politischen Denken und Handeln dermaßen beängstigend deutlich wurde. Es entstanden scharfe und umfassend totalitäre Lösungsansprüche, die den Prozeß einer entschiedenen Ideologisierung in Staat und Gesellschaft, Wirtschaft und Kultur sowohl von rechts wie von links vorantrieben. Seit dem Ersten Weltkrieg kommt es in rascher Folge zur Anbahnung und Durchsetzung hochideologisierter Diktaturregime neuen Stils, die man schon bei der Machtergreifung des Faschismus 1922 als »totalitär« bezeichnet. Die sie tragenden Bewegungen und Parteien vertreten einen unerbittlichen Realisierungsanspruch absolut gesetzter Gedanken von äußerster Zuspitzung. Ob nun konservativer oder liberaler, ja ursprünglich demokratischer Herkunft, ob nationalistischer oder sozialistischer Prägung, gewinnen solche Ideen ihre Durchschlagskraft gerade als ein brisantes Gemisch von links- und rechtsradikalen, von progressistischen und romantisch reaktionären Antriebskräften.

Die alte Frage nach der Bedeutung politischer Ideen im Verhältnis zur politischen Realität rückt nun in ein ungleich schärferes Licht. Der umstrittene Begriff der »Ideologie« zeigt an, welche Schlüsselrolle die ideelle Begründung politischer Herrschaft in den großen Auseinandersetzungen um die vermeintlich »richtige« Weltanschauung des Jahrhunderts spielt. Und die meisten dieser Ideologien erheben zugleich Anspruch auf die Gestaltung des so unvergleichlich stürmischen »Fortschritts« der Moderne, ja sie treten als seine weltgeschichtlichen Träger auf. Überhaupt sind Ideologien der Versuch, aus Ideen eine möglichst geschlossene und logische, ja angeblich wissenschaftliche »Weltanschauung« zu zimmern, die dazu dient, die Welt zu erklären und sie dann diesen Vorstellungen entsprechend zu ändern. Aber genauer gesagt, geht es im Unterschied zum philosophischen Bemühen um Grundursachen der Weltentwicklung hier besonders darum, politische Ideen durch Vereinfachung zu instrumentalisieren, sie zur Mobilisierung zu gebrauchen und für politische Herrschaft über viele besonders massenwirksam für Machtgewinn und Machtausübung einzusetzen. Durch ein möglichst umfassendes System von Ideen zum Verhältnis Mensch – Gesellschaft – Politik soll die Wirklichkeit sowohl auf eine Formel gebracht wie zugleich im Interesse von Machtpolitik gestaltet oder auch manipuliert werden. Dabei kann die Funktionalisierung von Ideen zu politischen Zwecken als Ideologie sowohl positiv einen besonderen Antrieb zu konstruktivem Handeln wie negativ eine Irreführung durch fälschende Übertreibung oder Simplifizierung bewirken: als ein handlungsorientiertes Glaubenssystem zur Erklärung der Welt wie zur Rechtfertigung von Entscheidungen.

Im Grunde besteht unser ideologisch geprägtes Zeitalter der Moderne ja mindestens seit der Französischen Revolution und Napoleon, als vor zwei Jahrhunderten der Ideologie-Begriff auftauchte. Seither haben wir es immer wieder mit Wellen der Ideologisierung und auch der Entideologisierung zu tun, die oft mit der Vorgeschichte oder Nachgeschichte von Revolutionen und Kriegen einhergehen. Wenn wir das 20. Jahrhundert aber doch als die eigentliche »Zeit der Ideologien« bezeichnen, so besonders im Blick auf den Kommunismus wie den Faschismus und den Nationalsozialismus als die größten wie verhängnisvollsten Ideologien der Moderne überhaupt. Nach der von Fortschritts- und Verfallsdenken zugleich erfüllten Jahrhundertwende von 1900 entstanden, beleuchten sie grell den unauflösbaren Zusammenhang unserer Epoche. Er reicht über die tiefen Einschnitte des Ersten Weltkriegs, dieser »Urkatastrophe« (George Kennan) des Jahrhunderts, und die daraus stammenden totalitären Machtergreifungen 1917 im Rußland Lenins, 1922 im Italien Mussolinis und 1933 im Deutschland Hitlers hinaus und führt über die Konfrontation von »Demokratie und Antidemokratie« in die Entfesselung des Zweiten Weltkriegs, die katastrophale Steigerung des Ersten Weltkriegs. Er wurde allerdings seit 1941 in einem Bündnis des Westens mit der totalitären Diktatur Stalins geführt, um den Aggressor Hitler und sein gleichfalls totalitäres Regime niederzuwerfen. Der nicht zuletzt große ideologische Wider-

spruch, der darin steckte, führte dann auch bald in jenen »Kalten
Krieg«, der über vier Jahrzehnte andauernd der bestimmende ideologische Grundkonflikt zwischen Ost und West, zwischen Diktatur und
Kommunismus und liberaler Demokratie in Deutschland und Europa
war, wobei die Vereinigten Staaten von Amerika zum wichtigsten Motor und Garanten der Freiheit wurden.

Von ideologischer Konfrontation
zu antitotalitärer Revolution

An Stelle des totalitären Gegeneinanders von Kommunismus und Faschismus-Nationalsozialismus, von denen die letzteren nach ihrer Niederlage 1945 nur noch Restbestände rechtsradikaler Gedanken und
Aktivitäten hinterließen, die freilich bis heute in wechselnder Stärke
immer wieder abrufbar sind, weitet sich der Gegensatz zwischen freiem Westen und kommunistischem Osten in Europa zu einer weltweit
ausstrahlenden Konfrontation, die unter der besonderen Betonung sowohl der geistig-moralischen wie der politisch-ökonomischen Welt-
alternativen als ein Kampf der Ideen und Systeme geführt wird. Dabei
gab es ein Auf und Ab zwischen Verschärfung dieses Kalten Krieges
und seiner Milderung durch Entspannungsdenken, beides ideologisch
wie politisch begründet. Charakteristisch waren zahlreiche ideologische Frontwechsel, gegen den eigenen Staat wie zwischen den Staaten:
Es war jenes Phänomen besonders der wechselnden intellektuellen
Sympathien und Versuchungen zwischen links und rechts, das Margret
Boveri 1960 als »Verrat im 20. Jahrhundert« beschrieben hat. Zudem
spielten auch die großen, durch unmenschliche Verfolgung ausgelösten
Flüchtlingsströme eine schwer überschaubare Rolle.

Man kann aber nicht sagen, der Konflikt sei nach der historischen
Entscheidung von 1989/90 absolut zu Ende. Mit Aufhebung der großen Spaltungen, die seit 1917 und wieder 1945 bestanden, rückte wohl
das Ende der totalitären Diktatur näher. Doch begann nun ein Tauzie-
hen zwischen den bisherigen Fronten um das Verständnis dessen, was
Demokratie sein solle oder was nicht mit ihr vereinbar sei: also die In-
terpretationsfrage auch als wichtige Machtfrage. Wir stehen einerseits
vor einer Ausdehnung jener Tendenzen zur Globalisierung von Wirtschaft und Kultur, die im Grunde ja bereits in der industriellen Revo-

lution des vorigen Jahrhunderts, ja bei Karl Marx angelegt war. Doch sind bisherige Strukturen sowie politische Zielvorstellungen noch vielfach wirksam geblieben, sind teilweise modifiziert, aber auch erneuert worden – zumal der im kommunistischen Osten so lang unterdrückte National- und Demokratiegedanke der Selbstbestimmung. Damit werden die Ideen und ihre Ideologien, die das Jahrhundert beflügelt und zugleich belastet haben, heute auch wieder aktuell in all ihrer Widersprüchlichkeit: als Nationalismus und Universalismus, oder Liberalismus und Sozialismus.

Gewiß bleibt entscheidend: Der Kommunismus in der bisherigen Form ist in Europa zwar weithin zusammengebrochen, politisch wie intellektuell; er beruhte in ganz Osteuropa nicht zuletzt auf der Herrschaft der Roten Armee. Auch die Sowjetunion selbst zerfiel ja 1991 in ihrer bisherigen Form. Aber es existiert eine negative Mehrheit von Nationalisten und Kommunisten im russischen Parlament – fast fühlt man sich erinnert an den Reichstag gegen Ende der Weimarer Republik 1932. Und als totalitärer Sozialismus beherrscht der Kommunismus als maßgebende Staats- und Kulturdoktrin noch große Teile unseres Globus, denken wir nur an China, Vietnam, Kuba. Zudem wird im Zeichen erneuerter Nationalismen und Fundamentalismen der Nord-Süd-Konflikt zugleich immer wichtiger werden.

Auch deshalb kann man noch nicht von einem Ende der Ideologien, nicht einmal vom definitiven Ende des Ost-West-Konflikts sprechen. Gewiß, ihre totalitären Formen scheinen in Europa, das sie ja hervorgebracht hat, gescheitert. Aber nach unserer auch vormodernen Erfahrung – denken wir etwa an die sozialen und religiösen Reformationsbewegungen oder an die Reichsideologien seit dem alten Rom – hat es immer wieder dieses Auf und Ab der Ideologisierungen gegeben: samt der Hoffnung gar, ein Sieg der angeblich richtigen Idee würde in gewisser Weise als ein Ende der fehlgegangenen Zielsetzungen bisheriger Geschichte ein Zeitalter des dauernden Friedens, der Erfüllung von alters her klassischer Wert- und Wunschvorstellungen, ja der politischen Philosophie selbst einläuten.

In Wahrheit stehen wir jetzt mehr denn je in einer Zeit erregender, durchaus mehrdeutiger Umbrüche nach dem Vakuum, das der Zusammenbruch der ideologisch legitimierten Diktaturregime hinterließ. So können wir auch jetzt wieder das Bedürfnis nach besseren oder besser

verwirklichten Ideologien in manchen postkommunistischen Staaten
beobachten; so in den schon erwähnten Mehrheiten von nostalgischen
oder gekränkten Kommunisten oder auch Nationalisten – die meist zugleich als Gegner der westlichen Demokratie beziehungsweise offener
Ideensysteme überhaupt auftreten.

Der totalitäre Glaube

Daß Ideen politisch umgesetzt werden ist durchaus legitim; es macht
eben ihre Bedeutung aus. Politik wird ständig von Ideen angetrieben,
sie sucht auch ihre Adressaten damit und dafür zu gewinnen oder zu
verführen. Wenn Karl Marx einst gemeint hat, Ideen seien nur Überbau, so wissen wir heute, sie sind gerade im Zeitalter der Massen wie
zugleich der Emanzipationen so wichtig und unerläßlich wie eben leider mißbrauchsfähig und -anfällig. Gefährlich wird der Umgang mit
zu Ideologien zugespitzten Ideen vor allem sogleich, wenn diese Aus-
schließlichkeitscharakter annehmen und entsprechend totale Geltung
beanspruchen, wenn sie fordern, allein die einzig richtige Welterklä-
rung, Weltanschauung zu sein und daher, wie Nationalsozialismus und
Kommunismus gleichermaßen, die jeweils anderen ausschließen: und
zwar unbedingt und unerbittlich, so daß Nichtanpassung und Opposition schwierig, Widerstand lebensgefährlich wird, wie noch jüngst bei
den »ethnischen Säuberungen« *horribile dictu* im ehemaligen Jugoslawien.
    Die menschenfeindliche Neigung dieser Form von Ideologisierung
zeigt sich tendenziell auch schon dann, wenn Politik schlechthin als
»Freund-Feind-Verhältnis« definiert wird, wie vor und nach 1933
etwa von Carl Schmitt, dem staatsrechtlichen Ideologen des totalen
Staates, der ja leider heute noch immer oder wieder weithin bewundert
wird, zumal von vielen einflußreichen Juristen inner- und außerhalb
Deutschlands. Bereits 1926 hatte Carl Schmitt den schrecklichen Satz
geschrieben, der die Perversion der Demokratie durch totalitäres Denken vorwegnimmt: »Zur Demokratie gehört also notwendig erstens
Homogenität und zweitens – nötigenfalls – die Ausscheidung oder Vernichtung des Heterogenen.« (!) Nach der NS-Machtergreifung folgte
dann die Konkretisierung der brutalen Theorie in Schmitts berüchtigten Schriften »Der Führer schützt das Recht« als Rechtfertigung der

Morde vom 30. Juni 1934, und besonders radikal in Schmitts antisemitischen Reden von 1935, mit denen er auch bedenkenlos über seine jüdischen Lehrer hinweggeht.

Man könnte nun einwenden, daß solche Ideologen und Träger totalitärer Gewaltpolitik vielleicht ursprünglich eher »idealistisch« motivierte Überzeugungstäter als Machtbesessene sein wollten. Die Beispiele reichen von Robespierre bis Fidel Castro, wobei jeweils lebensgeschichtliche Gründe mitwirkten. Männer wie DDR-Chef Honecker, aber auch Nationalsozialisten der ersten Stunde wie Rosenberg, Goebbels oder die frühen Faschisten und Futuristen um Mussolini – sie mochten zunächst ihre Jugendsehnsüchte und ersten Bedürfnisse nach großen und rigorosen Ideen kultivieren, die man mit Ernst Bloch auch als »Utopien« hochstilisieren kann. Sie mögen »fanatisch« daran geglaubt haben, wie sie versicherten. Ideologien sind ja durchaus auch Glaubenssysteme und gewiß nicht nur bloße Erklärungssysteme, sind oft sogar Religionsersatz. Die Totalitarismusforschung zeigt schon seit den dreißiger Jahren, wie weit Ideologien auch als politische Religionen dienen oder sich religiös aufladen lassen. Vom ursprünglichen Glaubensbedürfnis, in jüngerem Alter oft größer und intensiver empfunden, geht der Weg dann in eine politisch »revolutionäre« Karriere, mit der Glaubensbedürfnis und irrender Idealismus sich verkehren in ein nicht minder fanatisches Machtbedürfnis, in die rücksichtslose Ausübung totalitär gestalteter Herrschaftsverhältnisse, in einen blinden Dogmatismus.

Dabei wird dem Bedürfnis nach Orientierung und Sicherheit durch die Verheißung wahrer Einsichten und Prinzipien Rechnung getragen, die sowohl glaubensmäßig wie (pseudo-)wissenschaftlich begründet werden. Die Verheißung einer Lösung vieler Probleme nicht erst im Himmel, sondern auf Erden gibt der Ideologie den Charakter säkularisierter Heils- oder Erlösungsreligion, die jede ideelle Alternative ausschließen, sie als »bürgerlich« oder »objektivistisch« von vornherein diskreditieren möchte, ohne daß es der Wahrheitsbeweise bedürfte.

Mit dem Anspruch und im Besitz solcher Weltanschauung gehört deren Träger einer selbsternannten Elite an. Sein Erkenntnisprivileg und Wahrheitsmonopol legitimieren zugleich den unumschränkten Machtanspruch, den er gegenüber allen begrenzten Gesellschafts- und

Staatsformen samt deren Ideen erhebt und gegebenenfalls revolutionär durchsetzt, wobei er sich selbst, wie im Marxismus oder Nationalsozialismus, von jedem Ideologieverdacht freispricht.

Ideologie als Legitimation

Auch die diktatorischen Systeme in Osteuropa sind nach 1917 und 1945 aus einer revolutionären Strategie zunächst mehrheitlich gläubiger Kommunisten erwachsen, die als »Berufsrevolutionäre«, dann durch die Rote Armee und mittels einer »Monopolpartei neuer Art« nach Lehre Lenins in die Lage versetzt wurden, ihre totalitäre Herrschaft zu errichten. Ein wesentlicher Unterschied zwischen Diktaturen besteht darin, ob sie selbstgemacht, das heißt von Bürgern des eigenen Staates erzwungen, oder ob sie fremdgesetzt sind. Das nationalsozialistische wie das faschistische und auch das sowjetrussische System waren selbstgemachte Diktaturen. Die Diktaturen in Osteuropa einschließlich besonders der DDR waren hingegen fremdgesetzt, das heißt wesentlich von außen gestützt und auch beherrscht. Kommt aber nun der Zeitpunkt – der ideologische Glaube ist schon weitgehend ernüchtert –, da die fremden, hier die sowjetischen Truppen abziehen oder doch kaum mehr in Erscheinung treten, bricht das System zusammen.

Die Umwälzungen in Osteuropa waren beides: Revolution gegen den Totalitarismus und Zusammenbruch des ideologischen Systems, das schon seit Stalins Tod in den fünfziger Jahren deutliche Risse zeigte. Bereits der 17. Juni 1953 wäre anders verlaufen, wenn nicht die sowjetischen Truppen eingegriffen hätten; dasselbe gilt 1956 für Budapest, 1968 für Prag, 1980 für Polen. Zum Verfall der ideologischen Überzeugungs- und Glaubenskraft kommt dann der Zusammenbruch des ideologischen Systems selbst, der in dem Augenblick erfolgt, da es nicht mehr gelingt, nach der Schwächung der ideologischen Bindung die Herrschaftsmittel des Systems noch voll und rechtzeitig einzusetzen. Hier lag auch der entscheidende Unterschied zu China, mochten dort 1989 ebenfalls Schwächen auftreten. In Moskau wie in ganz Osteuropa dagegen geschah von seiten der Funktionärsmacht eigentlich nichts mehr, kam auch die Alternative – ein überfälliger Reformkurs – nur unsicher, zögernd und zu spät, wie auch das geflügelte Sprichwort Gorbatschows im Ost-Berlin des Oktober 1989 besagte: wer zu spät

komme, den bestrafe das Leben. Und die kommunistischen Herrschaftssystem selbst kollabieren, weil sie letztlich auf dem Zusammen-
wirken von beidem, von Zwang und Glauben gleichermaßen beruhen.
Ideologie allein kann das System nicht halten, es muß die Macht dazu-
kommen. Im Fall des Nationalsozialismus war das System als totalitäres freilich nur militärisch (durch Staatsstreich) oder von außen (durch
völlige Niederlage) zu brechen, trotz mancher tapferen Bemühungen
des deutschen Widerstands in den Jahren vorher.

Aber auch die nicht minder brutalen Herrschaftsformen des Kommunismus, wie sie seit 1917 durch Lenin und Stalin samt Epigonen
über sieben Jahrzehnte lang als vermeintlich unumstößlich etabliert
wurden, benötigten dabei stets durchaus die Ideologie zugleich als festen »Kitt« (Hermann Rudolph). Da sie faktisch Einparteiensysteme
waren, woran die Satellitenparteien in einigen »Volksdemokratien«
wenig änderten, bedürfen totalitäre Systeme der besonders ideologisch
konstruierten Begründung: Wie kann man die Bevölkerung davon
überzeugen, daß das Monopolsystem das eigentlich und einzig Richtige ist, obwohl doch Partei (lat. *pars*) ausdrücklich nur einen Teil des
Ganzen bedeutet und also die Mehrzahl verlangt. Erst die Ideologie
beantwortet auch diese Grundfrage nach der Legitimität eines Einpar-
teiensystems in kommunistischen wie in faschistisch-nationalsozialisti-
schen Herrschaftsformen: Nämlich indem erklärt wird, eine Opposition sei vom alleingültigen Wesen des Staates her nicht mehr nötig, das
eigene Einparteiwesen biete eine höhere Form des Auswahlsystems im
Staat oder Reich. Wir brauchen keine Opposition mehr, weil wir recht
haben, heißt es verbindlich und drohend zugleich, so 1933 in Deutschland bei der Niederschlagung aller freien Parteientätigkeit gegen den
Nationalsozialismus, so auch bei den blutigen Prozessen in den letzten
Jahren der Stalinherrschaft und zuletzt noch gegen die Helsinki-Grup-
pen um Sacharow in den achtziger Jahren.

Die Ideologie von der absoluten Wahrheit als Legitimationsgrund
totalitärer Einparteienherrschaft tritt freilich auch nach dem Ende der
rechts- und linkstotalitären Systeme in Europa immer noch oder wieder unheilvoll in Erscheinung: nun mit politisch-religiösen Unter- oder
Obertönen in den Bewegungen des sogenannten Fundamentalismus,
einer eher regressiven Sonderform von Totalitarismus oder Radikalismus, die nicht nur im Bereich der islamischen Staaten, sondern auch in

Wellen eines christlich-apokalyptisch zugespitzten Sektenwesens verführerische, destruktive Macht entwickelt und der freiheitlichen Demokratie entgegenwirkt. Die unsagbar schrecklichen Verbrechen des Nationalsozialismus wie des Kommunismus, so verschieden sie in rassen- oder klassenpolitischen Ideologien begründet wurden, sind durch einen derartigen Sendungs- und Wahrheitsanspruch gleichsam überpolitisch und übermoralisch legitimiert worden; und blicken wir auf die terroristischen National- und Fundamentalbewegungen unserer Tage nicht nur in der Dritten Welt, so geschieht dort Ähnliches.

Die Hoffnung aus unserer Jahrhunderterfahrung ist mithin vor allem eine ideologiekritische: In dem Augenblick, in dem der totalitäre Wahrheitsanspruch verfällt, nicht mehr geglaubt wird, funktionieren auch die Mittel des Zwangssystems immer weniger. Im »Dritten Reich« freilich hielten sie leider bis zuletzt, was die besondere Gefährlichkeit rechtstotalitärer Ideologisierung zeigt, die auf den Krieg bezogen und daher nur kriegerisch zu überwinden war. Anders hingegen löst sich im »Prager Frühling« von 1968 und schließlich im Polen der achtziger Jahre mit der Solidarnosc-Bewegung – ohne sowjetische Intervention nun – die ideologische Bindung. Das Wahrheitsmonopol der herrschenden Partei fällt endlich sogar in der Vormacht Sowjetunion, und damit fällt auch ihre imperiale Herrschaft, als am Ende des vorletzten Jahrzehnts des Jahrhunderts fast überall in Europa der totalitäre Bann des kommunistischen Wahrheitssystems zusammenbricht, ohne daß es wie im Fall des nationalsozialistischen Totalitarismus eines Weltkriegs bedurfte.

Die hoffnungsvolle Erfahrung, daß mit dem Rückgang des monolithischen Ideologieglaubens und dem Entstehen eines pluralistischen Parteiwesens die ideologisch legitimierte totalitäre Herrschaft zu Ende geht, führt freilich zu der Frage: für wie lange zu Ende? Und mit welchen Chancen für die so umfangreiche Aufarbeitung dieser Vergangenheit eines halben oder gar dreiviertel Jahrhunderts Diktatur? Und welche Chancen bestehen für die Prävention eines Rückfalls, für ein Lernen aus der Geschichte, das ja schon öfters mißglückt ist – durch falsche Fakten, Deutungen und Schlußfolgerungen? Nach Jacob Burckhardts berühmten Ausspruch wollen wir ja »durch Erfahrung nicht sowohl klug (für ein andermal), als weise (für immer) werden«.

Deutsche Entwicklungen

Vielen Zeitgenossen auch in Deutschland wurde das wahrhaft Furchtbare an den allmächtig auftretenden Ideologien des Jahrhunderts samt
ihren autoritären Unter- und Nebenformen erst klar in dem Augenblick, als sie am Ende des Krieges oder in der Gefangenschaft seinerzeit
mehr erfuhren über die diktatorischen Regime, ihr Wesen und ihre Taten: einmal über die schrecklichen Konsequenzen, die die nationalsozialistische Rassendoktrin, gepaart mit Sozialdarwinismus (»Recht des
Stärkeren«, »Kampf ums Dasein«), mit Lebensraumidee und National-Imperialismus, durch die millionenfache Vernichtungspolitik gegen Juden und andere zu absoluten Feinden erklärte Menschen und
Gruppen mit sich brachte; zum anderen gab es immer klarere Informationen über die nach wie vor totalitäre Sowjetunion und die Folgen,
die sich damals aus der stalinistischen Umsetzung der Doktrinen des
Marxismus-Leninismus und der »Diktatur des Proletariats« für die
Lage der Bevölkerung im ganzen russisch besetzten Osteuropa ergaben. Die Praxis der Massenlager (»Gulag«), die politische Reglementierung und Verfolgung im riesigen kommunistischen Herrschaftsbe-
reich, deren Millionen Opfer erst heute mit der wenigstens partiellen
Öffnung der sowjetischen Akten voll zur Kenntnis kommen, findet
jetzt in der kontroversen Diskussion über das auch in ideologischer
Hinsicht illusionslose »Schwarzbuch des Kommunismus« (Stephane
Courtois) hoffentlich eine tabufreiere Aufarbeitung.

Vor dem Hintergrund der »deutschen Katastrophe« (Friedrich Meinecke) und der deutschen »Schuldfrage« (Karl Jaspers, beide 1946) begann die betont ideologiekritische Neuorientierung in Deutschland.[1]
Doch zeigte das spätere Schlagwort von der »skeptischen Generation«
(Schelsky), daß die Indoktrination der sogenannten HJ-Generation
weit weniger wirksam gewesen war, als man damals befürchtet hatte.
Eher schon trauerten Teile der älteren Generation noch länger der vermeintlich »Großen Zeit« nach.

Ähnliche Erfahrungen kann man nun auch fünfzig Jahre später
nach dem Ende der DDR im Blick auf die wachsende Überalterung der
alt-marxistischen SED-Nachfolgepartei PDS machen. Die betonte Entideologisierung der Kriegs- und frühen Nachkriegsgeneration, die auch
international trotz Ost-West-Konflikt in der Prognose des bekannten

amerikanischen Soziologen Daniel Bell von 1960 gipfelte (»The End of
Ideology. On the Exhaustion of Political Ideas in the fifties«), wich freilich bald den neuen Ideologiewellen der weiteren sechziger Jahre. Die
damals fehlgegangene Diagnose enthält aber auch keine Prognose für
die gegenwärtige Zeit nach der zweiten großen Ideologienkrise seit
1989, die sich auf den offenkundigen Bankrott des Kommunismus und
das Scheitern des »real existierenden Sozialismus« bezieht.

Was vom freien Westen, in der Epoche des Kalten Krieges der totalitären Ideologie, das heißt zunächst dem besiegten Nationalsozialismus, nach Ende der Anti-Hitler-Koalition jedoch ebenso unablässig
dem herrschenden Kommunismus entgegengehalten wurde, ist gewiß
ebenfalls auch als Ideologie bzw. Anti-Ideologie wirksam geworden.
Vielleicht geschah dies sogar nicht genügend, wie damals der Philosoph Karl Jaspers in Heidelberg und Basel kritisierte, als er sagte und
schrieb, der Westen habe keine Ideologie, zu seinem Schaden. In der
Tat zeigte sich sehr rasch, was sein französischer Kollege Raymond
Aron, zuerst Fürsprecher der Entideologisierung, in seinen letzten Jahren bis 1983 noch wiederholt bemerkt hat: Ideologie erscheint unvermeidlich, in gewissem Maße gehört sie zum politischen Denken selbst;
doch kommt es darauf an, daß sie eine menschlich allgemein verträg-
liche ist, eine Ideologie, die dem Menschen gerecht wird und das Zu-
sammenleben auch international ermöglicht, nicht unmöglich macht
– wie die totalitäre. Vor allem wurde sichtbar, daß die Idee der Demokratie, die gerade keinen völlig »neuen Menschen« fordert, wie dies
totalitäre Ideologien tun, auch nicht den Anspruch erheben will und
darf, eine endgültige, ewig-einzige Wahrheit zu verkünden. Aber das
erwünschte Ende der totalitären Ideologien war 1945 nur teilweise gekommen.

In der Tat ging es in den Nachkriegsjahren trotz aller Skepsis der
Kriegsgeneration von 1945 eher um eine Änderung, ja Modernisierung
des Ideologischen, als um sein Ableben oder Verschwinden. Das galt
besonders deutlich für den Weg der deutschen Sozialdemokraten zu
dem reformerisch-undogmatischen Godesberger Programm am Ende
der fünfziger Jahre, wie ihn ähnlich damals oder später in Westeuropa
andere demokratische Parteien der Linken – und schließlich auch in
Osteuropa – gingen. Es wuchs im Lager aller Demokraten die Hoffnung, nicht nur die Machtpolitik nach den verheerenden Erfahrungen

der Zeit der Weltkriege endlich zugunsten einer Friedenspolitik unter Kontrolle zu bringen, sondern auch den Streit der Ideen wenn nicht beizulegen, so doch zu zivilisieren, damit er nicht in Vernichtungskampagnen münde. Diese Hoffnung war in den fünfziger Jahren durchaus da, als es gelang, nach dem Tod Stalins den Ost-West-Konflikt wenigstens zu stabilisieren und dadurch zu entschärfen. Auch in der Sowjetunion war etwas wie eine pragmatische Lockerung der Ideologie zu sehen. Man hatte sich sozusagen auf den Status quo eingerichtet, aber es hat sich gezeigt, daß gerade im Augenblick einer solchen Détente neue Strömungen und Bedürfnisse erscheinen, nicht zuletzt aus der jungen Generation. Denn als Reaktion auf das Godesberger Programm anstelle sozialistischer Ideologien spalteten sich von der SPD selbst radikale Teile der sozialistischen Jugend ab, und im Laufe der sechziger Jahre entwickelten sich fast überall in Westeuropa hochgradig ideologische, alt- wie neomarxistische und zugleich auch maoistische Bewegungen. Weithin kursierten »Die Worte des Vorsitzenden Mao« (1967) oder »Das kleine rote Schülerbuch« (1969). So wird am Ende der sechziger Jahre wieder ein Vor-Höhepunkt ideologischen Denkens erreicht, mit unmittelbaren, gewalttätigen Auswirkungen in der internationalen Ausbreitung revolutionärer studentischer und terroristischer Aktivitäten. Wie öfters erwies sich die Hoffnung auf Entideologisierung als vorschnell – oder auch spezifisch generationsbedingt.

Die neolinke Welle der sechziger Jahre lebte von einseitigen Illusionen über Antiatom- und Friedenspolitik, von generalisierenden Antifaschismusparolen und Befreiungsbewegungen, die jeden Vergleich mit rechtstotalitärer Theorie und Praxis tabuisierten und die marxistische Rechtfertigung revolutionärer Gewalt ideologisch überhöhten, wie das ja schon Marx und Engels selbst im Kommunistischen Manifest von 1847 taten, indem sie den »gewaltsamen Umsturz aller bisherigen Gesellschaftsordnung« forderten. Diese Verweigerung jeden Vergleichs zwischen Rechts- und Linkstotalitarismus verhinderte aber bis heute oft auch bei nicht marxistischen Intellektuellen eine realistische Beurteilung und Prävention diktatorischer Unterdrückungs- und Vernichtungspolitik, die ja von beiden Ideologien, kommunistischen wie faschistischen-nationalsozialistischen, ausgehen kann.

In der Tat wurden die klassischen, seit der Französischen Revolution erfolgreichen Mittel ideologischer Agitation auch von den 1968er

Bewegungen in Deutschland und Europa in der Folge wieder angewandt: Demonstration mit Besetzungs- und Umsturzdrohung, Entfüh-
rung und Terrorismus. Nachdem die SPD nun ebenfalls, wie schon die
bürgerlichen Parteien, den Wandel ihrer bisherigen Ideologie program-
miert hatte, ging die extrem ideologische Linke, auch mit radikal-stu-
dentischer Unterstützung, zum Kampf gegen die Feindbilder Kapitalismus und Establishment den Weg in die gewalttätig zugespitzte außerparlamentarische Opposition, während Rechtsradikalismus und Neonazismus ihrerseits mit der Gründung der NPD und vorübergehend
schnellen Wahlerfolgen zwischen 1965 und 1969 eine neue Chance
der Re-Ideologisierung suchten. Und schließlich betraten die neuen Bewegungen der »Grünen« in den siebziger Jahren ebenfalls mit eigenen
Positionen antikapitalistischer Technik- und Industriekritik, Ökologie
und Pazifismus das Kampffeld deutscher und europäischer Gegenpolitik zum verfemten Establishment, in dem sie sich allmählich dann aber
doch zum Teil als dritte Kraft anstelle der Liberalen erfolgreicher als erwartet einrichteten.

Zunächst freilich waren es die Formen einer direkten oder indirek-
ten Gewaltanwendung, die in diesen siebziger und frühen achtziger
Jahren fast weltweit expandierten und wie die Attentate gegen Juristen,
Diplomaten und Wirtschaftsführer, zumal in Deutschland, durch neolinke ideologische Agitation begründet wurden: jedenfalls in der ersten
Generation des Terrorismus, so dürftig die Theorien ihres Neomarxis-
mus letztlich sein mochten, die mit pseudowissenschaftlichen Schlagworten wie »strukturelle Gewalt« agierten. Heute wissen wir besser,
welche Rolle dabei die Unterstützung durch ideologische Bundesge-
nossen in einem vermeintlichen Weltbürgerkrieg gegen den Westen,
dessen Freiheitsordnung als »repressive Toleranz« dämonisiert wurde,
tatsächlich gespielt hat: Denken wir nur an die Hilfe für Terroristen,
die von Kuba, der DDR, den arabischen Staaten kam.

Es zeigte sich also: Das ideologische Feld war jederzeit wieder kul-
tivierbar oder mobilisierbar, es war nicht »auszutrocknen«, wie man es
(mit unschöner Terminologie) im Interesse des demokratischen Rechts-
staats immer wieder hoffte. So mörderische Organisationen wie die
»Rote Armee Fraktion« haben jedenfalls den Anspruch erhoben, daß
sie im Namen ihrer Ideen gegebenenfalls Menschen entführen, foltern
und umbringen dürften, ob es nun wissenschaftlich, revolutionär oder

gar scheinbar humanistisch begründet wurde. Und wenig später ver-
kündeten Sympathisanten und Stichwortgeber der APO wie der Rhe-
toriker Walter Jens mit großem Pathos, ihr Kampf auch gegen die
Nachrüstung des Westens geschehe tatsächlich »In letzter Stunde«, wie
der apokalyptische Titel seines Buches von 1982 lautete. Aber schon
im Jahr der zahlreichen Attentate gegen Industrielle, Beamte, Richter
(1977/78) konnte umgekehrt die sozialliberale Regierung von Kanzler
Helmut Schmidt und Justizminister Vogel die Bundesrepublik und die
Demokratie durchaus von links bedroht sehen. Es war eine dramatische Situation, die Regierung und Opposition zum Kampf gegen den
ideologisch motivierten und gerüsteten Terrorismus zwangen, so elitär
und vereinzelt dieser letztlich doch trotz mancher fehlgeleiteten Mas-
sendemonstration sein mochte.

Ideologische Erbschaften

Blickt man nun auf die veränderte Situation nach dem Ende der Teilung Deutschlands und Europas, so mutet vieles als vergangene Erfahrung an. Zu Unrecht, wie ich meine, und zwar sowohl hinsichtlich der
innen- und außenpolitischen wie der ideologischen Erbschaften unseres Zeitalters. Sogleich nach dem so unerwarteten und befreienden
Jahr der Revolution gegen den Totalitarismus im Osten Europas ertönte aus dem Mund oder floß aus der Feder manches Intellektuellen,
der doch endlich von ideologischer Bevormundung frei sein konnte,
der real existierende Sozialismus möge wohl versagt haben, aber die
Idee des Sozialismus und bald auch wieder des Kommunismus, der ja
in Teilen der Welt nicht verschwand, bleibe im Grunde doch richtig –
oder vieles von ihm. Man fühlt sich erinnert an die Rede vom »Richtigen« oder gar »Guten im Nationalsozialismus«, die vor fünfzig oder
mehr Jahren in Deutschland umging.

Angesichts der Enttäuschungen, die das zuweilen ungestüme Vordringen der Marktwirtschaft mit sich brachte, kann das für kommunistische Ideologie konstitutive Schreckbild des Kapitalismus bald wieder
eine Wirkung erzielen, die der so rasche Zusammenbruch von System
wie Idee des Kommunismus vielleicht nicht erwarten ließ. Auch Stefan
Heym, der bekannte DDR-Autor (und 1994 immerhin PDS-Altersprä-
sident des Bundestags), meinte doch, der Traum vom Sozialismus sei

nach wie vor gültig, und wir brauchten einen solchen Traum, brauchten Utopien – so nun der beliebtere Begriff nach der Abnützung der Schlüsselwörter Ideologie oder Weltanschauung. Das Bedürfnis bleibt also, wie schon nach den erschütternden Weltkriegszäsuren 1918 und 1945, so viel diese an bisherigem, antidemokratischem Staats- und Politikdenken widerlegt hatten. Es ist nicht nur das verständliche und notwendige Bedürfnis nach Sinngebung auch für das – nach Theodor Lessing (1916) – Sinnlose der Geschichte (»als Sinngebung des Sinnlosen«). Es geht dabei nicht zuletzt auch um all die persönlichen Biographien, die unter totalitärer Herrschaft und Verführung standen und, nach zwölf Jahren Nationalsozialismus, über vierzig Jahren Kommunismus oder 57 Jahren Diktatur in Ostdeutschland sowie schließlich 72 Jahren Sowjetunion, gewiß nicht mehr rückgängig gemacht werden können: Denn alles – so der Slogan – »kann doch nicht falsch gewesen sein«.

Blicken wir auf die Zukunft der Ideologien, so ist das weiterschwelende Problem der Ideologie des Sozialismus in der Tat nicht zu unterschätzen. Wenn als ein mögliches Korrektiv oder Heilmittel gegen Exzesse der Marktwirtschaft Gedanken des Sozialismus eine ähnliche Rolle spielen wie der Liberalismus gegen konservatives, nationalistisches oder eben sozialistisches Unmaß (und *vice versa*), so kommt es um so mehr auf eine ständig geführte Klärung der jeweils mit Sozialismusideen verbundenen Bedeutungsgehalte und Erfahrungen an. Schon der vielseitige Begriff bleibt so verhängnisvoll ambivalent wie derjenige der Nation. Nach unserer langen, leidvollen Erinnerung gibt es totalitären Sozialismus kommunistischer wie auch nationalsozialistischer Lesart, und es gibt andererseits demokratischen Sozialismus, der eben auch liberal- oder konservativ-sozial sein kann. Aber die Postkommunisten, die bis zum Zusammenbruch so stolz auch auf ihre Diktatur oder Hegemonie des »Proletariats« waren, bezeichnen sich nun plötzlich selbst wie die bisher gehaßten oder verachteten Sozialdemokraten als »demokratische Sozialisten«: so die Exkommunisten der PDS oder dieselben in Polen, Tschechien oder Italien – abgesehen von den Kommunisten in Frankreich. Jene Postkommunisten treten damit in ein verwirrendes Konkurrenzverhältnis mit den seit je wirklich demokratischen Sozialdemokraten, die sich schon nach 1917 definitiv von den diktatorischen Sozialisten, sprich Kommunisten, getrennt hatten. Deren Vergangenheit ist heute noch kaum bewältigt und läßt die Ideologiefrage so offen wie die dafür so wichtige Bewertung der Oktoberrevolution von 1917.

Wenn wieder verstärkte Auseinandersetzungen um Idee und Realität »des« Sozialismus stattfinden werden, so hoffentlich nicht mehr unter dem Druck oder Zwang jenes totalitären Anspruchs, der den fruchtbaren Kampf der Ideen in unserem Jahrhundert zu einem furchtbaren Vernichtungskampf zwischen Menschen und Völkern verkehrt und die größten Massenverbrechen ermöglicht, ja angetrieben und sogar moralisch legitimiert hat. Noch immer hält ja der kommunistische Sozialismus seine Herrschaftsstellung über fast ein Viertel der Menschheit. Und der Faschismus, vor allem aber der Nationalsozialismus mit seinem im Parteinamen erhobenen so wirkungsvollen Anspruch, die beiden großen Ideen der politischen Moderne, Nationalismus und Sozialismus, zu verbinden statt zu trennen, werden auch künftig Ansatzpunkte für verführerische Ideologisierung bieten, so gewiß Rassismus und Nationalismus die stärkeren Komponenten des Nationalsozialismus sind. Die Restbestände des Sozialismus im Kommunismus, auch mit sozialdemokratischer Verhüllung und Tarnung, sind durchaus ernst zu nehmen. Und der Nationalismus hat ja nicht nur in Osteuropa Renaissancen erlebt, im positiven wie im problematischen Sinn. In den Entwicklungsländern sind die nationalistischen und sozialistischen Ideologien und sozio-ökonomischen Experimente ja fast durchweg gescheitert; die jetzigen Realitäten scheinen dort aber ehemaligen Vorurteilen gegen einen verteufelten Kapitalismus nachträglich doch recht zu geben – so wie dies auch nostalgische Kritiker in den postkommunistischen Ländern Osteuropas beobachten, die nun auf enttäuschte Hoffnungen der Bevölkerung nach der Wende vom Sozialismus zur Marktwirtschaft glauben rechnen und bauen zu können.

In der verschärften Situation des Übergangs vom Diktatur- zum Freiheitsstaat stecken also Impulse zur erneuten Ideologisierung der Unterschiede und Gegensätze zwischen Liberalismus, Nationalismus, Sozialismus und der Konfrontation von Rechts- und Linksextremismus. In der westdeutschen Idee der Sozialen Marktwirtschaft schienen sie zunehmend aufgehoben, doch unter postkommunistischen Verhältnissen treten die Wertvorstellungen von freier Wirtschaft, sozialer Gerechtigkeit und Sicherheit wieder auseinander; gewisse Ideale von Frei-

heit und Kapitalismus, jetzt oft gleichgesetzt, geraten in Konflikt, werden oder scheinen schwer vereinbar: so wie in der internationalen
Politik sich Widersprüche zwischen transnationaler Demokratie und
kulturell-ethnischen Nationalismen auftun. Es zeigt sich erneut, daß
jede Absolutsetzung einer Idee, auch die einer ungezügelten Marktwirtschaft, zu Gegenideologien führt, Ideologisierung überhaupt verstärkt. Auch der fast weltweite Übergang zur Marktwirtschaft kann zur
Ideologie werden, sofern diese ausschließenden Charakter annimmt
und die öffentlichen wie sozialen Korrektive und Gegengewichte ver-
drängt.

Es wird also die Aufgabe unserer liberalen Demokratien sein, durch
Gewährleistung und Schutz gegenseitiger Toleranz die ideologische Zuspitzung des Ideenstreits zu verhindern oder abzumildern. Auch in dieser Hinsicht bestätigt sich die Einsicht des großen Ideenphilosophen
Karl Popper von 1945: Die offene Gesellschaft hat seit je und weiterhin ihren Feinden zu widerstehen, zumal den totalitären Denkern mit
ihrem Absolutheitsanspruch und deren verschiedenen Nachfolgern
oder Nachahmern in Politik und Wissenschaft bis heute.

Auch die unerwartete Revolution gegen den Totalitarismus in den
wunderbaren Jahren 1989 und 1990 hat, so sehen wir, die stete Gefährdung der offenen Gesellschaft durch ihre Feinde, die geschlossenen
Ideen- und Denksysteme, nicht definitiv beendet. Der drohende Zu-
sammenstoß von Kulturen mit ihren fundamentalistischen Ausprägungen, den der amerikanische Politikwissenschaftler Samuel Huntington
kommen sieht, doch nicht für unvermeidlich hält (»Clash of Civiliza-
tions«, 1996), ist nichts anderes als eine Form der Wiederkehr ideologisch aufgeladener politisch-religiöser Weltanschauungen. Sie bilden
eine alt-neue Herausforderung an die pluralistischen Demokratien und
die Offenheit der Geschichte, und sie erinnern an die Fehlbarkeit des
Menschen, der darauf angewiesen ist, aus der Geschichte unseres Jahrhunderts deutlicher und eindringlicher denn je zu lernen, um das Gewicht jener Ideologien in der modernen Welt zu erkennen, die ihn dazu
zwingen oder verführen können, größenwahnsinnige Diktaturen hinzunehmen und ihre Verbrechen zu legitimieren, ob nun durch Mitmachen oder bloßes Ignorieren.

Demokratie und Ideologie

Wieweit nach den Verirrungen des ideologischen Zeitalters die Ideen noch tragen, deren ursprüngliche Substanz so vielfach verzerrt, manipuliert, mißbraucht worden ist, mag man bezweifeln. Nicht hingegen, daß wir auch in der Politik des künftigen Jahrhunderts weiterhin mit ihnen konfrontiert, von ihnen herausgefordert werden. Der Unterschied zwischen guten und unguten Ideen, wie zwischen akzeptablen und inakzeptablen Ideologien, den wir seit den großen Revolutionen in unserer neueren Geschichte erfahren haben, tritt häufig erst dann hervor, wenn sie sich der Gewalt bemächtigen und Ideen mit der Begründung durchgesetzt werden, der Zweck heilige die Mittel. Oft ist es dann so, daß die Mittel die Ziele entheiligen, verderben. Daß es gelinge, Ideen von Gewalt zu trennen, ja der ideologischen Durchsetzung von Gewaltherrschaft mit Hilfe der eigentlich guten Ideen von Freiheit, Demokratie und Recht zu widerstehen oder ein Ende zu bereiten, ist eine oft enttäuschte, doch immer notwendige Hoffnung. Sie baut auf die Befreiungen und Demokratisierungen von 1945 und 1989, die wenigstens teilweise gelungen sind.

Was die Diskussion über das nicht »neue«, aber doch wiedervereinigte Deutschland angeht, so sollte es trotz aller Bemühungen um mehr Nationalbewußtsein und Nationalstaat gerade auch ideell an den transnationalen Bezügen deutschen Souveränitätsverständnisses festhalten – einer wahren Errungenschaft aus der Zeit unserer Demokratiegründung vierzig Jahre vor 1989, die auch die Vereinigung Deutschlands und Europas ermöglichen half.

Denn so gewiß das Streben nach nationaler Unabhängigkeit und Selbstbestimmung ein wesentlicher Antrieb gerade auch der demokratischen Bewegung gewesen ist – man denke auch an die Revolution von 1848 –, so gefährlich ist der Umschlag in Nationalismus, in Revisionismus oder Chauvinismus, der ja schon in den Ersten Weltkrieg und seine Folgen geführt hat. Vor und über dem Nationalstaat stehen, hoffentlich auch künftig und für die neuen Nationalstaaten, die Ideen der internationalen Zusammenarbeit und einer möglichst integrierten Europapolitik, der wir das Gelingen der zweiten deutschen Demokratie und über fünfzig Jahre Frieden verdanken. Wir sollten weiterhin, meine ich, die Orientierung an der großen demokratischen Idee der europäischen und atlantischen Gemeinschaft als unsere eigentliche Staatsräson anerkennen.

In der Tat sind es solche Ideen der Demokratie im internationalen Bezug, die uns wie die Idee der Freiheit und der Menschenrechte immer aufs neue herausfordern und verpflichten. Nach dem epochalen Einschnitt von 1945 war das Neue, Dringende angesichts der bitteren Erfahrungen seit 1917 und 1933 – jedenfalls im freien Westen – vor allem die Idee einer Demokratie, die sich selbst behauptet und nicht, gar auf scheinbar legale Weise, einfach preisgibt – also ganz im Unterschied zum Weimar-Syndrom in Deutschland und zu den Nieder- und Untergängen der meisten neuen Nationalstaaten in der Zeit zwischen den beiden Weltkriegen.

Gegenüber anderen Ideologien sehe ich das Ethos und die Stärke der wehrhaften, sich selbst behauptenden Demokratie in der Bedeutung, die sie den wechselseitigen Kontrollen der Macht zumißt, weil sie der Einsicht in die Unzulänglichkeit des Menschen am ehesten gerecht wird und darum seine Verführbarkeit durch Diktaturen besonders zu steuern sucht, indem sie den Schutz der freiheitlich-rechtsstaatlichen Verfassung über alles stellt und Wahrheit in der Politik nicht auf Doktrinen, sondern auf Freiheit im Denken und Handeln baut. Ein solches Verständnis von Demokratie hat seinerzeit inmitten der von deutscher Diktatur verschuldeten, von sowjetischer Diktatur fortgeführten Unterdrückung Europas schon nach 1945 mit amerikanischer Hilfe jene Renaissance der westlichen Demokratien ermöglicht, die heute endlich für ganz Europa erreichbar werden kann.

Aber dafür brauchen wir weiterhin das erfahrungsgesättigte Lernen aus der langen Geschichte dieses Jahrhunderts der Ideologien, der Totalitarismen und der Freiheit.

Deutsche Diktatur in Europa

Der Ort des Nationalsozialismus

Die verhängnisvolle Entwicklung Deutschlands, die zu den Ereignissen von 1933 und 1945 geführt hat, steht in einem doppelten Zusammenhang: Sie war ganz wesentlich eine Folge der machtpolitischen Verirrungen und zugleich ideologischen Verwirrungen, die der ungelösten Problematik eines gesamtdeutschen Nationalstaats mit überstaatlichem Reichsanspruch entsprangen. Nach den »kleindeutschen« Entscheidungen von 1866 und 1870 ist die deutsche Frage mit der Niederlage der Mittelmächte 1918 erneut und verschärft aufgebrochen. Aber die nationalgeschichtliche Problematik bildet nur die eine Seite des historisch-politischen Zusammenhangs. Ebenso wichtig erscheint die europäische Dimension des Geschehens, und hier kommt dem Konflikt der politischen Ordnungen und Systeme, zumal der Auseinandersetzung um demokratische oder diktatorische Herrschaftsformen, eine Bedeutung zu, die von einer traditionell nationalhistorischen Betrachtungsweise eher unterschätzt wird – damals wie heute.[1]

In der Tat ist unser Jahrhundert in seinen politischen wie ideellen Hauptzügen ganz wesentlich durch die Erfahrungen und Folgen des Ersten Weltkrieges geprägt worden. Was es zum Jahrhundert der Verfolger und Unterdrückten machen sollte, ist seit 1914 und dann 1918/19 schon hervorgetreten: die Konfrontation von Rechtsstaat und Diktatur, die Epoche der politisch-ökonomischen Krisen und Zusammenbrüche, das Zeitalter der Ideologien mit Anspruch auf totale Durchsetzung, ja »der Wettstreit zwischen totalitärem Nationalismus und totalitärem Marxismus«[2], die Zeit der rechts- und linkstotalitären Verführungen und der unerhörten Massenverbrechen, die sie ermöglichten oder gar legalisierten.

Der Ausgang des Ersten Weltkriegs galt weithin als endgültiger weltpolitischer Durchbruch der modernen Demokratie. Aber nach we-

nigen Jahren überschattete das Vordringen diktatorischer Bewegungen
die neuformierte Staatenwelt Europas. Während die russische Doppel-
revolution von 1917 rasch in die linke Einparteidiktatur des Kommunismus führte, trat zumal den neuen parlamentarischen Demokratien
gleichzeitig die Kampfansage von rechts entgegen, die mit der Machtergreifung des Faschismus in Italien schon 1922 ihren ersten Triumph
feierte. In der Folge, und vollends für die Entwicklung der dreißiger
Jahre, rückte das Diktaturproblem ins Zentrum der politischen und
ideologischen Auseinandersetzung. Und hier verdient dann auch die
umstrittene Frage nach der Rolle und dem Verhältnis von Nationalsozialismus, Faschismus und Totalitarismus eine stärkere Beachtung, als
in der Geschichtsschreibung weithin üblich.

So wie damals die Beurteilung der rasch vordringenden diktatorischen Regime in Europa, die vor allem in den Krisen der nach dem
Krieg gegründeten Nationalstaaten entstanden, die Geister getrennt
und verwirrt hat, so ist auch heute noch deren Einordnung im Kreis der
politischen Formen und Systeme durchaus kontrovers. Das gilt für die
Ereigniszusammenhänge selbst wie für ihre Deutung und Erklärung,
es gilt für deren Wirkungen und Folgen und nicht zuletzt für die poli-
tisch-moralischen Bewertungen, denen diese Geschichte unvermeidlich
unterliegt: als eine Vergangenheit, die keineswegs einfach vergeht, sondern höchst gegenwärtig ist, weil ihre weiteren Konsequenzen, ihre
Erfahrungen und Lehren nicht zu verdrängen sind, indem man sie für
historisch erklärt, ja ihre »Historisierung« geradewegs fordert.

Das beginnt bei der politischen Sprache und ihrer Beziehung zur
wissenschaftlichen Terminologie. Historisch-politische Begriffsbildung
kann, wie der Streit um Faschismus- und Totalitarismusbegriffe in den
letzten drei Jahrzehnten gezeigt hat, von erstrangiger Bedeutung nicht
nur für die politische Bewußtseinsbildung sein, sie ist es auch für die
Erforschung und Darstellung historischer Zusammenhänge selbst, die
ja stets auf Auswahl und Einordnung des Geschehens, seiner Überlie-
ferung und Vergegenwärtigung beruht.

Der Nationalsozialismus war wie der Faschismus nach seinem
Selbstverständnis eine Erscheinungsform totalitären Herrschaftsanspruchs, bestimmt sowohl durch einen militanten Antikommunismus
wie durch den prinzipiellen Gegensatz zur rechtsstaatlich-pluralisti-
schen, zur liberalen und parlamentarischen Demokratie. Wissenschaft-

lich fragwürdig bleibt jedoch die weitverbreitete Tendenz, ihn mit allen antikommunistisch-autoritären Bewegungen und Systemen unter den Begriff des Faschismus zu fassen. Diese Ausweitung zum Gattungsbegriff verwischt den Eigencharakter national-antidemokratischer Regime in Spanien (Franco), Portugal (Salazar), Ungarn (Horthy), Polen (Pilsudski) Rumänien (Antonescu), Österreich (Dollfuß-Schuschnigg) und Südamerika (Peron). Vor allem aber sind italienischer Faschismus und deutscher Nationalsozialismus trotz Ähnlichkeiten und Wechselbeziehungen nach Ursprung, Erscheinungsform und Zielen primär nationalgebunden und gerade in ihrer Eigenart und Verschiedenheit erst voll zu erfassen. Wie alle totalitären Bewegungen ein Produkt des 20. Jahrhunderts und konkret des Ersten Weltkrieges, ist der Nationalsozialismus aus spezifischen politischen, sozioökonomischen und geistigen Bedingungen der deutschen Modernisierungsgeschichte entstanden; seine herrschaftspolitische Verwirklichung vollzog sich in dem Faschismus vergleichbaren, doch graduell und qualitativ verschiedenartigen Formen, die politisch-ideologischen Ziele divergierten ebenfalls weitgehend. Der italienische Faschismus erstrebte eine Totalisierung des Staates und die (eher traditionalistische) Wiedergewinnung des »Impero Romano«. Es war die Mobilisierung von Bedürfnissen und Sehnsüchten nach etwas, was man nicht hatte: das Ziel, einen seit dem Ende des Römischen Reiches schwachen Staat stark zu machen, um wieder »Rom« zu sein. Im Nationalsozialismus hingegen dominierte der geopolitisch und biologisch begründete Drang zur völkischen Einheit, um nach der Reichsgründung von 1871 und dem Rückschlag von 1918 einen betont starken Staat einzusetzen als Instrument einer überstaatlichen, revolutionär verstandenen rassistischen Expansions- und Lebensraumidee, die über alle traditionellen Staats- und Herrschaftsgrenzen hinausging.

Der Aufstieg des Nationalsozialismus war durch die Probleme der demokratischen Entwicklung in einem starken Obrigkeitsstaat, durch die Empörung gegen die Niederlage von 1918 und den Versailler Friedensvertrag sowie durch den zur Lebensraumidee gesteigerten großdeutschen Reichsgedanken geprägt. Die politisch-sozialen Krisen der Weimarer Republik ermöglichten den charismatisch stilisierten Aufstieg eines »Führers«, des vom österreichischen Antisemitismus und Antislawismus, zugleich von Bewunderung gegenüber der preußisch-

deutschen Machtpolitik geprägten Kriegsveteranen Adolf Hitler
(1889–1945), der das rassistische Herrschaftsprinzip über einen autoritären Staatsbegriff hinaus zum totalitären Ziel erhob. Ganz anders
als im Falle des italienischen Faschismus oder verwandter Regime geschah dies in einem hochindustrialisierten, zwar sozial und konfessio-
nell zerklüfteten, doch ökonomisch und militärisch potenten Land, in
dem die Furcht eines breiten Bürgertums vor dem Absinken ins Prole-
tariat, die antibolschewistische Bollwerkspropaganda und das poli-
tisch-soziale Ordnungsdenken besondere Wirkung entfalten konnten.
Das Programm des »nationalen Sozialismus« (1920) bot schon im
Begriff, der die Synthese der beiden stärksten Tendenzen der Epoche
verhieß, eine große integrierende Weltanschauung – im Unterschied
zum Faschismusbegriff, dessen Anwendung auf den Nationalsozialismus eher bagatellisierend wirkt und jedenfalls dessen »substantiellen«
Anspruch, die revolutionäre Anziehungskraft und die von der Linken
heftig bestrittene antibürgerliche, sozialistische Komponente nicht
zum Ausdruck bringt. Die Bezeichnung des Nationalsozialismus als
»deutscher Faschismus« wird denn auch vor allem von marxistischen
Agitatoren und Theoretikern, freilich mit erheblichem Einfluß auf die
weitere wissenschaftliche Diskussion zumal der letzten 20 Jahre, mit
geradezu fanatischem Nachdruck propagiert; sie dient der Verfechtung
des Totalitarismusbegriffs und soll den unliebsamen Blick auf revolutionäre oder sozialistische Komponenten verhindern: entsprechend
dem Monopolanspruch der Linken auf die Revolutions- und Sozialis-
musparole, den der Nationalsozialismus so empfindlich durchkreuzt.
Die Ideologie des Nationalsozialismus – wie der Bolschewismus
eine Form politischer Religion – suchte den Aufstieg einer klassenlosen, antiparteilichen Sammelbewegung durch ebenso umfassende wie
radikale Kampf- und Ordnungsvorstellungen zu begründen, die ver-
schiedensten Interessen und Bedürfnissen Erfüllung versprachen: die
Versöhnung der Arbeitermassen mit dem modernen Nationalismus;
durch sozial-imperiale Verheißungen die totale Einigung in einer
»Volksgemeinschaft« anstelle des demokratischen Pluralismus und des
Klassenkampfes als Lösung der politisch-sozialen Probleme des Massenzeitalters; die ambivalente Verbindung von romantisch-rückwärts-
gewandten und technisch-modernistischen Motiven, militärisches und
rassisches Denken zur Mobilisierung und zum Zusammenschweißen

der »Blutsnation« gegen alle fremden, »minderwertigen« Elemente;
der populäre Kampf gegen Versailles, gesteigert vom Revisionismus
zum Expansionismus, zur Forderung nach größerem »Lebensraum«
für die angeblich rassisch überlegenen Deutschen, Germanen, Arier,
der globalen Endvision des Nationalsozialismus; schließlich Führungs-
prinzip und Führerkult als zentrales Strukturprinzip sowie der biologi-
sche Antisemitismus als die vom Religiösen ins Politische und Soziale
übersetzte absolute Feindvorstellung, wie sie totalitäre Bewegungen
zur Lenkung und Ablenkung der mobilisierten Aggressivität brauchen:
Rassenfeind statt Klassenfeind.

Die Macheroberung des Nationalsozialismus und der Aufbau des
»Dritten Reiches« haben sich als pseudodemokratische Machtergreifung, die im paradoxen Begriff der »legalen Revolution« Traditionel-
les und Revolutionäres verband, ungleich schneller vollzogen als im
Faschismus. Schon nach fünf Monaten (Juli 1933) war das Einpartei-
system, ein Jahr später die Omnipotenz des Führerstaates mit der Unterwerfung aller Bereiche des sozialen und geistigen Lebens besiegelt.
Zwar blieb ein Dualismus zwischen Partei und Staat, zahlreiche Rivalitäten und Kompetenzkonflikte dauerten fort. Aber deshalb von blo-
ßer Improvisation oder anarchischer »Polykratie« zu sprechen und die
totalitäre Grundstruktur zu leugnen, verkennt die zentrale Rolle Hitlers, dessen Stellung als oberste Instanz und Abgott des Systems dadurch noch gestärkt wurde. An die Stelle jeder staatlich-rechtlichen
Ordnung trat schließlich der Führerbefehl, der überstaatliche SS-Staat,
und im Unterschied zum Faschismus stand auch eine friedliche Ablösung Hitlers nie zur Debatte, blieben allein das (nach mehreren Versuchen am 20. Juli 1944 gescheiterte) Attentat und die totale militärische
Niederlage.

Von den einflußreichen Organisationen haben sich nur die Kirchen
zeitweilig der vollen Gleichschaltung entzogen. Neben der fast lücken-
losen »Erfassung« der Bevölkerung durch NS-, Partei- und Berufsglie-
derungen entstand im Eliteverband der SS ein Machtapparat, der in der
perfektionistischen Verfolgungs- und Vernichtungspraxis (SS-Staat)
der Konzentrationslager wie in expansiver Germanisierungspolitik die
totale Verwirklichung des nationalsozialistischen Idealreiches nach dem
»Endsieg« sicherstellen sollte. Dem entsprach der kriegerische Angriff,
der seit 1938 zuerst revisionistische, dann imperial-rassistische Ziele

verfolgte, mit dem Höhepunkt der Herrschaft über den Großteil von
Europa (1942) und der brutalen »Endlösung der Judenfrage«. Vorhandene Widerstandsbewegungen wurden erst wirksam, als das totalitäre System militärisch von außen zerbrochen wurde.

Die erste Nachkriegszeit

Was 1918 in verhängnisvollen Ansätzen als Gedanke und Ferment,
als technische Möglichkeit oder extreme Konsequenz bereits vorhanden war, brachten dieses totalitär-diktatorische Herrschaftssystem und
sein Zweiter Weltkrieg zur »Durchführung« im brutalen Sinne der NS-
Sprache. Dabei liegen die historischen Unterschiede gewiß auf der
Hand. 1914–18 bezeichnete eine tiefe Krise für die Fortschrittswelt des
19. Jahrhunderts, und dies nicht nur wegen der Beharrungskraft noch
monarchisch-feudal bestimmter alter Regime[3] oder eines eher Sich-
Treiben-Lassens im Strom der Bewegungen[4], sondern durchaus auch
schon als »Krise des bürgerlichen Zeitalters«, wie bereits seit der Jahrhundertwende Parolen von links und rechts kündeten.[5] Aber die zeit-
genössischen Prognosen des neuen Jahrhunderts sprachen zugleich
ebenso emphatisch von einer künftigen Welt entweder der allgemeinen
Demokratie oder des unaufhaltsamen Sozialismus oder aber eines neu-
en Cäsarismus im Zeichen des nun radikal zu verwirklichenden Nationalismus. Hinter dem vielzitierten Aufbruchgeist der »Ideen von
1914«[6], mit dem der Krieg begonnen hatte, stand beides: der Sturz der
Staaten Europas von der Selbstvergötterung in die Selbstzerstörung des
Bisherigen, aber auch der Antrieb zu immer neuen Wellen der Modernisierung und zu revolutionären Veränderungen der materiellen wie
der geistigen Welt.

Aber Kommunismus, Nationalismus, Rassismus und schließlich die
Möglichkeiten nicht nur autoritärer, sondern totalitärer Diktaturen
von bislang ungekannter Intensität sind nicht zu denken ohne jene
»Brutalisierung der Politik« im Ersten Weltkrieg, die George Mosse im
Blick auf die deutsche Entwicklung der zwanziger und dreißiger Jahre
hervorgehoben hat.[7] Wenn im Hinblick auf diesen Zusammenhang
der beiden Weltkriege sogar von einer bloßen »Zwischenkriegszeit«,
ja von einer modernen Version des Dreißigjährigen Krieges 1914 bis
1945 gesprochen wurde, so ist daran richtig, daß der Zweite Weltkrieg

vor allem im Kopf seines Entfesselers Adolf Hitler mindestens die weltpolitische Korrektur der deutschen Niederlage von 1918 – und überdies noch der großdeutschen imperialistischen Defizite des Kaiser-
reichs – sein sollte.

Auch wurde bereits der Erste Weltkrieg mit einem großen Aufwand
an innenpolitischen und geistigen Mitteln bestritten; mit einer psychologischen Kriegführung, deren Bedeutung den jungen Hitler nachhaltig inspiriert hat. So bildete schon 1914 in seiner Zuspitzung zu ökonomischen, gesellschaftlichen und ideologischen Konfrontationen eine
»Wasserscheide« für die großen gegensätzlichen Strömungen des Jahrhunderts, und ihr höchster Punkt war im weltgeschichtlichen Auftreten der beiden so unterschiedlichen Visionäre und Utopisten von
1917/18, Wilson und Lenin, erreicht. Unmittelbar daran knüpfte aber
zugleich das Auftreten der beiden Ideologen des Zweiten Weltkrieges,
Mussolini und Hitler, an; es vollendete den Aufmarsch der großen,
konträren politischen Lager in den zwanziger Jahren: Kommunismus,
Demokratie, Faschismus und Nationalsozialismus.

Mit dem ideologisch zugespitzten, sozio-ökonomischen und mas-
senpolitisch begründeten Dauerkonflikt zwischen demokratischen, autoritären und totalitären Tendenzen und Regimen, zwischen liberalem,
konservativem und revolutionärem Politikverständnis ist eine schon
ältere Problematik, die auf die Glaubens- und Revolutionskriege der
früheren Neuzeit zurückweist, in ein neues Stadium getreten. Denn seit
den bevölkerungs- und wirtschaftspolitischen Umwälzungen im Gefolge der industriellen Revolution stehen sich nicht mehr einzelne Regierungen und Herrscher, sondern ganze Völker gegenüber. Es sind nun
Staaten, deren Außenpolitik im Zeichen der Tendenz zu allgemeiner
Demokratisierung und des zunehmenden Gewichts der »öffentlichen
Meinung«, der Parlamente, Parteien und Interessengruppen, sehr wesentlich von der Innenpolitik bestimmt oder beeinflußt ist.

Diese neue Situation hat auch den Charakter der internationalen
Politik grundlegend verändert: Innere Bewegungen, Stimmungen, Ideologien gewinnen an Gewicht auch für die zwischenstaatlichen Beziehungen. Und gerade die diktatorisch regierten Systeme können und
wollen sich, mag ihre innere Struktur noch so autoritär oder totalitär
sein, diesen neuen, massen-»demokratischen« Bedingungen politischer
Motivation und politischen Handelns nicht entziehen. Im Gegenteil,

sie legen um der inneren Festigung der Diktatur willen sogar besonderen Nachdruck auf die unlöslich gewordene Verflechtung von Innen-
und Außenpolitik: Sei es, daß sie die innere Gleichschaltung und
Mobilisierung der Bevölkerung ganz im Hinblick auf eine letztlich
uferlose, utopische Expansion betreiben wie der Nationalsozialismus,
sei es, daß sie eine zunächst »defensive« Außenpolitik im Namen
»friedlicher Koexistenz« zur Infiltration und Zersetzung der Politik
anderer Staaten benützen wie etwa die Sowjetunion mit ihrer Kombination von Klassenkampf- und Friedenspropaganda.

Auch die zentrale Frage, warum sich gerade in Deutschland die
nationalsozialistische Diktatur durchgesetzt hat, muß einen dichten
Zusammenhang verschiedenartiger, auf keine einzige Ursache reduzier-
barer Faktoren berücksichtigen, den jede monokausale Betrachtungsweise verfehlt, sei sie noch so suggestiv auf gängige Kapitalismus-,
Faschismus- oder Sozialismustheorien gegründet und noch so verführerisch bereit, definitive Erklärungen zu liefern.

Zwar stand die Politik noch immer im Zeichen des Ringens um europäische Hegemonie, nun aber zudem um ideologische Revolutionie-
rung. Die moderne Wirtschaft hatte mit der Technisierung gerade auch
des Krieges Massenkräfte entfesselt und dem Staat Mittel zu ihrer Mobilisierung und Lenkung verfügbar gemacht, die von diktatorischen
Regimen mißbraucht werden konnten. In der kolonialen Konkurrenz
der Mächte, im imperialen Anspruch der »zu spät« gekommenen Nationen Deutschland, Italien und Japan steckten Bewegungskräfte, die
nach der ersten Explosion von 1914 und den Krisen der Nachkriegszeit verschärft wurden durch das Auftreten radikaler, pseudoreligiös
fanatisierter Bewegungen mit diktatorischem Anspruch. Sie standen im
Zeichen einer noch gesteigerten Entfaltung technischer wie numeri-
scher Potenzen und eines Höchstaufwandes an innenpolitischen, wirtschaftlichen und geistig-psychologischen Mitteln, schließlich einer ideologischen Radikalisierung des Vernichtungswillens, die auch den Ersten Weltkrieg weit hinter sich ließ.

Verhängnisvoll war, daß die geistige und moralische Bewältigung
der neuen Bedingungen nicht Schritt zu halten vermochte mit der Ausdehnung der Politik nach innen und außen. Trotz eines Aufschwungs
des Demokratie- und Friedensgedankens stellten Nationalismus und
Imperialismus weiterhin die wirkungsmächtigen Maßstäbe und Leitbil-

der, so sehr sich Umstände und Formen der Politik wandelten. Die Diskrepanz zwischen der neuen Weltlage und dem alten machtstaatlichen Denken wurde noch gesteigert in dem Maße, in dem die demokratische Parole vom Selbstbestimmungsrecht der Völker in ein Argument der Intoleranz, in ein Mittel zur Unterdrückung von Minderheiten verkehrt wurde. Das war schon in den fragwürdigen Friedensschlüssen von 1919 geschehen, und so verlor der Selbstbestimmungsgedanke im Augenblick der Verwirklichung unter dem anhaltenden Druck der Kriegspsychose seinen ursprünglichen geistig-moralischen und demokratischen Wert.

Die äußerste Konsequenz dieser Spannung zwischen gewandelter Welt und ungebrochenem Machtdenken war jene Übersteigerung eines ideologisierten Nationalimperialismus, die im Faschismus und Nationalsozialismus gipfelte. Ihr Ursprung lag, wie die Entwicklungsgeschichte ihrer Führer, in den Vorkriegs- und Kriegsjahren um 1914: in der Überhitzung und Machiavellisierung der Machtpolitik, einer radikalen Freund-Feind-Ideologie nach innen und außen, einer naturalistischen Anschauung vom Wesen der Politik, mit dem Glauben an die notwendige Ausdehnung und Abrundung eines autonomen »Lebensraumes«. Solche Ideen, ausgebrütet wie der moderne Antisemitismus in den siebziger und achtziger Jahren des 19. Jahrhunderts, waren der Nährboden, aus dem besonders Hitler seine »Weltanschauung« mit monomaner Konsequenz gezogen hat.

Die autoritäre Welle

Schon seit den frühen zwanziger Jahren hatte sich im veränderten Staatensystem Europas jene Konfrontation herausgebildet, die charakteristischer erscheint als die 1918 beschworene Alternative von Revolution und Gegenrevolution: die Konfrontation von Demokratie und Antidemokratie. In ihr treten zugleich die Unterschiede zwischen alten und neuen Demokratien hervor: zwischen den Staaten West- und Nordeuropas einerseits, Mittel-, Ost- und Südeuropas andererseits – und nicht zuletzt zwischen den Siegermächten und den Besiegten oder den mit dem Sieg Unzufriedenen wie auch Italien und Japan. Diese Tendenzen haben dann zumal nach der Weltwirtschaftskrise in den dreißiger Jahren eine entscheidende Rolle bei der Frontbildung gespielt, in der sich der innenpolitische Sog autoritärer und totalitärer Bewegungen zur außenpolitischen Vorgeschichte des Zweiten Weltkriegs verdichtete.

In Italien wurde nach dem linken Signal der Oktoberrevolution zuerst das Signal einer ebenso emphatischen rechten »Machtergreifung« manifest. Freilich kam auch Mussolini aus dem revolutionären Sozialismus: Sein »Faschismus« war nach Struktur und Wirkung sehr viel komplexer, als es das linke Schlagwort »Konterrevolution« nahelegt. Im Schoß der antidemokratischen Bewegung wurden hier vielmehr *gleichzeitig* jene zwei bedeutungsgeladenen, von Verführung und Terror geprägten Begriffe entwickelt, die in den Auseinandersetzungen des Jahrhunderts so umstritten wurden: Faschismus und Totalitarismus.[8] In der Nachkriegspolitik Italiens, die vom Durcheinander revolutionärer und nationalistischer, pro- und antikommunistischer Parolen und Aspirationen erschüttert wurde, setzte sich erstmals eine jener neuen Massenbewegungen durch, die mit einer an alle Klassen appellierenden Kombination konservativer und progressiver, antikommunistischer und staatssozialistischer Ziele zumal die liberale Demokratie bekämpften: Sie waren das eigentlich neue Phänomen der Zwischenkriegszeit, aus dem eine neue Form der Diktatur, die totalitäre, erwachsen sollte. Die Bedeutung dieser hochideologisierten Massenbewegungen und »absolutistischen Integrationsparteien«[9] liegt aber auch darin, daß sie eine neuerliche letzte Übersteigerung nationalimperialer Machtpolitik in Europa ermöglichten – und dann ihren tiefsten Fall bewirkten. Der besondere Beitrag des Faschismus und Nationalsozialismus zur modernen Geschichte war in der Tat die zumal für die Linke unerwartete Entdeckung, daß Antimarxismus und Antiliberalismus zugleich, ja gerade als Mixtur große Anziehungskraft auf die Massen ausüben konnten. Das setzte aber die Zauberformel des »nationalen Sozialismus« voraus, die eine Alternative zu Marxismus und Kapitalismus, Liberalismus und Kommunismus gleichermaßen (gegen »Rotfront und Reaktion«), jenen »Massen« nationale *und* soziale Erfüllungen im nationalrevolutionären Gewand anzubieten hatte.

Der Nationalsozialismus in Deutschland brachte diesen Anspruch schon in seiner Selbstbezeichnung als Nationalismus *und* Sozialismus klarer und radikaler zum Ausdruck und ist keineswegs einfach als »deutscher Faschismus« zu verstehen. Seine »Revolution von rechts«

(Hans Freyer)[10] bedeutete mehr als jene simple Konterrevolution, von der die linken Gegner so verhängnisvoll unterschätzend sprachen; ihr Urteil war geprägt und besetzt durch den Mythos von der »guten« Revolution, entsprechend dem französischen Modell oder gar dem leninistischen Totalanspruch, seltener dem gemäßigten amerikanischen Ideal. Liberale Interpreten wiederum zögerten aus moralischen und intellektuellen Gründen, den Revolutionsbegriff auf den Typus der NS-Machtergreifung anzuwenden, auch wenn sie den marxistischen und kommunistischen Alleinanspruch auf die gute oder echte Revolution ablehnten, der noch heute simplifizierend zwischen rechtem Putsch und linker Revolution unterscheidet. Gewiß haben die Nationalsozialisten selbst sich als den großen Gegenschlag gegen die Französische Revolution gesehen, und bei der Machtergreifung 1933 verkündete Goebbels emphatisch: »Damit wird das Jahr 1789 aus der Geschichte gestrichen.«[11] Doch sie sprachen gleichzeitig nicht ohne Grund von ihrer »legalen« wie »nationalen Revolution«. Dies zu verkennen oder unterschätzen bedeutete einen ähnlichen Denkfehler wie jene Kritik am Totalitarismusbegriff, die sich auf die Verschiedenheiten linker und rechter Diktaturen beruft. Auch qualitative Unterschiede in geistiger oder gar moralischer Hinsicht bedeuten keinen entscheidenden Einwand, sofern die Form der ideologisierten Einparteienherrschaft und ihre brutalen Auswirkungen auf die Beherrschten und Verfolgten vergleichbar sind. Dabei erwies sich in Deutschland der Nationalsozialismus mit seinen revolutionären und zugleich pseudodemokratischen Stoßkräften als überlegen sowohl im Kampf mit der Republik wie auch gegenüber der Diktaturkonkurrenz der Kommunisten – und schließlich seit 1938 auch der des Faschismus.

Wir sehen uns also in den dreißiger Jahren drei verschiedenen Formen antidemokratischer Bewegung und Herrschaft gegenüber. Da war der faschistische Nationalimperialismus italienischer Prägung, in der Realität freilich nur ein »totalitarismo imperfetto«[12], von anderen, imitierenden »Faschismen« abgehoben durch die starke Betonung des möglichst totalen Staates und der römisch-imperialen Tradition. Da waren sodann die zwei ausgeprägten Totalitarismen in der Sowjetunion und im »Dritten Reich«, die nicht nur auf ein ungleich radikaleres Unterdrückungsregime zielten, sondern auf einer klassen- und weltrevolutionären oder auf einer sozialdarwinistisch- und rassenrevolu-

tionären Totalideologie pseudoreligiöser Art beruhten. Und da war
schließlich das weite Feld autoritärer Diktaturen, zu denen sich im
Schatten sowohl des italienischen Faschismus wie des deutschen
Nationalsozialismus seit 1933/34 auch Österreich gesellte.[13] Dabei
stammten nicht nur Hitler und sein Antisemitismus, sondern auch die
frühesten Anfänge des Nationalsozialismus aus dem alten Österreich,
was eine ambivalente Spannungslage ergab.

Der österreichische Ständestaat von 1934 bis 1938 in seiner bür-
gerkriegsnahen, zwangspolitischen Zwischenstellung zwischen Faschismus und Nationalsozialismus war bewußt demokratiewidrig, aber er
war auch betont antitotalitär, verstand sich als ein Abwehrregime, das
der autoritären Struktur bedurfte – ob diese nun (im Sinne Othmar
Spanns) als Staatsideal oder nur als verlängertes Notstandsregime betrachtet wurde, in dem sich auch Kritiker des Nationalsozialismus, politisch und rassisch Verfolgte aus Deutschland aufhielten, bis sie 1938
erneut flüchten mußten oder – wie etwa Eugen Kogon, einst Dokto-
rand Spanns – ins großdeutsche KZ verschleppt wurden.[14]

Näher dem Faschismus als dem Nationalsozialismus stehend, wie
diese aber antikommunistisch und auch antiliberal, suchten alle autoritären Regime der Zwischenkriegszeit vor allem den Staat zu stärken
und zu stabilisieren im Dienste einer nationalen Integration: angesichts
der Drohung des Kommunismus oder Nationalsozialismus, aber auch
nationalistisch-revisionistischer Spannungen mit den Nachbarstaaten
sowie des Drucks und Gewichts der Großmächte, die man zu fürchten
hatte – eine Furchtvorstellung der »kleinen Staaten«, die sich autoritäre Politik zunutze machte, damals in Europa, dann auch in Lateinamerika (nun mit dem Schreckgespenst des »US-Imperialismus«).

Aus der doppelten Antistellung gegen liberale Demokratie und totalitäre Diktatur samt dem Anspruch auf einen autoritär gesteuerten »dritten Weg« resultiert denn auch die Vagheit, Unklarheit, Verschwom-
menheit der Verfassungsprogramme, die über ein bloßes Notstand-
regime hinauszuweisen suchten: so in Deutschland Papens gescheitertes
Konzept des »Neuen Staates« von 1932, so auch die Mai-Verfassung
des Dollfuß-Regimes von 1934.[15]

Daß das Dollfuß-Schuschnigg-Regime überdies keine Massenloya-
lität mittels einer mobilisierenden und integrierenden nationalen Ideologie zu gewinnen vermochte, lag aber vor allem an der trotz Furcht

vor dem »Dritten Reich« andauernden Stärke des großdeutschen Gedankens, der in allen politischen Lagern virulent blieb: viel populärer als die künstliche Affinität, die der Ständestaat und in ihm besonders die Heimwehr Starhembergs zum italienischen Faschismus pflegte – ohnehin belastet durch Erinnerung an die Kriegsgegnerschaft und das Südtirolproblem.

Und doch war das Regime Mussolinis als Gegengewicht zur Macht NS-Deutschlands zumal nach der Ermordung von Engelbert Dollfuß 1934 durchaus wirksam, bevor die prekäre Balance, durch das deutsche Übergewicht in der »Achse Berlin–Rom« abgelöst, dann seit 1936 zunehmend verlorenging.

Auch der Ausbau des Francoregimes während des Bürgerkriegs und in den Jahrzehnten danach ist so wenig wie die Diktatur Salazars und andere Varianten der autoritären Welle mit dem Begriff des Faschismus zu erfassen.[16] Nur die Falange, deren sich Franco gelegentlich bediente, war eine faschistische Bewegung; aber sie vermochte nie einen größeren Anhang, geschweige denn die Kontrolle über das System zu erringen. Dazu fehlte ihr nicht nur, nach dem Tode des jüngeren Primo de Rivera (1936), der unentbehrliche charismatische Führer. Außerdem waren die Entstehungsverhältnisse des spanischen Regimes dazu wenig geeignet: Der antidemokratische Militärputsch hatte keine faschistische Massenbewegung, und die konservativen Mächte behielten weitgehend Kontrolle über die autoritäre Diktatur, die sie errichteten. Gerade dieser Fall (wie auch der Österreichs) zeigt aufs deutlichste, wie falsch eine Erklärung ist, die den Faschismus nur als das ausführende Organ reaktionärer oder kapitalistischer Mächte sieht: Faschistisch oder nationalsozialistisch waren die entsprechenden Bewegungen und Regime gerade und erst dadurch, daß sie sich von diesen »reaktionären« Mächten abzuheben und als Parteidiktatur eigene Ziele durchzusetzen vermochten.

In Spanien war die Lage in dieser Hinsicht grundlegend verschieden von der Italiens oder Deutschlands. Es ging nicht um große ideologische Ziele, sondern vorwiegend um die Wiederherstellung und Sicherung des vordemokratischen, vorrepublikanischen Systems, um das konservative Establishment. Und auch die Person des Diktators war fast ein Zufall. Unter den verschiedenen konspirierenden Politikern und Generalen kam Franco erst in Frage, als die Führer erster Wahl umgekommen waren. Es war die spanisch-lateinamerikanische Tradition des Caudillo, des erfolgreichen Generals, an die hier angeknüpft wurde, und auch die Einbeziehung und Umformierung der Falange im Rahmen einer nationalen Sammelbewegung, für die Franco im April 1937 sorgte, machte diese eigene Prägung der spanischen Diktatur deutlich. Als international eher vorsichtiger Politiker unterschied sich ihr Staatschef diametral von den ideologisch-revolutionär agierenden Massendemagogen in Rom und Berlin. Die Haltung im Zweiten Weltkrieg ließ dies noch deutlicher hervortreten; während Franco natürlich im Bürgerkrieg selbst jede Hilfe aus Italien und Deutschland akzeptierte, hielt er sich vom Krieg Hitlers fern.

Die spanische Version der Antidemokratie, die Diktatur Francos, hat ihre Wirkung auf die lateinamerikanischen Länder gewiß nicht verfehlt: vom Peronismus bis zu den lateinamerikanischen Militärregimen von heute. Im Rahmen Europas aber blieb sie ein Sonderfall. Ihre Bedeutung liegt darin, daß der spanische Bürgerkrieg als *Vor*spiel zum Zweiten Weltkrieg, als Generalprobe der ideologischen Fronten betrachtet werden konnte, die mit dem *Triumph* der neuen Diktatoren endete. Als Diktatur aber blieb das Francoregime weit entfernt vom ideologisch-revolutionären Rechtsradikalismus, fast so weit wie das Regime Salazars. Der Rückweg in die Monarchie war dann auch Francos letzte Antwort auf die Frage nach Ziel und Richtung dieses Systems. Was schließlich das Salazarregime angeht, bleibt es ein interessantes Unikum, daß gerade diese Altvariante der autoritären Welle, die im Jahr ihres Erscheinens 1932 durchaus mit anderen Ständestaatsversuchen vergleichbar erscheinen mochte, bis in die siebziger Jahre überdauerte: wie eine Versteinerung der antidemokratischen Ära, ja der vordemokratischen Ordnungsidee. Daß sie freilich nicht nur einer fernen Vergangenheit angehörte, zeigten die alt-neuen Diktatoren Lateinamerikas – und auch die autoritären Strukturen im kommunistischen Osteuropa.

Die Agonie der Demokratie in den dreißiger Jahren erwies sich aber als schwerer Schlag für die Hoffnungen, die seit 1918 an die Verwirklichung der nationalen Selbstbestimmung geknüpft waren. Es zeigte sich, daß diese nicht zwingend oder auch nur wahrscheinlich zur Ausbildung und Festigung demokratischer Systeme führte. Das Verhältnis von Nationalismus, Nationalstaat und Demokratie war komplizierter, als man in einem noch dem Liberalismus des 19. Jahrhunderts zugehörigen Optimismus angenommen hatte. Überall führten die schweren Strukturprobleme – Minderheitenkonflikte, ökonomische Krisen, Fragen der Agrarreform und einer industriellen Mittelstandspolitik, dazu Revolutions- und Kommunismusfurcht – spätestens Mitte der dreißiger Jahre zu autoritär-diktatorischen Systemen, die allerdings zur Lösung jener Probleme auch nicht imstande waren. Mehr noch, die Illusion vom »dritten Weg« diskreditierte die Idee der Demokratie selbst, indem sie implizierte, diese sei überhaupt nur unter den exzeptionellen Bedingungen der entwickelten, westlichen Staaten lebensfähig. Zugleich boten die chaotischen Verhältnisse den Großmächten die Möglichkeit zu Interventionen und Machtverschiebungen, die eine Gefährdung des europäischen Friedens- und Ordnungssystems insgesamt mit sich bringen konnten.

Das Beispiel der neuen Demokratien nach dem Ersten Weltkrieg beweist aber auch, daß aus dem Stand der sozioökonomischen Entwicklung nicht einfach auf eine politische Anfälligkeit für die Diktatur geschlossen werden kann. Es gab durchaus zwei verschiedene Formen der Anfälligkeit. Da waren die unter- und halbentwickelten Länder des Balkans und teilweise auch Italiens, Polens und des Baltikums, in denen autoritäre oder gar faschistische Regime als Entwicklungsdiktaturen auftreten konnten, gerade weil auch eine tragfähige politisch-staatliche Infrastruktur fehlte; solche Diktaturen erreichten aber nie die politisch-ideologische Perfektion der totalitären Regime. Anfällig waren aber auch Länder mit höherem Entwicklungs- und Lebensstandard, denen ein Absinken oder tiefgreifende Strukturkrisen als Folge des Krieges und der weiteren Modernisierung drohten. Das traf besonders auf Deutschland und Österreich zu, das mit seiner großen Staats- und Kulturtradition sich nun gleichsam als »Resultat einer Subtraktion« (Robert Musil) auf der Suche nach der verlorenen Rolle fand. Hier gab es zwar bessere Voraussetzungen für die Entwicklung parlamentarischer Demokratien, aber zugleich auch radikalere, perfektionistische Neigungen und totalitär organisierbare Strömungen zur reaktionären und revolutionären Veränderung der damaligen Nachkriegslage nach 1918.

Aufstieg des Totalitarismus

Wie war es möglich, daß auf Jahrzehnte der zunehmenden Friedenssicherung, der scheinbar definitiven Fortschritte in der humanitären Abschaffung der Sklaverei und der Zähmung des Krieges die ungeheuerlichsten Rückfälle in die Barbarei folgten: auf den Ersten der Zweite Weltkrieg, Völkermord und innere Unterdrückung, Arbeits- und Konzentrationslager, Totalisierung des Krieges durch Einbeziehung der Zivilbevölkerung, Exilierung, Deportation und Massenvertreibung? Auch dies hatte sich schon in den siebziger und achtziger Jahren des 19. Jahrhunderts vorbereitet. Ideengeschichtlich kommt dabei aufwühlenden Ereignissen wie der Pariser Kommune von 1871 und den großen Wirtschaftskrisen der Gründerzeit mit der Folge einer radikalen Kapitalismuskritik fortwirkende Bedeutung zu. Denn sie führen einerseits zur Verschärfung des Sozialismus im antiliberalen Sinn der marxistischen Doktrin, mit der Parole von der Diktatur des Proletariats; andererseits zur rassistischen Zuspitzung des Nationalismus und Antisemitismus, mit der Folge extrem biologisch-darwinistischer Gesellschaftstheorien, die anstelle des Klassenkampfes den Völkerkampf, das Freund-Feind-Verhältnis und das »Recht des Stärkeren« zum Grundprinzip des Politischen erheben. Beide Extremideologien berufen sich auf die umstürzenden Erkenntnisse und Theorien der modernen Wissenschaft, ja sie treten selbst mit dem Anspruch wissenschaftlicher Unfehlbarkeit auf.

Diese Front des Antiliberalismus sowohl von rechts wie von links war es, die sich in der Kulturkritik und im Zivilisationspessimismus zu einer explosiven Mischung verdichtete und die Gedanken liberalen Fortschritts und demokratischer Kompromißformen radikal in Frage stellte, ihnen den Kampf ansagte. Die intellektuellen Geburtshelfer der totalitären Ideologien wirkten nach links und rechts: so der radikale Ex-Sozialist Mussolini, der im Krieg dann zum Begründer des Faschismus wurde, wobei Marx wie Nietzsche als Ideenspender dienten. Auf der anderen Seite war es der Streit um ein reformerisches oder revolutionäres Verständnis des Sozialismus, der in derselben Zeit eine radikale, gewaltbejahende Version hervorbrachte, mit der schon der französische Gewaltphilosoph Georges Sorel (1908) zugleich auch den russischen Vorkämpfer eines diktatorischen Einparteiensozialismus,

Lenin, mit weltgeschichtlichen Folgen beeinflußte. Es hatte nur des ersten modernen Massenkrieges bedurft, um bisherige Strukturen, Maßstäbe und Hemmungen noch rascher zu beseitigen oder sie umkehrbar, moralisch pervertierbar zu machen. Vor allem Lenin und Hitler haben diese innere, geistig-psychologische Bedeutung des Krieges, nicht nur die äußere Wirkung, erkannt. Es war ein geistig-politisches Vakuum entstanden, in dem es ungleich erfolgreicher möglich war, die Mobilisierung von sozialideologischen »Bewegungen« jenseits der bisherigen Parteien und Organisationen zu betreiben und sie als verführerische Alternativen zu den bisherigen halbabsoluten Monarchien wie zu den nur halbgelungenen neuen bürgerlichen Demokratien 1917 in Rußland, 1922 in Italien, 1933 in Deutschland an die Macht zu bringen.

Die nach der Oktoberrevolution 1917 folgenschwerste totalitäre Machtergreifung Hitlers von 1933 bildete den Kulminationspunkt einer autoritären Welle, die in den meisten neugegründeten Staaten der Nachkriegszeit die noch schwachen, krisengeschüttelten Demokratien »übermannte« – eben mittels eines Kults des starken Mannes: von Ungarn (Horthy) und Polen (Pilsudski) über Portugal (Salazar) und Spanien (Franco), den Staaten des Baltikums und des Balkans bis zu Österreich und Griechenland (Metaxas). Der Nationalsozialismus freilich war unter all diesen antiliberalen und antidemokratischen Ideen- und Machtströmungen in Theorie und Praxis die weitaus radikalste, war nicht minder konsequent und umfassend totalitär wie die kommunistische. Er stand wohl dem italienischen Faschismus nahe, entlehnte ihm auch manche Formen und Parolen, unterschied sich aber durch die extrem rassistische Zielsetzung und rückte mit seiner menschenverachtenden Volkskollektivideologie näher an die Herrschaftsweise des Stalinismus heran, als dies die so betont »antifaschistischen« Sympathisanten des Kommunismus wahrhaben wollten.

Während die zwanziger Jahre noch offen schienen und erfüllt von den Möglichkeiten geistiger wie politischer Vielfalt, wurden nun die dreißiger Jahre überschattet und bedrängt von den zwei großen Lagern, die trotz aller gegenseitigen Konfrontation doch beide vor allem entschiedene Feinde der pluralistischen Demokratie und ihrer Werte waren, indem sie der Errungenschaft freiheitlicher und menschenrechtlicher Politik die Verführungskraft sozialistischer und/oder nationalistischer Gemeinschaftsmystik entgegenstellten. Dazwischen schwank-

ten und fielen die meisten jungen europäischen Demokratien unter
dem Druck der wirtschaftlichen und nationalen Krisen. Zunehmend
schien sich zu beweisen, daß diese Staatsform nur in Ausnahmefällen
lebensfähig war und daß die Staats- und Gesellschaftsform der Zukunft von jenen cäsaristischen Führungsgestalten geprägt werden sollte, die nicht nur Oswald Spengler, sondern auch Max Weber erwartet
hatte.

Im Zusammenhang der vorwärtsdrängenden und zerstörenden
Kräfte der Epoche beginnt die eigentliche Vorgeschichte des Zweiten
Weltkrieges doch vor allem mit dem Jahre 1933, dem wirklichen Anfang der »deutschen Katastrophe«, die nicht nur eine politische und
militärische, sondern auch eine moralische war. Nach der durch Fehl-
einschätzung des Nationalsozialismus von rechts wie links erleichterten »Machtergreifung« beschritt Hitler gleichzeitig zwei Wege: den der
Abschirmung und Beschwichtigung durch scheinbare Verhandlungsbe-
reitschaft und Werben um internationale Anerkennung sowie andererseits den Kurs wechselnder Drohungen, überraschender Sonderaktio-
nen und schließlich vollzogener Tatsachen. Im Zusammenspiel beider
Methoden hat das »Dritte Reich« eine gefährdete Anfangsperiode erfolgreich zu überstehen vermocht, um dann seit 1935, im Besitz einer
gefestigten Machtstellung nach innen und eines demonstrativ vergrö-
ßerten militärischen und kriegswirtschaftlichen Potentials, die gewalt-
same Wendung nach außen bündnis- und wehrpolitisch vorzubereiten.

Die zeitgeschichtliche Forschung hat mit der kritischen Durch-
leuchtung dieses Zusammenhangs die in den Memoiren und Apolo-
gien Beteiligter verfochtene Behauptung widerlegt, Hitler habe erst im
Laufe der folgenden Jahre eine ursprünglich berechtigte Revisionspolitik zum Zerstörerischen hin entwickelt und bis 1938 einen durchaus
vernünftigen Kurs gesteuert. Wie die Beurteilung der pseudolegalen
»Machtergreifung« durch die scheinbar positiven Leistungen der So-
zial- und Wirtschaftspolitik verzerrt wurde, so haben auch die scheinbare Anknüpfung an eine friedliche Revisionspolitik, die trügerische,
weil vorläufige Zurückstellung der unveränderten Eroberungspläne
und die laute Proklamierung eines Friedenskurses in Hitlers offiziellen
Bekundungen die Beurteilung der nationalsozialistischen Außenpolitik
erschwert und verwirrt. In Deutschland wie auch im Ausland hielt die
Illusion an, Hitler werde in der Regierungsverantwortung vernünftig

werden und nicht auf die ebenso dilettantischen wie maßlosen Entwürfe zurückfallen, die das nationalsozialistische Zukunftsprogramm
enthielt. Die Politik der Beschwichtigung (»appeasement«), die das
Verhalten der Westmächte bis an die Schwelle des neuen Krieges bestimmt hat, entstand denn auch aus dem Glauben an die Möglichkeit
einer friedlichen Eindämmung der Hitlerschen Außenpolitik durch
Kontakte und Konzessionen – ganz ähnlich der Illusion einer Zähmung
Hitlers, die schon der Innenpolitik der Weimarer Republik zum Verhängnis geworden war.

Demgegenüber hat Hitler elastisch, aber zäh den Weg beschritten,
der trotz scheinbar »polykratischer« Verhältnisse und Widersprüche
seine Diktatur Stufe für Stufe zur unumschränkten Handlungsfreiheit,
zur totalen Revision von Versailles und schließlich zum hemmungslosen Griff nach europäischer Hegemonie und zu Weltmachtplänen führte. Seine ersten Ziele, vor allem die Auflösung des kollektiven Völker-
bundsystems durch Einzelpakte, die Isolierung Frankreichs durch eine
Bündnisfront mit dem faschistischen Italien und möglichst auch mit
dem »germanischen« Großbritannien, zugleich eine großdeutsche Ausweitung der Herrschaft durch Druck auf Österreich, zeichneten sich
schon seit 1934/35 ab. Hitler hat keinen Zweifel daran gelassen, daß
seine totalitär konzipierte Innenpolitik nach ihrer endgültigen Zweck-
bestimmung Funktion der neuen, expansionistischen Außenpolitik zu
sein hatte. In »Mein Kampf« wie in der berühmten Rede vor dem Düs-
seldorfer Industrieklub im Januar 1932, in Vorträgen vor Generalen
und Beamten, Parteifunktionären und Wirtschaftsführern vor und
nach 1933 hatte er unmißverständlich betont, daß die nationalsozialistische Herrschaftspolitik dafür erst die Voraussetzung geistiger, orga-
nisatorischer und militärischer Bereitschaft schaffen werde. Von den
entscheidenden Akteuren der internationalen Politik nicht ernstgenommen, begann schon unmittelbar nach der »Machtergreifung«
diese neue Außenpolitik neben der alten, die zum bloßen Instrument
wurde, in alle politischen Lebensbereiche einzugreifen; auf dem Weg
zum Krieg wurde sie zugleich wiederum Mittel totaler, auf unbegrenzte Dynamik und militärische Schlagkraft gegründeter Herrschaft nach
innen.

Wenn hier immer wieder vor allem von *Hitler* zu sprechen ist, so
nicht im Sinne eines beliebten Theorienstreits etwa der Art: »Männer

machen Geschichte« versus »das Dritte Reich als Polykratie«. Das sind
übertreibende Zuspitzungen. Die vernünftige Forschung hat immer
schon beide Faktoren in ihrer Wechselbeziehung betont: Struktur *und*
Person. Den tatsächlichen oder auch gekünstelten Streit um Hitler als
allein bestimmenden oder als angeblich »schwachen« Diktator hat
neuerdings neben Manfred Funke am besten Hermann Graml geklärt,
der nach sorgfältiger Überprüfung der Debatte und der Tatsachen zu
dem Schluß kommt: »Wenn man von dem einzigen Sonderfall Österreich absieht, gehen also die bedeutenderen außenpolitischen Aktionen
des Dritten Reiches sämtlich auf Entschlüsse Hitlers zurück, die weder
von Personen oder Gruppen noch von Situationen oder Entwicklungen
unmittelbar und entscheidend beeinflußt waren. Der Diktator handelte allein und frei, nur jenen Zwängen ausgesetzt, die er sich mit der
nationalsozialistischen Programmatik und mit seiner Fixierung auf
diese Programmatik selbst geschaffen hatte.«[17] So wichtig auch mir
schon seit meinen frühen Weimarstudien die struktur- und systemge-
schichtliche Betrachtung gewesen ist, so muß in der Darstellung der
Entwicklung zum Zweiten Weltkrieg doch vor allem von Hitler, seinen
ideologischen Fixierungen, seinem politischen Willen und seinen Entscheidungen die Rede sein, wie dies bei Historikern von Alan Bullock
und Joachim Fest bis Eberhard Jäckel und Norman Rich geschieht, zu
wenig hingegen bei Ian Kershaw.

Und bei allen gelehrten Diskussionen über versäumte Möglichkeiten und Alternativen bleibt eines bestehen: Es gab keine wirkliche
Möglichkeit, den Krieg zu verhindern, wenn und solange Hitler entscheiden konnte. Seine Ziele und seine Herrschaftsweise ließen keinen
anderen Weg zu – wenn er ihn nun gerade so und zu diesem Zeitpunkt
wollte. Auch die außereuropäische Kriegsentwicklung hängt damit zusammen, wie Japans Ausnutzung der Situationen von 1931 bis 1941
zeigen sollte.

Hitler kam die fast unaufhaltsam scheinende Krise der Demokratie
in den dreißiger Jahren entgegen. Eine »autoritäre Welle«, ein Zug zu
nationalen Diktaturen bestimmte zunehmend das Bild Europas. Ihre
Versprechungen und Ambitionen übten einen wachsenden Sog aus,
störten die zwischenstaatliche Politik und verschärften die allgemeine
Unsicherheit und Labilität. Zunehmend auch schien sich die parlamentarische Demokratie als funktionsuntüchtig zu erweisen. Fast nir-

gends war sie offenbar fähig, die politischen und sozialen Spannungen des »Massenzeitalters« in einer stabilen, zugleich anpassungsfähigen Ordnung aufzunehmen. Selbst in den traditionsgefestigten Demokratien Großbritanniens und besonders Frankreichs kam es zu Störungen, langen Regierungskrisen, Spaltungen. Auf der anderen Seite übten die Konsolidierung des kommunistischen Systems in der Sowjetunion und mehr noch der lärmende Aufstieg des »Dritten Reiches« einen wachsenden Einfluß auf die schwankenden Nachbarn aus: Äußere Machtentfaltung, Infiltration und scheinbare Erfolge innerer Einigung wirkten lähmend oder auch verführerisch auf Freund und Feind.

Wege in Krieg und Vernichtung

Die Sowjetunion hatte die Passivität des Westens mit Unwillen und Verdacht verfolgt. Doch sie war im Zeichen der Stalinschen Zwangs- und Terrorpolitik fast ganz der eigenen Innenpolitik zugewandt und beschränkte sich auf Kritik und Deklarationen. Eine Ost-West-Front gegen die »Achse« wurde durch gegenseitiges Mißtrauen verhindert.

Vor diesem Hintergrund entwickelten sich die beiden entscheidenden Zusammenhänge, die die Entfesselung des Krieges schließlich ermöglichten: die Zugeständnisse der westlichen Appeasementpolitik auf der einen, die machiavellistische Schwenkung Stalins auf der anderen Seite. Sie haben der raschen weiteren Entfaltung der nationalsozialistischen Machtpolitik freie Bahn geschaffen. Ziele und Taktik Hitlers haben sich demgegenüber kaum geändert. Ihre erprobte Reihenfolge blieb: weitgehende Forderungen, zunächst der Revision, dann der geopolitischen Abrundung, schließlich des imperialen Herrschaftsanspruchs; geheime Planung und erfolgreicher Überraschungsschlag; anschließend emphatische Versicherung, daß dies der letzte Akt zur Verwirklichung deutschen Lebensrechts sei und daß man nach der jeweiligen Seite hin keine weiteren Forderungen habe. Dieser Vorgang wiederholte sich immer von neuem.

Mit dem Spanischen Bürgerkrieg war – wie ihn die Diktatoren verstanden – bereits eine Generalprobe des großen *ideologischen Bürgerkrieges* im Gange, der die entscheidenden Weichenstellungen der künftigen Weltpolitik vorbereiten sollte. Es war aber auch die Zeit, in der für scharfsinnige Beobachter sichtbar wurde, welche unmenschliche

Drohung der Totalitarismus von rechts wie von links bedeutete. So
entstanden aus dieser damaligen Anschauung zwei der eindringlich-
sten Analysen der totalitären Drohung: die Schreckenvision »1984«
von George Orwell und die vergleichende Ideologiekritik von Jakob
Talmon. Der englische Schriftsteller Orwell (1903–1950) war selbst
am Spanischen Bürgerkrieg beteiligt und erlebte dort 1937 sein Da-
maskus; der israelische Historiker Talmon (1916–1980), dem wir die
geschichtlich umfassende dreibändige Darstellung der geistigen Ur-
sprünge und Folgen der »totalitären Demokratie« verdanken, wurde
damals als polnischer Student erklärtermaßen zuerst und entscheidend
geprägt durch jene dreifache Erfahrung, die ihn an die terroristische
Phase der Französischen Revolution erinnerte: den Spanischen Bürgerkrieg, die stalinistischen Schauprozesse und die nationalsozialistische
Judenverfolgung. Orwells Selbstkritik aus dem Jahre 1944 ist bis heute
gültig: Die linken Intellektuellen zumal machten den Fehler oder erlä-
gen dem Irrtum, daß sie »antifaschistisch sein wollten, ohne antitotalitär zu sein«[18]. Und Talmon hat bis zu seinem allzu frühen Tod immer
wieder betont, daß gerade die grundlegende Einsicht in den pseudodemokratischen Charakter totalitären Denkens und Handelns auf seine
bestürzenden Erfahrungen am Ende der dreißiger Jahre zurückgehe.[19]

Tatsächlich wurde dieser historische Zusammenhang in der Folge
dramatisch bestätigt. Der so überraschende und doch durchaus charakteristische Vertrag Hitlers und Stalins 1939 ließ die Unterscheidung
von Rechts- und Linksdiktatur zurücktreten hinter dem negativ-ge-
meinsamen Willen der Diktatoren zu einem zeitweiligen Beutepakt und
zur totalitären Veränderung der Staatenwelt.

So wurde die Tür zum Zweiten Weltkrieg aufgestoßen. Der wahre
Charakter des Hitlerregimes trat nun hervor: Nicht Abwehr des Kommunismus, wie der Nationalsozialismus mit so großem Erfolg verkündet hatte, sondern Rassismus und Eroberungspolitik um jeden Preis
waren seine Hauptziele. Der deutsche Außenminister Ribbentrop erklärte Stalin, auch der Antikominternpakt sei »im Grunde nicht gegen
die Sowjetunion, sondern gegen die westlichen Demokratien gerichtet«[20]. Der damalige Dolmetscher Molotows, Bereškow, hat uns erklärt, Moskau habe gar einen Beitritt zu dem Dreimächtepakt mit der
»Achse« und Japan noch im November 1940 durchaus für möglich
gehalten.[21] Eine völlige Umkehr von der Freund- zur Feindpropa-

ganda auf beiden Seiten, wie sie nur in totalitären Regimen möglich ist, hat den Über-Machiavellismus des Hitler-Stalin-Paktes begleitet.

Gerade hier zeigt sich also, daß entgegen der Meinung von Faschismushistorikern und -deutern der Nationalsozialismus keineswegs in erster Linie als (populärer) Antibolschewismus zu bestimmen ist, sondern im ideologischen Kern (wohl weniger populär und darum unterschätzt) als Rassismus und Antisemitismus. Ein totaler Schwenk, wie der Hitler-Stalin-Pakt samt dem folgenden Freundschaftsabkommen, war für Hitlers Judenpolitik ganz undenkbar – sie hielt über alle taktischen und interessenbedingten Erwägungen hinweg fanatisch und mörderisch an dem Ziel der biologistischen Bekämpfung und schließlichen Vernichtung fest.

Aber bereits mit dem »Anschluß« Österreichs 1938 zeichnete sich die Katastrophe des Zweiten Weltkriegs ab, und auch schon die Unmenschlichkeit seiner nationalsozialistischen Urheber: Mit dem Übergang von autoritären zu totalitären Formen der Politik gingen zugleich die Radikalisierung der Judenverfolgung und die Konkretisierung des geopolitischen und rassistisch begründeten Ostimperialismus des »Dritten Reiches« einher.

Die Ereignisse von 1938/39 manifestieren das Zusammentreffen der beiden mächtigen Zeitströmungen, der autoritär-nationalistischen und der totalitär-diktatorischen. Eine umfassende Ideologisierung der Politik, gepaart mit Freund-Feind-Denken und Sündenbock-Antisemitismus, bahnte im Laufe der dreißiger Jahre der verhängnisvollen Zuspitzung im Herzen Europas den Weg. Deren gewaltsam machtpolitische »Lösung« wurde von den einen als Erfüllung gerechter Ansprüche auf Selbstbestimmung glorifiziert, von den anderen als Unglück und Unterdrückung erlitten, von allzu vielen als offenbar unumgängliches, historisches Schicksal hingenommen und mitgetragen. Die Entwicklung ist gewiß nicht isoliert als ein deutsches und österreichisches Phänomen zu verstehen; sie zwingt immer wieder zum Blick auf die europäische Krisen- und Diktaturlandschaft der zwanziger und dreißiger Jahre. Aber die historische Einordnung in die autoritäre und die totalitäre Diktaturwelle kann nicht eine im Rückblick bequeme Relativierung bedeuten – weder politisch noch moralisch. Es bleibt die antreibende, führende Rolle, die der Nationalsozialismus mit seiner Verbindung von Reichs- und Nationalgedanken bei der Radikalisierung über

die Staatsgrenzen hinweg spielte, wodurch jene unmenschliche Steigerung der autoritären und faschistischen Diktaturform zu einem totalitären Herrschaftssystem bewirkt wurde, das alles Bisherige hinter
sich ließ – auch den Faschismus, den sich der Nationalsozialismus
ebenfalls seit 1938 machtpolitisch-militärisch und ideologisch-rassi-
stisch zunehmend unterordnete.

Und in einem entscheidenden Punkt
ging er auch über den Stalinismus der menschenfeindlichen Kollektivierung und Schauprozesse hinaus: eben in der rassistisch begründeten
Feind- und Vernichtungspolitik.

Schon in den Pogromen von 1938 und nur wenige Monate später in
der Besetzung Polens traten jene wahren Züge des Regimes hervor, die
es von anderen Tyranneien unterschieden – und die zeigten, daß es weit
mehr war als antibolschewistisch (und antidemokratisch) im Sinne
etwa der späteren Faschismustheorie (Ernst Nolte) oder auch der damaligen Apologie autoritärer Notstandsregime (Carl Schmitt).

Eine vergleichende Betrachtung der allgemeineuropäischen und sy-
stempolitischen Umstände, unter denen eine solche Diktatur gerade in
Deutschland zur Macht gelangen und sich dann zuerst auf Österreich
ausdehnen konnte, obwohl seit der Jahrhundertwende in vielen Ländern ähnliche geistige, soziale und politische Strömungen existierten –
Nationalismus, Antisemitismus, Sozialimperialismus –, wird vor allem
zwei Komplexe hervorheben:

1. Der Nationalsozialismus selbst war ein primär deutsches Phänomen – und nicht ein »faschistisches«, das ebenso genuin italienisch
war, so inspirierend es zeitweilig wirken mochte. Er beruhte in besonderem Maße auf einer Verrohung und Brutalisierung des politischen
Denkens und Verhaltens, einem gestörten Politikverständnis, das man
als Pervertierung des deutschen Idealismus und Ordnungswillens
durch den Ersten Weltkrieg und die ihm folgenden Krisen bezeichnen
kann. Dabei trifft die umstrittene Sonderwegsthese[22] freilich nur so
weit zu, als sie jenes deutsche *Sonderbewußtsein* meint, das durch die
überspannten »Ideen von 1914« und dann die tiefe Enttäuschung von
1918 bestimmt war. Nichtbewältigung der Niederlage, Gefühl des von
der Geschichte ungerecht Behandelten, Dolchstoßlegende: aus diesem
Syndrom der nationalen Verkrampfung nährte sich all das, was dann
Hitler »Mein Kampf« nennt und womit er am fundamentalsten schon
seine frühe Agitation im Nachkriegs-München bestritt.

2. Diese deutsche Ideologie vom nichtverlorenen Krieg, mit welcher der Nationalsozialismus dann bis zum Ende von 1945 steht und fällt, lebte aber nicht nur von der »negativen« Stoßrichtung, dem Antimarxismus und Antibolschewismus, die ja keine deutsche Besonderheit waren, sondern vielmehr von einer Koppelung betont »positiver«, programmatisch-progressiver Ideologeme: über den extrem »völkischen« Nationalsozialismus hinaus von einem Rassismus, der sich vom kolonialen Apartheidsrassismus anderer Länder (auch des Faschismus) durch seine pseudowissenschaftlich-biologistische Begründung im Sinne eines »arischen«, naturnotwendig gegen andere Völker und Rassen gerichteten Herrschafts- und Vernichtungsanspruchs unterschied. Vom Antisemitismus ausgedehnt auch auf einen Antislawismus, wird dies alles nun bezogen auf jene expansive Lebensraumtheorie, die nicht mehr nur geopolitisch, sondern ebenfalls naturgesetzlich rassistisch definiert wird. Mit dieser – im NS-Vokabular – »unverrückbaren Ideologie und ihrer unerbittlichen »Durchführung«, die (anders als der Antibolschewismus im Hitler-Stalin-Pakt 1939 bis 1941!) keine Kompromisse kannte, war Hitler nicht nur eine Art Anti-Lenin (Nolte) und der Nationalsozialismus weit mehr als das negative Abbild des Bolschewismus, so propagandistisch wirkungsvoll die Bekämpfung und gleichzeitige Imitation kommunistischer Herrschafts- und Unterdrückungspolitik sein mochte.

Was schließlich in Deutschland und dann auch in Österreich mehr fehlte als andernorts, waren politische und menschlich-moralische Abwehrkräfte, die offenbar aus Geschichte, Religion und Kultur nicht hinreichend gestützt wurden, um gegen totalitären Zwang und Verführung einen wirksamen Widerstand zu tragen. Es sind jene innersten Triebkräfte des Nationalsozialismus, zumal Sozialdarwinismus, Lebensraumideologie und biologischer Rassismus, die allzu viele Zeitgenossen nicht rechtzeitig ernst genommen, als bloße ideologische Verstiegenheiten oder Verbrämungen unterschätzt und bagatellisiert hatten und die doch erst die totalitäre Energie entbanden und quasi wissenschaftlich, ja »moralisch« sanktionierten: durchaus im Sinne einer »höheren Moral« und eines totalitären Glaubens, ohne den schließlich die Verbrechen des »Dritten Reiches« nicht zu erklären sind. Daher bleibt die wesentliche Unterscheidung gerade auch der Begriffe geboten, die dem Diktaturproblem in der modernen Geschichte und Politik

beizukommen suchen. Sie sollten besser erkennbar machen, auf welche
Weise das Zusammentreffen von Tradition und Revolution, von Kommunismusfurcht und Sendungsglaube, von Autoritarismus, Faschismus und Nationalsozialismus die deutschen und österreichischen Irrwege von 1933 und 1938 ermöglicht und dann zur Katastrophe des
Zweiten Weltkriegs geführt haben.

Die Wende von 1945

Was ergibt sich nun für die historische Einordnung der Diktatur des
Nationalsozialismus aus der ihm folgenden Entwicklung einer zweiten
Nachkriegszeit?[23]

1. Das unwiderrufliche Scheitern des nationalsozialistischen Griffs
nach unbeschränkter Weltmacht ließ keine Politik der Selbsttäuschung
wie 1918 mehr zu, und mit der wechselseitigen Abschreckung im atomaren Zeitalter, das ja ebenfalls 1945 mit dem ersten und bislang einzigen Abwurf zweier Atombomben über Japan begann, war ein weiterer Fortsetzungskrieg im Grunde undenkbar geworden: freilich mit der
Konsequenz nun eines langgestreckten »Kalten Krieges« im geteilten
Europa. In seinem Verlauf konnte wenig Zweifel mehr bestehen, daß
das lange verdeckte Ende des europäischen Zeitalters gekommen war.
Noch blieb Europa im Zentrum des Geschehens, doch es war vom Subjekt zum Objekt des Weltgeschehens geworden. Nach 1918 noch einmal verschleiert, in der Fortdauer der Kolonialherrschaft und im Aus-
griff der Diktatoren noch einmal geleugnet, mußte dieser Wandel der
weltpolitischen Konstellation nun endgültig erscheinen. Aber die Tatsache, daß es zwei politisch, gesellschaftlich und ideologisch so konträre Weltmächte waren, die über das Schicksal Europas entschieden,
enthielt zugleich mit seiner künftigen Teilung den neuen Ansatz einer
westeuropäischen Zusammenarbeit und demokratischen Integration.

2. Die »Stunde Null« von 1945, besonders in der erschütterten Welt
deutscher Intellektueller und auch Historiker ein bestimmender Bezugspunkt (Friedrich Meinecke, »Die deutsche Katastrophe«; Alfred
Weber, »Abschied von der bisherigen Geschichte«), existierte allerdings mehr als moralische Idee denn als politische Realität. Gravierende Vorkriegs- und Kriegsprobleme bestanden fort. Drei Beispiele
mögen dies verdeutlichen:

Die (groß-)deutsche *Nationalstaatsfrage,* ein Problem der europäischen Politik seit dem 19. Jahrhundert und im Nationalsozialismus zur explosiven Steigerung gebracht, wurde durch die Aufteilung Deutschlands auf die politisch-ideologischen Weltblöcke sistiert: mit der Folge, daß die Frage seiner Einheit von der Forderung nach freiheitlicher Demokratie überlagert, der Systemfrage nachgeordnet wurde und auch machtpolitisch nur noch eine europäische Überwindung der Teilung realistisch erschien.

Der *Ost-West-Konflikt,* seit Lenins Machtergreifung 1917 bis 1920 Teil der Geschichte der Sowjetunion und der westlichen Antworten auf die revolutionäre und totalitäre Herausforderung, erweiterte sich ins Globale mit der dauernden Beteiligung der USA an der Weltpolitik nach 1945; mit der Folge einer Bipolarität der internationalen Politik überhaupt, die bis zu den großen Veränderungen von 1989/90 vorherrschte.

Auch das *Imperialismus- und Kolonialproblem* geht auf einen jahrzehntelangen Prozeß des Übergangs seit Anfechtung der europäischen Suprematie mit dem Ersten Weltkrieg zurück. Die nun definitive Emanzipation der neuen Nationen als Folge des Zweiten Weltkrieges führte freilich zugleich weltweit zur konfliktreichen Übertragung westlicher Konzepte des Nationalstaats und der Industrialisierung, der Demokratie und zunächst leider mehr noch der Diktatur.

3. Die großen Entscheidungen der zweiten Nachkriegszeit fielen nicht auf Friedenskonferenzen wie 1919/20, waren vielmehr Ergebnis eines Prozesses der internationalen Politik, der sich in Europa über fünf Jahre bis zum Koreakrieg (1950) hinzog und nach weiteren fünf Jahren zur vollen Konsolidierung der Blöcke in Ost und West führte. Das hieß aber nicht einseitiger Primat der Außenpolitik: im Gegenteil! Die Verschränkung innen- und außenpolitischer, ideologischer und sozioökonomischer Motive trat gerade in der Spaltung Europas hervor. Doch keiner seiner Staaten kann sich mittlerweile der Illusion hingeben, seine Geschichte allein zu bestimmen: Die Interdependenz ist das Schicksal und zugleich die Chance der zweiten Nachkriegszeit.

4. Im Unterschied zu der Krisengeschichte nach dem Ersten Weltkrieg waren es drei große Erfahrungen, die nach 1945 den Wiederaufbau und das politische Verständnis der veränderten Welt bestimmten: das Erlebnis der totalitären Diktatur und der Anfälligkeiten der De-

mokratie; das Erleiden des modernen Krieges auch gegenüber der
Zivilbevölkerung und der ideologisch begründeten Menschenvernich-
tung; die ernüchternde Enttäuschung über das Verhalten der Sowjetunion 1939 und erneut nach 1945 bei der Spaltung Europas. Der
Kriegskommunismus erschien immer weniger als interessantes Experiment oder neue Utopie denn als Bedrohung jener Freiheit, deren existentiellen Wert die Europäer soeben aus der Erfahrung mit dem Hitlerregime unmittelbarer als je zuvor kennengelernt hatten.

Fast zwingend ergab sich daraus eine Rangordnung der Werte, an
der es in der Zwischenkriegszeit so weithin gefehlt hatte. Der Begriff
der »freien Welt«, später oft als Schlagwort oder als bloße Leerformel
abgetan, bezeichnete damals etwas sehr Reales, und zwar in doppeltem
Sinne: sowohl die Befreiung vom Joch der NS-Herrschaft als auch die
Verteidigung gegen neue diktatorische Gefahren.

5. Erstmals in der Geschichte Europas begann sich eine einheitliche
Meinung über den Wert der freiheitlichen Demokratie und die Gemeinsamkeit europäischer Interessen zu bilden. Dies konnte vorläufig
nur im Westen geschehen – und vor dem Hintergrund einer tiefen Erschöpfung und Krisenstimmung, die vielen Analysen und Deutungen
der Literaten, Philosophen und Theologen das Gepräge gab. Aber die
Erfahrungen mit Diktatur und Krieg schufen zugleich Voraussetzungen
für eine demokratische Europapolitik, die von den Denkmöglichkeiten
der ersten Nachkriegszeit gänzlich verschieden waren. Das geschah
nicht über Nacht: Die zähen Denktraditionen der nationalen und ideologischen Politik wirkten als mächtige Petrefakte des politischen Lebens und Glaubens fort. Die geistigen und normativen Entscheidungen, die an den Verfassungen, Büchern und Diskussionen jener Jahre
und nicht zuletzt an der jähen Abkehr westlicher Intellektueller vom
Kommunismus ablesbar sind, bewirkten aber die Entstehung eines ge-
meineuropäischen und gemeindemokratischen Politikverständnisses,
das ungleich stärker und allgemeiner als das bisherige politische Denken überzeugt war vom Primat der Freiheit und Menschenwürde, von
der Bedeutung eines Ausgleichs zwischen individuellen und sozialen
Rechten, vom unverbrüchlichen Wert der pluralistischen Demokratie
vor allen monolithischen Ideologien und Systemen. Ein solches Denken vermochte sich bei jeweiliger Lockerung der Diktatur auch im weiteren, östlichen Europa zu artikulieren, vom Prager Frühling (1968)

zu Solidarnosc (1980) und zur freilich eher noch unklaren Idee eines
»gesamteuropäischen Hauses« im Zeichen der Befreiung von kommu-
nistisch-totalitärer Vorherrschaft.

6. Unter dem Druck der großen Ereignisse und angesichts der zwin-
genden Bipolarisierung der Welt durch die Supermächte hatten die
Staaten Europas nur noch eine politisch reduzierte Bedeutung. Aber
das zwang sie auch zu einer tieferen politischen Besinnung, an der es
vor und nach 1918 gefehlt hatte: Besinnung der Völker Europas auf die
Grenzen nationalstaatlicher Machtpolitik und Besinnung der Intellektuellen auf den grundlegenden Unterschied zwischen Demokratie und
Diktatur anstelle des Räsonnements über »schlechte« Demokratien
und »gute« Diktaturen – und des Liebäugelns mit letzteren, ihrer ideo-
logisch-pefektionistischen Zukunftsvisionen wegen.

So bedeutete 1945 auch eine große Widerlegung jener politischen Illusionen und Fiktionen, die im Gefolge der Modernisierung und des revolutionären Fortschrittsglaubens herangewachsen waren. Mehr denn
je zuvor war der Glaube an eine unaufhaltsame und automatische Ver-
besserung des Menschen in moralischer und kultureller Hinsicht fragwürdig geworden; ihm stand die Erfahrung von Auschwitz gegenüber.
Doch ebensowenig genügte der Kommunismus als Inbegriff des Antifaschismus, wenn entgegen seinem moralisch-ideologischen Anspruch
in der Sowjetunion die menschenfeindlichen Zwangslager fortbestan-
den. Andererseits konnten Kulturkritik und Pessimismus nun, da sich
ihre Untergangsbefürchtungen anders als erwartet erfüllt hatten, nicht
mehr wie ehedem mit starken Männern oder ideologischen Erlösungen
rechnen, sondern trafen auf eine ungeheure Erschöpfung und Ernüchterung, auf ein Bedürfnis nach Entideologisierung. Eine »skeptische
Generation« suchte nun ihren Halt diesseits oder jenseits der traditionellen Ideologien, um statt der großen Revolution die mögliche Reform, vor allem aber das physische und moralische Überleben zu sichern.

7. Doch die apokalyptischen Perspektiven des vergangenen und eines so bald wieder möglichen Krieges konnten zugleich ein starker Antrieb sein, die Fortsetzung oder Wiederholung jener großen Irrungen
des Denkens und Handelns zu vermeiden, die der ersten Hälfte des
Jahrhunderts den Stempel aufgedrückt hatten. Ihre große Widerlegung, ein realeres Verständnis der politischen Freiheit, der mensch-

lichen Würde und der moralischen Werte der Demokratie: das waren positive Aspekte der Katastrophe, die auch über die nationalen Unterschiede hinweg eine Art Grundkonsens der freien Welt ermöglichten, in den unerwartet rasch sogar die Besiegten, Deutsche und Japaner, voll einbezogen wurden – auch dies ganz anders als nach dem Ersten Weltkrieg, freilich nur dort, wo auch Selbstbestimmung gewährt wurde. Der Aufbau eines freien Europa in enger Verbindung zu Amerika: das war die politische Idee, an der es nach 1918 gefehlt hatte. Sie enthielt ganz konkrete Wertsetzungen, die Europa gegenüber dem erlittenen und überstandenen, doch von neuem drohenden Despotismus stärken und vereinen, die vor Hitler geretteten demokratischen Freiheiten schützen konnten. Ein Glücksfall kam zu Hilfe: der selbst von den Akteuren des 1947 entwickelten Marshallplans nicht erwartete ökonomische Aufschwung des westlichen Europa, das binnen weniger Jahre aus tiefer Verelendung zu neuer Wirtschaftsblüte gelangte. Das stand in scharfem Kontrast nicht nur zu den sozioökonomischen Krisenerfahrungen der zwanziger und dreißiger Jahre, die soviel zur Zerrüttung der Demokratie beigetragen hatten, sondern auch zu dem offensichtlichen Unvermögen der kommunistischen Systeme, den verheißenen sozialen und wirtschaftlichen Fortschritt zu verwirklichen. Die Rückwirkungen und Wechselwirkungen von ökonomisch-sozialem und politischem Denken sind wohl selten in der Geschichte eindrucksvoller hervorgetreten.

8. Die unermeßlichen Konsequenzen von Krieg, Mord und Unterdrückung seit 1939, Folgen totalitärer Machtpolitik und menschenfeindlicher Ideologien, doch vor allem die Schuld der deutschen Diktatur, übertreffen alles Bisherige in der Geschichte der Menschheit. Gerade auch der Historiker, der sich der genauen Erinnerung besonders verpflichtet fühlt, wird darauf bedacht sein, daß die totalitäre Erfahrung unseres Jahrhunderts niemals vergessen werde. Aber er konstatiert auch, daß es freiheitliche Demokratien erstmals in der Geschichte vermocht haben, den Teufelskreis wechselseitiger Kriegsdrohung und Besetzung in Europa zu durchbrechen und auf freiwilliger Basis überstaatliche Ordnungen zu begründen, die der Bewahrung und Verwirklichung der Menschenrechte dienen.

Kriege wurden und werden in unserem Jahrhundert fast durchweg von Diktaturen begonnen. Wie immer man über den umstrittenen

Primat der Außenpolitik denken mag: Nicht nur der internationalen Politik und den Ideologien, sondern vor allem der *inneren* Struktur der Staaten und Gesellschaften, ihrer Sicherung gegen diktatorische Herrschaft wie gegen Rückfälle in engen Nationalismus kommt bei der Wahrung des Friedens erste Bedeutung zu. Auch diese Erfahrung gehört zu einer historischen Ortsbestimmung unseres Jahrhunderts. Zu seinen politisch verpflichtenden Mahnungen und Lehren zählt jene Einsicht in die Notwendigkeit eines föderativ vereinten, demokratischen Europas, die seit 1941 schon in den Widerstandsbewegungen gegen Hitlers totalitäres Europa lebendig war: zumal in Frankreich und Italien, aber auch im deutschen Widerstand, so in den Entwürfen des Kreisauer Kreises.

In einer Zeit, in der die Europaidee befreiend vordringt, während unsere Erkenntnisse über die totalitäre Struktur kommunistischer Regime[24] durch die umwälzenden Ereignisse von 1989/90 nachhaltig bestätigt werden, und in einer Welt, in der noch immer – blicken wir nach Peking – totalitäre Gewalt am Werke ist, bleibt gewiß jenes Vermächtnis aktuell: Zur Absage an den Krieg muß untrennbar die Absage an Diktatur und Totalitarismus gehören.

Fortdauer und Ende des Totalitarismus

Der »Aufstand gegen Zwang und Lüge«[25], 1989 aufgebrochen angesichts der tiefen Diskrepanz zwischen Ideologie und Wirklichkeit auch in der »zweiten deutschen Diktatur«[26] im verbliebenen Osten Deutschlands, hat zum Umbruch scheinbar perfekt gesicherter politischer Systeme, Gesellschafts- und Denkformen, zum Zusammenbruch totalitär begründeter Diktaturen, zum Verfall des marxistisch-leninistischen Wahrheitsmonopols mit seiner Endgültigkeit beanspruchenden Geschichtsgewißheit der kommunistisch-sozialistischen Utopie geführt. Und auch »die Einheit der Deutschen« kam nicht einfach aus einer deutschen Nationalbewegung, sondern als Teil einer größeren internationalen, antitotalitären Freiheitsbewegung ganz Osteuropas zustande. Sie wurde, anders als 1870/71, ohne Blut und Eisen, mit der Bürgerbewegung in der DDR, der raschen Entschlossenheit des Bundeskanzlers Helmut Kohl, dem Beistand Amerikas und auch der Sowjetunion sowie der Zustimmung der europäischen Nachbarn vollbracht.

Der Wandel von pseudodemokratischen Diktaturen zu freiheitlich-
rechtsstaatlichen, pluralistischen Demokratien entbindet freilich zugleich wieder jene Ambivalenz des modernen Nationalismus, die auch
der nationalen Komponente der Befreiung vom kommunistischen Universalismus inhärent ist. Die Gefahr einer Wiederkehr nationalstaatlicher Konflikte auf Kosten funktionsfähiger Demokratien, einer Störung demokratischer Rekonstruktion durch nationalistische Bewegungen, also eines Rückfalls in die Konflikte der Zwischenkriegszeit mit
dem Vorrang nationalistischer vor demokratischer Politik, ist kaum zu
bannen bei eifersüchtiger Rivalität völlige »Identität« suchender und
verheißender Nationalstaaten. Der weitverbreitete Modebegriff der
nationalen Identität besitzt eine Berechtigung nur, wenn der Tatsache
Rechnung getragen wird, daß die Absolutsetzung kollektiver Identität
eine Gefahr darstellt, die wir in unserem Jahrhundert des Zwangs, der
Verführung und Gleichschaltung mehrfach bitter erlebt haben.

Diesen alt-neuen Problemen des Nationalstaates kann auf Dauer
nur durch eine Föderalisierung Europas mit abgestuften Formen der
Integration begegnet werden. Dafür bieten das Vorbild der EU, der Europarat sowie der KSZE-Prozeß auch institutionell bessere Voraussetzungen denn je: zu einer Modifikation sowohl des Nationalstaats- wie
auch des Souveränitätsprinzips. Nur auf diese Weise kann es auch zu
einer Entschärfung der historischen Minderheiten- und Regionalprobleme kommen, sowohl in menschenrechtlicher wie in ökonomisch-sozialer Hinsicht. Diese geschichtliche Aufgabe, an der das 20. Jahrhundert bislang gescheitert war, ist auch mit den Umbruchjahren 1989/90
nicht gelöst, vielmehr erneut bewußt und aktuell geworden. Auch der
plötzliche Übergang von totalitärer Plan- zu sozialer Marktwirtschaft
ist allenfalls europäisch zu verkraften.

Aber nur dann, wenn es auch zu einer intensiven Aufarbeitung der
Vergangenheit in den jüngst gestürzten Diktaturstaaten kommt. Besonders kompliziert ist dies in der ehemaligen Sowjetunion mit ihren
zur Zeit auseinanderstrebenden Völkern, aber auch in jenen Ländern
mit einer »doppelten Zeitgeschichte«, die wie die frühere DDR unter
zweifacher, 57jähriger Diktaturerfahrung stehen, nationalsozialistischer wie kommunistischer. Es hat erneut bittere, längerdauernde Auseinandersetzungen über das Verhalten unter und gegenüber Diktaturen, zwischen Kollaboration, Distanz oder Widerstand zur Folge; denn

in der DDR war die für unser Verständnis deutscher Geschichte und menschlicher Grundrechte so entscheidende Frage einseitig vom Slogan des »Antifaschismus« überdeckt.

So geht es am Ende des Jahrhunderts nicht nur um ein Ende der seit den sechziger Jahren schon öfters für beendet erklärten »Nachkriegszeit«. Es geht vielmehr um einen Wendepunkt in der über 70jährigen Geschichte antidemokratischer und totalitärer Systeme seit dem Ersten Weltkrieg, den Machtergreifungen Lenins und Mussolinis, des Kommunismus und des Faschismus. Das gilt übrigens auch für die viel mißbrauchten Gegenkräfte und Gegenbegriffe des Antikommunismus und des Antifaschismus. Von den Illusionen und Verwirrungen, die sich damit bis heute verbunden haben, zeugte das fragwürdige Wort Thomas Manns von 1942: Der Antikommunismus sei »die Grundtorheit unserer Epoche«. Doch derselbe Thomas Mann schrieb dann auch immerhin bereits 1951 an Walter Ulbricht im Blick auf die drakonische Justiz des SED-Regimes: »Der Kommunismus möge vermeiden, mit dem Faschismus verwechselt zu werden.«

Es ist dieser Zusammenhang, auf den sich die zu Unrecht verfemte Totalitarismusdebatte vor wie nach dem Zweiten Weltkrieg bezieht. Sie betraf ja nicht zuletzt die »antifaschistische« Unterschätzung des Kommunismus auch im Westen. Dessen totalitäre Natur ist entgegen den Bagatellisierungen und Konvergenzprognosen falscher Entspannungsideologen schließlich im Zusammenbruch der kommunistischen Systeme noch einmal bestätigt worden: nicht zuletzt in den Ähnlichkeiten und Entwicklungen vom Gestapo- zum Stasistaat behält diese totalitäre Erfahrung durchaus aktuelle Bedeutung. Die Epoche diktatorischer und totalitärer Bewegungen ist nicht zu Ende, so wenig wie die Möglichkeit ideologischer, fundamentalistischer Verführung durch »politische Religionen« im Dienste monopolistischer Macht. Es bleiben Potenzen und Tendenzen alter und neuer Radikalisierung und Utopisierung auch in einem nun – hoffentlich endgültig – postfaschistischen und postkommunistischen Zeitalter.

Internationalisierung und Demokratie

Die Verflechtung von Innen- und Außenpolitik[1]

Im Verlauf des 20. Jahrhunderts kam es zu einer globalen Ausweitung der internationalen Beziehungen, die mit dem unabweisbaren Bedürfnis nach demokratischer Fundierung aller Politik, auch der äußeren, zusammentraf. Dies führte zu einer neuen Dimension jenes alten Spannungsverhältnisses zwischen Innen- und Außenpolitik als einer Nahtstelle fast aller Erörterungen des Politischen und seiner konkreten Erscheinungsformen. Vor allem die neuere Geschichte ist durch die konfliktreiche Spannung, Verflechtung und Wechselwirkung von innerer und äußerer Politik um so stärker bestimmt, je weniger im Zeitalter der Demokratien und weltweit wirksamer öffentlicher Meinung nationale und internationale Politik voneinander zu trennen sind.

Diese historische Entwicklung erreichte ihre Höhepunkte jeweils am Ende der beiden Weltkriege. Doch die Hoffnung auf einen internationalen Triumph der Demokratien wurde nach 1918 genauso wie nach 1945 von einer Welle tendenziell totalitärer Diktaturen angefochten. Mit der befreienden Wende von 1989 und dem Ende des Kalten Krieges sind die Chancen einer demokratiegemäßeren Gestaltung auch der internationalen Politik größer denn je geworden. Nach einer kurzen Periode der Euphorie, die einher ging mit einer Renaissance des Nationalismus, treten jedoch die alten wie neuen Probleme einer transnationalen Weltpolitik hervor.

Heute ist die Frage nach dem Gewicht der innen- und außenpolitischen Komponenten allen staatlichen Handelns so offen wie ehedem. Seit sich Historie und politische Theorie mit dieser vielschichtigen Problematik auseinandergesetzt haben, bestand eigentlich kein Zweifel über ihre enge wechselseitige Beziehung. Aber während die vorrevolutionäre Epoche und eine ihr zugewandte traditionelle Auffassung dazu neige, in den innerstaatlichen Vorgängen auch eine Funktion des außenpolitischen Geltungs- und Behauptungswillens eines Staates, der »Staatsräson«, zu erblicken, hat die Erweiterung der sozialen und wirtschaftlichen Bereiche besonders seit der Französischen Revolution zu einer stärkeren Beachtung, teilweise auch zu einer Überbewertung der innenpolitischen Triebkräfte geführt. Im selben Maße, in dem nach dem Gewichtsverhältnis innen- und außenpolitischer Faktoren geforscht wurde, verstärkte sich schließlich die Frage nach der Anerkennung und Durchsetzung des Demokratieprinzips auch in der internationalen Politik.

In der Tat ist der Bereich sozialer Bewegungs- und Machtbeziehungen über den ihm ursprünglich zugemessenen innerstaatlichen Raum längst und weit hinausgewachsen. Der Siegeszug der bürgerlichen Gesellschaft im Sinne einer *civil society* ging einher mit dem lange heftig umkämpften, doch nach dem Fall des Kommunismus allgemein anerkannten Aufstieg der modernen Demokratie. Einer Demokratie, die den gewandelten Bedingungen von Regierungen und Regierten gerecht zu werden suchte, indem sie dem Pluralismus der Interessen und Bindungen Einfluß und Wirkung gestattete: mit dem Ziel, sie im Kompromiß zu verbinden, zu integrieren und das Ergebnis zum Maßstab politischen Handelns zu machen.

Innen- und Außenpolitik: Zwei Seiten derselben Medaille

Die alte deutsche Überzeugung vom Primat der Außenpolitik, die noch im Ersten Weltkrieg ein Ventil für überfällige innere Reformen zu schaffen suchte, war mit der Niederlage von 1918 und der Gründung der Republik von Weimar aufs Entschiedenste angefochten. Nach dem bis dahin größten Zusammenprall außenpolitischer Machtansprüche und dem offensichtlichen Scheitern der alten Diplomatie beanspruchte die innenpolitische Dynamik einen ungemein verstärkten Einfluß auch auf die zwischenstaatlichen Beziehungen. Dem wollte die Gründung eines Völkerbundes der Nationen gerecht werden.

Die Überzeugung von einer Eigengesetzlichkeit der Außenpolitik als dem Kerngehalt der Staatsräson älterer Form oder der nationalen Selbstverwirklichung neuerer Prägung hat sich jedoch in der Zwischenkriegsperiode weiterhin behauptet, sogar um schwerwiegende neue Ar-

gumente und Antriebskräfte verstärkt. Besonders im Aufstieg geopolitischer Betrachtungsweisen war der Primatsgedanke seit Beginn unseres Jahrhunderts auf scheinbar wissenschaftliche Weise modernisiert,
der sozialen und ökonomischen Expansionsbewegung angepaßt worden. Hier wurde ein durch geographisch-strategische Raumkonzeptionen begründeter Determinismus entwickelt, demzufolge Außenpolitik
als Expansions- und Herrschaftsanspruch auf lange Sicht unausweichlich den Gesetzen des Raumes zu folgen hatte. Der nationalsozialistische Lebensraumbegriff und die Exzesse Hitlerscher Ostpolitik und
Herrschaftsplanung sind mit ihrem Anspruch auf weltpolitische Notwendigkeit ohne diese pseudowissenschaftliche Bestätigung eigenmächtiger außenpolitischer Neuordnungspläne kaum zu denken.

Aber gerade die geopolitische Begründung des außenpolitischen Primats besaß zugleich ihre innenpolitische Kehrseite: Für Karl Haushofer, der seinen Weg als Militärstrategielehrer begonnen hatte, und vor
allem für Hitler selbst war die geopolitisch begründete Expansion eine
Funktion der inneren Neuordnung im Sinne des völkischen, also überstaatlichen Selbsterhaltungstriebes, der sich hier zwar notwendig nach
außen verlängert, jedoch mit Staatsräson als einem Wert per se nicht
mehr identisch war. Dasselbe gilt auch für die Verwandlung der russischen Expansionstradition in die bolschewistische Annexions-, Satelliten- und Militärraumpolitik, die stets mit der inneren Begründung
weltrevolutionärer Zwangsläufigkeit, mit der Übertragung des Klassenkampfes auf die außenpolitische Ebene einherging. Die Zermürbung der klassischen Staatsphilosophie und Staatsmetaphysik durch
den Ansturm der Gesellschaft hat also sowohl in der pluralistischen
Grundkonzeption der Demokratie wie zugleich in der totalitären Ideologie der rassen- oder klassenkämpferisch bestimmten Diktaturen ihren – jeweils besonderen – Ausdruck gefunden. Es war in jedem Fall
zugleich das Ende der Vorstellung von einer autonomen Außenpolitik.

Wie das nationalstaatliche, so ist auch das außenpolitische Primatsprinzip im Weltgegensatz demokratischer und totalitär-diktatorischer
Herrschaftsformen zerbrochen oder doch überlagert worden durch
eine soziologisch und ideologisch begründete Dynamik, die die staatlichen Grenzen überspringt oder gar sprengt. Auf der einen Seite ist die
Erscheinung des Parteienstaates, der sich in der westlichen Demokra

tie durchgesetzt und auf *seine* Weise die Aushöhlung der klassischen Staatsmetaphysik offenbart hat, Ausdruck einer innerpolitisch orientierten Verschiebung der politischen Willensbildung. Auf der anderen Seite wirkt die Eigendynamik der gesellschaftlichen Kräfte auf einen veränderten Stil und Charakter außenpolitischen Denkens und Handelns hin. Innenpolitisch entstandene und angetriebene Ideologien gehen quer durch die Staaten, wirken vertikal, lockern die horizontale Kraft des Nationalbezugs. Sie stellen den bislang unumstößlichen Begriff der Souveränität in Frage, ja lassen ihn in den Augen zeitgenössischer Völker- und Staatsrechtler als Mythos oder gar Fiktion erscheinen, und sie relativieren selbst den Grundsatz der Loyalität des Bürgers gegenüber dem Staat. Der Verrat ist im 20. Jahrhundert keine unmoralische Ausnahmeerscheinung mehr. Begriff und Erscheinung der Widerstandsbewegung bezeichnen mehr als eine Revolte; sie drücken jetzt die innenpolitisch angesetzte Abwertung eines allgemeinen Primatsanspruchs des Staates aus, an dessen Stelle das gewünschte oder abgelehnte politische System, die transitorische Herrschaftsform oder die politische Zweckgemeinschaft tritt.

Auch wir selbst haben uns, bewußt oder unbewußt, diese Anschauung längst zu eigen gemacht, so beharrlich am alten Begriffs- und Wertesystem auch festgehalten wird. Wie anders wäre der nationalsozialistische Staat oder seine sowjetzonale Verlängerung mit der ganzen Problematik der Legalität der von ihm ausgehenden Hoheitsakte und Existenzansprüche, zugleich der Legitimität des Widerstandes dagegen zu verstehen? Wie wäre aber auch die Tatsache zu erklären, daß zuvor schon der Rechtsstaat der Weimarer Republik gerade von Kreisen, die zäh am absoluten Staatsbegriff festhielten, demgegenüber betont als »System« abgewertet wurde, bis schließlich die nationale Erhebung von 1933 sich ausdrücklich als Durchbruch einer seit Jahren bestehenden inneren Gegenregierung verstanden wissen wollte?

Das war kein spezifisch deutsches, auf den Aufstieg des Nationalsozialismus und seinen Zusammenbruch beschränktes Phänomen. Die marxistische und kommunistische Entsprechung dieser allgemeinen Entwicklung, greifbar in der Ideologie vom Klassenkampf, vom Zusammenschluß der Proletarier aller Länder und vom Absterben des Staates unter der Diktatur des Proletariats, ist augenfällig. Aber auch die westlich-demokratische Gegenbewegung hat, und sei es nur als

Notbund gegen die totalitäre Bedrohung, seit Wilsons Weltbefrie-
dungsideen von 1918 und Roosevelts Kreuzzugsgedanken von 1941
die klassische Machtstaatspolitik von innen her und zugleich ideologisch zu überwinden gesucht. In dem Schlagwort »Die Welt für die Demokratie sicher machen!«, mit dem der amerikanische Sendungsge-
danke aus seinen christlich-religiös verwurzelten Ursprüngen im Neu-
England des 17. Jahrhunderts säkularisiert hervorgetreten ist, drückt
sich die tiefe Überzeugung aus, daß Demokratie nicht nur als politische, sondern als Lebensform begriffen werden müsse. Auch hier wird
wie im Marxismus, wenngleich in inhaltlich diametralem Sinne, Innenpolitik zur Außenpolitik erklärt. Und der paradoxe Begriff des Weltbürgerkrieges, dem Sigmund Neumann und Gerhard Leibholz nachge-
gangen sind, drückt diesen Prozeß der Übersetzung von Innen- in Außenpolitik und der Ablösung zwischenstaatlicher durch überstaatliche
Fronten plastisch aus. Dahinter stehen eben nicht isolierte geistige
Konzeptionen, sondern darin sind alle sozialen und politischen Faktoren der modernen Massengesellschaft am Werk.

Schließlich hat auch der Prozeß einer ständig beschleunigten Technisierung und Vereinheitlichung der Welt in erster Linie die Wirkung,
die Grenzen zu verwischen und sie einmal in die Innenpolitik, dann
wieder in die Außenpolitik zu verlegen. Der Begriff und Bereich des
Staates, in dem die Staatslehre die oberste Zusammenfassung aller sozialen Kräfte zur friedlichen Ordnung und zur gemeinsamen Bewältigung der äußeren Daseinsaufgaben erblickt, rückt dadurch in die rela-
tivierende Sicht der Sozialwissenschaften. Die politische Wissenschaft
selbst strebt über den historisch begrenzten Staatsbegriff hinaus, auf
die Erfassung der im Fluß befindlichen Wirklichkeit vor-, außer- und
überstaatlicher Prozesse politischer Bewegung und Gestaltung, die der
modernen Welt das Gepräge geben.

Freilich hatte auch das Zeitalter des revolutionären Nationalismus
noch weitgehend daran festgehalten, daß sich das politische Leben vornehmlich in der Machtäußerung nach außen, in der Selbstbehauptung
gegenüber anderen Staaten zeige, daß die Innenpolitik davon abge-
leitet sei und außenpolitische Bedürfnisse und Aktionen entscheidend
auf die innerstaatlichen Ereignisse und Einrichtungen zurückwirkten.
Doch hat man zugleich überzeugend nachgewiesen, wie stark schon die
vorrevolutionären Ansätze und Triebkräfte des Nationalismus von der

inneren, der religiösen, wirtschaftlichen und kulturellen Emanzipationsbewegung ausgingen und wiederum auf die innere Umgestaltung von
Politik und Gesellschaft zurückwirkten. Nationalismus und Demokratie entwickelten sich Seite an Seite, und noch heute vollzieht sich
– sichtbar in Asien und Afrika – die staatliche Neugestaltung im Zeichen eines integrierenden Nationalismus, dessen innere Funktion besonders wichtig erscheint.

Innere Krise und Außenpolitik

Es ist zum allgemeinen Erfahrungsgut geworden, daß moderne Revolutionen aus einer Verdrängung der Innenpolitik erwachsen. Sie können durch außenpolitische Erfolge nicht endgültig aufgehalten werden,
wie am Ende der Weimarer Republik auch Brüning und von Papen mit
ihrer Hoffnung auf Bewältigung der Krise erfahren mußten. Dabei läßt
sich der Struktur- und Funktionswandel der inneren Politik in ihrem
Verhältnis zur Staatspolitik nach außen vor allem auf drei Ursachen-
reihen zurückführen, die in enger wechselseitiger Beziehung zueinan-
der stehen:

Erstens geistig auf den Prozeß der *Säkularisation*, der übrigens, wie
immer wieder nachgewiesen wurde, nicht in der Abwendung vom
Christentum, sondern gerade in dem optimistischen Glauben an die
vollständige Verchristlichung der Welt seinen Ursprung hat und erst im
Scheitern dieses Glaubens die Antibewegung hervorgetrieben hat. Der
Prozeß ist auch in der modernen Demokratie noch keineswegs abge-
schlossen. So sehr aber die religiös-christlichen Wurzeln und Elemente
besonders auch im angelsächsischen Typus noch fortdauern, so ist
seine Konsequenz doch ein politischer Emanzipationsprozeß. Dessen
äußerer Aspekt ist der Aufstieg des souveränen Nationalstaates und
des Nationalismus, sein innerer Aspekt der Durchbruch des politischen
Liberalismus und der Demokratie.

Zweitens soziologisch auf den *gesellschaftlichen Strukturwandel,*
der sich vom Kapitalismus zum Imperialismus, von ständischen zu ega-
litären Ordnungsvorstellungen vollzieht und zugleich mit dem Aufstieg
des modernen Sozialismus ein neues Spannungsfeld von national und
international begründeter Zukunftspolitik hervorbringt.

Drittens schließlich materiell auf die *technologische* Revolution, die von der ständig beschleunigten Erweiterung der materiellen Kultur und der Bevölkerungszahl bis hin zum Wandel der Kriegstechnik auch einem neuen Verhältnis von Mensch, Gesellschaft und Staat den Weg gebahnt hat. Dem entspricht übrigens auch, daß Begriff und Erscheinung des »Militarismus« nicht mehr als staatlich-außenpolitisches, sondern gerade charakteristisch als gesellschaftlich-innenpolitisches Problem zu fassen sind.

Das Gewicht dieser Wandlungen wurde besonders in Deutschland lange nicht hinreichend eingeschätzt. Dies erscheint als eine der Folgen jener selbstbewußten Trennung vom westeuropäisch-amerikanischen Staats- und Gesellschaftsdenken, die aufs engste mit dem Ausbleiben einer normalen revolutionären Pubertätskrise der deutschen Entwicklung zusammenhängt und zum folgenschweren Nachhinken der deutschen Innenpolitik hinter dem Aufstieg der Demokratie geführt hat. Das gilt für den gewiß starken, doch rasch abgebogenen Widerhall auf die amerikanische und französische, aber auch schon auf die englische Revolution.

In dieser Frontstellung wurde auch der Erste Weltkrieg als große Bewährungs- und Entscheidungsprobe eines deutschen Eigenweges durchgekämpft und von allzu vielen deutschen Betrachtern auch so empfunden und kommentiert, ohne daß freilich – und darin erst liegt das eigentlich Verhängnisvolle – die geschichtliche Entscheidung von 1918 bewältigt und zu einer Revision der ideologischen Grundlage genützt worden wäre. In der Dolchstoßlegende war zwar der mögliche Einfluß innenpolitischer Dynamik festgestellt, aber eben ganz ins Negative gerückt worden. Die Weimarer Republik entfernte sich rasch von den Ansätzen einer demokratischen Neuordnung: Die innere Konsolidierung der pluralistischen Demokratie und die drängenden Probleme politischer und sozialer Stabilität wurden vernachlässigt durch überparteiliche Betonung der Versailles- und Reparationskritik und durch das erneute außenpolitische Primatsdenken gegenüber den inneren Ursachen der Wirtschafts- und Staatskrise.

Im Verlauf unseres Jahrhunderts hat sich dann die Problematik in der bipolaren Welt auf die Alternative einer demokratischen oder einer diktatorisch-totalitären Lösung des Problems zugespitzt. Für die moderne Diktatur, die auf ihre Weise die Welttendenz politischer und sozialer Emanzipation zu bewältigen sucht, war der innenpolitische Ausgangspunkt des Machterwerbs und der Machtbehauptung nicht weniger bestimmend als für die Demokratie.

Tatsächlich beruhte totalitäre Politik mehr als die irgendeiner anderen Herrschaftsform auf dem engen Zusammenhang oder mehr noch: der Identität von innen- und außenpolitischer Machtentfaltung in dem Sinne, daß der in alle Sphären vordringenden »Erfassung« und Gleichschaltung der Bevölkerung nach innen die letztlich grenzenlos gedachte Ausweitung des Herrschaftsbereichs nach außen entspricht. Das charakterisierte die faschistische und nationalsozialistische ebenso wie auch die sowjetische Ausprägung des Totalitarismus. Neben den innenpolitischen Parallelen totalitärer Herrschaftspraxis bietet das sowjetimperialistische Konzept mit der Endvorstellung der Weltrevolution der vergleichenden Betrachtung durchaus Anhaltspunkte, die auch auf die faschistische und nationalsozialistische Theorie des Imperialismus zutreffen. Besonders aber gilt dies für das funktionale Verhältnis von Innen- und Außenpolitik in der Praxis totalitärer Herrschaft.

Das Beispiel Nationalsozialismus

Als geschichtlich abgeschlossenes, quellenmäßig zuverlässig durchdringbares Phänomen erscheint dafür der Nationalsozialismus besonders aufschlußreich. Schon in seinem Ansatz steckt jene bewußte Verbindung von nationalen und imperialen Tendenzen, die dann für die Entwicklung und Verwirklichung der nationalsozialistischen Ideologie so ungemein charakteristisch war. Dazu kam der Anspruch eines nationalen deutschen Sozialismus, in dem der Gedanke der totalen inneren Einheit des Volkes fortentwickelt und dann in Gestalt des Sozialimperialismus nach außen gewendet wurde.

Der Zusammenbruch der Weimarer Republik, ihr Versagen vor der Wirtschaftskrise und der inneren Radikalisierung ist nicht ohne den Fehlglauben an den Vorrang außenpolitischer Probleme auch in einer schweren inneren Krise zu erklären. Und so hat auch die keineswegs vom Nationalsozialismus erfundene Idealisierung von Einheit, Ordnung, Volksgemeinschaft und ihre einseitige Beziehung auf außenpolitische Machtentfaltung entscheidend zu Hitlers Erfolg beigetragen.

Die westliche Gegenpolitik hat diesen Zusammenhang verkannt und lange geglaubt, Innen- und Außenpolitik eines totalitären Systems getrennt beurteilen und ihr getrennt begegnen zu können. Schon Verlauf und Erfolg der russisch-sowjetischen Revolution waren dadurch wesentlich bestimmt. Wir wissen inzwischen, wieviel außen- und kriegspolitisches Primatsdenken zur russischen Katastrophe von 1917 beigetragen hat: von deutscher Seite die Unterstützung Lenins bei seiner Reise durch das Deutsche Reich, von seiten der Alliierten das verhängnisvolle Bestreben, die junge und schwache russische Demokratie Kerenskis, die sich nur durch einen Friedensschluß innenpolitisch hätte behaupten können, im Krieg zu halten – mit dem Ergebnis der Katastrophe. Die Verspätung westlicher Konzessionen an die deutsche Demokratie und das Bestehen auf den Forderungen des Versailler Vertrags erscheint doch wesentlich als eine Folge der Unterschätzung der innenpolitischen Krisen- und Revolutionssituationen im Deutschland der frühen dreißiger Jahre.

Hitler hat es geschickt verstanden, solche Illusionen zu bestärken. Obgleich die nationalsozialistische Weltanschauung in all ihrer Unklarheit und Inkonsistenz nie einen Zweifel an ihrem expansionistischen Grundprinzip gelassen und das geopolitische Argument früh zur These vom Recht der stärkeren Völker auf erweiterten Lebensraum entwickelt hatte, ist Hitler doch die Täuschung weitgehend gelungen. Der Hitler-Stalin-Pakt von 1939 hat diese Tendenz rücksichtslosen Primatsdenkens eindeutig bestätigt.

Überhaupt enthält das deutsch-sowjetische Verhältnis zwischen den Kriegen die ganze Skala der Möglichkeiten, die der Manipulierung des Primatsproblems in autoritären und totalitären Staaten gegeben sind: zunächst das Streben nach Durchbrechung der außen-, wirtschafts- und militärpolitischen Isolierung in der Ära der Weimarer Republik, aber auch noch in der nationalsozialistischen Zeit wiederholt der Versuch einer Unterscheidung von innenpolitischer Vernichtung des Kommunismus und außenpolitischer Koexistenz. Die diplomatischen Akten machen deutlich, daß – ganz entgegen den nachträglichen Versuchen russischer Politiker und Historiker, den Westmächten alle Verantwortung für den Erfolg der nationalsozialistischen Konsolidierung aufzubürden – auch nach 1933 von sowjetischer Seite viele Anstrengungen zur Fortsetzung der deutsch-russischen Zusammenarbeit gemacht wurden. Die totalitäre Taktik des Primats innenpolitischer Konsolidierung gipfelt in der triumphierenden Überzeugung von der Überlegenheit einer totalitären Außenpolitik, die, wie es Ribbentrop während der Vorbereitung des Hitler-Stalin-Paktes dem sowjetischen Geschäftsträger gegenüber ausgedrückt hat, anders als in Demokratien auf die schwankende öffentliche Meinung keine Rücksicht zu nehmen brauchte – wenn sie erst einmal die innere Gleichschaltung perfektioniert hat.

Innen- und Außenpolitik in der Demokratie

Um so schwerer ist das Gegenbild von der demokratischen Bewältigung des Problems zu fassen. Der Augenblick der Unterscheidung liegt im Ausgangspunkt, in der Abfolge und im endgültigen Gewicht der verschiedenen Faktoren, die innere Politik in äußere übersetzen, Außenpolitik auf Innenpolitik zurückwirken lassen. Man hat dies in die Formel gefaßt:»Die autokratischen Staatsformen bieten dem Volk Halt von außen, die Demokratie verlegt die haltgebenden Momente in die Psyche des einzelnen.«[2]

Nun hält sich freilich mit verständlicher Hartnäckigkeit die These, Demokratien seien wegen ihrer umständlichen, beständigen Schwankungen ausgesetzten Praxis innerstaatlicher Willensbildung ungeschickt, unzuverlässig und überhaupt wenig erfolgreich in der Führung auswärtiger Politik – ein Vorwurf, mit dem sich schon James Bryce in seinem klassischen Werk über die modernen Demokratien auseinandergesetzt hat. Der Forderung nach Stetigkeit, Fachkenntnis und Verschwiegenheit stehen Labilität, Dilettantismus und Öffentlichkeitsbedürfnis in der Demokratie gegenüber.

In der Tat hat auch die moderne Politik der Tatsache Rechnung zu tragen, daß die zwischenstaatlichen Beziehungen anders als die inneren Angelegenheiten nicht von großen Versammlungen und ständig wechselnden Volksbeauftragten behandelt werden können: Diplomatie als Kunst der Fachleute und Kontinuität der Außenpolitik in der Hand einer stabilen Zentralgewalt scheinen dem Wesen der Demokratie zu widersprechen. Im inneren Kampf gegen absolute Herrschaft entstanden und durchgesetzt, stellt das demokratische Prinzip die einheitliche Willensbildung stets neu in Frage: Aufspaltung der Loyalitäten ist die

Folge, Unterlegenheit gegenüber der scheinbar geschlossenen, rascher aktionsfähigen Politik der Diktaturen der Preis innerer Freiheit. Wir stehen hier zugleich vor dem allgemeineren Problem, wie Demokratie und Autorität miteinander zu versöhnen sind.

Zwei Einwände, die unmittelbar auf den Kern des demokratischen Lösungsversuchs der Primatsfrage hinführen, sind gegen eine solche Argumentation zu erheben. Erstens bleibt zu unterscheiden zwischen der effektiven Durchführung der Politik und ihrer primären Begründung und Bestimmung. Die Demokratie hat hier den Demokratisierungsprozeß bewußt aufgehalten, sie hat in Wahrheit stets viel eher als Diktaturen den Bereich der Fachleute respektiert. Indem die auswärtige Gewalt schon von Locke und Montesquieu, von Rousseau, Hegel, aber auch Jefferson der Exekutive zugeordnet wurde, hat sich dem Demokratie lediglich die Grundentscheidung nach ihrer innenpolitisch bestimmten und kontrollierten Willensrichtung vorbehalten.

Ein weiterer Gesichtspunkt erscheint nicht minder wesentlich. Legt nicht die Einsicht in die Unteilbarkeit aller Politik zugleich den Gedanken nahe, daß demokratische Innenpolitik als ständig neu in Konflikt und Kompromiß vollzogener Ausgleich der Interessen, als realistische Lösung der Widersprüche sozialen Lebens durchaus auch Vorbild und Antrieb für einen neuen Stil außenpolitischer Konfliktlösung sein könnte? Dem innerstaatlichen Recht ist das Völkerrecht, dem Grundrechts- und Kompromißgedanken der Schiedsgedanke und die Forderung nach Einschränkung der Souveränität auf bestimmte Grundrechte des Staates nachgefolgt. Das Zusammenrücken der Welt verlangt, wie einst im innerstaatlichen Bereich, neue Formen zwischen- und überstaatlichen Interessenausgleichs.

Auch die Technik des politischen Kompromisses stößt gewiß auf Grenzen, wenn sie als Grundprinzip der Demokratie zugleich an der Parallelität von zwischenmenschlichen und zwischenstaatlichen Beziehungen festhält. Das schwierige Problem, wie weit Selbstbehauptung, wie weit Kompromiß in der Ost-West- und insbesondere in der Wiedervereinigungsfrage am Platze sei, setzt hier ein gegenwärtiges Beispiel. Aber das wesentliche Merkmal scheint auch hier zu sein, daß im demokratischen Kompromißprinzip nicht mehr die Staatsräson, sondern der Grundsatz menschlicher Freiheit und Selbstbestimmung die erste Rolle spielt: erneut also, in Inhalt und Konsequenz, das Hinüberwirken innenpolitischer Werte in die zwischenstaatliche Machtpolitik und das Aufrichten überstaatlicher Maßstäbe auf dem Grund fortgeschrittener zwischenmenschlicher Erfahrung. Und auch hier bestätigt sich die Erkenntnis, daß die politische Gestaltung der rechtlichen Fixierung vorangeht, selbst wenn es der institutionellen Form noch an Inhalten fehlt: Völkerbund, UNO, europäische, supranationale Einrichtungen sind Beispiele. Freilich bleibt in der Einschränkung der Beschlußfähigkeit und Verbindlichkeit, im Grundsatz der Einstimmigkeit für alle wesentlichen Fragen (Völkerbund) und im Vetoprinzip (UNO) der Mythos der Souveränität unangetastet, ja, erst recht legitimiert.

So wenig das Problem in seinem ganzen, auch moralischen Gewicht hier behandelt werden kann, so gewiß spielt es bei der Behauptung von der Unterlegenheit demokratischer Außenpolitik eine wesentliche Rolle. Während des Kalten Krieges erhob sich angesichts einer auch in dieser Frage noch verschärften Diskussion, die der pluralistische Westen dem monolithischen Osten gegenüber nicht immer glücklich geführt hat, die Mahnung, der Westen solle nicht in vielen Reden und Kontroversen Pläne und mögliche Konzessionen vorher schon preisgeben; man dürfe jetzt nicht auf parlamentarische Debatten drängen und Opposition nicht aus der innenpolitischen in die außenpolitische Sphäre verlegen. Die Außenpolitik müsse also gegen das Hin und Her innenpolitischer Machtkämpfe abgeschirmt werden, man müsse wieder den Weg zur klassischen Geheimdiplomatie finden, um der Krise gewachsen zu sein. Aber es bleibt das Gegenargument: Die demokratische Kontrolle der Politik ist nach innen und außen unteilbar, und ihr Wesen liegt stets in der Möglichkeit und Durchsetzbarkeit freier Meinungsbildung.

Tatsächlich ist das Dilemma nur scheinbar. Zum Beispiel haben gerade radikal-demokratische Verfassungsformen wie das Schweizer Gesetzgebungsreferendum keineswegs eine radikale, eher eine konservative Politik begünstigt. Im äußersten Krisen- und Kriegsfall hat in unserem Jahrhundert auch stets eher die Demokratie als ihr entgegengesetzte Systeme erfolgreiche Lösungen gefunden. Die Erfahrung zweier Weltkriege gibt, selbst wenn sie noch nichts über die endgültige Fähigkeit sowjetischer Manövrierkunst aussagt, einen Hinweis auf die Oberflächlichkeit des Erfolgsarguments auch in der Frage des Verhältnisses von Gesellschafts- und Staatsform zur Außenpolitik. Wir erin-

nern ferner an das Beispiel der Dritten Französischen Republik seit
1870: Die Demokratie hat hier im steten Blick auf das deutsch-franzö-
sische Problem mehr Konsistenz bewiesen als das autoritär-plebiszi-
täre Regime des dritten Napoleon, aber auch mehr als die militärisch-
bürokratischen Monarchien Deutschlands, Österreich-Ungarns und
Rußlands. Der Zusammenbruch von 1940 hat zwar die militärischen
Grenzen eines fast isolierten Frankreich gezeigt, nicht aber – wie das
rasche Erstarken der Résistance beweist – die Demokratie selbst widerlegt. Noch eindrucksvoller ist die Verbindung von innerer Emanzipation und Bestimmung der Außenpolitik in England. Die Nichtaner-
kennung der Sezession im amerikanischen Bürgerkrieg war ein Entschluß, der gegen den Willen der englischen Oberschicht der breiten öffentlichen Meinung und, wie man sagen muß, der politischen Vernunft
Rechnung trug. Die imponierende Geschlossenheit und Effektivität
demokratischer Politik im Ersten Weltkrieg, aber auch die Bedeutung
der Appeasement-Politik gegen Hitler, durch die er schließlich offen
ins Unrecht gesetzt und nach Scheitern aller Vermittlungsversuche die
Friedensneigung der englischen Öffentlichkeit in entschiedene Kriegs-
bereitschaft verwandelt wurde; schließlich der Einfluß der inneren
Auseinandersetzung auf den raschen Abbruch des Suezunternehmens
im Jahre 1956: All das sind Beispiele für die enge Verbindung von In-
nen- und Außenpolitik und zudem Beweise für die Fragwürdigkeit der
Legende von der Unterlegenheit demokratischer Außenpolitik.

Vor allem aber erscheint die Geschichte der Vereinigten Staaten als
klassisches Beispiel innenpolitischer Orientierung, die wesentlich auch
die Außenpolitik beherrscht hat. Während überall sonst die Parlamente
nur kontrollierenden Anteil an der Außenpolitik der Regierungen nehmen, ist hier auch der Senat aktiv eingeschaltet. Das ging trotz ständi-
gem Wechsel des Personals gut, solange die Politik der Isolation und
der amerikanischen Hemisphäre den weltpolitischen Gegebenheiten
entsprach: Die politische Dynamik verwirklichte sich in der Ausdehnung der inneren Grenzen, in der Frontierbewegung, in der raschen industriellen Emanzipation und in der Abrundung und Abschirmung des
Kontinents gegen europäischen Kolonialismus und inneramerikanische
Auseinandersetzungen. Das 20. Jahrhundert hat diese Sicherheit des
innenpolitischen Primats jedoch ernsthaft erschüttert und auch zu Verschiebungen in der Bestimmung der Außenpolitik geführt. Der weltge-

schichtliche Entschluß des Kriegseintritts von 1917 war, so sehr er der gewandelten Situation und dem Weltkriegscharakter der Auseinandersetzung entsprach, nur durch die deutschen Mißgriffe in der Seekriegsführung und ihre Wirkung auf die inneren Kräfte und die öffentliche Meinung Amerikas möglich geworden. Deshalb auch der neuerliche Rückzug aus der Weltpolitik, der verhängnisvolle Verzicht auf eine Beteiligung am Völkerbund, die Zurückhaltung gegenüber Hitler und schließlich die Tatsache, daß wohl nur der japanische Überfall auf Pearl Harbour Roosevelt die neuerliche Hinwendung zur aktiven Kriegspolitik ermöglichte. Erst die Konfrontation mit der *innenpolitischen* Drohung des Bolschewismus nach dem Ausfall des Schutzwalls Europa, erst die bipolare Weltkonstellation nach 1945 hat, noch immer weitgehend innenpolitisch und gesellschaftsideologisch motiviert, Amerika in die Funktion einer Weltmacht wider Willen versetzt. Die Probleme einer solchen unwillig betriebenen Politik liegen auf der Hand und sind oft kritisch beleuchtet worden: Neben der beständigen Drohung eines neuen Rückzugs der amerikanischen öffentlichen Meinung in die Innenpolitik ist es vor allem die mit verschiedenem Glück operierende Auslandshilfe und Stützpunktpolitik, die sowohl im süd- und mittelamerikanischen Kontinent wie in Asien und dem vorderen Orient zu heftigen Reaktionen und Rückschlägen geführt hat.

Und doch besitzt die innenpolitische Verwurzelung der amerikanischen Außenpolitik zwei Vorzüge, die ihre Nachteile entschieden aufzuwiegen scheinen. Sie verbürgt das festere Fundament einer Zweiparteien-Außenpolitik, die dem äußeren Gegner weniger Chancen einer inneren Aufspaltung bietet als die europäische Szenerie. Und sie ist eher als ein Primatsdenken alten Stils, das sich in der Ära des Weltbürgerkrieges seiner Rückensicherung längst nicht mehr sicher sein darf, dafür geeignet, der ideologisch abgestützten Außenpolitik eines totalitären Staates zu begegnen.

Zwar ist die *policy of liberation* im Sinne einer demokratischen, also innen- und freiheitspolitisch begründeten Wiederherstellung rechtsstaatlicher Ordnung in der sowjetbeherrschten Welthälfte rasch wieder einer Bescheidung auf die »Eindämmungspolitik« gewichen; die Ära Dulles hat die Grenzen erfahren, die dem Glauben an die innere Umformung außenpolitischer Konstellationen gesetzt sind. Doch blieb allen Schwierigkeiten, Fehlern und Rückschlägen zum Trotz die Außen-

politik der Vereinigten Staaten im Kalten Krieg letzthin erfolgreich.
Und gerade dank ihrer vielkritisierten Verschmelzung mit innenpolitischen Primatsansprüchen bot sie einen Anknüpfungspunkt für alle Bestrebungen und Versuche, im Angesicht des atomaren Krieges doch
noch die Ansätze zu kräftigen, die der Gedanke einer Weltfriedensord-
nung gerade aus der Anschauung der innenpolitischen Kompromiß-
und Ausgleichstechnik entwickelt hat: Völkerbund und UNO waren
die Zeichen, europäische und atlantische Gemeinschaft die ersten Teil-
versuche, die Wende von 1989 eine Bestätigung.

Zwischen die westlichen und östlichen Manifestationen des Primatsproblems hat sich allerdings die Emanzipationsbewegung der jungen
Nationen Asiens und Afrikas geschoben. Ihre verfassungs-, sozial- und
wirtschaftspolitische Konsolidierung erscheint vielfältig überlagert von
Nationalstaats- und Souveränitätsideologien, wie sie die älteren Staaten vor dem Zeitalter der Weltkriege entwickelt hatten. Aber der Nachholprozeß verläuft hier in gewaltiger Beschleunigung und schon unter
dem Eindruck des Dilemmas, in das die Kabinetts-, Revolutions- und
Nationalismuspolitik Europas 100 Jahre zuvor geführt hat. Er steht im
Zeichen einer gegenüber der Vorkriegswelt grundlegend veränderten
Situation der Interdependenz internationaler Politik, der sich schließlich mit der Idee der äußeren Staatsräson auch der Gedanke der Volkssouveränität und der Weltbefriedung durch innenpolitische Emanzipation mehr und mehr ein- oder gar unterzuordnen scheint. In der Tat
fanden sich die neuen Staaten, trotz rasch und überschwenglich be-
kundetem Bekenntnis zu einem Neutralismus neuen und eigenen Stils,
sogleich in den innenpolitisch-ideologisch begründeten, aber außenpolitisch ausgetragenen Weltgegensatz von Kommunismus und Demokratie hineingerissen. Auch nach Ende des Kalten Krieges sind sie ohne
Anlehnung an eine Machtpolitik, die mit den äußeren auch die inneren
Einflüsse geltend macht, gar nicht existenzfähig.

Überwindung außenpolitischer Defizite der Demokratie

Es bleibt also eine Reihe von Fragezeichen. Es gibt die Tendenz zu
überstaatlichen Lösungen, zu größeren Wirtschafts- und Militäreinhei-
ten, zur innenpolitischen Durchdringung und Höherbewertung der
Außenpolitik, zum zwischenstaatlichen Kompromiß innerhalb innen-

politisch-ideologisch geprägter Fronten und schließlich sogar zum Koexistenz- und Status-quo-Gedanken zwischen diesen Fronten. Die Art zwischenstaatlicher Auseinandersetzung bietet zwar noch keine Parallele zum Ausgleich des innerstaatlichen Pluralismus, solange an den Leitbildern der vollen Souveränität festgehalten wird. Die Primatsfrage, die nur durch einen Ausgleich der Staatsegoismen nach dem Vorbild der zwischenmenschlichen Kompromißpraxis in der Demokratie aufgehoben würde, besteht durchaus fort. Mit dem Phänomen der Macht bleibt auch die Austragung von Gegensätzen Wesen und Inhalt der Politik. Aber Macht ist nicht böse an sich, sondern im Verhältnis ihrer Anwendung, und so steht die Form friedlicher Auseinandersetzung in der Demokratie – auf die internationale Ebene verwiesen – zugleich als Vorbild zwischenstaatlicher Beziehungen.

Eine politische Wissenschaft, die nur im Raum der freiheitlichen Demokratie existieren kann, weil nur diese Herrschaftsform eine kritische Analyse ihrer eigenen Elemente zuläßt, kann sich nicht mit der Beschränkung auf einen der Aspekte bescheiden, wie sich der Historiker im Zweifelsfall vorwiegend für die äußere Politik der Staaten, der Soziologe für die inneren Prozesse der Gesellschaft, der Jurist für die rechtlichen Normen der Politik zu interessieren pflegt. So wird diese Wissenschaft sich, auch um ihres eigenen Profils willen, stärker als bisher in konkreten Untersuchungen um vertiefte Einsicht in das Verhältnis und den Übergang zwischen der inneren und der äußeren Politik bemühen müssen. Sie wird dabei von der Grundfrage aller Politik ausgehen: Kommt politische Dynamik und Macht, kommt politische Ordnung als Ausgleich und Kraftentfaltung eher von oben und außen zustande, wie es das Credo der Diktatur – Politik als Zwang – mit viel Überzeugungskraft verkündet? Oder sind nicht innere Freiheit, politische Willensbildung von innen und unten seit der Erneuerung des demokratischen Gedankens und inmitten der Anfechtung pseudodemokratischer Diktaturen der tragende Grund einer konstruktiven Außenpolitik, die auf den Menschen und den Wert der Person statt auf großartig-unmenschliche Zukunftsideologie bezogen ist? Hier ist auch der Wissenschaftler aufgefordert, Stellung zu nehmen und die weiteren Konsequenzen zu bedenken, die im Primatsproblem stecken. James Bryce mahnte am Ende des Ersten Weltkrieges, es gelte, die inneren Fundamente auswärtiger Politik durch politische Bildung und Auf-

klärung der Völker zu verbreitern und ihr dadurch wahre Festigkeit zu
geben:»Unwissenheit ist das ganz große Hindernis.«[3]
     Auch nach dem Ende des Kalten Krieges beruht die Behauptung
freiheitlicher Demokratie sowohl gegenüber der Verführungskraft totalitärer Gegner wie der Gefahr autoritärer Unterwanderung auf der
Einsicht, daß die alten Thesen vom Primat der Außenpolitik im Zeitalter der Erfahrung vom Weltbürgerkrieg der Ideologien, Wirtschafts-
und Gesellschaftssysteme und der wahrhaft globalen Interdependenz
aller Politik keine alleinige Berechtigung mehr besitzen. Die Bundesrepublik Deutschland bleibt den darin liegenden Problemen aufgrund
ihrer internationalen und geographischen Lage besonders ausgesetzt.
     Freilich ist nicht zu verkennen, daß den realen Impulsen und Poten-
zen einer Internationalisierung, die sich aus dem steten Anwachsen
weltpolitischer Kommunikation und Interdependenz ergeben, weder
die institutionelle noch die ideelle Entwicklung entspricht. Es besteht
eine tiefe Spannung zwischen den ökonomischen und technischen Tendenzen zu einer Weltgesellschaft und dem Verharren in politischen und
ideologischen Formen, die zum nationalistischen Machtstaat oder zu
imperialen Strukturen neigen. Darin liegt ein zentrales Problem der gegenwärtigen und künftigen internationalen Politik überhaupt, die mit
einem starken Zustrom an internationalen Verflechtungen rechnen
kann, aber bislang nur über unzureichende Strukturen zur politischen
Konkretisierung und Umsetzung solcher Herausforderungen verfügt.
Solange den Ansätzen und Möglichkeiten supranationaler Entwicklung und internationaler Integration keine entsprechenden weiteren
Fortschritte auf dem Gebiet des Völkerrechts, der internationalen Gesetzgebung, Organisation und Konfliktregelung folgen, enthält ein ru-
dimentärer, allzu leicht diskreditierter Internationalismus der Politik
die stete Gefahr des Umschlags in enttäuschte Resignation oder zyni-
sche Reaktion. Die Folgen eines Rückfalls in anti-internationalistische
Stimmungen und Verhaltensweisen kommen imperialistischen und nationalistischen Ideologien gleichermaßen zugute.

Gemäßigter Internationalismus

Gegenüber den beiden Extremen weltrevolutionärer oder nationalistischer Politik erscheint eine gemäßigte Form des Internationalismus

schon unter den gegenwärtigen Bedingungen realisierbar, die sich auf konkrete überstaatliche Kräfte wie Arbeiterbewegung, Wirtschaftsinteressen, humanitäre und kirchlich-religiöse Organisationen stützen kann. Sie geht zwar von der fortbestehenden Realität der Nationalstaaten aus, fordert aber Demokratisierung und innere Selbstbestimmung als Voraussetzung für die weitere Entwicklung eines Weltsystems friedlicher Kooperation und Konfliktlösung. Völkerrechtliche Regeln, internationale Schlichtung, kollektive Sicherheit sind die Ziele eines solchen realistischen Internationalismus. Als wichtige Etappen gelten regionale Föderationen, die zugleich Versuche zur gleichberechtigten Integration kleinerer Staaten in ökonomisch und außenpolitisch lebensfähigere Einheiten sind. Am Ende steht noch immer die Idee einer Weltregierung unter einem international verbindlichen Rechtssystem. So fern ihre Verwirklichung scheint: Als eine Art konkreter Utopie im Sinne Ernst Blochs verstanden, könnte sie zur fortschreitenden Entideologisierung der politischen Gegensätze sowie zur Verständigung über Grundprobleme der internationalen Politik und ihre mögliche Lösung beitragen.

Die Entwicklung Europas von der Idee überstaatlicher, übernationaler Einigung zu stetig fortschreitender Integration nach innen und Erweiterung nach außen in Gestalt einer Europäischen Gemeinschaft und nun der Europäischen Union setzt ein Beispiel von weltgeschichtlicher Bedeutung, wie es nach zweitausend Jahren der Konflikte und Kriege auf diesem Subkontinent nach 1945 schließlich so rasch und erfolgreich kaum denkbar war: Ein erstes Beispiel bei der weltweit drängenden Aufgabe, die Internationalisierung der Politik im Interesse des Friedens demokratisch zu beantworten.

Europa zwischen Demokratie und Nationalstaat

Im bewegten Strom der Meinungen und Analysen zum »Maastrichter Vertrag über die Europäische Union« (1991) und den Folgen spielt die Behauptung von der Unvereinbarkeit einer verstärkten europäischen Integrationspolitik mit der seit 1989 in Ost wie auch West vordringenden Vorstellung von der allein möglichen Verwirklichung der Demokratie als und im Nationalstaat eine zunehmende Rolle. Historisch-politisch betrachtet, erscheint die mächtige Tendenz der aktuellen Debatte, im Namen der nationalstaatlichen Demokratie der weiteren Demokratisierung und Parlamentarisierung der Europäischen Gemeinschaft entgegenzutreten, jedoch höchst widersprüchlich und fragwürdig. Wie unlöslich ist dieses alt-neue Dilemma der Europadiskussion?

Nationale und europäische Demokratie im Widerspruch?

Das im Grunde schon fast klassische Thema steht heute mit all seinen historischen und politischen Anfechtungen und Hoffnungen besonders unter zwei neuen Bezugspunkten. Das eine sind die Folgen der Umwälzungen von 1989 bis 1992 in Mittel- und Osteuropa für die Europafrage überhaupt. Heute noch unabsehbar, haben sie nach dem Wegfall des ursprünglich bestimmenden Ost-West-Konfliktes auch die Demokratiefrage zusätzlich aktualisiert und problematisiert. Es verschiebt sich die bisherige Legitimationsbasis. An die Stelle der existentiellen Konfrontation mit der sowjetischen Bedrohung treten die Motive und Kriterien nationaler Selbstbestimmung und demokratischer Interessenwahrung. Dies geschieht vor allem im Blick auf die nun allenthalben, freilich schon seit den achtziger Jahren vordringende nationale ›Identitätsfrage‹, und zwar zunehmend gegenüber – ja entgegen – den Theorien und der Praxis einer trans- oder postnationalen Integration. Es wirkt im Sinne einer vielfältigen, auch regionalen Differenzierung gegenüber den Ideen und Tendenzen einer großräumigen Entwicklung Europas im Zeichen ›westlicher‹, das heißt kooperations- und föderationsfähiger Demokratien mit bewußt eingeschränkter nationalstaatlicher Souveränität.

Den anderen aktuellen Bezug bildet seit 1992 die eher unerwartete Verschärfung der Europadiskussion durch die Maastricht-Kontroverse, die zugleich eine Nations- und Demokratiediskussion hochsteigert. Im Vordergrund steht bezeichnenderweise zwar der Streit um eine weitere europäische Integration von Wirtschafts-, Finanz- und Währungspolitik, nicht aber die gleichfalls proklamierte, ja notwendig vorangehende ›Politische‹ oder ›Europäische Union‹. In Wahrheit ist gerade damit auch die Frage der Demokratieform erneut und schärfer denn je aufgeworfen. Die Beispiele Dänemark, Großbritannien und auch Schweiz zeigen diesen Mangel einer wirklichen, wohl nach wie vor tabuisierten Verfassungsdiskussion der Europäischen Gemeinschaft, jedenfalls außerhalb des ohnehin zu schwachen Europäischen Parlaments. So kommt die politisch verschobene oder unzulängliche Maastricht-Diskussion, von alten und neuen Vorurteilen belastet, über eine formelhaft-unkonkrete, hinter der Wirtschafts- und Währungsdiskussion zurückbleibende Unionsformel kaum hinaus. Und die bisherige durchaus konstruktive Sorge um Demokratiedefizite, unzureichende Parlamentarisierung oder gar Föderalisierung verkehrt sich zunehmend auch im föderalistischen Deutschland nun in die eher destruktive, durch eine enge Auslegung des Grundgesetzes verfassungsrechtlich unterfütterte und populistisch ausmünzbare Furcht vor einer ›Entdemokratisierung‹ der Demokratien der Mitgliedsländer gerade im Zuge einer stärker demokratischen Integration Europas in der EU. Zum nationalstaatlichen kommt also das demokratiestaatliche Argument, um nun paradoxerweise gerade eine weitere Demokratisierung der EU zu hindern, ja einer Stärkung der Rechte des Europäischen Parlamentes entgegenzuwirken. Dadurch und durch die simplifizierende Alternativformel ›Vertiefung oder Erweiterung‹ gerät der Blick auf die Chancen ins Hintertreffen:

– Chancen für einen möglichen Abbau nationalistischer Hemmnisse zugunsten und mittels einer Stärkung demokratischer Instrumente der

Vertretung und Mitwirkung auf europäischer Ebene, der Kontrolle und größeren Transparenz, der Information und Aufklärung;
  – Chancen für eine verständlichere, einprägsame europäische Verfassung, die auch einen übernationalen ›Verfassungspatriotismus‹ ermöglicht und jedenfalls stärker zur demokratischen Legitimierung der weiterhin wachsenden Institutionen und Prozesse auf europäischer Ebene beiträgt;
  – Chancen aber auch für einen erneuten warnenden und ermutigenden Blick auf die historisch-politischen Erfahrungswerte in der Problemgeschichte der Nationalstaaten Europas.

Die Aktualität des Historischen

Blicken wir auf die Erfahrungen. Am Anfang steht die bis heute unverändert aktuelle Grunderfahrung – wie schon nach 1918, so ganz besonders nach 1945 – einer tiefen Diskrepanz zwischen der trotz Kriegskatastrophen und Selbstzerstörung bald wieder wachsenden Weltbedeutung europäischer Wirtschaft und Kultur und der Bedrohung und Abhängigkeit Europas, zwischen seinem technisch-ökonomischen Fortschritt und seinen Verfallserscheinungen in den großen Anfechtungen und Auseinandersetzungen des Jahrhunderts. Diese Diskrepanz bestimmte auch das Ringen um die Möglichkeit und die Entscheidungsfähigkeit einer supranationalen, die Nationalstaatspolitik übersteigenden Europapolitik: Dabei ging es nicht nur um die außenpolitische Entwicklung der europäischen Mächte, ihre Stellung zwischen Weltgeltung und partikularen Konflikten, sondern ebenso um die innenpolitischen und die ideologischen Dimensionen der europäischen Staats- und Gesellschaftsentwicklung. Es war nicht nur eine Frage der Außen- und Bündnispolitik. Die Unterschiede und die Gemeinsamkeiten der innerstaatlichen und gesellschaftlichen Strukturen wurden zu dem großen Thema der Europapolitik. Nach den Erfahrungen des Zusammenbruchs der Demokratien in den zwanziger und dreißiger Jahren stand der Neuaufbau der parlamentarischen Demokratie nun im Zeichen einer Interessengemeinschaft gegenüber der Diktaturmacht der Sowjetunion. Daraus erklärt sich, daß es überall im nicht sowjetisch kontrollierten Europa zu ähnlichen Regierungs- und Parteiverhältnissen kam, die eine immer engere Zusammenarbeit erleichterten und bestärkten – um so mehr, als diese zu unerwartet raschen Erfolgen im ökonomischen und sozialen Bereich führte.

Die treibende Kraft hinter der europäischen Einigungsbewegung und ihrer ökonomischen und politischen Konkretisierung war die Idee der Freiheit und der Demokratie, für die man gegen den totalitären Despotismus Hitlers gekämpft hatte. Es war eine westliche Idee, die auch in ihrer sozialistischen Form von der drapierten Despotie des Stalinismus weit und grundsätzlich getrennt war. Weiterreichende Hoffnungen der westlichen Europabewegung wurden aber enttäuscht. Denn es war kurzfristig nicht möglich, die von tiefem politisch-moralischem Ernst getragenen Manifeste und Pläne zu einer europäischen Föderation, die aus den Widerstandsbewegungen in vielen westeuropäischen Ländern zwischen 1940 und 1945 hervorgegangen waren, wenigstens im nicht sowjetisch besetzten Europa, diesseits des Eisernen Vorhanges, zu verwirklichen. Doch politische und ökonomische Argumente sprachen seit dem Erfolg des Marshallplans auf jeden Fall für einen großräumig koordinierten Wiederaufbau. So zielten die Bemühungen im Rahmen der 1957 gegründeten EWG auf eine möglichst umfassende Wirtschaftsgemeinschaft und darüber hinaus dann auch auf eine Politische Union.

Man erinnerte an den Zollverein, der im 19. Jahrhundert der deutschen Einheit vorangegangen war. Die gemeinsame Zollpolitik, die Phase um Phase verwirklicht wurde, bedingte eine Abstimmung staatlicher Wirtschaftspolitik und eine gemeinsame Handelspolitik. Der Prozeß wurde über die volle Zollunion 1968 bis in die Phase gemeinsamer Agrarpolitik vorangetrieben, bei der nun jedoch die besonderen Strukturprobleme einer sich modernisierenden Landwirtschaft mit großen regionalen und nationalen Unterschieden zusammentrafen.

Seither bestimmte das Bemühen um eine Wirtschafts- und Währungsunion die Entwicklung – von Leo Tindermans' Bericht 1975, Valéry Giscard d'Estaings Währungsinitiative und dem Europäischen Währungssystem 1979 bis zum weitreichenden Abkommen von Maastricht 1991, das zum Ende des Jahrhunderts mit der wirtschaftlichen nun aber auch eine politische Union anstrebt.

Die Institutionalisierung des Europa der Sechs, seine Erweiterung zum Europa der Neun und der Zwölf bietet gewiß ein komplexes Bild des Unfertigen, Angefochtenen, aber auch des Fortschreitens. Als Positivum tritt die Gewöhnung an stetige zwischen- und überstaatliche Kooperation hervor, die Europa wie nie in seiner nationalstaatlichen Geschichte durchlebt. Als Negativum zeigen sich immer wieder das Stocken der Integration sowie die Relativierung des Integrationsbegriffes selbst, der bahnbrechenden Vorstellung also, daß ein europäischer Bundesstaat oder ein ähnliches föderales Gebilde das Neben- und Gegeneinander der Nationalstaaten überwölben könnte.

Für einen realistischen Weg zur lange erstrebten ›Politischen Union‹ blieben angesichts der nationalstaatlichen Widerstände zwei Voraussetzungen wesentlich: eine flexible Gestaltung der Zuständigkeitsregeln, die zunächst jedenfalls keine ausschließende Kompetenzzuweisung zuläßt, und ein gleiches Mitwirkungsrecht der Staaten zur Wahrung der nationalen Interessen. Andernfalls ist unvermeidlich, daß einzelne Regierungen nicht nur aus Sorge um das nationale Wohl, dem sie legitimatorisch verpflichtet sind, sondern auch aus wahltaktischen Erwägungen und plebiszitären Rücksichten der Union entgegenarbeiten – ob diese nun als ein Zwischen- oder Endstadium betrachtet wird. Nur eine flexible europäische Staatsform scheint unter diesen Umständen möglich: wohl nicht die dogmatische Festlegung auf einen lehrbuchmäßig konsequenten Bundesstaat, aber doch endgültige Schritte über den bloßen Staatenbund hinaus auf ein föderales Europa hin. Viele dramatische Krisen und Rückschläge bis zur Auseinandersetzung um Maastricht zeugen nicht nur von der Kompliziertheit des ökonomischen Integrationsprozesses, von dem man allzu selbstverständlich die politische Integration erwartet hatte. Doch alle Kritik an den umständlichen, oft genug widersprüchlichen Operationen, zumal die an dem gemeinsamen Agrarmarkt, hat zu beachten, daß auch eine nationale Lösung um die schweren Probleme nicht herumführen könnte. Ein umfassender Wirtschaftsraum bietet auf jeden Fall Vorteile, denn er erlaubt eine größere Manövrierfähigkeit für sachlich zweckmäßige Maßnahmen. Geduld bleibt vonnöten. Nach jahrhundertelanger staatlicher Zersplitterung bedarf jede Supranationalität mehr als der Beschlüsse von drei oder vier Jahrzehnten.

Vertiefung oder Erweiterung?

Die Frage ist nun freilich: Vertiefung oder Erweiterung der Europäischen Union? Die Vergrößerung darf jedenfalls nicht auf Kosten eines auch politischen Integrationsprozesses gehen, der über die vorgesehene Wirtschafts- und Währungsunion bis zur Jahrhundertwende endlich zur Politischen Union führen und damit das demokratische Defizit der Gemeinschaft, zumal die ungenügenden Entscheidungs- und Kontrollbefugnisse des Europäischen Parlamentes, beheben sollte. Diese Union müßte im Grunde einer gemeinsamen europäischen Währung vorangehen, um die bisher zumal für Deutschland so wesentliche Stabilität von Wirtschaft und Währung zu gewährleisten. Die Beitritte der EFTA-Staaten Österreich, Schweden, Finnland und Norwegen machen die Aufgabe noch anspruchsvoller. Sie bezeugen die Erfolgsgeschichte der EU, allerdings wie alle großen Fortschritte Europas seit 1989 zugleich deren Kehrseite: die drohende Überforderung im Angesicht der gesteigerten Erwartungen Osteuropas und der Entwicklungsländer.

Die umwälzenden Ereignisse von 1989 haben in der Tat nicht nur die Anziehungskraft des neuen Europa auch im Osten bestätigt, sondern neben der wirtschaftlichen zugleich seine politische Handlungsfähigkeit auf die Probe gestellt. Das Problem einer entscheidungsfähigen europäischen Außen- und Sicherheitspolitik steht nicht erst heute zur Debatte. Es war im Grunde schon in den großen Weichenstellungen von 1947 bis 1950 enthalten, die zumal unter wirtschafts- und sicherheitspolitischen Gesichtspunkten die Machtstrukturen Europas bis auf den heutigen Tag fast unverändert festgelegt und seit den fünfziger Jahren die dauerhafte Herausbildung einer europäischen Innenpolitik erzwungen haben. Die Institutionalisierung Westeuropas und die Forderung nach einer parlamentarischen Demokratisierung der Europapolitik, die schließlich zur ersten Direktwahl des Europäischen Parlaments im Juni 1979 geführt hat, förderte die Tendenzen zu einer Europäisierung des Parteiwesens, der innenpolitischen Willensbildung und der demokratischen Kontrolle. Sie verstärkt aber auch das Bedürfnis nach einer einheitlicheren, verantwortlichen Artikulierung der Stimme Europas in der internationalen Politik oder, anders ausgedrückt, nach einer Angleichung des außenpolitischen an das ökonomische und kulturelle Gewicht.

Wir haben es bei dieser Frage in ganz besonderem Maße mit den alten Problemen des Verhältnisses von Innen- und Außenpolitik und von
Wirtschaft und Politik zu tun. Es ist zugleich die immer wieder gestellte
und umstrittene Frage, ob und wieweit die nach dem Zweiten Weltkrieg angebahnte Entwicklung der ökonomischen und militärischen,
im weitesten Sinne sicherheitspolitischen Zusammenarbeit in Westeuropa, wie sie in der Montanunion, in der EVG und der EWG angelegt
war, gleichsam automatisch und notwendig auch zu politischen Inte-
grationsformen, zu einer umfassenden Institutionalisierung Europas
nach innen und zur Handlungsfähigkeit nach außen führen würde.

Es geht also um einen dritten Schritt, der nach dem Ende der Teilung mehr denn je in der Logik der politischen Evolution Europas liegt:
den Schritt auch zur außenpolitischen Identitätsfindung, das Entstehen
von Willensbildungs- und Entscheidungsstrukturen, die eine eigenständige, integrale Rolle Europas in der internationalen Politik ermöglichen. Auf diese Frage registrieren wir beides: weitreichende Forderungen und gleichzeitig Zweifel und Ablehnung, Ansätze und Hemmnisse
zugleich – aber jedenfalls ein wachsendes Bewußtsein von der Aktualität und Bedeutung, die eine außenpolitische Dimension des Euro-
päisierungsprozesses im weiteren gewinnen muß. Denken wir an die
Hilflosigkeit vor innereuropäischen Ereignissen wie dem katastrophalen nationalistischen Bürgerkrieg im zerfallenden Jugoslawien seit 1992.

Die erweiterte Demokratie in Europa

Die gegenwärtige Demokratiefrage an Europa stellt sich in einigen
Punkten auf veränderte Weise, aber wie in der Wirtschafts- und Sicherheitsfrage keineswegs weniger dringlich als vor 1989. Im Gegenteil:
Binnenmarkt, Erweiterung und außenpolitisches Defizit der Union er-
höhen die Anforderungen an europäische Institutionen und Verantwortung ganz erheblich, damit aber auch an die Leistungsfähigkeit,
Kontrolle und Legitimierung dieser Entwicklung – und das in Zeiten
einer Renaissance der Demokratie nun in ganz Europa. Vor dieser demokratischen Herausforderung steht mit ihrem gesteigerten Gewicht
die Europäische Union gerade dann, wenn sie in Ländern unverändert-
ten oder wiederbelebten nationalstaatlichen Denkens als ›undemokratisch‹ in Frage gestellt wird.

Aber auch schon die Zeitenwende von 1989 selbst ist nicht zu erklären ohne die Anziehungskraft, die von der Europaidee und von den lebensfreundlichen Fortschritten der Europapolitik in den achtziger Jahren ausging. Ihre betonte Fortsetzung ist mithin geboten; darauf sind auch die neuen Hoffnungen und Herausforderungen im weiteren Europa gerichtet. Doch die Konkurrenz nationalstaatlicher Empfindungen und Sehnsüchte wie zugleich die offenkundige Verstärkung demokratischer Legitimations- und Partizipationsforderungen verlangen nach Überprüfung nicht nur des eisernen Bestands und des Entwicklungspotentials der EU, sondern auch der alten, noch unerfüllten Forderung nach mehr Demokratie.

Zunächst bleibt festzustellen: Die große ›Wende‹ um 1989 löste eine Kette von betont demokratischen und nationalen Befreiungsrevolutionen gegen Totalitarismus und kommunistischen Universalismus aus, hatte aber trotz aller Erwartungen an ein ungeteiltes Europa neben dem verwaschenen Allerweltsbegriff des ›Europäischen Hauses‹ keine eigentliche europapolitische Linie. Vielmehr verstrickte sie Westeuropa selbst in einen neuerlichen Konflikt zwischen Demokratie- und Nationalstaatsprinzip, und zwar in größerem Ausmaß und mit höherer Dringlichkeit als bisher, je rascher der Umwandlungsprozeß in Osteuropa mit seinen Nöten und Erwartungen sowohl an die neue nationalstaatliche Unabhängigkeit als auch zugleich an die europäischen Organisationen vor sich ging.

Die länger geplante Weiterentwicklung der Europäischen Union gerät unter den doppelten Druck jener verstärkten Demokratie- wie zugleich nationalpolitischen Zielsetzungen, so widersprüchlich diese sein mögen. Das Nachhinken der politischen Dimension wird spürbarer denn je zuvor. Bisherige Leitbilder eines auf weitere Integration zielenden Europadenkens geraten vielerorts ins Rutschen, unter den Druck einer Kettenreaktion. Auch im Westen tönen nun ›Wendehälse‹ zugunsten einer Renationalisierung als Gebot der Stunde. Sie spielen das Argument des Demokratiedefizites der europäischen Integration überhaupt aus. In Wahrheit behindern oder blockieren sie schon im Ansatz die Diskussion, um die es gehen muß: über die künftige Behebung jenes Mangels der intendierten Politischen Union mittels Ausbaus eines parlamentarischen und föderalen Regierungssystems, um der Europäischen Gemeinschaft den politischen Rahmen einer demokratisch verfaßten Union von demokratischen Nationalstaaten mit beschränkter, kooperativ gebundener Souveränität zu geben.

Ein endgültiger Verzicht auf eine gewiß längerfristige, wenigstens regulative Zielvorstellung wäre hier fatal. Er würde die Schubkraft der Europaidee gegenüber den Einzelstaaten auf zufällige Konstellationen beschränken, sie politischen Wetterlagen jederzeit schutzlos ausliefern, eine politische Anerkennung und Bewältigung der supranationalen Erfordernisse, Organisationsformen und Prozesse gefährden. Idee und bisher Erreichtes wären nach Änderung der ursprünglichen Voraussetzungen wie Ost-West-Konflikt, Nachkriegszeit, Dekolonisierung einem durchaus möglichen Verfall ausgesetzt, wie er alle gewiß andersartigen historischen Vorgänger seit dem Römischen Reich mangels Anpassung der politischen Verfassung und Überforderung betroffen hat.

Gerade auf jene paradoxe Weise, durch Verzicht auf die politische Dimension der Integration unter Berufung auf bisherige Mängel an Demokratie und Bürgernähe, könnten sich jene Diagnosen und Prognosen erst bewahrheiten, die Euroskeptiker seit je und besonders gegenwärtig stellen: daß ein unförmiges, büro- und technokratisches Supergebilde ohne demokratische Kontrolle und Bürgernähe entstünde – und daher nationalstaatlich dagegenzuhalten sei, freilich entgegen der Erfahrung unseres Jahrhunderts.

Betrachten wir daher noch einige wesentliche Fragen der Demokratiediskussion selbst. Zu den wichtigsten Einwänden gehört der Zeitfaktor. Ein Leser der Frankfurter Allgemeinen Zeitung (7.10.92, S. 17) zum Beispiel begründete sein Nein zu Maastricht mit der durchaus bedenkenswerten Auffassung, vor der vollen Parlamentarisierung und Demokratisierung einer wahrhaft europäischen Regierung (ich füge hinzu: mit einer Staatenkammer) sei es nicht hinzunehmen, »daß in wesentlichen wirtschafts- und finanzpolitischen Fragen die Entscheidungskompetenzen von demokratisch legitimierten Regierungen und Parlamenten auf nicht demokratisch legitimierte Entscheidungsgremien verlagert werden«. Das müsse »um der Demokratie willen abgelehnt werden. Eine zentrale wirtschaftspolitische Entscheidungskompetenz für Europa darf es erst geben, wenn die europäischen Institutionen demokratischen Anforderungen genügen. Man kann den letzten Schritt nicht vor dem ersten tun«.

In der Tat hat die Maastricht-Diskussion gezeigt, daß nicht nur die
erforderliche politische Erörterung in bedenklicher Weise hinter der
ökonomischen zurückbleibt, sondern auch die vorgesehenen tatsächlichen Regelungen zur Politischen Union, vergleicht man sie mit den im
Vorfeld entwickelten Gedanken und Vorschlägen zu Verfassung, Parlament und Regierung.

Viel weiter geht eine wachsende Zahl verfas-
sungsrechtlicher Kritiker, die überspitzt die Demokratisierung der EU
als mit dem unveränderlichen Demokratiegebot des Artikel 20 Grundgesetz unvereinbar behaupten. Etwas anders argumentierte der Bun-
desverfassungsrichter Dieter Grimm in einem Spiegel-Essay, (19.10.92,
S. 57) indem er zwar das Demokratiedefizit der EG kritisiert, aber
nicht glaubt, daß es durch eine Vergrößerung der parlamentarischen
Befugnisse in der EG zu beheben ist, da Parlamentarismus nicht mit
Demokratie identisch sei und dieser in der Gemeinschaft der »poli-
tisch-soziale Unterbau« fehle. Auch eine Europäisierung der Parteien
und Verbände, wie sie sich mit der Einführung der Direktwahlen an-
bahnte, bliebe auf die Leistungs- und Funktionsebene beschränkt, mit
der Folge eines wachsenden Abstands zur Mitgliedschaft oder »Basis«.
Und ein zweites Defizit, ernstliches Hindernis auf dem Weg zu demokratischer Mitbeteiligung, Information und Kommunikation der Bevölkerung, bleibe die sprachliche Aufsplitterung der EG, so daß eine
Meinungsbildung der Bürger erschwert werde, ja ein einheitliches europäisches Staatsvolk als Quelle der Staatsgewalt überhaupt fehle.

Zu all dem läßt sich freilich sagen, daß die Europäische Union eben
gerade kein Nationalstaat sein will und dieser ja auch keineswegs mit
Demokratie identisch ist. Daß eine solche Auffassung im 19. Jahrhundert vorherrschend wurde, besagt nichts Endgültiges über die Möglichkeit einer Vereinbarung von Demokratie und Supranationalität.
Diese entspräche im Gegenteil gerade den übernationalen, freiheits-
und menschenrechtlichen Zielen der modernen Demokratie, und man
wußte dies nach 1945. Ein drohender Rückfall in Vorstellungen und
Traditionen ausschließlich nationalstaatlicher Identität der Demokratie, die ein gewichtiger Grund für die Selbstzerfleischung Europas war
und bleibt, macht ja gerade die Notwendigkeit einer europäischen Lösung aus. Eine Lösung, die auf dem Weg zu einer politischen Gemeinschaftsform sui generis zwischen Staatenbund und Bundesstaat gerade
auch einer Föderation von Nationalstaaten demokratische Qualität,

politische Funktionsfähigkeit und Begründung in einer *europäischen Bürgerschaft* ermöglicht und die Einheit in der Vielheit verbindet. Die Vielsprachenfrage endlich bleibt ein schwieriges, doch eher technisches und pädagogisches Problem, das heute im Medienzeitalter nicht mehr unlösbar scheint. Es spricht jedenfalls so wenig gegen eine übernationale Demokratisierung wie einst das ›nation building‹ verschiedener Stämme und Völker, aus denen Nationalstaaten als eine historische Form des modernen Staates hervorgegangen sind oder auch bewußt machtpolitisch gemacht wurden, ohne zwingend die einzige Form zu sein. Dies zu leugnen, hieße allzu fatalistisch den Nationalstaat im Sinne eines integralen Nationalismus zu verstehen, ihn zeit- und geschichtslos absolut zu setzen. Hier sei nur an die Einsichten und Erfahrungen von bedeutenden, alles andere als antinationalen Zeitbetrachtern wie die des Soziologen Raymond Aron oder des Historikers Hans Rothfels erinnert. Für Aron setzen diejenigen, die allein die nationalen Einheiten für dauerhaft in der Geschichte halten, unwissentlich »das Siegel der Ewigkeit unter die Geschichtsphilosophie des 19. Jahrhunderts«. Und gerade Rothfels hat die zurückliegende Epoche der Nationalismen als »nationale Ausnahmezeit« bezeichnet. Gewiß bleibt auch wichtig, daß den nationalen Parlamenten hinreichende Politiksubstanz verbleibt – ein klassisches Problem jeder föderalen Staatsstruktur, ob nun in Deutschland und Österreich, in den USA und der Schweiz oder Indien und Kanada. Aber ein prinzipieller Einwand läßt sich davon nicht ableiten, nur eine graduelle oder zeitliche Abstufung der Zuordnung politischer Kompetenzen. Auch dies ist ein klassisches Problem jeder politischen Strukturentwicklung, die mit zu bändigender Macht und Gleichgewicht, mit Gewaltenteilung und Kontrolle zu tun hat, den wirklich zentralen Elementen jeder demokratischen Staats- und Gemeinschaftsordnung.

Insgesamt ist die Verschiebung und Verengung der europapolitischen Diskussion von der parlamentarisch-demokratischen Zielvorstellung zu einer mit der Subsidiaritätsfloskel verzierten nationalstaatlichen zu bedauern. Der Feststellung, das Unternehmen EG/Europäische Union sei »einzigartig in der Geschichte, im Grunde ohne Beispiel« (Heinz Laufer), sei hinzugefügt: Dies gilt auch in bezug auf seine mögliche Demokratieform, die ohne historisch-politisch drapierte Scheuklappen nach Kräften weiterzuentwickeln ist. Es bleibt bei der – nationalerseits wieder zunehmend verdächtigten – Feststellung von der modifizierten, ja ›geteilten Souveränität‹ einer Staatengemeinschaft neuer, aber dezidiert demokratisch verstandener Art, einer »Supranationalen Union souveräner Nationen« (Werner Maihofer), das heißt aber doch wohl: wechselseitig beschränkter Souveränität. Jedenfalls sieht auch Maihofer die künftige Föderativverfassung einer Europäischen Union als einen Staat völlig neuer Art.

Überhaupt halte ich den rigorosen Gebrauch von so lapidaren Formeln wie Demokratiedefizit oder Grundrechtsdefizit für ebenso unhistorisch wie unpolitisch: Kein Staat, der solche Defizite nicht hätte! Die Europäische Union als Idealstaat, Idealdemokratie zu denken und zu fordern – das ist ein für Ideologen und leider auch für politische Theoretiker typischer Irrweg der perfektionistischen Demokratie- und Staatsbetrachtung zu allen Zeiten.

Die Renaissance Europas

Statt dessen seien zum Schluß einige Thesen zur Renaissance Europas formuliert:

1. Renaissance der Demokratie – das bedeutet ein möglichst rasches Nachholen der politischen Modernisierung, die durch die kommunistische Überwälzung totalitärer Strukturen auf die von der NS-Herrschaft befreiten Länder jahrzehntelang verhindert worden ist.

2. Aber Renaissance des Nationalstaates – sie enthält alle Gefahren eines Rückfalls in die heillose Zersplitterung und Verfeindung im Europa der zwanziger und dreißiger Jahre, samt der möglichen Wiederkehr autoritärer Diktaturen unter dem Vorwand der Krise: eine unheilvolle Lösung demokratischer oder nationaler Probleme gleichermaßen.

3. Renaissance von freier Wirtschaft und Gesellschaft – das verlangt im nichtstaatlichen Bereich, als Gegenbild zur kommunistischen Utopie wie als Voraussetzung ökonomischer Leistungsfähigkeit nach Jahrzehnten der Entmündigung und Verteufelung des Bürgers, die Ausbildung einer wahrhaft sozialen Marktwirtschaft, die über die klassenpolitischen wie die etatistischen Schranken hinausführt: mit dem Ziel einer freien Bürgerschaft, der civil society.

4. Renaissance Europas auch im Osten – das heißt die weitere Entwicklung kooperativer und integrativer Formen mit Hilfe staatlicher Offenheit und überstaatlicher Bindung der nationalen Souveränitäten. Auch über der Hinterlassenschaft des zusammengebrochenen kommunistischen Universalismus steht nun das Leitbild eines Bundes freier, demokratischer Vereinigter Staaten von Europa, zu dem die bisher aufgebauten europäischen Institutionen über vier Jahrzehnte so wesentliche Voraussetzungen geschaffen haben. Sie sind Schritt um Schritt auch für Osteuropa zu erschließen und zu erweitern.

5. Renaissance des Föderalismus endlich – das eröffnet Wege zur politischen Freiheitssicherung zwischen einem ungehemmten Zentralismus und einem zentrifugalen Pluralismus. Noch nie in der Geschichte war die Mehrheit der Staaten demokratisch. Zur weiteren Verminderung der Diktaturen in aller Welt könnte das Beispiel einer schrittweisen Neuordnung Europas beitragen, die durch föderative Strukturen der wirtschaftlichen Kooperation und der demokratisch verfaßten politischen Integration inner- wie zwischenstaatlich den Schutz der Menschen- und Bürgerrechte und damit die noch immer bedrohte friedliche Lösung von Konflikten eher verbürgt, als dies diktatorisch-zentralistische oder autoritär-nationalistische Lösungen ohne demokratische Ausformung und internationale Kooperation je vermögen.

Nationalität und Ethnizität
in ideologiekritischer Sicht

Ideologien

Die Frage nach der Zukunft Europas in einer Zeit beschleunigten Wandels, des Zerfalls bisher totalitärer Herrschaftssysteme und der Auseinandersetzung um Außengrenzen und Innenbeziehungen zwischen Staaten und Völkern wird vor allem im Blick auf die politischen und ökonomischen Machtverhältnisse aufgeworfen. Sie ist aber nicht zu beantworten ohne eine Überprüfung der einschneidenden Erfahrungen mit den historischen Ideologien, aus denen auch das nationalstaatliche Ordnungsdenken der letzten zwei Jahrhunderte erwachsen ist: Ideologien, die trotz ihrem oft beschworenen Ende aktueller denn je bleiben.

Denn der faktische Zusammenbruch der totalitären Ideologieregime, zunächst des Faschismus-Nationalsozialismus und nun des kommunistischen Sozialismus, bedeutet keineswegs das definitive Ende von Ideologien, sondern eine Niederlage ihrer Realisierung in verschiedenen Staaten, mit der Möglichkeit ihres Weiter- oder Wiederauflebens sowie der Neuformulierung – in Zeiten der Krise, des Macht- und Wertevakuums, das sie hinterließen: mit der Folge einer wachsenden Enttäuschung über die Schwierigkeiten der liberalen Demokratie und eines erneuten Verlangens nach fundamentalistischen Gewißheiten, das sich weithin verstärkt hat und nicht zuletzt auch nationalistischen Ideen neue Anziehungskraft verleiht.

Nach allen Entideologisierungsprognosen gilt noch immer Raymond Arons Einsicht (1982): Ideologien bleiben abrufbar trotz ihrer Entkräftung in der Mitte (1945) und am Ende (1989) unseres Jahrhunderts; sie sind geradezu »unsterblich« als Bedürfnis und Verführungskraft:[1] Bedürfnis des modernen Menschen nach geistiger Orientierung und nach ideeller Überhöhung der komplexen Wirklichkeit, das mit

fortschreitender Säkularisierung der Gesellschaft von »politischen Religionen« erfüllt wird, sei es in Gestalt umfassend universalistischer
Heilslehren wie der kommunistischen oder aber partikular nationalistischer und – wie wir jetzt erleben – ethnischer Ideologien mit je
eigenen Geschichts- und Kulturmythen. Hier liegen auch die gegenwärtigen und künftigen ideologisch-totalitären Einbruchsstellen in die
freiheitliche Demokratie und ihr menschenrechtlich fundiertes Staatsverständnis.

Dies gilt zumal für die beiden zentralen Antriebskräfte, deren sich
alle Diktaturen unseres Jahrhunderts bedienen konnten: für den Sozialismus und den Nationalismus, jene beiden leicht gängigen Ideologien
im Unterschied zu der »schweren« Idee der Demokratie.[2] Die Über-
lagerung mit universalistischen Doktrinen und Systemen erweist sich
trotz ihrer scheinbaren Statik nach dem Auslaufen des Kalten Krieges
und der bipolaren Mächtekonstellation eher als vorübergehend. Wir
stehen nicht vor einem Ende, sondern inmitten einer Rückkehr der Geschichte: vor einer Renaissance der Nationalstaaten in Europa und
über das bisherige Identitäts- und Souveränitätsstreben der Völker hinaus noch weiterreichender Tendenzen, in denen auf Selbstbestimmung
drängende ethnische Volksgruppen eigene Sonderrechte fordern.

Es existieren also im Hinblick auf eine fortdauernde Rolle der Ideologien zwei Tendenzen: einerseits Kontinuität und Wiederaufleben,
Apologie und Instrumentierbarkeit von rechts- und linksradikalen
Denkformen und Agitationsweisen; gleichzeitig eine neuerweckte, von
universellen Überlagerungsideologien scheinbar befreite Stoßkraft na-
tionalideologischer Empfindungen und Bedürfnisse.

Gewiß sind 1945 und 1989 die totalitär-imperialen Großideologien
unseres Jahrhunderts scheinbar definitiv zusammengebrochen und
weltgeschichtlich widerlegt worden. Doch in dem Vakuum, das sie hinterlassen, ereignen sich Rückfälle in die Krisen der vortotalitären Zeit,
je weniger die integrative Strukturkraft des freien Europa auszureichen
scheint, den schwerwiegenden Folgen der Öffnung bisher totalitär ge-
schlossener Staaten, Gesellschaften und Denksysteme gerecht zu werden.

In der Tat verstanden sich die Umbrüche seit 1989 in einem doppelten Sinne: sowohl als demokratisches, antitotalitäres Aufbegehren
gegen die kommunistische Parteidiktatur, aber auch zunehmend als

dezidiert nationale Revolutionen, und zwar auf historischer wie auf ethnischer Basis mit widersprüchlichen Forderungen, was sogleich schwer lösbare Konflikte in Grenzfragen wie in Minderheitenproblemen mit sich brachte. Im vielschichtigen, ambivalenten, doch um so wirkungsvolleren Begriff der Selbstbestimmung, dieser zentralen Parole sowohl der demokratischen wie der nationalen Idee, zeigen sich die engen Zusammenhänge, aber auch Spannungen und Widersprüche zwischen der demokratischen und der nationalen Begründung der jüngsten Revolutionen in Ostmittel- und Osteuropa. Die diktatorisch aufgehobene Geschichte kehrte wieder.

Denn aus ähnlicher Konstellation war ja auch nach dem Ende des Ersten Weltkriegs jene Problematik entstanden, die nach dem scheinbaren Sieg der Demokratie über die Autokratie binnen weniger Jahre zur turbulenten Begründung zahlreicher neuer Nationalstaaten, aber auch autoritärer und totalitärer Diktaturregime und bald in die große Existenzkrise Europas geführt hat. Damals begann jenes Zeitalter der Ideologien mit Anspruch auf ihre totale Durchsetzung, das man als »Wettstreit zwischen totalitärem Nationalismus und totalitärem Marxismus« bezeichnet hat (Hugh Seton-Watson)[3], jene Zeit rechts- wie linkstotalitärer Verführungen und Zwangsregime, samt den unerhörten Massenverbrechen, die sie ermöglichten und legalisierten.

Betrachten wir zunächst diese gegenwärtig wieder so relevante Erfahrung aus dem vorkommunistischen Mittel- bis Osteuropa. Dort haben national-autoritäre Wellen nach einem demokratischen Zwischenspiel vor allem jene zahlreichen Nationalstaaten erfaßt, die neu oder verändert aus dem Ersten Weltkrieg hervorgegangen waren und bereits in den zwanziger Jahren durch eigene Schwäche, scharfe Rivalitäten und Druck der Großmächte zu gefährlichen »Krisenherden der Weltpolitik« (Hans Herzfeld)[4] wurden. Bezeichnenderweise spielten dabei nicht nur traditionelle Diplomatie und Einflußpolitik, vielmehr wirtschaftlich-gesellschaftliche und politisch-ideologische Tendenzen eine zunehmend wichtige Rolle.

In der Krise der mittel-, süd- und osteuropäischen Nachkriegsdemokratien trat die Problematik der nationalen Selbstbestimmung besonders stark hervor, zugleich die betrogene Hoffnung eines liberalen Optimismus, mit dem die Demokraten nach 1918 geglaubt hatten, die volle Verwirklichung des Selbstbestimmungsrechts in den neuen

Staaten werde automatisch und notwendig zu einer besseren inneren und internationalen Ordnung führen. Der Zusammenhang sollte viel komplizierter und tief widersprüchlich sein: so wie das Verhältnis von nationaler und internationaler Neuordnung, von Selbstbestimmung und Demokratie überhaupt, die man vorschnell für identisch hielt. Wohl gab der Bewegungsraum, der durch die Zurückdrängung Rußlands, den Zusammenbruch Österreich-Ungarns und vorher schon die Amputation der Türkei entstanden war, zahlreichen Völkern erstmals die Chance der nationalen Selbstverwirklichung. Die Kehrseite war aber eine wirtschaftlich und politisch problematische Zerspaltung, die durch den ungestümen Nationalismus dieser betont »jungen« Nationen noch verschärft wurde. Mischsiedlungen, Vielvölkerstaaten, umstrittene Grenzen erzeugten Unruheherde, und das demokratische Prinzip der Selbstbestimmung konnte sich rasch in die autoritär-diktatorische Geste des machtpolitischen Anspruchs verwandeln.

Auch im übrigen waren die Bedingungen und Umstände der Staatswerdung denkbar ungünstig, und das wirkte sich in erster Linie gegen die Demokratie aus. Die ohnehin schwachen Staatshaushalte standen von Anfang an unter Belastungen, die selbst den »Siegerstaaten« wie Rumänien, Jugoslawien, Polen oder der Tschechoslowakei den Start als Demokratien ungemein erschwerten. Noch mehr mußte dies für besiegte und reduzierte Länder wie Österreich, Ungarn oder auch Bulgarien und die Türkei gelten. Hinzu kam die geringe Erfahrung mit der komplizierten Praxis einer parlamentarischen Demokratie, denn überwiegend war man bislang von autoritären Monarchien regiert worden. Vor allem aber verschärften die national-ethnischen und revisionistischen Dauerkonflikte eine Instabilität, die alle jungen Staaten seit ihrer Geburt begleitete und den Aufstieg »kleiner Diktatoren« begünstigte.

Dies galt für die neuen baltischen Staaten und das Polen General Pilsudskis, das rigoros verkleinerte Ungarn Admiral Horthys und das neue Jugoslawien der Serben, Kroaten und Slowenen, die nie zuvor zusammen einen Staat gebildet hatten, aber auch das ebenso schwer regierbare erweiterte Großrumänien mit seiner halbfaschistischen »Eisernen Garde« und das Griechenland des Generals Metaxas, wie schließlich auch für Portugal und Spanien unter Salazar und Franco. Nur zwei der neuen Staaten, Finnland und die Tschechoslowakei, vermochten die Zeit bis 1938 einigermaßen demokratisch zu überstehen.

Die Agonie der Demokratie in den dreißiger Jahren erwies sich als
schwerer Schlag für die Hoffnungen, die an die Verwirklichung der nationalen Selbstbestimmung geknüpft waren. Es zeigte sich, daß diese
nicht zwingend oder auch nur wahrscheinlich in die Ausbildung und
Festigung demokratischer Systeme mündete.
Überall führten die schweren Strukturprobleme – Minderheitenkonflikte, ökonomische Krisen, Fragen der Agrarreform und einer
industriellen Mittelstandspolitik, dazu Revolutions- und Kommunismusfurcht – spätestens Mitte der dreißiger Jahre zu autoritär-diktatorischen Systemen, die allerdings zur Lösung jener Probleme auch nicht
imstande waren. Mehr noch, die Illusion von einem »dritten Weg«
diskreditierte die Idee der Demokratie selbst, indem sie implizierte,
diese sei überhaupt nur unter den exzeptionellen Bedingungen der
entwickelten, westlichen Staaten lebensfähig. Zugleich boten die chaotischen Verhältnisse den Großmächten die Möglichkeit zu Interventionen und Machtverschiebungen, die eine Gefährdung des europäischen Friedens- und Ordnungssystems insgesamt mit sich bringen
konnten.
Trotz allen historischen Unterschieden, zumal hinsichtlich der Großmächte und der veränderten ideologischen Situation, mutet diese politische Erfahrung der Zwischenkriegszeit doch zum Teil erschreckend
aktuell an.

Nationalismus

Während in der Zwischenkriegszeit von 1918–1939 alle Gegenkräfte
– wie Völkerbund und Minderheitenschutz – gegen die nationalistische
und autoritäre Zerspaltung Europas gescheitert sind, zeigen sich unter
dem Druck des »Zeitenbruchs« von 1989 nun auch in den seit 1945
ungleich besser erprobten und bewährten übernationalen Ordnungsformen der europäischen Kooperation und Integration zunehmend
Symptome der Lähmung und Stagnation, ja des Rückfalls in überwunden geglaubte Denk- und Verhaltensweisen der zwanziger und dreißiger Jahre, teilweise sogar der Zeit vor der Jahrhundertwende mit ihrem
Gemenge von Fortschritts- und Krisenstimmungen. Als Verursacher
und Katalysatoren solcher Prozesse wirken erneut die politisch zutiefst
ambivalenten Ideen der Nationalität und der Ethnizität, deren ge-

dankliche wie emotionale Überzeugungs- und Verführungskraft die
moderne europäische Staatenwelt inspiriert, sie aber dann in die Katastrophen der Weltkriege und der ideologisch legitimierten Barbarei gestürzt hat.

Die Ideologien der Nation bedienten sich seit Ende des 18. Jahrhunderts literarisch-historischer Formen der Identitätssuche und kollektiven Selbstvergewisserung, die zugleich mit pseudowissenschaftli-
chem Anspruch auftraten. Sie konnten sich auf Gemeinsamkeiten der
Sprache und Kultur berufen, wenn sie nicht gar schon früh, wie zumal
in Frankreich und England, bereits historisch-politisch befestigte Nationalstaaten (wenngleich mit ethnischen Minderheiten) geworden waren. Aber Nationen entstehen nicht einfach gleichsam natur- oder auch
geschichtsnotwendig sondern sie »werden geschaffen«[5.] Und Friedrich
Hertz, ein bedeutender Historiker des Nationalismus, kam beispielsweise nach vergleichenden Studien zu dem Ergebnis: »Nationalgefühl
ist ein Gruppengefühl spezifischer Art. Die Tatsache, daß Menschen als
Glieder einer Gruppe geneigt sind, anders zu handeln gegenüber ihrem
Verhalten als einzelne außerhalb einer Gruppe, ist wohlbekannt, und
viele Sozialpsychologen haben die Natur dieses Verhaltens untersucht ...
Herder hat die Meinung zum Ausdruck gebracht, daß freie Nationen
niemals Krieg gegeneinander führen würden. Aber einer der Begründer
der Soziologie, Adam Ferguson, Freund von Adam Smith, Hume und
Gibbon, kam zu dem Schluß, die menschliche Natur sei vorwiegend
kriegerisch, wie schon Hobbes behauptet hatte. Nationen, so meinte er,
seien weniger getrennt durch vernünftige Motive oder praktische Interessen als durch tief verwurzelte Vorurteile und Abneigungen, und
Völker seien oft kriegerischer als ihre Herrscher und Regierungen. Ed-
mund Burke vertrat ähnliche Ansichten ... In unserer Zeit sind die breiten Massen gewöhnlich viel weniger von einem aktiven Nationalismus
erfüllt als gewisse Gruppen von Intellektuellen und besonders Halbin-
tellektuellen von dem Typus, zu dem Hitler gehörte. Trotzdem kann
der Ausbruch eines Krieges in den Massen plötzlich ein beträchtliches
Maß an Nationalismus hervorrufen, der auf alle Fälle eine sehr an-
steckende Krankheit ist. Unter einem skrupellosen Führer hat der Staat
heute eine ungeheure macht, nationale Gefühle aufzupeitschen und
eine Ideologie zu verbreiten, die alle Verantwortung für die Katastrophe dem Feinde zuschiebt. Eine der Ursachen der modernen Art des

Nationalismus liegt darin, daß die meisten Leute einen Ersatz für die Religion brauchen, die sie verloren haben ...

Alle Nationen sind ferner durch große Kriege gebildet worden, und die nationale Ideologie, die zur Erhaltung und Kräftigung der Nation entwickelt wurde, enthält daher meist viel Selbstlob und Herabsetzung anderer Nationen.«[6] Eine Frucht strategischer Theorien und imperialer Ideologien war schließlich das Streben nach »natürlichen Grenzen«, das zunächst vor allem den französischen Nationalismus bewegte und das Instrument der Plebiszite und der Herrschaft mittels Kollaboration entwickelte; seine historischen und geopolitischen Ansprüche traten neben die linguistischen und völkisch-biologischen Argumente und haben eine höchste Steigerung in den Zwangsverpflanzungen und Massenvertreibungen des Zweiten Weltkrieges erreicht.

Die Erzeugung des Nationalismus diente entweder als Überbau eines bereits bestehenden Staates (wie in England oder Frankreich) oder aber der Herauslösung und Vereinigung von Völkern aus anderen Staaten. Nur eine Minderheit von Nationalstaaten stimmt mit Sprachgrenzen überein; die Politik formt ebenso Spracheinheiten, wie diese politisch relevant sind, und von einer Identität Sprache – Nation kann nur in Teilen Europas, doch weder in Lateinamerika noch in Afrika oder Asien die Rede sein. Aber Fiktionen und Ideologien sind eine höchst konkrete Realität der Politik. Die fortdauernde Bedeutung und Aktualität des nationalistischen Arguments beweist dies ebenso wie die Wirkungen, die es im Entstehen und Selbstbewußtsein der neuen Staaten Afrikas und Asiens entfaltet. Der fieberhafte Nationalismus in der »Dritten Welt« ist ein Instrument zur Schaffung und Integration von Staatsvölkern aus divergierenden Gruppen und Stämmen (nation building). Er trägt die Züge eines Anpassungs- und Nachholprozesses gegenüber Europa, ist Träger der Europäisierung und Modernisierung. Der Übergang vom Kolonialismus zur »nationalen« Unabhängigkeit erweitert aber zugleich die internationalen Spannungsfelder, überträgt die inneren Probleme der ehemaligen Imperien in außenpolitische Konflikte, die nun im Zeichen des Nationalismus geführt werden. Zugleich wirken sie auf die alten Staaten zurück; neonationalistische Tendenzen dringen gegen die supranationalen Impulse vor, die nach der Erschöpfung Europas durch die großen Kriege an Boden gewonnen hatten.

Seit der moderne Nationalismus vor zwei Jahrhunderten seinen Siegeszug gegen die universalen und partikularen Mächte der vorindu-
striellen Ära angetreten hat, sind seine Erscheinungsformen bestimmt
geblieben von dem problematischen Verhältnis, in dem er sich zur
modernen Entwicklung von Staat und Gesellschaft befindet: als Träger
der Politisierung aller Bevölkerungsschichten und des demokratischen
Selbstbestimmungsgedankens innerhalb und zwischen den Staaten,
aber auch als Ideologie zur populären Sanktionierung und Verhüllung
autoritärer und imperialistischer Regime.

So enthält der historische Rückblick die bittere Erfahrung von der
Ambivalenz des nationalen Gedankens. Die Ausbildung des Nationalbewußtseins hat zum Aufstieg demokratischer Bewegungen beigetragen, sie hat aber auch zur unpolitischen Stützung und Überhöhung autoritärer Regime, zur Entpolitisierung und Ablenkung der Freiheits-
und Demokratisierungsansprüche der Massen auf ideologische und
imperial-machtpolitische Ziele geführt. Diese Kehrseite ist auch im
Westen hervorgetreten – im Frankreich des ersten und dritten Napoleon, im England des Kolonialimperialismus, im Amerika des *manifest
destiny:* Die Ausbildung eines spezifischen Sendungsbewußtseins stand
in der steten Gefahr der nationalistischen Verengung. Aber indem die
westliche Ausprägung des Nationalismus auf die Durchsetzung der
Demokratie und ihrer universalen Werte Toleranz und Freiheit, Gleichheit und Brüderlichkeit hin orientiert war, hat sie den menschheitlichen
Charakter nie ganz verloren.

Anders in Mittel- und Osteuropa. Dort hat die Idee der eigenständigen Volksnation den raschen Zerfall übernationaler Gebilde wie des
Habsburg- und des Türkenreiches bewirkt, zugleich aber auch zu den
fast unlösbaren Problemen der Grenzziehung und Koexistenz geführt.
Eine nationalstaatliche Abgrenzung der jahrhundertelang von außen
beherrschten Völker, die erst ihre Identität finden mußten, hing von
sehr verschiedenen Kriterien ab. Wenn man sich auf die natürlichen
Grundlagen der Nationsbildung berief und den Zusammenschluß, zugleich die Abgrenzung gegen die anderen, die Fremden forderte, dann
kamen je sehr verschiedene, alles andere als wissenschaftlich fundierte
Maßstäbe in Frage, wie sie die jeweilige Volkstumstheorie proklamierte. Sprache, Kultur, Gesellschafts- und Wirtschaftsformen, Religion,
geschichtliche und dynastische Reminiszenzen, historische oder »na-

türliche« Grenzbestimmung: all dies waren strittige Kriterien, deren Widerstreit wesentlich zu den zwei Weltkriegen beigetragen hat.

Aber auch schon das Schlagwort vom Selbstbestimmungsrecht, ursprünglich durchaus im Sinne der demokratischen Theorie gemeint, entwickelte die verhängnisvolle Bedeutung, daß die Nation als letzter Wert politischen Handelns und Verhaltens volle Freiheit nach außen beanspruchen, nach innen aber größtmögliche Homogenität, Geschlossenheit besitzen sollte. Intoleranz, Unterdrückung der Minderheiten, nationale Verhetzung und Ressentiments waren die Folgen. So hat der Nationalismus, ethnisch oder nicht, zur Zerspaltung Europas durch unser ganzes Jahrhundert hindurch, zu Diktaturen und Dauerkonflikten geführt, die seine befreiende Wirkung oft genug überlagerten oder zunichte machten.

Dabei ist zumal in Deutschland der Begriff des Volkes über den des Staates und der Gesellschaft gerückt worden. Nationalstaat und Nationalbewußtsein wurden völkisch begründet, ihre Dynamik zusätzlich aufgeladen mit den pseudowissenschaftlich drapierten Irrationalismen einer Blut- und Rassentheorie. In der letzten Steigerung dieser Theorie seit der 2. Hälfte des 19. Jahrhunderts war (besonders bei in Deutschland verbreiteten Theoretikern) Zugehörigkeit zur Nation nicht die freie Entscheidung des Staatsbürgers, sondern die unlösliche Gebundenheit an das Volk der Blutsgemeinschaft, in die man geboren war, ob man wollte oder nicht. Hier zählte (wie schließlich im NS-Deutschland) nicht mehr der Mensch, zu dem doch wesentlich auch das »Neinsagenkönnen« gehört (Karl Jaspers). An die Stelle des politischen Bewußtseins, der rationalen und demokratischen Begründung der Nation traten die absolut gültigen Bande oder auch Fesseln der Abstammung. Akklamation statt Wahl, Diktatur statt Demokratie wurden zur Konsequenz solchen Denkens. Ein deterministischer, zunehmend biologistischer Zug trat hervor. Sozialdarwinismus, Rassismus und Antisemitismus lieferten schließlich die Argumente: Kampf ums Dasein, Recht des Stärkeren, Arterhaltung, Politik als Freund-Feind-Denken. Daran änderte auch die Tatsache nichts, daß auch die Deutschen alles andere als eine rassische Einheit und die meisten Voraussetzungen dieser Ideologie absurd waren: sie stand jenseits der Beweise und Widerlegungen.

Ethnizität

Diese Zuspitzung geschah also nicht zuletzt mit Hilfe ethnischer Begründungen. Sie sind, wie schon der griechische Begriff (ethnos = Volk) besagt, ungleich älter als die Vorstellungen der Nationalität. Die Idee der Ethnizität wird nun heute von der kleinen Gruppe auf einen konsequent integralen Volksbegriff ausgedehnt. Ihre eigentlich ideologische Bedeutung und Stoßkraft gewann sie ebenfalls seit Mitte des 19. Jahrhunderts, als im Gegenzug zur historisch-politischen Begründung von Nationen deren ethnische Bestimmung in den Zusammenhang mit den umstrittenen Ideen des Völkischen oder des Rassischen gerückt wurde (so schon Gobineau 1855).

Doch ist eine klare Trennung und Scheidung von Nation und Volk im ethnos-Begriff bis heute nicht gelungen. So kann der ethnisch begründete Nationalstaat sowohl als von einem einheitlichen Sprach- und Kulturvolk wie von mehreren Volksgruppen getragen verstanden werden (zum Beispiel Schweiz, altes Bosnien-Herzegowina, aber auch Belgien oder Spanien). Besondere Schärfe und Sprengkraft gewinnt das ethnische Kriterium durch seine pseudowissenschaftlich begründete, rassistisch ausschließende Tendenz. Sofern demgegenüber nicht wechselseitige Toleranz, demokratisch-föderalistisches Staatsverständnis und unverbrüchlicher Minderheitenschutz gewährleistet wird, kann die Rolle ethnischer Volks- und Rassenideologien geradezu eine staatszerstörerische Wirkung erlangen; im Falle einer biologistisch-deterministischen Argumentation geht ethnozentrisches Politik- und Gemeinschaftsverständnis noch über eine »bloß« nationalistische, aber freigestellte Willensbekundung der Staatsbürger hinaus – eben bis zur Vertreibung, »ethnischen Säuberung«, Vernichtung des Andersvölkischen oder -rassischen, des Fremden überhaupt.

Schockierend neu ist der furchtbare Begriff der »ethnischen Säuberung«, noch weit über den der politischen Säuberung hinausgreifend; aber auch er wurde freilich schon in den großen Vertreibungen seit 1917 und 1945 und nun erneut nach 1989 mörderisch konkretisiert. Der menschenfeindliche Begriff gehört gerade auch in seiner euphemistischen Drapierung in jenes »Wörterbuch des Unmenschen«, das Dolf Sternberger und zuvor schon George Orwell (»Newspeak«) aufgeschlagen haben. Mit solchem Vokabular wird seit den Parolen der Französischen Revolution und der marxistischen Kampfphilosophie, der nationalen Romantik und des völkisch-rassistischen Denkens der politische Wortschatz der modernen nationalen und sozialen Staats- und Gemeinschaftsbildung im Namen sowohl der demokratischen Selbstbestimmung wie des kollektiven *sacro egoismo* schwärmerisch und kriegerisch aufgeladen.

Die Angst vor dem Fremden oder der Haß auf ihn, geboren aus Mangel an Kenntnis und Verständnis und daraus resultierend zu einer paradoxen Mischung von Inferioritäts- und Überlegenheitgefühlen gegenüber dem »Andersartigen« verdichtet, wird im Zuge des politisch-sozialen und national-ethnischen Gemeinschaftskults mit seinen Identitäts- und Abgrenzungspostulaten zur verhängnisvollen Kehrseite der so gern gepriesenen Vielheit Europas und seiner Völker.

Ethnische Konflikte und deren Lösung: dies uralte Problem der Spannungen zwischen verschiedenen Volksgruppen ist mit der Befreiung von imperial-sowjetkommunistischer Oberherrschaft in Europa und Nordasien wieder voll aufgebrochen. Wir stehen vor einer Lawine von Abspaltungsbewegungen. Wie weit sind sie nationalstaatlich oder auch supranational einzufangen oder zu entschärfen, ohne daß es zu alt-neuen Unterdrückungen kommt? Es ist eine Geschichte von tiefer Ambivalenz und oft mit tragischen Aspekten. Denn einerseits geht es immer wieder um die Befreiung ethnischer Gruppen aus Entmündigung und Diskriminierung, um ihre Behauptung durch Abgrenzung gegen andere, gegen Überfremdung und Zwangsassimilierung. Andererseits aber kann dies zu Abkapselung und Verlust der Kommunikationsfähigkeit führen, zu Engherzigkeit und ethnizistischen Exzessen statt Zivilisierung von Politik und toleranter Koexistenz zwischen Mehrheiten und Minderheiten, ja zur Kompromißunfähigkeit und Barbarisierung (wie im zerfallenen Jugoslawien), oder auch zum bürgerkriegsmäßigen Dauerkonflikt (wie in Nordirland oder im Baskenland), wo jede politische Mäßigung als »Verrat« am Volk gilt und blutig geahndet wird.

Man hat eine Reihe von Lösungsmitteln vorgeschlagen, die freilich meist zu spät kommen: vertrauensbildende Maßnahmen, wie in der internationalen Politik; wechselseitiges Verständnis durch Kenntnis und Aufklärung; pluralistische und föderalistische Ordnungsstrukturen (Subsidiarität); Formen der (Teil-)Autonomie: Region, Kultur, besondere Beteiligungsrechte als verfassungsmäßig geschützte Minderheit; übergeordnete Ziele wie Regional- oder Europaperspektiven und schließlich die internationale Absicherung durch überstaatliche Institutionen.

Solche Mittel wären freilich nur dann wirksam, wenn sie als Voraussetzung der geforderten »nationalen Souveränität« jedem Nationalstaat vor seiner Anerkennung auferlegt würden; vorbeugend eingebaut, bedeuteten sie die nötige Selbstbeschränkung nationaler Souveränität im Lichte der multi- oder supranationalen Interdependenzen aller Staaten in einem nun freien Europa.

In der Tat geht es hier um staatspolitische und menschenrechtliche Voraussetzungen zur friedlichen Ermöglichung und Sicherung nationaler und ethnischer Existenz- und Freiheitsverwirklichung, und zwar in einem positiven Sinne anstelle des negativen Freund-Feind-Verständnisses der bisherigen Geschichte. Es bedeutet zugleich eine Art der Entideologisierung durch die doppelte, wechselseitige Beschränkung und Modifikation der Idee der Nation bzw. des Volkes (Ethnos), aber auch der supranationalen, integrationistischen Modelle.

Aktuell erscheinen die 1993 im Rechtsausschuß des Europäischen Parlaments vorangetriebenen Bemühungen um ein »Volksgruppenrecht« zum Schutz der nationalen Minderheiten, das in die Römischen Verträge aufgenommen und damit zum primären EU-Recht gemacht werden soll.[7] Es ist auch im Interesse der Nationalstaaten, angesichts auflebender Bestrebungen zu nationaler Selbständigkeit die Volksgruppen so zu integrieren, daß sie ihre vollen Staatsbürgerrechte wahrnehmen können – Vorbildfunktion der EU. Nur die klare Verbriefung der Rechte *und* Pflichten der Minderheiten kann auch die gegenseitigen Befürchtungen abbauen: das betrifft die Sprachenfrage wie die Repräsentation, die Beteiligung in der Verwaltung usw. Sehr wichtig ist schließlich die Garantie, daß der Schutz der Volksgruppenrechte ein »berechtigtes internationales Anliegen und daher nicht ausschließlich eine innere Angelegenheit des jeweiligen Staates« sei.

Demokratie und Nation

Nun gibt es gewiß erhebliche Unterschiede zwischen West-, Mittel- und Osteuropa wie zwischen alten und neuen, postkommunistischen Staaten. Sie sind sowohl geographisch wie historisch-kulturell und politisch begründet, und sie bestimmen bis heute auch die verschiedenen Beurteilungen von Möglichkeiten und Grenzen nationalstaatlicher Ordnungsformen, besonders in ihrer ethnozentrischen Zuspitzung unter sprachlich-kulturellen, religiösen oder gar rassistischen Kriterien. Anders als im klarer umgrenzbaren Westen Europas mit zum Teil früher gebildeten Nationalitäten sind es in Deutschland und östlich davon neben den Herrschafts- die umstrittenen Identitäts- und Grenzfragen gewesen, die das politische Denken tief geprägt haben: mit sehr verschiedenen historischen Bezugspunkten, die für jede Nationalität, Ethnizität und Generation in der Erinnerung etwas anderes, meist Strittiges, Verwundendes oder Tragisches bedeuten. All dies ist seit der hindernisreichen Emanzipation von Nationalstaaten bewußter und dann freilich auch um so schärfer im Sinne eines Freund-Feind-Denkens nach außen wie im Inneren, als Bürgerkriegslage, explosiv wirksam geworden.

Wie ist nun im Blick auf die historische Krisenerfahrung Europas mit den Schwierigkeiten national-ethnischer Grenz- und Minderheitenprobleme umzugehen, wie auch mit der aktuellen Zunahme der Bevölkerungsbewegung, die als Folge der neuen Offenheit und Mobilität zur Zuspitzung von Konflikten und deren immer neuer Ideologisierung führt, wenn nationales und ethnisches Ordnungsdenken maßgebend bleibt? Und wie wird unter den veränderten Bedingungen unserer »Wendezeit« europäische Einheit in Vielheit möglich? Innerstaatlich die Bedingung einer wirklich freiheitlichen Demokratie, ist dies zugleich überstaatlich die Grundfrage an ein friedliches Europa, das mit der Hinterlassenschaft der Sowjetunion und den Problemen der Entwicklungsländer konfrontiert bleibt.

Wir sind damit bei der Maastricht-Debatte. Der weitere Ausbau Europas ist in einigen Punkten auf andere Weise, aber zumal in der Wirtschafts- und Sicherheitsfrage künftig keineswegs weniger dringlich gefordert als vor 1989. Im Gegenteil: Binnenmarkt, Erweiterung und außenpolitisches Defizit der EU steigern die Ansprüche an europäische Institutionen und Verantwortung ganz erheblich, damit aber auch an die Leistungsfähigkeit, Kontrolle und Legitimierung dieser Entwicklung – und das in Zeiten einer plötzlich möglichen (oder denkbaren) Renaissance der Demokratie nun in ganz Europa! Vor dieser demokratischen Herausforderung steht mit ihrem gesteigerten Gewicht eine

EU gerade dann, wenn sie in Ländern unveränderten oder wiederbelebten nationalstaatlichen Denkens als bisher »undemokratisch« in
Frage gestellt wird.

Aber auch schon die Zeitenwende von 1989 selbst ist nicht zu erklären ohne die Anziehungskraft, die von der Europaidee und von den
lebensfreundlichen Fortschritten der Europapolitik in den achtziger
Jahren ausging. Ihre betonte Fortsetzung ist mithin geboten. Darauf
sind auch die neuen Hoffnungen und Herausforderungen im befreiten
weiteren Europa gerichtet. Die Konkurrenz nationalstaatlicher Empfindungen und Sehnsüchte wie zugleich die offenkundige Verstärkung
demokratischer Legitimations- und Partizipationsforderungen allenthalben verlangen nach Überprüfung nicht nur des eisernen Bestands
und des Entwicklungspotentials der EU, sondern auch der alten, noch
unerfüllten Forderung nach mehr Demokratie in der EU, angesichts
ihrer ja unbestreitbaren Realität.

Gewiß löste die große »Wende« seit 1989 eine Kette nicht nur von
betont *demokratischen* Revolutionen gegen den Totalitarismus, sondern zugleich von erklärt *nationalen* Befreiungs-Revolutionen gegen
den ideologischen, kommunistischen Universalismus aus. Sie hatte
aber, trotz allen Erwartungen an ein ungeteiltes Europa, neben dem
Allerweltsbegriff des »Europäischen Hauses« keine eigentliche europapolitische Linie. Vielmehr verstrickte sie die EU selbst in einen neuerlichen Konflikt zwischen Demokratie- und Nationalstaatsprinzip, und
zwar in größerem Ausmaß und mit höherer Dringlichkeit als bisher, je
rascher der Umwandlungsprozeß in Osteuropa mit seinen Erwartungen sowohl an die neue, nationalstaatliche Unabhängigkeit wie zugleich an die europäischen Organisationen vor sich ging.

Die länger geplante Weiterentwicklung der EU nach Verwirklichung
des Binnenmarkts, wie sie der Vertrag von Maastricht mit sich bringen sollte, gerät unter den doppelten Druck jener verstärkten De-
mokratie- wie zugleich nationalpolitischen Zielsetzungen, so widersprüchlich, ja teilweise gegensätzlich diese sein mochten. Das Nachhinken der politischen Dimension europäischer Integration wird hier
spürbarer denn je zuvor. Bisherige Leitbilder eines auf weitere Integration zielenden Europadenkens geraten in ein Dilemma, ja – nach
dem doch nur knappen dänischen Plebiszit von 1993, eher einer Zu-
fallsmehrheit gegen die weitere politische Integration – vielerorts ins

Rutschen, unter den Druck einer Kettenreaktion. Auch im Westen tönen nun Parolen einer Renationalisierung als Gebot der Stunde. Sie spielen das Argument des Demokratie-Defizits der europäischen Integration überhaupt aus. In Wahrheit freilich behindern oder blokkieren sie schon im Ansatz die notwendige Diskussion einer europäischen Verfassung sowie eines parlamentarischen und föderalen Regierungssystems, das der Europäischen Union den politischen Rahmen einer demokratisch verfaßten Union von demokratischen Nationalstaaten mit beschränkter, kooperativ gebundener Souveränität geben könnte.

Ein endgültiger Verzicht auf eine gewiß längerfristige, wenigstens regulative Zielvorstellung in dieser Richtung würde die Schubkraft der Europaidee gegenüber den Einzelstaaten auf zufällige Konstellationen beschränken, sie politischen Wetterlagen jederzeit schutzlos ausliefern und eine Bewältigung der supranationalen Erfordernisse, Organisationsformen und Prozesse gefährden. So wären Idee und bisher Erreichtes nach Änderung der ursprünglichen Voraussetzungen durch das Ende des Ost-West-Konflikts einem durchaus möglichen Verfall ausgesetzt, wie er alle (gewiß andersartigen) historischen Vorgänger seit dem Römischen Reich (mangels Anpassung der politischen Verfassung oder Überforderung) betroffen hat.

Durch Verzicht auf die politische Dimension der Integration unter Berufung auf bisherige Mängel an Demokratie und Bürgernähe könnten sich paradoxerweise jene Diagnosen und Prognosen erst bewahrheiten, die Euroskeptiker seit je und besonders gegenwärtig stellen: daß ein unförmiges, büro- und technokratisches Supergebilde ohne demokratische Kontrolle und Bürgernähe entstünde und daß man daher »gut« nationalstaatlich dagegenhalten müsse, freilich entgegen der Erfahrung unseres Jahrhunderts.

Zu allen Einwänden läßt sich überdies sagen, daß die EU eben gerade kein Nationalstaat sein will und dieser andererseits ja auch keineswegs mit Demokratie identisch ist. Wenn eine solche Auffassung im 19. Jahrhundert vorherrschend wurde, so besagt das nichts Endgültiges über die Möglichkeit einer Vereinbarkeit von Demokratie und Supranationalität. Diese entspräche im Gegenteil gerade den übernationalen, freiheits- und menschenrechtlichen Zielen der modernen Demokratie, und man wußte dies nach 1945. Ein drohender Rückfall in

Vorstellungen und Traditionen ausschließlich nationalstaatlicher Identität, die ein gewichtiger Grund für die Selbstzerfleischung Europas war und bleibt, macht ja eben die Aktualität der EG-Lösung zwingend: nämlich auf dem Weg zu einer politischen Gemeinschaftsform *sui generis* zwischen Staatenbund und Bundesstaat gerade auch einer Föderation von Nationalstaaten demokratische Qualität, politische Funktionsfähigkeit und Begründung in einer europäischen Bürgerschaft zu ermöglichen, die Einheit in der Vielheit zu verfassen.

Die Vielsprachenfrage endlich bleibt ein schwieriges, doch eher technisches und pädagogisches Problem, das heute im Computer- und Medienzeitalter nicht mehr unlösbar scheint, jedenfalls so wenig gegen eine übernationale Demokratisierung spricht wie einst das »nation building« verschiedener Stämme und Völker, aus denen Nationalstaaten als *eine* historische Form des modernen Staates hervorgegangen sind oder auch bewußt machtpolitisch gemacht wurden, ohne zwingend die einzige Form zu sein. Dies zu leugnen, hieße allzu fatalistisch den Nationalstaat im Sinne eines integralen Nationalismus zu verstehen, ihn zeit- und geschichtslos absolut zu setzen, so richtig es bleibt, daß die europäische Literatur »ihr natürliches Substrat in den Nationalsprachen und manchmal auch in den Regionalsprachen hat«[8].

Ich erinnere aber nur an die Einsichten und Erfahrungen von bedeutenden, alles andere als antinationalen Zeitbetrachtern wie des Soziologen Raymond Aron oder des Historikers Hans Rothfels. Für Aron setzen diejenigen, die allein die nationalen Einheiten für dauerhaft in der Geschichte halten, unwissentlich »das Siegel der Ewigkeit unter die Geschichtsphilosophie des 19. Jahrhunderts«. Und gerade Rothfels hat die zurückliegende Epoche der Nationalismen als »nationale Ausnahmezeit« bezeichnet.

Auch ein bewußt französischer Historiker und Europaparlamentarier wie Jan-Louis Bourlanges warnt im Blick auf eine »selbstmörderische Balkanisierung des alten Kontinents« soeben: »Die Zeit, die sehr lange ein Verbündeter der europäischen Einigung war, arbeitet heute gegen sie.«

Gewiß ist es wichtig, »daß den nationalen Parlamenten hinreichende Politiksubstanz verbleibt« – ein klassisches Problem jeder föderalen Staatsstruktur, ob nun in Deutschland und Österreich, den USA und der Schweiz oder Indien und Kanada. Aber ein prinzipieller Einwand läßt sich davon nicht ableiten, nur eine graduelle oder zeitliche Abstufung der Zuordnung politischer Kompetenzen an Europa: auch dies ein klassisches Problem jeder politischen Strukturentwicklung, die mit zu bändigender Macht und Gleichgewicht, mit Gewaltenteilung und Kontrolle zu tun hat, den wirklich zentralen Elementen jeder demokratischen Staats- und Gemeinschaftsordnung.

Nach der antitotalitären Revolution

Zwiespältig ist die historische Bilanz. Die Ideen von der vorstaatlichen, volksgebundenen und sprachlich-kulturell begründeten Nation, seit der Renaissance aus dem vertieften Interesse und Verständnis für die Völkerindividualitäten erwachsen, waren zunächst dem Universalbegriff einer übergreifenden Humanität, einer Menschheit zugeordnet, die organisch als eine Vielzahl von Völkern mit jeweils eigentümlicher Sendung gesehen wurde. Unter dem Einfluß der demokratisch-revolutionären Impulse und der militärisch-territorialen Umwälzungen führte der Gedanke der eigenständigen Nation aber auch in Mittel- und Osteuropa schließlich zum Zerfall übernationaler Gebilde wie des osmanischen, habsburgischen, zuletzt des russischen Vielvölkerstaates. Die Parole vom Selbstbestimmungsrecht der Nationen zielte auf die konsequente Aufgliederung ganz Europas in sprachlich einheitliche Nationalstaaten. Aus dem ethnisch zugespitzten Nationalbegriff entwickelte sich auch jene pseudowissenschaftliche Scheidung nach »rassischen« Merkmalen, die als extremste Form des Nationalismus mit menschenfeindlicher Brutalität im Reich des Nationalsozialismus praktiziert wurde.

Auch die überstaatlichen Impulse liberaler und demokratischer Verfassungs- und Menschenrechtspolitik oder die international gerichteten Zielsetzungen des Sozialismus vermochten damals solche Tendenzen nicht aufzuhalten, weder institutionell noch ideologisch. Soweit eine befriedigende Grenzziehung und die Assimilierung der vielfältigen nationalen Minderheiten nicht gelang, ergaben sich ständige Konflikte, Intoleranz und Ressentiments, zumal in Ost-Mitteleuropa, die auch der Sowjetimperialismus nur vorübergehend und gewaltsam vermittels der kommunistischen Ideologie und des Antifaschismus-Mythos zudeckte. Sie brechen nun aufs neue hervor: Nationale und ethnische

Mythen anstelle der kommunistischen, und öfter auch mit Großver-
sionen wie etwa der großserbischen.

In den Worten eines aufmerksamen Beobachters Ost-Mitteleuropas:
»Der Umbruch der letzten drei Jahre beweist, daß die Geschichte in
den Jahrzehnten der Kommunisten eingefroren war und daß die alten
Konflikte, Spannungen, Probleme wieder auftauchen wie der Schutt einer Endmoräne, wenn der Gletscher zurückgeht.«[11]

Als wichtigster historischer Bezugspunkt konnte im Umbruch von
1989 jedenfalls vorrangig die Wiedergewinnung des erst 1918 errun-
genen unabhängigen Nationalstaats gelten, weniger leider die meist
kurzlebigen, schwachen Demokratien, die zudem vielfach mit Minderheitenproblemen belastet waren. Die Auslöschung souveräner Nationalstaaten durch den kommunistischen Universalismus war der schärfste Stachel. Die Demokratie als Alternative zur totalitären Diktatur
konnte demgegenüber kaum an eine erfolgreiche Geschichte und politische Erfahrung in den befreiten Ländern anknüpfen.

Die Demokratisierung eines wieder- oder neugewonnenen Nationalstaats sollte sich denn auch sogleich nach den Revolutionen von
1989 als Hauptproblematik auf dem Weg des Übergangs von der Diktatur zur Freiheit und bei der Bewältigung der schweren Lasten der
Vergangenheit erweisen. Dazu gehören die alten wirtschaftlichen und
nationalen Rivalitäten, die unter sowjetischer Oberherrschaft teils nie-
dergehalten, teils im Sinne des *divide et impera* gegeneinander ausge-
spielt, jedenfalls nie wie in Westeuropa im Sinne einer osteuropäischen
Gemeinschaft zur gleichberechtigten, echten Kooperation gebracht
worden waren. Verlauf und Probleme der staatlichen und verfassungs-
politischen wie der ökonomischen und gesellschaftlichen Neuordnung
sind nicht nur durch die Wiedergründung der von der Sowjetunion unterworfenen oder gleichgeschalteten Länder Europas bestimmt (während im asiatischen Teil der ehemaligen Sowjetunion eine verspätete
Dekolonisierung stattfindet). Ihnen allen galt vielmehr eine betont
ethnisch-nationalstaatliche Orientierung als wirksamstes Mittel der
Volksbefreiung und Selbstbestimmung. Das eine waren die Schwierigkeiten einer Demokratisierung bisheriger totalitärer Strukturen nach
jahrzehntelanger Entwöhnung von Pluralismus und Rechtsstaat, konfrontiert mit dem dringend notwendigen Abbau der bankrotten Plan-
wirtschaft, mit einer drohenden Arbeitslosigkeit und den Geburts-

wehen unvorbereiteter, halbverstandener Markt- und Privatwirtschaft.
Das andere waren von Anfang an die Impulse, aber ebenso die Gefahren eines Nationalismus, der diese Probleme durch militante Radika-
lität und Freund-Feind-Denken zu überspielen sucht, auch nach dem
alten Rezept der Ablenkung innenpolitischen Drucks nach außen. Die
lange währende Unterdrückung hatte nicht gelehrt, daß das mittlerweile errungene Recht der Mehrheit auch in Nationalitätsfragen nur
bestehen kann, wenn es zugleich das gesicherte Recht der Minderheit
respektiert – so wie die Demokratie stets das Recht auf (und der) Opposition.

Der Umbau des von den großen ideologischen Diktaturen des Jahrhunderts endlich befreiten Kontinents vollzieht sich zwischen Krise
und Erneuerung. In der Tat:»Europas zweite Zukunft ist wieder offen«[12] (Curt Gasteyger). Sie enthält die Chancen einer zweiten Renaissance nach 1945, aber nur, wenn neben den positiven Erfahrungen jener ersten politischen und wirtschaftlichen Renaissance in Westeuropa
die Warnungen der Zwischenkriegszeit auch in Osteuropa beachtet
und ernstgenommen werden.

So bleiben der positive Gehalt und die Problematik nationalstaatlichen
Denkens, zumal unter strikt ethnischen Kriterien, im Licht der Geschichte aufs engste miteinander verknüpft. Unbestreitbar hat die Entfaltung von Sprache und Literatur, von Wirtschaft, staatlicher Verwaltung und demokratischer Politik durch die Ausbildung eines umfassenden Nationalbewußtseins wesentliche Antriebe erfahren. Besonders
die soziale Emanzipation und die Durchsetzung parlamentarisch-de-
mokratischer Ordnungsprinzipien ist auch ein Ergebnis der auflösen-
den und zugleich neuformenden Kraft des Nationalgedankens. Er hat
mit einem verstärkten Gemeinschaftsgefühl erst den politisch bewußten Staatsbürger geschaffen und damit auch der allgemeinen Begründung politischer Macht und Willensbildung ihre konkrete Verwurzelung gegeben.

Aber angesichts der wachsenden Migrationsbewegungen in aller
Welt stoßen nun die Parolen von der multikulturellen und multiethni-
schen Gesellschaft auf die harte Frage nach ihrer Verträglichkeit mit
dem Ideal nationalstaatlicher Identität und Souveränität. Selbst die
amerikanische Idee der United States als »melting pot of nations« wird

nun angefochten. Strikte Gesetze müssen die Einwanderungs- und
Asylpolitik ohnehin präzisieren und begrenzen.

In den vielfältigen, doch ambivalenten Wechselbeziehungen zwischen Nationalstaats- und Demokratieprinzip, zwischen äußerem und
innerem Souveränitätsanspruch des politisch gewordenen Volkes, zwischen gesteigerter Machtpolitik nach außen im nationalstaatlichen
Sinn und Schutz der Minderheitenrechte im Inneren liegt die Problematik eines primär nationalen Staatsdenkens, das gegenwärtig mit
der Folge politischer Zersplitterung und ethnischer Konflikte auch
wieder die zwischenstaatlichen Beziehungen belastet. Die Barrieren des
Nationalstaats erschweren nicht nur die europäische Konsensbildung
und die Lösung wirtschaftlicher und sozialer Fragen, sondern auch
eine letztlich nur übernational zu realisierende Menschenrechts- und
Sicherheitspolitik: siehe wiederum den Fall Jugoslawiens. Auch die
EG, am weitesten fortgeschritten auf dem Weg zur Integration, krankt
am Souveränitätsvorbehalt der Mitglieder und daher an mangelnder
Demokratisierung. Eine wahrhaft internationale Politik, die den Dimensionen des Migrationsproblems gewachsen wäre, ist allen übernationalen Entwürfen und Institutionen zum Trotz noch nicht verbindlich erreichbar.

Vier Erfahrungen möchte ich nochmals *besonders* unterstreichen:

1. Es ist leider (oft) gerade der *Nationalstaat*, der Rechte und Schutz
der Minderheiten behindert und damit eben auch gerade das Prinzip
der Selbstbestimmung – und der sich damit selbst unglaubwürdig
macht. (Daher der Lösungsversuch des Europarats: ein Zusatzproto-
koll Minderheitenrechte zur europäischen Menschenrechtskonvention
mit ihren bewährten Rechtsorganen).

2. Nicht (nur) die Nation, sondern vor allem der grundlegende Unterschied zwischen Demokratie und Diktatur, die Teilung in Freiheit
und Unfreiheit sind es, die den eigentlichen Faktor der *Selbstbestimmung* darstellen: also das eigentlich *politische* Kriterium neben dem
sprachlich-kulturellen.

3. Eine *Entschärfung* der Nationalitäts- und Ethnizitätsproblematik
kann auf Dauer nur durch eine Föderalisierung Europas mit abgestuften Formen der Integration erreicht werden: mit einer gewissen Relativierung des Nations- wie des Souveränitätsprinzips.

4. Dies trägt auch der Tatsache Rechnung, daß die Menschen in Wahrheit *mehrere Identitäten* haben; es macht nicht halt beim nationalen oder ethnischen Identitätsbegriff, bedenkt vielmehr die Gefahr eines kollektiven Identitätsverständnisses überhaupt, das auch totalitären Versuchungen entgegenkommt.

Aber demokratische Politik verlangt gerade heute die Einsicht, daß das Zeitalter des allein souveränen Nationalstaats, vollends in seiner zentralistischen Form, kein End- oder Höchststadium bedeutet, weder als Strukturmodell Europas noch als Ziel der Entwicklungsländer. Er ist ein wichtiges, doch verlustreiches Zwischenstadium. Nach Überwindung der tiefen ideologischen Trennungslinien, die einst zur Spaltung Europas und Deutschlands geführt haben, sind Frieden und Wohlstand, Freiheit und Menschenrechte nur dann zu sichern, wenn auch der moderne Nationalismus in einem größeren Rahmen übernationaler Regeln und Institutionen den demokratischen Prinzipien des Ausgleichs und Kompromisses unterworfen und dadurch auf seine konstruktiven Impulse beschränkt wird. Historia doceat.

Geschichte als Erfahrung

Aufarbeitung von Vergangenheit
in Deutschland

Das wohl älteste und wichtigste Thema aller politischen Bildung betrifft die Relevanz der Geschichte für die Politik und ihre Kultur. Daraus folgen die beiden anderen Fragen: Wie ist »Lernen aus der Geschichte« möglich – und was ist zu tun im Interesse einer weiteren Stabilisierung der Demokratie in Deutschland und Europa? Ich möchte diese Betrachtung daher in einen mehr analytischen und einen eher beratend-empfehlenden Teil gliedern.

Deutsche Analyse

1. Man mag der alten Frage nach Lehren der Geschichte skeptisch gegenüberstehen, da die Gefahren ihrer Mißdeutung und ihres Mißbrauchs zumal in allen Diktaturen offenkundig sind. Doch ist nicht minder deutlich – ex negativo –, wohin die Unterlassung oder Verdrängung historischer Rechenschaftslegung führt: daß andere sie vornehmen, und dann oft inkompetent oder böswillig, mit den fatalen Folgen von Legendenbildung, einseitiger Anklage oder selektiver Apologie. Denken wir nur an die unheilvolle Rolle der Dolchstoßlegende nach 1918!

2. Eine verstehende und zugleich möglichst objektive Erörterung unserer Vergangenheit sollte vor allem die bis heute fortwirkenden Unterschiede in der historischen Erfahrung beachten, denen Deutschland und die Deutschen seit dem Ersten Weltkrieg ausgesetzt und unterworfen waren: zumal im unterschiedlichen Erleben von zwei Demokratien und zwei Diktaturen. Im Westen konnten die Bürger der zweiten deutschen Demokratie nach dem Scheitern der Weimarer Republik sowohl aus der bitteren Erfahrung der ersten deutschen Demokratie wie der nationalsozialistischen Diktatur, aber dann auch der zweiten,

kommunistischen Diktatur des SED-Staates Anschauungen und Lehren
ziehen, die – (nach 1945 und 1949 anders als nach 1918 und 1923) –
der bewußten und betonten Festigung ihrer, der Bonner Demokratie
zugute kamen – und zwar sowohl gegen Rechts- wie gegen Linksextremismus.

Im Osten dagegen bedeutete dieselbe Geschichte für ein Fünftel der
Deutschen die ungleich länger dauernde, doppelte Belastung durch
zwei gewiß verschiedene, ja betont konträre, doch gleichermaßen freiheitswidrige Systeme mit nachhaltig nicht-demokratischen, tendenziell
totalitären Verhaltensmustern. Zwei Vergangenheiten von positiv wie
negativ so unterschiedlichem Erfahrungsgehalt sind für die weitere Stabilisierung unserer Demokratie in der Tat fundamental.

Vor allem stand die Entwicklung der zweiten deutschen Demokratie im Westen von Anfang an betont unter dem Postulat: Bonn ist nicht
Weimar, weil es aus den Fehlern der ersten Demokratie und dem fatalen Irrweg der NS-Diktatur zu lernen suchte. Anders als 1918 waren in
der Tat die Voraussetzungen, anders auch die Lebensbedingungen und
die politische Form der Bundesrepublik. Eine gestärkte Parlamentsde-
mokratie, ein verändertes Parteiensystem, Wirtschaftserfolg und West-
bündnis sicherten Stabilität und Dauer. Der große Unterschied zu Weimar lag freilich nicht zuletzt auch in der Tatsache der Teilung begründet. So schmerzlich sie nationalpolitisch war, so viel trug sie dazu bei,
die zweite deutsche Demokratie von der Weimarer Krankheit zu be-
freien: nämlich durch rechts- und linksradikale Parteien und Bewegungen eingekreist und erdrückt zu werden.

1945 war in Deutschland nicht nur die rechte Diktaturbewegung
des Nationalsozialismus widerlegt; bald schon, lange vor dem Verbot
der KPD im Jahre 1956, war angesichts der Sowjetpolitik (bzw. der
Furcht vor ihr) auch die linke Alternative des Kommunismus zusam-
mengeschrumpft und diskreditiert. Der Kommunismus und seine Anhänger wanderten sozusagen politisch wie ideologisch in die sowjetische Zone aus, in die entgegen dem Anspruch – wie in allen modernen
Diktaturen – nur dem Namen nach »demokratische« Diktatur der
DDR, die auf die Westdeutschen so abschreckend wirkte wie die
sowjetische Nachkriegspolitik überhaupt, auch wenn Idealismus und
Illusionen eines radikalen Neuanfangs, eines »Auferstanden aus Rui-
nen«, den Weg in die DDR begleiteten und als ideologischer Anspruch

des »ersten sozialistischen Staates in Deutschland« eine gewisse Anziehungskraft auf intellektuelle Fellow travellers in Kultur und Politik ausübten.

3. Das neue, zweite Einparteienregime von oben, das mit Hilfe von Satellitenparteien pseudodemokratisiert, im Namen einer angeblich einzig wahren, weil »antifaschistischen« Demokratie erzwungen wurde, konnte in Wahrheit mit Form und Methoden unmittelbar an autoritäre Traditionen in Deutschland anknüpfen, so radikal »volksdemokratisch« die Aufmachung und so verschieden die totalitären Ziele und Mittel sein mochten. Diese zweite deutsche Diktatur, wie ich sie in meiner Propyläen-Geschichte Europas von 1976 zum Mißfallen vieler in Ost und West nannte, war zwar anders als die erste deutsche Diktatur des Nationalsozialismus eine weitgehend importierte, doch baute auch sie zugleich auf der Ablehnung oder Entwöhnung vieler Deutscher von pluralistischer Demokratie und ihrer Gewöhnung an den Obrigkeitsstaat bis hin zur totalitären Diktatur auf.

Gewiß wurde in dieser zweiten Diktatur die Liquidierung des Nationalsozialismus radikaler betrieben als im Westen, doch verzichtete man gegebenenfalls keineswegs auf die Dienste ehemaliger NS-Anhänger und -Funktionäre, und die antifaschistische »Alternative« war die Herrschaft einer neuen, nun linken Einheitspartei mit ihrem Spitzel- und Unterdrückungsapparat, der sich die Bevölkerung über die Jahre hin anpaßte, sofern sie nicht nach Westdeutschland floh. Nach der Niederschlagung des Volksaufstands vom 17. Juni 1953 und dem Mauerbau von 1961 schwand die Aussicht auf erfolgreiche Opposition: Es kam ein weiteres Kapitel scheinbar vergeblichen Widerstands in der neueren deutschen Geschichte, jedenfalls eine weitere Erfahrung der Probleme menschlichen Verhaltens zwischen Résistance, Anpassung und Kollaboration in modernen Diktaturen.

So dauerte hier im Grunde ein Hauptmerkmal jener historischen und psychologischen deutschen Problematik fort, deren extremer Ausdruck schon der Nationalsozialismus gewesen war – und ging nun noch über die sehr viel längere, prägende Zeitspanne von über zwei Generationen fort. Verstaatlichung und Kollektivierung von Industrie und Landwirtschaft sollten zwar »dem Faschismus«, den die Kommunisten in vergröbernder Generalisierung und Mißdeutung mit Grundbesitz und mit dem privaten Kapitalismus gleichsetzten, die ökonomi-

schen Ausgangspunkte entziehen. Aber die faktische Herrschaft von
Obrigkeitsstaat und »Staatssicherheit«, SED-Regime und totalitärer
Ideologie knüpfte aufs neue an die autoritäre Struktur des politischen
Verhaltens, an den illiberalen und freiheitsfeindlichen Macht- und
Staatskult der neueren deutschen Geschichte an. Denn so tief ein-
schneidend die »sozialistische Revolution« der DDR auch war, sie
bedeutete wiederum vor allem eine Revolution von oben, ohne freie
demokratische Zustimmung und Legitimierung.

4. So wurde die Frage der demokratischen »Bewältigung« der Vergangenheit, für die westdeutsche Demokratie eine Grundfrage ihrer
Existenz, in der DDR von oben gelöst: im Sinne einer Gegendiktatur,
die keine Gelegenheit zur Entwicklung und Bewährung einer eigenständigen und verantwortlichen Demokratie gab, weil sie jedes Risiko
ihrer Anfechtung scheute und sich nur gelenkten Pseudowahlen mit
vorherbestimmtem Ergebnis statt dem freiem Votum der Bevölkerung
stellte. Nur in Westdeutschland konnte das politische Denken und Verhalten der Deutschen nach dem Krieg über vier Jahrzehnte hinweg
empirisch verfolgt werden, nur dort war die politische Mobilität und
Stabilität des oft berufenen Volkswillens in offenen Wahlen, Mei-
nungsbefragungen, publizistischen Zeugnissen aller Art fortdauernd
meßbar. In der DDR sind viele der brennenden Fragen, die an eine
zweite deutsche Demokratie nach dem Scheitern von Weimar und der
totalitären Verführung durch das Hitlerregime zu stellen waren, durch
ein teils autoritäres, teils totalitäres System verdeckt worden. Die Aufarbeitung der Vergangenheit ist vor allem mit dieser langen Fehlentwicklung und Irreführung konfrontiert. Auch die Information durch
Westmedien hatte daran wenig zu ändern vermocht.

Zur Anwendung: Vergleich und Unterscheidung

Damit sind wir, zweitens, bei der Frage nach den Methoden, mit denen
solche Aufarbeitung zu bewirken ist. Sie ist nicht etwa, wie heute immer noch oder wieder, durch ein ängstlich-vorsichtiges oder trotzig-
ideologisches, apologetisches Vermeiden jeden Vergleichs zwischen
Rechts- und Linksdiktaturen zu beantworten, sondern gerade durch
die ständige Wechselbeziehung zwischen Vergleich und Unterschei-

dung. Denn beide Fragestellungen sind eng miteinander verknüpft. Natürlich kann es nicht um Gleichsetzung oder Aufrechnung gehen (mit welcher falschen Gleichsetzung links- oder rechtstendenziöse Kritiker nun ihrerseits den Totalitarismusbegriff überhaupt verteufeln). Es geht vielmehr darum, aus vergleichender Gegenüberstellung der drei großen Diktaturerfahrungen unseres Jahrhunderts, Faschismus, Nationalsozialismus und Kommunismus, zu lernen, um künftig Ähnlichkeiten und Verschiedenheiten politischer Systeme und Verhaltensweisen erkennen und beurteilen zu können; hier liegt auch der Sinn des Streits um Faschismus- und Totalitarismusbegriffe.

Auch in dieser Hinsicht hat die Geschichte der Bundesrepublik gezeigt, wie stark im Unterschied zu Weimar (und dann zur DDR) ein freilich langwieriger und immer wieder umstrittener Lernprozeß dann wesentlich zur Festigung der zweiten deutschen Demokratie beizutragen vermochte. Blicken wir auf die so komplizierte juristische und die so schwankende personalpolitische Bewältigung der unrechtsstaatlichen Erbschaft nach dem Ende von DDR und SED, so muß die historische Auseinandersetzung mit den Gründen und Abgründen unserer diktatorischen Vergangenheit um so entschiedener versuchen, politische wie moralisch-ethische Lehren für das künftige Verhältnis von Bürgern und Staat zu ziehen.

Das widerspricht der bequemeren Forderung, man solle den Blick nach vorne richten und neu anfangen. Eine »Stunde Null« oder ein »Ende der Geschichte« gibt es heute so wenig wie 1945. Vor der Zukunft steht eine mehrfach gespaltene Vergangenheit, deren innen- und außenpolitische Hypotheken uns seit der Vereinigung mehr denn je bedrängen und deutlich machen, daß 1989 noch nicht einmal das vielverkündete »Ende der Nachkriegszeit«, sondern zudem noch eine Renaissance der Zwischenkriegsprobleme, zumal des Nationalismus gebracht hat.

Es zeigt, welche Verwirrungen, Verführungen und Verletzungen im Laufe unseres Jahrhunderts der Rechts- und Linksdiktaturen noch immer virulent sind oder ein geistig-politisches Vakuum und schwere Orientierungskrisen hinterlassen haben. Allerdings ist die Leidensgeschichte der Sowjetunion wesentlich länger und ja leider noch weniger aufgearbeitet. Im deutschen Fall waren die Bemühungen auch sehr viel dezidierter, hat die Auseinandersetzung mit dem Nationalsozialismus

Erfahrungen vermittelt, die auch für die kommunistische Diktaturgeschichte bedeutsam sind.

Der Vorwurf nun, nach 1945 habe in Westdeutschland die Auseinandersetzung mit der NS-Diktatur zu lange gedauert und zuwenig in die Breite und Tiefe gewirkt, ist richtig und falsch zugleich. Ich darf zum Beispiel auf die Forschungen von K. D. Henke und Hans Woller über politische Säuberungen nach 1945 hinweisen.[1] Daß das frühe Erscheinen der Nürnberger Dokumente und bald auch grundlegender Zeitgeschichtsforschungen die politische Aufklärung und Bildung lange Zeit nicht in dem wünschenswerten Ausmaß vorangebracht hat, lag vor allem daran, daß bald die Funktionsfähigkeit von Staat, Verwaltung und Wirtschaft sowie die rasche Integration der Bevölkerung, zumal der Millionen Flüchtlinge und Vertriebenen in den Vordergrund rückten: Effizienz und Versöhnung waren Leitmotive, die damals im Westen die deutsche Katastrophe überbrückten und unter rasch sich bessernden politisch-ökonomischen Rahmenbedingungen den schnellen Wiederaufbau ermöglichten. Darin lagen Stärke und auch Problematik der Politik Adenauers, und so gelang eine integrierende Konzentration des Parteienfelds trotz gewaltiger Veränderungen durch Kriegsverluste und Bevölkerungsbewegung.

Die Kehrseite war ein langgezogener, bis heute immer wieder aufbrechender Konflikt um Vergangenheitsbewältigung, wobei freilich dem Gründervolk der Bundesrepublik allzu pauschal von der Folgegeneration Vergessenwollen und Verdrängung statt Aufarbeitung vorgeworfen wurde, was ein bis heute nachwirkendes Mißtrauen gegen den Rechtsstaat hervorrief: man denke an die 68er und den Terrorismus, aber auch an die Enttäuschung bei Verfolgten und Hinterbliebenen aus dem Widerstand. Doch im dezidierten Unterschied zu Weimar wie auch zur DDR zeigte sich, welche wenn auch schrittweise Stabilisierung der Demokratie aus diesen kontroversen, selbstkritischen Lernprozessen und historisch-politischen Vergleichsmöglichkeiten der Nachkriegszeit erwachsen konnten, obgleich die Mitwirkung und Mitläuferschaft vieler, ohne die eine totalitäre Diktatur nicht möglich ist, geistig und gesellschaftlich nur langsam verarbeitet und immer wieder auch apologetisch beschönigt wurde – bis zur Gegenwart.

Aus den Erfahrungen und Fehlern jener ersten Nachdiktaturzeit ist bei allen Unterschieden manches zu lernen. Die Konfrontation rechtsstaatlicher Demokratie mit der unrechtsstaatlichen Vergangenheit eines über 40 Jahre abgetrennten Fünftels der Bevölkerung, die über fast sechs Jahrzehnte hinweg zwei verschiedene Diktaturen erleben, mitmachen, erleiden mußte, erfordert doppelte Anstrengungen, weil sie nicht nur im stasiverschärften Gegeneinander von Tätern, Opfern und Mitläufern *eines* Volkes geschieht (wie nach 1933), sondern zugleich im Gegenüber zweier Bevölkerungen mit je sehr verschiedenen Erfahrungen unter konträren Systemen, Ideologien und Lebensbedingungen. Es ist das Aufeinandertreffen zweier unbewältigter Vergangenheiten, das sich auch in den politischen Kontroversen um Konzentrationslager wie Buchenwald oder Holocaust-Mahn- und Denkmäler zeigt, und es geht nicht nur um das Problem ihrer »Historisierung« (mit der Gefahr einer Bagatellisierung), sondern auch einer nicht aufzurechnenden totalitären Ambivalenz der KZ als Instrumente zuerst nationalsozialistischer, dann kommunistischer Diktaturherrschaft.

Diese Situation der Auseinandersetzung wird über längere Zeit andauern, wie wir aus unserer Geschichte nach 1918 und 1945 wissen. Für die Zukunft wird es darauf ankommen, nach der zweiten deutschen Diktatur, in die auch noch jene erste Diktatur hereinreicht, vorbeugend die Möglichkeit eines Generationskonfliktes im Blick zu halten, der in einigen Jahren akuter als heute noch aufbrechen kann: weit über die Stasiproblematik hinaus angesichts einer so komplexen Vergangenheit, die auch nach über 50 Jahren als Last und Verantwortung politisch gegenwärtig und psychologisch aktuell bleibt, wozu auch der alt-neue Rechtsradikalismus gehört. Er ist jedenfalls eines der Zeichen für die Mängel in einer postdiktatorischen politischen Kultur, die zwischen der Erblast obrigkeitsstaatlicher Mentalität und anarchischen oder nostalgischen Regungen schwankt. Um so wichtiger erscheint mir jenseits überforderter Gerichte und umstrittener Personalpolitik die Chance, die ja auch im Westen teilweise fehlgedeutete Geschichte des SED-Regimes durch eine nun mögliche quellengesättigte Diktatur-Forschung mit historisch-vergleichender Analyse voll zu erschließen und so jeder Legendenbildung vorzubeugen, die durch unzureichende Strafverfolgung (Hitler 1923, Honecker 1993) und unzulänglichen Personalwechsel begünstigt werden könnte.

Denn die Geschichte der Bundesrepublik zeigt auch, was trotz allen Mängeln einer ja durchaus früh begonnenen Abrechnung mit dem Nationalsozialismus solch erfahrungsgesättigtes politisches Lernen auf der Grundlage einer diesmal auch schon erfahrungsgesättigten Verfassung des Grundgesetzes vermag. Ohne die schonungslose, freilich möglichst unparteiische Auseinandersetzung mit unserer doppelten, rechts- wie links-diktatorischen Zeitgeschichte war die Stabilisierung der zweiten deutschen Demokratie nach dem Scheitern der ersten von Weimar nicht zu denken und wohl kaum zu erreichen.

Für die Bürger der ehemaligen DDR hat diese zweite Demokratie gerade erst begonnen. Aber es bedarf der gemeinsamen Bemühung aller Deutschen, um dabei einige der Fehler zu vermeiden, die auch uns von der zweiten Diktatur Verschonten schon den Weg in die zweite Demokratie kompliziert haben – und diese nicht zuletzt durch allzu radikale Überforderung immer wieder in Gefahr gebracht haben.

Ausblicke

Immer muß bewußt bleiben, daß Aufarbeitung, Lernprozeß und Stabilisierung der Demokratie auch heute, wie schon nach 1945, eng zusammengehören. Wie damals wird dieses gewiß länger dauernde und unbequeme Bemühen angezweifelt, ja angefeindet – und nicht nur aus Apologie- oder Effizienzgründen. Auch höchst respektable, mutig teilnehmende Beobachter wie Richard Schröder fragen zuweilen: Sollte man im Interesse des inneren Friedens nicht verjähren lassen, was verjährt? Aber würde das nicht schon auf der Ebene der Justiz die Vertrauenswürdigkeit der Demokratie als Rechtsstaat in den Augen der Opfer und der Mitläufer wie der Täter der Diktatur erschüttern – wie wir es schon nach 1945 erlebt haben? Noch wichtiger als alles notwendige Verstehen und Versöhnen ist das Bewahren und Fruchtbarmachen jener so schwierigen wie reichen historisch-politischen Erfahrung, über die wir zum Nutzen der zweiten deutschen Demokratie verfügen. Freilich nur, wenn wir auf der vollen Aufklärung der für die kritische Systemforschung unschätzbaren Erkenntnisse bestehen, die uns das Scheitern der ersten deutschen Demokratie und der folgenden zwei Diktaturen hinterläßt, und die endlich auch die bisherige Bewährung der Bundesrepublik verfügbar macht, die gewiß überhaupt nur im Rahmen eines neuen Europas möglich war und ist. Mit Rainer

Lepsius glaube ich, wir stehen »am Ende dieses Jahrhunderts vor einer besseren Chance für ein neues Europa als am Anfang des Jahrhunderts (...), wenn wir die Lehren aus den Voraussetzungen und Folgen der Katastrophen dieses Jahrhunderts ziehen«2.

Dazu bedarf es denn auch neben der demokratischen einer betont europäischen und übernationalen Bewußtseinsbildung in Ostdeutschland wie Osteuropa. Noch besteht dort ein großer, unverschuldeter Nachholbedarf an Aufarbeitung europäischer Vergangenheit und europapolitischer Erfahrung. Denn anstelle der kommunistischen wie auch der nationalistischen Geschichts- und Zukunftsideologien bietet die Leitidee eines »europäischen Deutschland« (Thomas Mann) in einem neuen Europa zum ersten Mal konkret und praktikabel nach Jahrhunderten der Kriege und Unterdrückung ein Modell der übernationalen Zusammenarbeit und Integration zur Sicherung des Friedens und der freiheitlichen Demokratie. Rückfall in nichtbewältigte Geschichte wäre fatal. Selten waren die Möglichkeiten in Deutschland und Europa besser, aus der Geschichte zu lernen, statt noch einmal falschen Propheten und Ideologien oder verhängnisvollen Legendenbildungen anheim zu fallen.

1918 – 1945 – 1989: Umgang mit Zeitbrüchen

Totalitarismus und antitotalitärer Konsens

Vor einem Kreis russischer Deutschlandforscher in Moskau durfte ich
1974 über das damals durchaus problematische und dort keineswegs
tabufreie Thema »Kritische Betrachtungen zum Faschismusbegriff«[1]
sprechen. Seither hat sich in Rußland wie Deutschland vieles verändert, so daß heute frei und offen über das lange Zeit ebenso umstrittene wie auch tabuisierte Thema des Totalitarismus und des antitotalitären Konsens diskutiert werden kann. Es ist ein nach wie vor wichtiges und aktuell bleibendes Thema, sowohl in wissenschaftlicher als
auch in politischer Hinsicht. Denn jede Behinderung einer vergleichenden Geschichtsbetrachtung durch Tabuisierung des Totalitarismus-Be-
griffes wäre nicht nur für die Erforschung der modernen Diktaturen
nachteilig, sondern auch für die Verteidigung einer freiheitlichen Demokratie gegen ihre extremen Feinde von rechts wie von links gleichermaßen, mögen diese noch so verschieden sein oder verschieden
auftreten. Das gilt auch hinsichtlich einer notwendig differenzierenden
Analyse der verschiedenen totalitären Systeme und Tendenzen, die wir
auch heute noch vor uns haben. Die Ähnlichkeiten sind ebenso wichtig wie die Unterschiede, und beides kann man nur bei einer vergleichenden Betrachtung feststellen. Übrigens auch die Notwendigkeit
einer »streitbaren Demokratie«[2], denn es geht ja immer zugleich um
die Frage, wie man künftigen totalitären Tendenzen, auch in unseren
Gesellschaften und Staaten, am besten begegnen kann.

Im Rückblick erscheint das zu Ende gehende 20. Jahrhundert nicht
zuletzt als ein Jahrhundert der Ideologien und Totalitarismen.[3] Es steht
im Zeichen bislang unerhörter Denk- und Herrschaftsformen, Epochen der Unterdrückung und der Befreiung, der Zerstörung und des
Wiederaufbaus, zugleich aber auch der unablässigen Auseinandersetzung mit der Geschichte als einer zu erleidenden und zu verantworten-

den Vergangenheit. Das gilt vor allem in Zeiten des Umbruchs politischer Systeme und Gesellschaftsordnungen, die nach Begründung und Rechenschaft verlangen, und im Hinblick auf unser Jahrhundert fragen wir uns daher: Wie ging und geht man in der Forschung, in der Politik und in der Öffentlichkeit vor allem mit der Vergangenheit auch derjenigen Länder um, die nach einer Krise, einer Niederlage des eigenen Systems von der Last der Geschichte am meisten betroffen sind, sowohl als Beteiligte wie auch als Opfer? Die deutsche Erfahrung ist besonders eindringlich.

Dabei ist zunächst zu differenzieren. Im Westen konnten die Bürger der zweiten deutschen Demokratie nach dem Scheitern der Weimarer Republik aus der bitteren Erfahrung sowohl der ersten deutschen Demokratie wie besonders der nationalsozialistischen Diktatur, aber dann im weiteren auch der zweiten, der kommunistischen Diktatur des SED-Staats, Anschauungen und Lehren ziehen, die der bewußten und betonten Festigung unserer zweiten Demokratie, der von Bonn, zugute kamen, und zwar sowohl gegen Rechts- wie gegen Linksextremismus.

Im Osten dagegen bedeutete dieselbe Geschichte für ein Fünftel der Deutschen nach 1945 zunehmend das Gegenteil: nämlich die ungleich länger dauernde doppelte Belastung durch zwei gewiß verschiedene, ja betont konträre, doch wie das NS-System freiheitswidrige ideologische Regime mit nachhaltig nicht-demokratischen, mindestens tendenziell totalitären Verhaltensmustern.

Zwei deutsche Vergangenheiten von negativ wie positiv so unterschiedlichem Erfahrungsgehalt sind für die weitere Stabilisierung unserer nun wiedervereinigten Demokratie in der Tat fundamental. Vor allem stand die Entwicklung der zweiten deutschen Demokratie im Westen von Anfang an, schon bei der Verfassungsgebung im Parlamentarischen Rat von 1948/49, betont unter dem Postulat, Bonn sei dezidiert nicht Weimar, weil es – besonders im Hinblick auf die unheilvolle Rolle nicht nur rechts-, sondern auch linkstotalitärer, kommunistischer Bewegungen bei der Verunsicherung und Zerstörung der Weimarer Republik – aus den Fehlern und Schwächen der ersten deutschen Demokratie und dem fatalen pseudolegalen Irrweg in die NS-Diktatur für immer zu lernen suchte.

Den Tiefpunkt der deutschen Geschichte in unserem Jahrhundert markierte in der Tat das Unrechtsregime und die totale Niederlage des

»Dritten Reiches« 1945. Ich selbst befand mich nach Kriegsdienst in
Nordafrika schon seit Mai 1943 in amerikanischer Kriegsgefangenschaft, aus der ich Anfang 1946 nach Deutschland zurückkehrte. Meine spätere Frau und kritische Mitarbeiterin, Dorothee Bracher, hatte
damals den weitaus schwereren Teil zu tragen: Sie kam aus einer Familie des deutschen Widerstands gegen Hitler (Bonhoeffer-Schleicher),
ihr Vater Rüdiger Schleicher war nach dem Scheitern des Staatsstreichversuchs gegen Hitler vom 20. Juli 1944 zu Tode verurteilt und schließlich noch zwei Wochen vor Kriegsende von der SS erschossen worden.[4]
    Die deutsche Niederlage nach 1945 war ebenso total, wie es die
erste deutsche Diktatur von 1933 sein wollte und wie es der 1943 noch
einmal nach der Niederlage von Stalingrad ausgerufene totale Krieg
war, den Hitler vor allem entfesselte (und zunächst auch Stalin mit ermöglicht) hatte; aber auch so total wie das Freund-Feind-Prinzip, das
vom späteren NS-Juristen Carl Schmitt als Grundverhältnis der Politik
postuliert wurde und die Hitler-Herrschaft überhaupt bestimmte.[5]
Dieser totalitäre Charakter hob das NS-Regime ebenso wie die gleichzeitige stalinistische Diktatur von den zahlreichen anderen Diktaturen
ab. Die erste deutsche Diktatur war von vornherein im System einer
radikal ideologisch gelenkten Führer- und Einparteiherrschaft angelegt und nicht erst allmählich »kumulativ« entstanden, wie etwa Hans
Mommsen und seine Anhänger meinen. Sie beruhte auf den modernen
Methoden totalitärer Massenverführung, und sie gipfelte in der gnadenlosen Verfolgung und weitgehenden Vernichtung nicht nur der politischen Gegner, sondern aller zum totalen Feind erklärten Gruppen,
Völker und »Rassen«, wie politisch willkürlich und pseudowissenschaftlich man diese bestimmen mochte. Das moralische Urteil über
ein solches menschenverachtendes Regime mußte nach seinem katastrophalen Ende eindeutig sein.

Das NS-Herrschaftssystem qua Führerprinzip

Unsere weitere Betrachtung des Umgangs mit diktatorischer Vergangenheit aus deutscher Sicht macht eine kritische Analyse der ersten totalitären deutschen Diktatur von 1933 bis 1945 notwendig.[6]
    Die Errichtung des nationalsozialistischen Herrschaftssystems geschah im Zeichen einer Gesellschafts- und Staatsauffassung, die auf pa

radoxe und doch ungemein wirkungsvolle Weise die totale Gleichheit aller »Volksgenossen« in einem Atem mit einer scharf hierarchisch geprägten Kommandostruktur militärisch-elitärer Art proklamieren konnte. Dies war vor allem eine Konsequenz der beiden wichtigsten Organisationsprinzipien in der Entwicklung des »Dritten Reiches«: des Führerprinzips anstelle der Wahl- und Mehrheitsentscheidung, und der Kampf- oder Kriegsgemeinschaft als Modell der neuen Gesellschaftsordnung. Arbeitsdienst und Wehrmacht als Schule einer klassenlosen Nation sollten nicht nur Träger der Militarisierung nach außen, sondern zugleich Vorbilder der inneren Gleichrichtung und Mobilisierung der »Volksgemeinschaft« sein. Zwei Ziele wurden hier in einem Akt der Aufrüstung getroffen, die Kriegsgemeinschaft schon im Frieden als Lösung des sozialen Problems beschworen und vorbereitet.

Die Durchsetzung des Führerprinzips konnte an besondere deutsche Traditionen anknüpfen. Auch nach dem Sturz des monarchischen Obrigkeitsstaates 1918 wirkten sie im Präsidialsystem der Weimarer Republik, im »Ersatzkaisertum« Hindenburgs, in den militarisierenden Formen der Jugend- und Wehrverbände, im weitverbreiteten antidemokratischen Denken, in den Hierarchievorstellungen von Bürokratie und Reichswehr fort. Zumal die Krisen von 1923 und 1930 hatten dem Ruf nach dem starken Mann, in dem auch Glaubensvorstellungen von dem Retter und Heilbringer in Krisenzeiten auflebten, neuen Auftrieb gegeben. Die moderne Form des Führergedankens war eine Synthese von autoritären und militärischen Ordnungsideen mit pseudodemokratisch-plebiszitären Legitimierungsformen, die, durch Massenpropaganda manipuliert, auf die Person eines charismatischen Führers konzentriert wurden.

Diese Führerverfassung, deren genauere Bestimmung völlig offen blieb, demonstrierte zugleich den revolutionären Bruch mit der konstitutionellen Geschichte. Sie war Ausdruck einer Omnipotenz des Diktators, die auch die Position des faschistischen Duce Mussolini (der den König neben oder über sich hatte) weit hinter sich ließ. Hitler bekleidete nicht ein begrenztes, institutionell bestimmbares Amt, sondern war nach Theorie und Macht seit dem Tod Hindenburgs – 1934 – der alleinige Repräsentant des Volkes auf allen Gebieten des politischen und sozialen Lebens. Er beanspruchte, in seiner Person die totale Ein-

heit dieses Volkes zu verkörpern, der gegenüber Opposition und selbst
Kritik keinen Platz mehr hatte. Auf ihn lief künftig alle Willensbildung
zu; eine Repräsentation von verschiedenen Gruppen, Interessen, Ideen
durfte daneben nicht existieren. Sie war undenkbar, gemäß der totalitären Fiktion, daß in der »richtigen« Idee des Nationalsozialismus
und in seinem vollkommenen Repräsentanten, dem Führer, alle Parti-
kularinteressen vertreten und zugleich aufgehoben seien. Opposition
war ausgeschlossen. Anstelle der Konflikte und Kompromisse sollte es
nur noch den absoluten Feind geben, auf den hin die Einheit nach innen und außen fixiert war. Die Führergewalt war gegenüber der bloßen
staatlichen Gewalt »umfassend und total ..., ausschließlich und unbe-
schränkt«.[7]

Es war eine ebenso grandiose wie gewalttätige Fiktion, die am Wesen des Menschen und des menschlichen Zusammenlebens vorbeiging:
»Der Führer spricht und handelt nicht nur für das Volk und an seiner
Stelle, sondern als Volk. In ihm gestaltet das deutsche Volk selbst sein
Geschick«[8]. Als sein alleiniger Vertreter mit dem Volk identisch gesetzt, konnte dieser Führer mithin über alle Zwischeninstanzen hinweg
handeln, sein Wille allein galt; er konnte sich dabei staatlicher Normen
bedienen, mußte es aber nicht. Denn »der Wille der Führung, gleich in
welcher Form er zum Ausdruck gelangt ..., schafft Recht und ändert
bisher geltendes Recht ab«[9]. Der Führer allein verkörpert die volonté
générale kraft der selbstgesetzten Autorität von oben und der nachfol-
gend gelenkten Akklamation von unten.

Diese Theorie des nationalsozialistischen Führerstaates, in man-
chem der Glorifizierung Stalins vergleichbar, ist in Hunderten von
Schriften bis zur dithyrambischen, pseudoreligiösen Vergötterung des
Führers gesteigert worden. Gewiß entsprach ihr die Wirklichkeit nur in
unzureichender Weise. Aufgabe der Partei war es, das noch unvoll-
kommene Volk zur Gewöhnung, Bejahung, bedingungslosen Gefolg-
schaft zu erziehen. Dazu bedurfte es neben dem alten, bedingungslos
ergebenen Führerkorps der Bildung einer Elite, die dem Führerprinzip
in allen Bereichen des deutschen Lebens Geltung verschaffen, es aus-
füllen konnte.

Gleichzeitig jedoch schafft die absolute Unterordnung unter das
Führerprinzip die Möglichkeit zur Entfaltung und Expansion nach
außen. Die Kräfte, die im quasimilitärischen Führer- und Zwangsstaat

eingezwängt sind, finden einen Ersatz für ihren Bewegungsdrang, einen Grund für die Unterwerfung in der Chance, selbst zu führen und Zwang auszuüben: im Zuge der Rassenpolitik, der imperialen Expansion und der Ausbeutung »minderwertiger« Völker. Die selbst Unterdrückten werden zu Unterdrückern, die Unterworfenen zur Herrenrasse, die zwar nicht sich selbst, dafür aber die anderen regieren kann und soll.

Die Lösung des Problems von Freiheit und Herrschaft in der nationalsozialistischen Führertheorie liegt mithin in der Ablenkung der natürlichen Bedürfnisse politischer Entfaltung und Freiheit nach außen. Rassisch-politische Verfolgung und Krieg werden zum psychologischen Sicherheitsventil und zum Mittel der Selbstbestätigung, Expansion und Sozialimperialismus als Ersatz für innere Reform und Selbstverwirklichung eingesetzt. Hier sind nationalsozialistische Führerverfassung und Kriegspolitik aufs engste verknüpft; die Wechselbeziehung tritt mit der Steigerung des totalitären Herrschaftssystems im Kriege noch deutlicher hervor.

Im Unterschied zur kommunistischen Diktatur, die trotz Personenkult und Einmannherrschaft das Parteienprinzip verabsolutiert, steht und fällt der nationalsozialistische Totalitarismus mit dem Führer und dem Führerprinzip. Auch in der politischen Praxis beruht die unumschränkte Machtfülle des Regimes auf der absoluten Befehlsgewalt des Führers. Das galt für alle drei Bereiche, in denen zunächst Macht und Autorität des Dritten Reiches verankert waren: für die Monopolpartei, der die »Führung«, für die Wehrmacht, der die »Verteidigung«, für den Staatsapparat, dem die »Verwaltung« zugedacht war.[10] Über alle drei verfügte der Führer: Wie über die Partei, so bald auch über den Staat (seit 1934) und die Wehrmacht (seit 1938) ausschließlich und unumschränkt. Das Bild war dasselbe, wenn man die Macht des Führers nicht institutionell, sondern politisch-ideologisch bestimmte und Hitler bombastisch als »Repräsentant des Volkes, Hüter der Weltanschauung, Wahrer des Reiches, ersten Gesetzgeber des Reiches und obersten Gerichtsherrn der Nation«, in allem als den »ersten Betreuer des Volkes« feierte.[11]

Wendet man den Blick von den unbegrenzten Höhe der Führergewalt Hitlers auf die Ausprägungen des Führerprinzips in der Organisation des politischen und sozialen Lebens, so schwindet freilich der er-

ste Eindruck einer perfekt monolithischen Ordnung. Theoretisch bezeichnete das Führerprinzip zwar die nach unten totale Gewalt. Aber
verwirrend war bald die Führerinflation, die zu erbitterten Kämpfen
um Kompetenzen und Entscheidungswege führen mußte. Nachdem
einmal die parlamentarischen und demokratischen Einrichtungen beseitigt worden waren, brachen auch wieder die Unterschiede zwischen
politischem Führerprinzip und staatlicher Hierarchie auf.

Das Durcheinander und Gegeneinander von Führungs- und Ver-
waltungshierarchie wurde weiter kompliziert durch die unaufhaltsame
Zunahme ständig neuer Führungsstellen. Partei und Staat dehnten sich
gleichermaßen aus, um die alles einbeziehenden Lenkungsfunktionen
des totalitären Systems auszufüllen. Die Ineffizienz und Korruption,
die man der Demokratie vorgeworfen hatte, wurde durch das kost-
spielige Wuchern des Einparteienstaates und das konfliktreiche Ne-
beneinander seiner Führungskörper weit überboten. Solange der »Führer« nicht eingriff – und er ließ dem divide et impera freien Lauf —, gab
es hier kein Halt. Im Gegenteil, Hitler hat zur Ausübung seiner Führerdiktatur im Lauf der Jahre einer umfangreichen Spezialbürokratie
Raum und Stellung gegeben, die wiederum mit den »normalen« In-
stanzenzügen kollidieren mußte. Drei Kanzleien standen ihm schon
persönlich zur Verfügung: die Reichskanzlei, die praktisch das Kabi-
nett ersetzte und ihrem Chef (Lammers) Ministerrang einbrachte; die
Präsidialkanzlei, die unter dem stets anpassungsfähigen Meißner aus
den Zeiten Eberts und Hindenburgs auch in die neue Struktur des Führerstaates hineinragte; schließlich die Kanzlei des »Führers«, deren
Chef Bormann von der Führung der Parteigeschäfte aus zugleich mit
der Verschiebung des Verhältnisses von Partei und Staat einen wachsenden Einfluß auf die gesamte Tätigkeit Hitlers gewann.

Die Wirkung des Führerprinzips griff auf vielfache Weise von der
Monopolpartei auf den Staatsapparat über. In der Partei bildete das
Führerprinzip längst vor 1933 das eigentliche Fundament der Machtstellung Hitlers. Daß es nur wenige »Säuberungen« und keine ernst-
haften Rebellionen gab, bezeichnet auch einen Unterschied zur kommunistischen Diktatur. Selbst als Göring und Himmler am Ende des
Krieges ihre Haut retten wollten, hielt das Gefüge der Führerdiktatur;
eine Rebellion gegen Hitler haben sie auch nicht versucht.

Im Rahmen des Führerstaates ist es die offizielle Funktion der Monopolpartei geblieben, die Verbindung zwischen Führer und Volk zu verkörpern. Die Trennung von Partei und Staat bestand insofern weiter, nur im »Führer« war sie aufgehoben. Die Gliederungen der Partei wurde weiter ausgebaut und institutionalisiert; sie reichten in alle Bereiche des sozialen Lebens. Daneben bestanden auch die Fachressorts fort, oft genug in spannungsreichem Verhältnis zu den staatlichen Ressorts, obwohl die Parteiressorts nie zu einem vergleichbaren Aufbau der Hierarchie gelangten und ein Parteikabinett, vergleichbar dem Politbüro, schon vom Führerprinzip her ausgeschlossen war. Die Stellung der Gauleiter, der alten Garde der Partei, sollte besondere Bedeutung erlangen, als den Gauleitern im Kriege administrative und kriegspolitische Aufgaben zugesprochen, sie schließlich zu Reichsverteidigungskommissaren für ihren Gaubereich erhoben wurden.

Inzwischen aber drohte jenseits des ungeklärten Dualismus von Partei und Staat ein riesiger Sonderstaat aufzustehen, der erst die radikale Konsequenz der nationalsozialistischen Herrschaft verkörpern sollte: der SS-Staat.

Die allmächtige Führergewalt blieb das Grundgesetz des Dritten Reiches. Sie löste alle staatlichen und rechtlichen Normen auf, sie konnte jedes Handeln sanktionieren. Der Aufbau eines Terror- und Vernichtungssystems und das Funktionieren der damit betrauten Polizei- und SS-»Apparatschiks« beruhte auf dieser Zerstörung der rechtsstaatlichen und moralischen Normen durch das totalitäre Führerprinzip. Es duldete auch nicht die Bindung an Gesetze oder an ein neues Strafrecht oder an eine neue Verfassung, sondern beanspruchte völlige Handlungsfreiheit im dezisionistischen Sinne: Alle politische Gewalt war nur Exekutive des Führerwillens. Dazu gehörte die Reihe der Legitimierungsakte, auf die auch das totalitäre System aus taktischen Gründen nicht gänzlich verzichtet hat.

Das Charakteristikum des nationalsozialistischen Regimes, das die vielen Illusionen in Bevölkerung und Beamtenschaft wesentlich genährt, ihre Bedenken verhängnisvoll eingeschläfert hat, bestand nicht zuletzt im Ineinandergreifen der beiden Bereiche, in der Tarnung und Abdeckung der Gewalt- und Terrormaßnahmen durch staatlich-juristische Formen. Dies war das Wesen und die Funktion des »Doppelstaats« (so schon Ernst Fraenkel, 1938 und 1941), in dem zwar Gesetz- und Rechtsnormen äußerlich fortgalten, aber doch nur auf Abruf und mit der Funktion, als Fassade für die unbeschränkten »Maßnahmen« der totalitären Führergewalt zu dienen.

Die erste Einbruchstelle für die außergesetzliche Zwangs- und Terrorpolitik bildete auch hier schon die Reichstagsbrandverordnung vom 28. Februar 1933, die den Ausnahmezustand pseudolegal begründete, nicht »vorübergehend«, wie es der viel strapazierte Artikel 48 der Weimarer Verfassung vorschrieb, sondern für die ganze Dauer des Dritten Reiches. Damit konnten Gerichte und staatliche Bürokratie umgangen, eine eigene Bürokratie des Terrors aufgebaut werden. Hier und nicht in den Veränderungen des traditionellen Staatsapparates fand denn auch die NS-Revolution eigentlich statt; erst im Aufbau und Vordringen des Polizei- und SS-Staats erwies sich die totale Führerdiktatur als wahrhaft revolutionäres Herrschaftssystem. Man hat diese neue Gewalt neben und außerhalb der staatlichen Verwaltung als »Führerexekutive« bezeichnet: »Ihr wurden die eigentlich politischen Aufgaben übertragen, auf die es Hitler ankam, insbesondere die Sicherung der Macht, Bevölkerungspolitik, Besatzungspolitik, Verfolgung aller tatsächlichen und angeblichen Gegner des Regimes.«[12]
Als institutionelle Grundlage dieser innersten Wirklichkeit des »Dritten Reiches« diente die Gestapo, den weiteren Ausbau trug schließlich die SS, die als Eliteformation die vielfältige Organisation eines Sonderstaates zu entwickeln hatte, in der Verfolgungspolitik und in den Konzentrationslagern aber schon allgegenwärtig war. Freilich: »nur« zwölf Jahre lang, bis ihr Sturz und die Befreiung von außen 1945 kam.

Das Trauma von 1918

Wie nun war es möglich, so fragen wir, ein vor allem durch eigene Schuld so tief gefallenes Land aus der Verführungskraft und der Hinterlassenschaft des Totalitären zu retten und es binnen weniger Jahre zur Umkehr zu bringen: sei es zum demokratischen Neubau im Westen oder auch zu einer mehr kommunistischen Ausrichtung im Osten (wobei letztere leider dann in eine neue deutsche Diktatur einmündete)? Es geschah einerseits durch die Erkenntnis der vollständigen eigenen Niederlage als Voraussetzung, an der es ja nach dem ersten Weltkrieg gefehlt hatte; und andererseits durch die sogleich begonnene Auseinandersetzung mit der jüngsten Geschichte, die freilich politisch und ideologisch zwischen den Besatzungsmächten kontrovers verstanden wurde. In der Tat, nach dem Ende der relativ kurzlebigen, doch politisch-ideologisch so machtgewaltigen und menschenfeindlichen Totaldiktatur des Nationalsozialismus inmitten der »deutschen Katastrophe«, wie sie damals der führende Historiker Friedrich Meinecke nannte, in tiefer Schuld und Zerstörung, stand Deutschland 1945 vor jener eigentlich unlösbaren, doch existentiellen Aufgabe, die zunächst mit dem umstrittenen Schlagwort »Bewältigung der Vergangenheit«, im weiteren dann etwas realistischer als »Aufarbeitung der Vergangenheit« (so Theodor W. Adorno 1959) bezeichnet wurde. Zur frühen Diskussion gehören die Bücher der Philosophen Karl Jaspers – »Über die deutsche Schuldfrage« – oder Alfred Weber, des Bruders von Max Weber, zum »Abschied von der bisherigen Geschichte« – und viele andere Schriften, die bereits 1945/46 erschienen. Die kritische Auseinandersetzung begann also durchaus unmittelbar, das wird heute oft vergessen, wenn gesagt wird, es dauerte viel zu lange. Es war aber vor allem eine diesmal auch selbstkritische Debatte, die gleich nach 1945 einsetzte.[13]

Im Zeitalter der modernen Massengesellschaft und der internationalen Kommunikation kann letztlich kein Staat, und besonders keine Diktatur, die ihre Bürger unterdrückt und verführt sowie andere Völker beherrscht hat, nach der Krise und dem Sturz diese kritische Konfrontation mit der Vergangenheit vermeiden oder umgehen. Umstritten sind freilich seit jeher die Meinungen über das Maß und die Methoden einer wirklichen Aufklärung, einer Abrechnung und Wiedergutmachung für die Opfer. Die Aufklärung und Offenlegung ist natürlich besonders kontrovers hinsichtlich der Erforschung und Beobachtung der eigenen Vergangenheit, weshalb eine internationale Behandlung dieser Fragen seit jeher, und insbesondere schon seit dem Ersten Weltkrieg, immer aufs neue erstrebt wurde, und zwar nicht nur eine rein nationale, sondern eine internationale Behandlung der Umstände und Folgen, Fakten und Verantwortungen.

1. In Deutschland zeigte sich diese Problematik tatsächlich nicht nur seit 1945, sondern in aller Deutlichkeit mindestens *dreimal* in diesem Jahrhundert. Zuerst schon nach dem Ersten Weltkrieg, als die Auseinandersetzung mit der Vergangenheit mit schwersten Folgen für das ganze Jahrhundert mißglückt ist – und das nicht nur in Deutschland;

im Grunde ist die Verarbeitung und Aufarbeitung des Ersten Weltkrieges in fast allen Ländern gescheitert, daher auch das Scheitern der Zwischenkriegszeit überhaupt in Europa. Die Konsequenzen sind noch bis heute in den Folgekriegen und Völkervertreibungen zu sehen, zumal im Balkan und im ehemaligen Jugoslawien. Dies alles erinnert an den Ersten Weltkrieg, der also immer noch nicht ganz zu Ende ist. In Deutschland selbst debattierte man heiß und unversöhnlich nach dem Zusammenbruch des Kaiserreichs 1918 einerseits über die Ursachen des Ersten Weltkrieges, diese »Urkatastrophe« (um es mit George Kennan zu sagen), die man so eifrig, aber meist einseitig zu ermitteln und zu dokumentieren suchte – über die »Kriegsschuldfrage« vor allem —, andererseits geriet man über die Schuld an der deutschen Niederlage und die Folgen der Revolution in erbitterte historisch-politische Auseinandersetzungen der ganzen Nation und zwischen den Nationen. Es war diese Nichtbewältigung des Krieges und seiner Folgen, die dann wesentlich zum Niedergang der ersten deutschen Republik von Weimar vor der Diktatur Hitlers beitrugen.[14] Ganz wesentlich zeigte sich hier zum erstenmal, in welchem Maße eine umstrittene und in wesentlichen Punkten falsche Aufarbeitung der Vergangenheit mit dazu beigetragen hat, daß die Demokratie von der Diktatur überwältigt werden konnte: denn schließlich war es der extreme Revisionismus Hitlers, der dann die Entfesselung des Zweiten Weltkriegs verursachte.

Schon der Kampf gegen den als äußerst scharf und ungerecht empfundenen Friedensschluß von 1919, das »Diktat« von Versailles, fand angesichts einer vermeintlich unglücklichen, unverdienten Niederlage bei Nationalsozialisten wie auch Demokraten und Kommunisten weiten Widerhall, ja, man kann in der Anti-Versailles-Parole überhaupt den fast einzigen Grund- oder doch Minimal-Konsens der politisch verhängnisvoll zerspaltenen und prinzipiell umstrittenen ersten deutschen Demokratie sehen. Selbst führende Sozialdemokraten wie der langjährige preußische Ministerpräsident Otto Braun haben die Gründe für das Scheitern von Weimar immer wieder auf die allzu einfache Formel gebracht: »Versailles und Hitler«. In der Tat: als radikale Redner und Kämpfer gegen den Frieden von 1918/19 haben sich Mussolini wie Hitler, Faschismus wie Nationalsozialismus zuallererst profiliert. Die politisch-psychologischen Aspekte waren dabei ebenso wichtig wie die materiellen Perspektiven, die eine Bewältigung der Kriegs- und Nachkriegskatastrophen erschwerten und so jene verhängnisvolle Bereitschaft für autoritäre und schließlich totalitäre Bewegungen verstärkten, die die Völker Europas in schärfste Freund-Feind-Stimmungen versetzten: an ihrer Spitze der Nationalsozialismus.[15]

2. Anders nach 1945. Nun entbrannte eine erfahrungsschwere, selbstkritische Auseinandersetzung um die Grundfrage, wann und wie die verhängnisvolle Weichenstellung der deutschen Geschichte zu einem letztlich totalitären Rassismus, Sozialdarwinismus und Führerkult erfolgt sei. Deren Wurzeln lagen gewiß schon im Europa des 19. Jahrhunderts. Politisch konkretisierbar freilich werden sie erst mit den so schwerwiegenden deutschen Fehlbeurteilungen und schließlich Fehlentscheidungen auf dem Wege vom verlorenen Weltkrieg zur nationalsozialistischen Machtergreifung von 1933: aus einem älteren deutschen Sonderbewußtsein führt nun ein diktatorisch-totalitärer Sonderweg in die selbstverschuldete, von Zerstörung und Verbrechen gebrandmarkte Katastrophe des »Dritten Reiches«.

Aufarbeitung nach 1945

Bei der nun erneut und ungleich dringender geforderten Bemühung um historisch-politische und moralische Selbsterkenntnis spielte aber nach 1945 anders als 1918 gerade das viel größere Ausmaß der Katastrophe und der Schuld eine bedeutsame Rolle. Denn es brachte mit der Spaltung Deutschlands und Europas zugleich im bald einsetzenden »Kalten Krieg« eine lange, prinzipielle Kraftprobe zwischen Ost und West, das heißt zwischen Kommunismus und liberaler Demokratie mit sich.

Dieser Konflikt machte den *zweiten* Bewältigungsfall von 1945 noch globaler und umfassender als den ersten nach 1918. Er stand unter veränderten Bedingungen, die bei aller Schärfe dieses tiefsten Einschnitts deutscher und europäischer Geschichte nun paradoxerweise ungleich bessere Möglichkeiten zu einem zweiten Versuch der Geschichtsbewältigung boten. Es war gerade die tief und schmerzlich einschneidende Spaltung, die den Prozeß vorantrieb; von der Berlin-Blockade 1948 über die beschleunigte Gründung zweier so verschiedener deutscher Staaten schuf sie den Raum und die politisch-geistigen Impulse für eine Art von bewußter »Vergangenheitspolitik«[16], führte aber zugleich zur Ausbildung eines »divided memory«[17]: das heißt,

zum Unterschied zwischen einer westlich-freiheitlichen und möglichst
umfassenden Geschichtsbemühung einerseits und einer zunehmend
einseitig kommunistischen, höchst selektiv-dogmatischen Aufklärungsmethodik in Ostdeutschland. Dies trug neben dem wirtschaftlichen
Aufschwung im Westen sehr bald zur politischen und internationalen
Glaubwürdigkeit der größeren Bundesrepublik bei, die in die europäisch-atlantische Politik- und Geschichtskultur hineinwachsen konnte – ganz anders als nach 1918 im Zeichen der großen Nationalismen
und Sonderwegsideen.

Schon in dieser Zeit der frühen fünfziger Jahre haben wir damals
jüngeren Zeithistoriker und Politikwissenschaftler uns bemüht, historische Beispiele zur Aufklärung des Scheiterns der ersten deutschen
Demokratie und der Machtergreifung einer totalitären Diktatur von
scheinbar grenzenloser, weil unbeschränkter Verführungs- und Wirkungskraft zu erarbeiten. Es geschah mit dem Ziel, nicht nur Ursachen
und Katastrophen des miterlebten Zweiten Weltkriegs zu verstehen –
wie war es möglich? –, sondern diese Vergangenheit auch politisch und
moralisch – im Sinne des Wortes – zu »bewältigen«, soweit dies überhaupt ging. Natürlich wollte man dann auch besser für die Auseinandersetzungen mit den politischen Gegenwartsproblemen einer neuen
deutschen Demokratie gerüstet sein, ob dies nun Grundfragen wie die
Verbrechen des Nationalsozialismus oder des aktuellen Kommunismus, ob es einen möglichen Neonazismus oder die Strukturprobleme
der Demokratie betraf. Daher die umfangreichen Untersuchungen und
Diskussionen schon in unseren frühen Büchern über Weimarer Republik und Nationalsozialismus, sodann über den Ersten Weltkrieg und
deutsche Schuld – die »Fischer-Kontroverse«, die Literatur zum Frankfurter Auschwitzprozeß –, und dies alles durch pluralistische Offenheit
in Forschung und Deutung abgehoben von der ideologischen Einlinig-
keit gleichzeitiger DDR-Geschichtsliteratur.[18]

Jedenfalls gelang es im Westen trotz apologetischer Gegenwirkung
einer noch unkritischen Kriegsliteratur doch binnen weniger Jahre
nach Gründung der Bundesrepublik, mit der Entwicklung einer neuen
Zeitgeschichts- und Politikforschung in Berlin, München, Bonn und
anderwärts, viel früher als vergleichsweise in Italien die Kenntnisse
über die Probleme deutscher und westlicher Demokratien und die politische und moralische Schuld der NS-Diktatur voranzubringen, vor

allem aber auch diese Erkenntnisse als wichtige, unerläßliche Erfahrungen für den Aufbau eines funktionsfähigen, offenen Rechts- und Sozialstaats im betonten Unterschied zu den geschlossenen Diktaturstaaten sowohl der Vergangenheit (Faschismus) wie der Gegenwart (Kommunismus) wirksam werden zu lassen.

Dies geschah mit der Forderung und in dem Bemühen eines Lernens aus der Geschichte mittels freier Information durch ein möglichst weit gespanntes politisches Bildungswesen, an dem mit freien Trägern auch Staat und Parteien (Stiftungen) gleichermaßen konkurrierend beteiligt waren. Das so oft bezweifelte Lernen aus der Geschichte hat in diesem Zusammenhang jedenfalls, durch die historisch fundierte Anschauung von Gewaltherrschaft und Diktatur einst und jetzt einerseits, durch die uns tragende erfolgreiche westeuropäisch-atlantische Kooperation und Integration andererseits, das bald geflügelte Wort eines Schweizer Beobachters für die Bundesrepublik bestätigt: »Bonn ist nicht Weimar«[19]. Hier diente Geschichte also zugleich als Abschreckung. Es war gewiß ein längerer Lernprozeß, mit einem Auf und Ab im Generationswechsel, vor allem bei der Protestbewegung von 1968, aber auch mit Auswirkungen auf die problematischen Ost-West-Beziehungen im Lauf der vier Jahrzehnte bis hin zu den historischen Ereignissen von 1989.

Probleme nach 1989

Einen wichtigen, noch unabgeschlossenen *dritten Fall* von Aufarbeitung stellt in der Tat die Zeit nach der antitotalitären Revolution von 1989, das Ende des Kalten Krieges und das kritische Bemühen der Gegenwart um die Hinterlassenschaft der Diktaturen in Europa und Deutschland dar. Die »zweite deutsche Diktatur«, wie ich die DDR zum Mißfallen vieler schon in meinem Band der Propyläen-Geschichte Europas 1976 nannte[20], war zwar anders als die erste Diktatur von 1933 weitgehend importiert und erzwungen. Doch baute auch sie zugleich auf der Ablehnung oder Entwöhnung vieler Deutscher von pluralistischer Demokratie, ihrer längeren Gewöhnung an Obrigkeitsstaat und schließlich Diktatur auf. Während aber für Rußland und die Nachfolgestaaten und Vasallen der Sowjetunion nach 1989 das Ideal nationaler Selbstbestimmung und Unabhängigkeit Richtschnur im Prozeß der Ablösung der Diktatur und Auseinandersetzung mit der kom-

munistischen Vergangenheit war, eröffnete die antitotalitäre Revolution von 1989/90[21] für die Bevölkerung Ostdeutschlands, die den Anspruch der DDR als eigenständige »Nation« nie freiwillig anerkannt
hatte, die erhoffte, doch unerwartete Möglichkeit des Beitritts zur Bundesrepublik Deutschland. Es hieß zugleich nach über 40 Jahren der
Trennung die lange Zeit jener »zweiten deutschen Diktatur« im Osten
als neuerliche Last und zugleich Chance der Aufarbeitung einer doppelten deutschen Vergangenheit zu begreifen, die seither den Prozeß der
Wiedervereinigung im Rahmen der europäischen Einigung bestimmt.
Erschwert durch die leider unterschätzten ökonomischen Schwierigkeiten, vor allem den Zusammenbruch der Industrien und wachsende
Arbeitslosigkeit, erweist sich diese dritte deutsche Vergangenheitsbewältigung mit ihren spezifischen Problemen (»Stasivergangenheit«) als
kaum einfacher als die zweite von 1945 (»Entnazifizierung«).[22]

Wir blicken bis heute auf noch ungelöste juristische Aufgaben
und eine im einzelnen schwierige, zwischen Entlassung und Effizienz
schwankende personalpolitische Bewältigung der unrechtsstaatlichen
Erbschaft nach dem Ende von DDR und SED – die ja noch in der
Nachfolgeorganisation PDS fortlebt (anders als die NSDAP 1945),
während ein voller Bruch auch bei den ehemaligen Blockparteien nicht
vollzogen wurde. Um so dringender bleibt die historische Aufklärung
und Auseinandersetzung, um Gründe für das Geschehene aufzuzeigen
und politische wie moralische Lehren für das künftige Verhältnis von
Bürger und Staat zu ziehen. Das konkurriert mit der allzu bequemen,
wohlfeilen Forderung, man solle den Blick jetzt nach vorne richten und
neu anfangen. Vor der Zukunft steht eine schwierige Vergangenheit
von 57 Jahren, fast drei Generationen unter zuerst rechter und dann
linker totalitärer Herrschaft, die mit ihren Verwirrungen, Verführungen und Verletzungen ein großes Vakuum, viele Orientierungskrisen
hinterlassen hat. Nur die Geschichte der Sowjetdiktatur ist länger und
ja leider noch unabgeschlossen. Der deutsche Fall ist damit – und mit
anderen Diktatur-Ländern – nicht ohne weiteres vergleichbar. Welches
sind die Erfahrungen und Möglichkeiten bei und zu seiner Bewältigung?

Zunächst ist da der Vorwurf, nach 1945 habe die Auseinandersetzung mit der NS-Diktatur zu lange gedauert und zu wenig in die Breite
und Tiefe gewirkt. Daß das frühe Erscheinen der Nürnberger Doku

mente und bald auch grundlegender Forschungen die politische Aufklärung und Bildung nicht in dem erwünschten Ausmaß vorangebracht hat, lag an mehreren Gründen: (1) am Problem der Entnazifizierung, die zunächst sehr weit ausgedehnt, doch häufig als Siegerjustiz
empfunden und nach anfänglich starken Einschnitten mit Fortschreiten des Kalten Krieges stückweise fallengelassen wurde. Die SED-
Anhänger, die das einst kritisiert haben, berufen sich heute freilich
gerade – Ironie der Geschichte – ausgerechnet auf die Milde der Entnazifizierung. (2) Kriegszerstörung und Vertreibung, Überlebens- und
Existenznöte überlagerten die politische Auseinandersetzung; und (3)
das Ende des NS-Systems (mit der Bestrafung oder dem Selbstmord
führender Anhänger) wurde mehrheitlich eher als militärische Niederlage erlebt, war es ja nicht eine von außen und oben oktroyierte Diktatur wie dann die DDR, sondern eben leider eine selbstgemachte,
deren Verführungen man erlegen war. Und (4) gewiß wurde in der
DDR die Liquidierung des Nationalsozialismus teilweise radikaler betrieben als im Westen; doch verzichtete man gegebenenfalls dort auch
keineswegs auf die Dienste ehemaliger Anhänger und Funktionäre des
NS-Regimes. Die vielgepriesene »antifaschistische« Alternative war
Herrschaft einer neuen, nun linken Einheitspartei samt ihrem riesigen
Spitzel- und Unterdrückungsapparat, dem sich die Bevölkerung über
die langen Jahre hin anpaßte, sofern sie nicht floh.

Es gibt zahlreiche Vergleichspunkte, die auch heute zu beachten
sind, um es besser zu machen. Da ist die Tatsache, daß schon bald nach
dem Umbruch von 1945 die Funktionsfähigkeit von Staat und Verwaltung und die rasche Integration der Millionen Flüchtlinge und
Vertriebenen in den Vordergrund rückten: Wiederaufbau und Versöhnung, auch durch ein gewisses »Beschweigen« des Vergangenen,[23] waren Leitmotive, die damals im Westen die deutsche Katastrophe überbrückten und unter günstigen politisch-ökonomischen Rahmenbedingungen den unerwartet schnellen Wiederaufstieg mit ermöglichten.
Darin lagen zugleich Stärke und Problematik der Politik Adenauers.
Die Kehrseite war ein langgezogener, nach zwanzig Jahren erneut auf-
flammender Konflikt um Vergangenheitsbewältigung. Nicht zu Unrecht, wenn auch allzu pauschal, wurde dem Gründervolk der zweiten
deutschen Republik von der nächsten Generation Vergessenwollen
und Verdrängung statt Aufarbeitung vorgeworfen, was ein bis heute

nachwirkendes Mißtrauen gegen den Rechtsstaat hervorgerufen hat:
Man denke an die Schärfe der 68er Bewegung (und dann den Terrorismus), aber auch an die Enttäuschung bei Verfolgten und Hinterbliebenen.

Doch entwickelte sich dann, im dezidierten Vergleich zu Weimar
wie zur DDR, eine starke demokratische Stabilität gerade aus diesen
jahrzehntelangen selbstkritischen Auseinandersetzungen und den historisch-politischen Vergleichsmöglichkeiten der Nachkriegszeit. In der
Tat kann man von einer Art Selbst-Entnazifizierung durch Desillusion
nach dem ruhmlosen Abtreten des Systems und durch die positive Erfahrung des Wiederaufbaus sprechen (Henke), wenn auch die Mitwirkung und Mitläuferschaft vieler, ohne die eine totalitäre Diktatur nicht
möglich ist, gesellschaftlich und geistig nur langsam verarbeitet und
immer wieder auch apologetisch beschönigt wurde. Was ergibt sich
daraus für unsere gegenwärtige Problemstellung?

Schlußbetrachtung

Aus den gravierenden Erfahrungen unserer zuerst postmonarchischen,
dann postdiktatorisch-totalitären Epochenzeiten im 20. Jahrhundert,
besonders nach 1918, 1945 und 1989, bleibt vieles zu lernen. Allerdings erfordert die heutige Auseinandersetzung gerade im deutschen
Falle eine doppelte Anstrengung, weil sie im Gegenüber zweier Bevölkerungen mit sehr verschiedenen historisch-politischen Erfahrungen
geschieht, die unter den je höchst konträren Systemen, Ideologien und
Lebensbedingungen der DDR oder der Bundesrepublik zu durchleben
waren.

Ist der Rechtsradikalismus ein neues Vorspiel? Jedenfalls eines der
Zeichen für die Mängel in einer postdiktatorischen politischen Kultur,
die zwischen der Erblast resignativ-obrigkeitsstaatlicher Mentalität
sowie nationalistischer und anarchischen Regungen schwankt. Um so
wichtiger erscheint mir jenseits überforderter, überlasteter Gerichte
und unbefriedigender, umstrittener Personalpolitik die Chance, die ja
auch im Westen teilweise euphemistisch fehlgedeutete Geschichte des
SED-Regimes durch eine nun mögliche quellengesättigte Diktatur-Forschung mit historisch-vergleichender Analyse lückenlos zu erschließen
und so jeder alten wie neuen Legendenbildung vorzubeugen.

Für die Bürger der ehemaligen DDR hat diese zweite Demokratie leider verspätet erst begonnen. Aber die geschichtliche Erfahrung mit zwei Unrechtsstaaten kann ihnen helfen, den gewiß schmerzhaften Lernprozeß zur Reife zu bringen, den nach dem Scheitern vom 17. Juni 1953, als das Eingreifen sowjetischer Truppen eine frühe Selbstbefreiung verhinderte, ihre friedliche Revolution wieder in Gang gesetzt hat. Für uns alle geht es darum, einige der Fehler zu vermeiden, die auch unseren eigenen Weg in die zweite deutsche Demokratie kompliziert haben. Der antitotalitäre Konsens bleibt dafür grundlegend wichtig.

Jede vergleichende Betrachtung des Übergangs von Diktaturen zu Demokratien hat im Hinblick auf die verschiedenen totalitären Vergangenheiten Deutschlands und Rußlands wie der anderen Staaten der Zwischen- und Nachkriegszeiten seit 1918 und 1945 jedoch stets die wesentlichen Unterschiede zu beachten, so wichtig und nützlich gerade auch der Vergleich (nicht die Gleichsetzung!) für beide und alle Seiten ist. Denn nur im Vergleichen, so umstritten – bis zur Tabuisierung, wie beim Totalitarismusstreit – es sein mag, können mit den Ähnlichkeiten auch die Unterschiede konstatiert und entsprechende Konsequenzen für den Aufbau freiheitlich-demokratischer Rechtsstaaten gezogen werden.[24]

Das gilt auch für das nach 1945 zeitweise bewährte deutsche Verfassungsprinzip der »streitbaren Demokratie«, das eine Beseitigung der Demokratie mit (pseudo-)demokratischen Mitteln (wie 1933) verhindern will. Im Vergleich gesehen, ist tatsächlich die Vergangenheitsbewältigung im ersten Fall (1918) vor allem am Revisionsdenken und mangelnden Widerstandswillen gescheitert; sie hat im zweiten Fall (1945) hingegen in Westdeutschland zur Festigung der Demokratie, im Osten freilich eher der Diktatur geführt; und sie sucht im dritten Fall (1989) den Nachholprozeß zu einer gesamtdeutschen Demokratie nach der Wiedervereinigung zu stützen.

So plädiere ich entschieden für eine möglichst vorurteilsfreie, doch gerade durch Vergleich genau differenzierende Vergangenheitsbetrachtung der Völker und Staaten. Gewiß, jede historisch-komparative Analyse noch nicht abgeschlossener Geschichtsverläufe bedarf in den Einzelheiten der größten Sorgfalt bei der Bestimmung von Ähnlichkeiten und Unterschieden, aus denen wir für die Gegenwart und die Zukunft etwas lernen können. Doch ihr Weg und ihr Ziel scheint mir auch für unsere deutsch-russische und russisch-deutsche Diskussion durchaus klar zu sein: es geht darum, aus der neueren Vergangenheit in allen Ländern Europas und darüber hinaus die Möglichkeiten zur Schaffung und Erhaltung eines möglichst tragfähigen antidiktatorischen Konsens zu erkunden, dessen jede funktionsfähige freiheitlich-rechtsstaatliche Demokratie heute bedarf. Die Geschichte unseres 20. Jahrhunderts hat dies so schmerzlich wie unwiderleglich erwiesen.

Der erste deutsche Demokratieversuch und seine Folgen

Vor nunmehr schon acht Jahrzehnten, nach der unser ganzes Jahrhundert so schwer belastenden »Urkatastrophe« des Ersten Weltkrieges, haben eine Reihe weiterer schicksalsschwerer Daten und Geschehnisse die Geschichte Europas und besonders die deutsche Geschichte bis zur Gegenwart entscheidend bestimmt. Darunter gibt es durchaus auch erfreuliche, hoffnungsvolle Ereignisse, und von ihnen ist der 31. Juli 1919 wohl das bedeutendste und zukunftsträchtigste Datum für die Geschichte der deutschen Demokratie überhaupt – und dies nicht nur für die erste und leider gescheiterte Republik von Weimar, sondern auch für unsere zweite Demokratie der Bundesrepublik Deutschland. An einem Tag wie dem 31. Juli 1999 gilt es darum, sich zu erinnern, daß viele der Prinzipien und Grundregeln, die für uns weitgehend selbstverständlich geworden sind, auf Einsichten beruhen, die erst aufgrund schwerer Erfahrungen und mühsamer Anstrengungen über Generationen gewonnen werden mußten.

Nach den schrecklichen Irrwegen der deutschen Diktatur von 1933 und nach schmerzhaften Umwegen der deutschen und europäischen Spaltung seit 1945 ist unserer Demokratie nun endlich eine erfolgreichere Entwicklung vergönnt. Erfreulich und zukunftsvoll war dieser 31. Juli 1919 trotz des Leidens an deutscher Niederlage und hartem Versailler Friedensvertrag, der ja von allen deutschen Parteien als ein ungerechtes Diktat empfunden wurde. Doch hier war nun ein Zeichen der Hoffnung. Denn unter schwierigsten, zeitweise bürgerkriegsmäßigen Verhältnissen, die zum Umzug von der Metropole Berlin in die liebenswerte Kulturstadt Weimar zwangen, hat damals die erstmalig nach allgemeinem Wahlrecht gebildete Deutsche Nationalversammlung in freier Entscheidung mit der großen Mehrheit von 262 gegen 75 Stimmen für die erste wahrhaft demokratische und republikanische Verfassung Deutschlands votiert. Zum ersten Mal waren nun auch

Frauen wahlberechtigt. Die Verfassung trat in Kraft nach der Unter-
zeichnung durch Reichspräsident Friedrich Ebert am 11. August, dem
Verfassungstag dieser Republik.

Tatsächlich gibt es ja drei Verfassungen, die sich 1999 jähren,
vor der vielerörterten Jahrhundertwende: *Erstens* die Verfassung des
Frankfurter Paulskirchen-Parlamentes vom 27. März 1849, in der
auch schon die Grundrechte der Bürger kodifiziert waren, freilich ohne
rechtlich die Gesetzgebung daran zu binden; dieser erste Versuch ist
vor 150 Jahren noch an der Macht der Höfe und Dynastien gescheitert
– vielleicht waren es auch zu viele Professoren, aber jedenfalls zu viele
Monarchen.

Zweitens sodann jene »Weimarer Reichsverfassung« der ersten
deutschen Republik von 1919, die heute vor achtzig Jahren mit so be-
merkenswerter Mehrheit der Deutschen Nationalversammlung zu
Weimar in diesem Haus angenommen wurde; sie zerbrach gleichwohl
nach nur dreizehn Jahren an den radikalen Republikgegnern von
rechts und links und an der Krise der Demokratie selbst, ja am Mißbrauch der Verfassung und ihrer politisch allzu perfektionistischen,
dualistischen Mischkonstruktion von Parlaments- und Präsidialsystem,
welche die schlimmste Gewaltherrschaft unserer Geschichte nicht verhinderte, sondern gar ermöglichte. Denn ausgerechnet am 31. Juli
1932, also am 13. Jahrestag der Verabschiedung der Weimarer Verfassung, errang Hitler mit seiner zutiefst antidemokratischen Bewegung
der Nationalsozialisten bereits über 37 Prozent der deutschen Wähler-
stimmen, die KPD kam auf über vierzehn Prozent: Ein Abgrund tat
sich auf, der am 30. Januar 1933 die Republik verschlang. Die totalitäre Anti-Mehrheit und das Intrigenspiel der Republikgegner um
Hindenburg/Papen ermöglichten den tiefsten Sturz in die Tyrannei.

Erst der *dritte* Versuch vom 23. Mai 1949, freilich nur für Westdeutschland von den westlichen Besatzungsmächten gewährt, zugleich
kontrolliert und gestützt, und provisorisch nur als »Grundgesetz« der
Bundesrepublik bezeichnet, hat bereits eine fünfzigjährige Dauer auch
über die lang erhoffte, zuletzt fast unerwartete Wiedervereinigung hinweg erlangt: nun definitiver verankert, weiter akzeptiert und stärker
geschützt als die Vorgänger von 1849 und 1919, von denen ganz Wesentliches bewahrt werden konnte, wenn auch Entscheidendes geändert wurde.

Bonn ist nicht Weimar, hieß es bald in einem geflügelten Buchtitel des Schweizer Journalisten Fritz René Allemann (1956). Dabei bezog sich »Weimarer Republik«, dieser erst nachträglich gebräuchlich gewordene Name des unglücklichen Staatswesens, auf den Ort der Verfassungsgebung, so wie dann auch das Bonner Grundgesetz von 1948/49 nach dem Tagungsort des Parlamentarischen Rates benannt wurde. Und wie dann gelegentlich ja auch von Bonner Demokratie oder Republik gesprochen wurde (so Alfred Grosser, Paris, 1960), geschieht es heute nun im Zuge des fragwürdigen Geredes von einer »Berliner Republik«, die jetzt angeblich angebrochen ist.

Weimar konnte allerdings auch symbolisch gemeint sein: als Ehrenname deutscher Kultur, freilich auch als »Weimarer System« kritisch oder gar denunziatorisch, zumal in der NS-Propaganda. Heute wird Weimar nun weltweit verstanden als Erfahrung und Typus von Aufstieg, Krise und Verfall einer modernen Demokratie überhaupt. Offiziell hieß der Staat von Weimar jedoch nach wie vor »Deutsches Reich«, so lebhaft von Anfang an das Bemühen war, ihn als »deutsche Republik« vom Wilhelminischen Kaiserreich abzuheben. Das führte schon im ersten Satz der Weimarer Verfassung zu der Kompromißformulierung, die beides enthielt: »Das Deutsche Reich ist eine Republik. Die Staatsgewalt geht vom Volke aus.« (Artikel 1)

Das Besondere war und bleibt aber in der Tat die betont symbolträchtige Wahl Weimars als Tagungsort der Verfassunggebenden Nationalversammlung. Das war damals geboten durch die aktuellen Nöte des Tages und die Unruhen in dem als Stadt preußischer Kriegspolitik berüchtigten und nun von radikalen Revolutionsversuchen erschütterten Berlin. Der Genius loci Weimars kam jedenfalls der bemerkenswert konzentrierten Arbeit an der großen neuen Verfassung zwischen Februar und Juli 1919 voll zugute. Und mehr noch: Der geistige Ruhm dieser Stadt wurde damals sogar ganz konkret auch vom designierten Außenminister von Brockdorff-Rantzau mit der Hoffnung auf bessere Friedensbedingungen verbunden und von Kulturträgern wie Demokraten im Sinne eines erneuerten Deutschlands begrüßt. So vom Führer der schwäbischen Liberaldemokraten und Vorsitzenden des Verfassungsausschusses Conrad Haußmann, der zwei Tage vor Verabschiedung der Verfassung vorschlug, ihr den Titel »Weimarer Verfassung« zu geben und dezidiert erklärte: »Als die Fundamente des alten Reichstags... wortwörtlich geschwankt haben, so daß wir den Reichstag und das Gebäude verlassen mußten, da sind wir ausgewandert. Aber nicht nach Potsdam sind wir ausgewandert, sondern nach Weimar.« Auch Frankfurt, Würzburg, Nürnberg und andere Städte hatten sich beworben (ebenso Bamberg, Bayreuth, Eisenach, Erfurt, Jena, ja Potsdam – als Ausgleich für Revolutionsschäden!). Weimar als einzigartiger Kulturstadt Goethes und Schillers, Herders und Wielands, mithin des nach der Niederlage so bedeutsam erachteten »deutschen Geistes«, ja als »dem geistigen Zentrum Deutschlands«, gab man aber den Vorzug, da hier die Wiedergeburt Deutschlands beginne, wie seinerzeit auch der Gemeinderat Weimars bei der Begrüßung der Nationalversammlung am 6. Februar 1919 stolz erklärte. Freilich: Während Regierung und Parlament schon im August 1919 nach Berlin zurückkehrten, um nach dem Kapp-Putsch im März 1920 erneut auszuweichen, diesmal übrigens nach Stuttgart, zeigte sich dasselbe Weimar leider auch für die NSDAP als »Sprungbrett von Bayern nach Berlin« geeignet (mit Hitlers erstem Reichsparteitag von 1926 und dem ersten deutschen NS-Minister von 1930, Wilhelm Frick). Am Ende der ersten Republik 1932/33 lautete die demagogische Parole auch der Deutschnationalen dann leider umgekehrt zu 1919: »Gegen Weimar und Versailles!« oder: »Weg mit dem System von Weimar!« Selbst von links hatte Kurt Tucholsky in der *Weltbühne* schon 1927 geschrieben, er gehöre zu denen, »die die verfassungsmäßige Demokratie für eine Fassade und für eine Lüge halten«. Und schließlich erklärte der NS-Reichstagspräsident Hermann Göring demonstrativ am verhängnisvollen »Tag von Potsdam« am 21. März 1933 zur Eröffnung des vollends gleichzuschaltenden Parlamentes: »Nun ist Weimar überwunden.«

Antwort auf die Diktatur

Es ist aber dann doch ganz anders gekommen. Die Geschichte ließ und läßt sich letztlich nicht kommandieren, wie die totalitären Gegner deutscher Demokratie es damals und später von rechts und links versucht haben. Denn um so entschiedener steht nach den furchtbaren zwölf Jahren des »Dritten Reiches« und angesichts weiterer Zwangsherrschaft im Osten eine zweite deutsche Demokratie vom Beginn ihrer 50jährigen Geschichte bis zum heutigen Tag gerade unter dem ausdrücklichen Bemühen, die historisch-politischen Erfahrungen zu beachten und daraus Nutzen für Gegenwart und Zukunft zu ziehen. Der Wille, aus Weimar zu lernen, galt sowohl – wie Hans-Peter Schwarz es formuliert – den Positiv- wie den Negativlektionen jener Geschichte; *ihr* Gewicht hat ganz wesentlich schon die Verfassungsentscheidungen des Parlamentarischen Rates 1949 in Bonn bestimmt. In diesem Zusammenhang hat ja dann auch Dolf Sternberger die hilfreichen Begriffe der »lebenden Verfassung« und im weiteren des »Verfassungspatriotismus« geprägt.

So war die zweite deutsche Demokratie nach dem Krieg und besonders ihr Grundgesetz eine ausdrückliche Antwort auf die erste und auch bereits auf die zweite, dann im Osten drohende deutsche Diktatur. Überhaupt ist der durch die Jahrhunderte wiederholte Versuch, aus der Geschichte zu lernen, wohl nie mit größerem Nachdruck unternommen worden als nach 1945. Aber wir fragen uns immer wieder: Hatte dies nicht auch schon dreißig Jahre zuvor die Weimarer Republik nach dem Ersten Weltkrieg versucht – und warum ist es damals nach kurzer Zeit gescheitert? War nicht bereits 1919 angesichts der militärischen Katastrophe mit der so eindeutigen Annahme einer scheinbar vortrefflichen demokratischen Verfassung eine langwierige und schmerzhafte historische Entwicklung doch noch zum guten Ende gekommen?

Betrachten wir diese historischen Umstände darum noch etwas näher. Die Geschichte der demokratischen Verfassungsbewegung im Deutschland des neunzehnten Jahrhunderts war reich an Umwegen, Enttäuschungen und Rückschlägen gewesen. Auf die großen Hoffnungen der Freiheitskriege, die nicht nur dem Kampf gegen Napoleon, sondern auch der Neugestaltung der inneren Verhältnisse Deutschlands und der Durchsetzung liberaler Verfassungen gegolten hatten, war die Restaurationsperiode gefolgt.

Das Scheitern der Revolution von 1848 ließ auch den zweiten Anlauf dazu nicht zum Zuge kommen, und die Einigung von oben, die schließlich drittens dann Bismarck an der Spitze Preußens erzwang, wurde mit einer Unterordnung der verfassungsdemokratischen Reformbewegung unter die konservative Macht der Höfe, des Militärs und der Bürokratie erkauft.

Spannungen und Strukturfehler

In der Tat war das Bismarckreich von Anfang an durch schwere Strukturfehler und innere Spannungen belastet, die von dem Glanz der Gründerzeit nur oberflächlich verdeckt wurden. Sie behinderten die Entfaltung eines funktionsfähigen parlamentarischen Systems und verantwortungsfreudiger Parteien. Sie blockierten zugleich den staatsbürgerlichen Einbau und die politische Mitwirkung der wachsenden Arbeitermassen und ihrer sozialdemokratischen und gewerkschaftlichen Organisationen. Es bestand eine tiefe Diskrepanz zwischen gesellschaftlicher Struktur und politischer Ordnung. Den seit der industriellen Revolution so tiefgreifend geänderten sozialen Verhältnissen entsprach weder die verfassungsrechtliche noch die politische Wirklichkeit. Der Sturz Bismarcks 1890 hatte dieses Dilemma noch verschärft. Expansionistische und imperiale Bestrebungen, die den Nachholbedarf der »verspäteten Nation« (Helmuth Plessner) im Wettlauf der Großmächte um Einflußsphären und territoriale Erweiterung propagierten, verdrängten die fällige Reform der inneren Struktur Deutschlands.

Erst die krisenhafte Zuspitzung des Ersten Weltkrieges hatte nach einer letzten Steigerung in der De-facto-Militärdiktatur Hindenburgs und Ludendorffs dieses autoritäre System erschüttert und den lange abgedrängten Bestrebungen zur Demokratisierung und Parlamentarisierung Deutschlands Raum verschafft. Seit 1917 war der Prozeß im Gange, im Herbst 1918 erreichte er mit der Parlamentarisierung der Regierung des Prinzen Max von Baden seinen ersten Höhepunkt. Aber erst militärischer Zusammenbruch und Revolution haben historisch gesehen den Durchbruch zu einem neuen Verfassungssystem ermöglicht, das unter Mitwirkung liberal-sozialer Staatsdenker wie Max Weber, Friedrich Naumann und Hugo Preuß alle Prinzipien und Erfahrungen des modernen demokratischen Konstitutionalismus zu verwirklichen suchte.

Diese Entstehungssituation der Weimarer Verfassung barg also Probleme in sich, die sich auf ihre Struktur und dann auch auf ihre Funktionsfähigkeit nachhaltig ausgewirkt haben. Vor allem durch drei gravierende Umstände war der Charakter der neuen Verfassungsordnung gekennzeichnet. Sie stand einem Bürgertum und einem Parteiensystem gegenüber, das bislang an verantwortliche Mitregierung nicht gewöhnt war und seine Eignung für ein parlamentarisches System erst beweisen mußte. Sie hatte die Last einer vollständigen Niederlage und einer tiefen Verwirrung der sozialen und politischen Verhältnisse zu tragen, deren materielle wie psychologische Folgen sich in ihrem vollen Gewicht erst im Laufe der Jahre auswirkten. Und sie suchte im Drang nach Perfektion Elemente und Prinzipien verschiedener Verfassungssysteme zu vereinigen, ohne daß die turbulenten Nachkriegsjahre eine Frist zur Erprobung der neuen Konstruktion gewährten.

Das Werk der Nationalversammlung und die Demokratiegründung konnte sich stützen auf den schon unmittelbar nach der Wahl vom 19. Januar 1919 vorliegenden Verfassungsentwurf, binnen weniger Wochen erarbeitet unter dem linksliberalen Staatsrechtler Hugo Preuß, der wegen seiner jüdischen Heerkunft zwar in der Universitätslaufbahn behindert, aber zugleich auch sehr erfahren in der Berliner Kommunalpolitik war und sich unter anderem mit Männern wie Max Weber beriet. Die Arbeit in Weimar vollzog sich im Schatten des partiellen Bürgerkriegs, den links- und rechtsradikale Bewegungen schürten. Auch geschah zur gleichen Zeit mit verhängnisvoller Wirkung jene Kampagne zur Verdrängung der Niederlage, mit der im April 1919 Hindenburg und Ludendorff durch Verbreitung der Dolchstoßlegende das öffentliche Klima in Deutschland nachhaltig vergifteten. Und alles stand im Zeichen des bevorstehenden Versailler Friedensvertrags, zu dem ja Reichskanzler Philipp Scheidemann, der am 9. November 1918 die Republik ausgerufen hatte, nun vor seinem demonstrativen Rücktritt (am 20. Juni 1919) noch auf einer Protestkundgebung in der Aula der Berliner Universität das bekannte Wort sagte: »Welche Hand müßte nicht verdorren, die sich und uns in diese Fessel legt!«

Schwere Belastungen

Die bedingungslose Ratifikation des Versailler Vertrages durch eine Mehrheit der Weimarer Nationalversammlung war drei Tage nach Scheidemanns Rücktritt dennoch unumgänglich. Dabei war der erste Reichspräsident Friedrich Ebert schon damals und in der Folge unentbehrlich, ganz im Unterschied zur verhängnisvollen Rolle Hindenburgs schon damals und vollends dann als letzter Reichspräsident vor Hitler.

Es war eine große Leistung, daß es im ganzen doch trotz schweren Drucks innerer und äußerer Probleme gelang, die tiefen Zerklüftungen der politischen Kräfte so weit zu überbrücken, daß ein scheinbar wohlgefügtes, wenn auch recht umfangreiches und kompliziertes demokratisches Verfassungssystem zustande kam, das den Vergleich mit den Verfassungen anderer Demokratien nicht zu scheuen brauchte.

Aber von Anfang an fiel es ihren Gegnern leicht, sie immer wieder in enge Verbindung mit den vier schweren Belastungen des deutschen Nationalgefühls zu bringen: Zusammenbruch, Revolution, Versailler Vertrag und Reparationen. Eine Popularisierung der Verfassung war schon durch diesen Zusammenhang beeinträchtigt. Die folgenden Staatskrisen bis 1923 haben die Kluft zwischen der Verfassungsordnung und dem politischen Bewußtsein noch vertieft. Dazu kamen die umständliche Konstruktion und einige schwerwiegende Strukturfehler der Verfassung selbst. Zu diesen gehörten auch die nach amerikanischem Vorbild von Max Weber unter anderem herausgehobene Stellung und Funktion des Reichspräsidenten – als Gegengewicht zum Reichstag verstanden, aber auch als eine Art »Ersatzkaiser« empfunden. Die zunächst stabilisierende, später jedoch so verhängnisvolle, den Parlamentarismus letztlich schwächende Ausnahme- und »Diktaturgewalt« des Reichspräsidenten gegenüber und über dem Reichstag ist in ihrem vollen Gewicht zunächst offenbar kaum erkannt worden.

Ein weiterer wichtiger Gegenstand der Beratungen war die Einrichtung plebiszitärer Verfahren. Hugo Preuß stand ihnen skeptisch gegenüber, sie erschienen ihm in einem großen Staat (anders als in der Schweiz) fragwürdig, als ein störendes Element in der parlamentarischen Demokratie. Er übersah dabei freilich, daß auch die Präsidentenwahl im Grunde plebiszitären Charakter hatte. Das Verhältnis zwischen parlamentarisch-repräsentativen und plebiszitären Komponenten, ohnehin ein schwieriges Problem der modernen Demokratie, ist tatsächlich in der Weimarer Republik nicht befriedigend geklärt worden; dies hat sich besonders in den Wahlen der Schlußperiode und beim preußischen Volksbegehren von 1931 als eine Einbruchstelle für autoritäre und diktatorische Tendenzen erwiesen. 1919 freilich war es besonders die Linke, die auf das Element der unmittelbar-direkten Demokratie nicht glaubte verzichten zu können.

Das Referendum als Mittel einer im Parlament überstimmten Minderheit, das Volksbegehren als außerparlamentarische Initiative bei der Gesetzgebung wurden in die Verfassung eingebaut; weitergehende Pläne der SPD verfielen dagegen der Ablehnung. Auch hierin gab es eine Neuerung, die über vergleichbare Verfassungen hinausging. Man kann nicht sagen, daß sie sich bewährt hat; das Bonner Grundgesetz ist auch in diesem Punkt andere Wege gegangen, während die Bundesländer und Kommunen mehr Spielraum haben. Jedenfalls bleibt die Erfahrung von Weimar und den Folgen auch dazu bedenkenswert.

Ideologische Gegensätze

Diese nachträglichen Einsichten sollten freilich nicht die Tatsache verdecken, daß die Weimarer Verfassung ein bedeutender Versuch war, erstmals mit voller Konsequenz in Deutschland die moderne demokratische Staatsidee liberaler Prägung auf der Grundlage der Volkssouveränität zu verwirklichen. Bemerkenswert war aber auch, daß im Grundrechtsteil der Verfassung nicht nur altes liberales Gedankengut, sondern eine Reihe von sozialen Ideen zur gesellschaftlichen Neuordnung verankert waren; ohne freilich die Gesetzgebung so zu binden wie später in der Verfassung des Grundgesetzes, lagen hier doch wichtige Ansätze zu einem fruchtbaren Ausbau und zu einer modernen Weiterentwicklung der Weimarer Republik.

Daß es dazu nicht gekommen ist, lag an einer Verkettung äußerer wie innerer Faktoren. Die Zersplitterung des Parteienfeldes und die ideologisch verschärften Gegensätze der politischen Gruppen traten schon 1920 mit der Wahlniederlage der tragenden Weimarer Koalition aus SPD, Zentrum und liberaler DDP voll in Erscheinung; dadurch wurde im folgenden die Bildung demokratischer Mehrheiten und stabiler Regierungen verhängnisvoll erschwert. Der Republik standen nun starke, schließlich übermächtige monarchistische und radikale Strömungen gegenüber, die der neuen Verfassungsordnung prinzipiell feindlich gesinnt waren, weil sie ihre Grundlage, die Ereignisse von 1918 und ihre Folgen, nicht anerkannten: Monarchisten und Rechtsradikale beklagten die *Tatsache* der Revolution, deren Ursache sie im Verrat und Dolchstoß erblickten, die Linksradikalen dagegen ihren unvollendeten, abgebrochenen *Verlauf*, der zu keiner wirtschaftlichen und sozialen Neuordnung geführt und allzu viele alte Machtpositionen in Militär und Bürokratie, in Wirtschaft und Gesellschaft unberührt gelassen hatte. Die Folge war ein Erlahmen der demokratischen Kräfte und Impulse in einem Zweifrontenkampf gegen den Radikalismus, der nur in den fünf mittleren Jahren (1924 bis 1929) eine allzu kurze Ruhepause hatte.

Unter diesen Belastungen hat schließlich auch der Verfassungsmechanismus versagt. Seine Verwundbarkeit trat besonders an zwei Stellen in Erscheinung: erstens im ungelösten Problem einer Reichsreform durch Neugliederung der Länder, insbesondere Preußens, die Hugo Preuß vergeblich gefordert hatte; und zweitens in der parlamentarisch-präsidialen Doppelstruktur des Regierungssystems, deren Konsequenzen allzu viele Ratgeber wie auch Max Weber nicht überblickten. Notwendige Ergänzungen der Verfassung wie besonders die einschränkenden Ausführungsbestimmungen zum Ausnahmeartikel 48 unterblieben, weil die Mehrheitsverhältnisse und der rasche Wechsel der Regierungen, der innere Antagonismus und die äußeren Belastungen des Staates eine kontinuierliche Weiterentwicklung des Werkes von Weimar verhinderten. Auch die vielfach obstruktive, oft reaktionäre Rolle der Justiz, deren Fehlinterpretationen selbst vor der Leistung des ersten Reichspräsidenten nicht haltmachten, hat ihren Teil dazu beigetragen.

Demokratische Defizite

Zwar gelang es der jungen Republik, in den ersten Nachkriegsjahren alle Putschversuche von rechts oder links abzuwehren, aber sie vermochte in einem großen Teil der Bevölkerung und besonders der gesellschaftlich nach wie vor führenden Schichten den so lange umkämpften Gedanken der Demokratie nicht heimisch zu machen. Zu kurz war die Frist gewesen, als mit der Wahl Hindenburgs schon 1925 ein monarchistischer Feldmarschall die großen Befugnisse des Reichspräsidenten erlangte und seit dem Einbruch der großen Wirtschaftskrise die nationalsozialistische Diktaturbewegung den geschwächten Parlamentarismus zu überwältigen begann. Das »Dritte Reich« hat die Weimarer Verfassung zwar nie förmlich beseitigt, es hat aber ihre Substanz durch ein Regime der Willkür zerstört. Eine verhängnisvolle

Rolle spielten, zumal seit 1930, das ungeklärte Verhältnis Preußens zum Reich und die präsidialdiktatorische »Reserveverfassung«, das heißt Notstandsgewalt, Parlamentsauflösung sowie Regierungsbildung und -entlassung – alles in der Hand des Reichspräsidenten. Das war den Vätern des Bonner Grundgesetzes eine stets gegenwärtige Warnung. Die föderalistische Neuordnung und das konsequent parlamentarische Regierungssystem der Bundesrepublik waren ausdrücklich ein Versuch, aus der Erfahrung von Weimar zu lernen.

Aber in grundlegenden Teilen konnte unsere zweite Demokratie doch auch positiv an das Werk von Weimar anknüpfen. Dessen Scheitern lag letztlich nicht nur am Kompromißcharakter der Verfassung – auch das Grundgesetz ist ein Kompromiß –, sondern eher an der geringen Vorbereitung von Bevölkerung und Parteien für eine Staatsform, die ohne die positive Teilnahme und auch politische Einsicht der Staatsbürger in die Notwendigkeit von Kompromissen und Minimalkonsens nicht bestehen kann (wie besonders Ernst Fraenkel betont hat).

Erst in den existentiellen Erschütterungen der nationalsozialistischen Katastrophe sind auch die Illusionen untergegangen, die der ersten Republik das Leben so schwer gemacht und zu Mißdeutung und Mißbrauch ihrer Verfassung beigetragen haben, so daß die Demokratie schließlich durch Reichstagsermächtigung am 23. März 1933 sich selbst entmachtete. Damit war Deutschland der Manipulation auch seiner Verfassung durch die pseudolegale Machtergreifung der NS-Diktatur und ihrer Helfershelfer wie Exkanzler von Papen und vielseitige Juristen wie Carl Schmitt oder Ernst Rudolf Huber ausgeliefert, wobei die nichtnationalsozialistische Mehrheit, die noch bis März 1933 bestand, wie gelähmt blieb.

Und so brauchte die totalitäre Führerverfassung nach Hindenburgs Tod im August 1934, die künftighin bis zu Krieg und Holocaust alles ermöglichte, die Weimarer Verfassung selbst gar nicht mehr abzuschaffen, konnte sie vielmehr beliebig mißbrauchen oder ignorieren angesichts der jederzeit vorrangigen »Führerbefehle«. Der sogenannte »Nationalsozialistische Rechtsstaat« (Carl Schmitt) bedeutete die Perversion vom Verfassungs- zum totalitären »Doppelstaat«, wie ihn Ernst Fraenkel, der scharfsinnigste juristische Analytiker dieses *Dual State*, aus eigener nächster Beobachtung schon vor seiner Flucht (1938) seit 1933 am Werk sah. Eine infernalische List: Denn es gab nun neben

dem Normenstaat einen Maßnahmenstaat, das heißt also sowohl den
Gesetzes- wie den Willkürstaat in einem, und das bedeutete, daß der
Angeklagte nach einem Freispruch sogleich ins Konzentrationslager als
Ort völlig rechtloser Vernichtungspolitik eingeliefert werden konnte.

Vernunftrepublik

Zur Erfahrung von Weimar gehört, daß schon seit ihrer Gründung diese erste Republik zu ihrem Unglück als eine ungeliebte, schwache »No-
vemberrepublik« oder jedenfalls weithin als eine Vorbehaltsrepublik,
allenfalls als eine »Vernunftrepublik« auch für viele konservativ-natio-
nale Liberale wie Friedrich Meinecke galt. Auch deshalb wurde sie
mit der schon erwähnten leicht mißbrauchbaren, weil die Parlaments-
demokratie letztlich schwächenden präsidialen »Reserveverfassung«
oder gar Nebenverfassung ausgestattet, an der sie jedoch praktisch zugrunde ging, weil Parlamentarismus und Parteien dadurch überflüssig
wurden, was die Antidemokraten ohnehin wollten und was vollends
dem NS-System als Präsidialdiktatur ganz wesentlich zugute kommen
konnte.

Gewiß ist die NS-Machtergreifung dann im Reichstag unter terrori-
stischem Druck und gegen den respektablen Widerstand der SPD-Frak-
tion sowie nach Ausschluß der KPD geschehen; viele Gegner waren
schon verhaftet oder auf der Flucht. Vor allem aber: Drei Wochen
zuvor schon war die alle Bürgerrechte suspendierende berüchtigte
Reichstagsbrand-Verordnung »zum Schutze von Volk und Staat« vom
28. Februar 1933 aufgrund von Artikel 48 als die eigentliche Basis des
Ausnahmezustandes für die *ganze* Dauer des »dritten Reiches« in Kraft
getreten; noch bis Ende April 1945 wurden Widerstandskämpfer des
20. Juli 1944 unter Berufung auf diese präsidiale Notverordnung von
1933 verurteilt und hingerichtet (wie unter anderem auch der Vater
meiner Frau, Rüdiger Schleicher). Zwar hatte Friedrich Ebert die präsidiale Diktaturgewalt nach Artikel 48 besonders im Krisenjahr 1923
zum Schutz der Republik ihrer ursprünglichen Bestimmung gemäß eingesetzt, doch konnte sie tatsächlich später ins völlige Gegenteil verkehrt werden, weil das in der Verfassung geforderte Ausführungsgesetz
nie beschlossen und irgendeine Begrenzung unterlassen worden war.
Auch Unterlassung macht Geschichte.

Antitotalitärer Grundkonsens

Die elementaren Hauptvoraussetzungen einer freiheitlichen Demokratie wurden darum im Grundgesetz von 1949 klarer, verbindlicher und wirkungsvoller ausgesprochen als in der Reichsverfassung von 1919.[1] Sie wurden vor allem aber in der Praxis ernster genommen und zur tatsächlichen Basis der politischen Entwicklung selbst gemacht. Freiheit, Einheit, Europa und »nie wieder Diktatur«, das waren die Zielvorstellungen; der Schaffung einer stabileren Demokratie sollte die Hauptsorge gelten. Während umstrittene und gescheiterte Weimar-Politiker wie Heinrich Brüning, Otto Braun oder Carl Severing beim Wiederaufbau der Demokratie nicht beteiligt wurden und ein Exmitglied des Reichstages wie Walter Ulbricht die kommunistische Gegenrepublik nach sowjetischer Manier zimmerte, nutzten lernfähige Politiker wie Konrad Adenauer und Theodor Heuss, Carlo Schmid und Kurt Schumacher ihre früheren Erfahrungen dazu, verhängnisvolle Strukturfehler wie den demokratiehemmenden Dualismus von Parlaments- und Präsidialsystem zu vermeiden und die zweite Republik nicht zu sehr mit plebiszitären Einrichtungen, einer »Prämie für jeden Demagogen«, wie Heuss sagte, zu belasten. Nie mehr sollte künftig auch eine bloß negative Mehrheit den Kanzler stürzen können (daher »konstruktives Mißtrauensvotum« und »Kanzlerdemokratie«), kein Reichspräsident fast beliebig Regierungen ein- und absetzen, mit Notverordnungen als Ersatzgesetzgeber quasi-diktatorisch die Parlamente samt Parteien ausschalten und sie dadurch ihrer primären Verantwortung berauben können; und überhaupt durfte die Demokratie nicht auf pseudolegalen Wegen so leicht mehr zu beseitigen sein. Gerade die dezidierte Anerkennung, die demokratische Funktion, Struktur und Zielsetzung der bislang als »extrakonstitutionell« (Heinrich Triepel, 1928) abgetanen Parteien sollte künftig zum demokratischen Verfassungsverständnis gehören: deshalb ihre Förderung durch Wahlkostenerstattung und Stiftungen, aber auch Parteienverbot zum Schutz von Demokratie und Verfassung im Sinne einer »wehrhaften Demokratie«.

Denn geschichtlicher Erfahrung entsprach es vor allem, daß zugleich mit der stärkeren Gewichtung der Grundrechte als Basis einer modernen Verfassung die Trias Menschenrechte – Demokratie – Gewaltteilung fest verankert und das Prinzip der »streitbaren Demo-

kratie« dem Weimarer Beispiel demokratischer Wehrlosigkeit entgegengesetzt wurde. Es galt, einer deutschen Tradition zu wehren, die
immer wieder zwischen Staatsvergottung oder Staatsenthaltung geschwankt hat, wie Rudolf Smend dies deutsche Dilemma schon 1945
in seiner Göttinger Rektoratsrede charakterisiert hat. Und so haben
1949 dann auch in der Grundrechtsdebatte Liberale wie Theodor
Heuss neben den Rechten des einzelnen, die nach der Zwangsherrschaft besonders schutzwürdig waren, zugleich die Pflichten des Bürgers und die Kraft des Staates als Gemeinwesen zur Grundbedingung
jeder demokratischen Ordnung erklärt: »Jeder Staat, auch der demokratische Staat, ruht auf Befehlsgewalt und Gehorsamsanspruch, und
der demokratische Staat hat darin sein Wesenhaftes, daß er einen Herrschaftsauftrag auf Frist, also auch kündbar, enthält.« Herrschaftsauftrag auf Frist – das war die Überzeugung, die beiden Seiten entgegengehalten wurde: den allzu Staatsbeflissenen die deutliche Befristung
der Macht, dem antistaatlichen Mißtrauen der starke Begriff des Herrschaftsauftrages.

Der deutsche Lernprozeß aus historisch-politischer Erfahrung betraf
darum auch das Wahlsystem: Anstelle der in der Weimarer Verfassung
ausdrücklich fixierten Verhältniswahl, die zur Zersplitterung des Parteiensystems beigetragen hatte, einigte man sich auf ein gemischtes
Wahlsystem aus Proporz- und Personenwahl mit zwei Stimmen und (in
der Regel) Fünfprozentklausel, das aber dem Wahlgesetz überlassen
und bewußt nicht in der Verfassung festgeschrieben ist; es hat sich in
der Weiterentwicklung wesentlich besser bewährt und ist in der Folge
auch in mehreren neuen Demokratien Europas übernommen worden.
In der Weimarer Republik hatten noch vordemokratische Traditionen
das Funktionieren der parlamentarischen Demokratie behindert. Ihre
Kennzeichen waren: schwache Kanzler und starke Ersatzkaiser-Präsi-
denten mit Notstands- und Diktaturmacht. Aufgrund dieser Erfahrung
richtete sich noch in den sechziger Jahren die sehr entschiedene kri-
tisch-öffentliche Diskussion gegen Regierungsentwürfe einer ebenfalls
zu weit gehenden Notstandsverfassung als Ergänzung des Grundgesetzes, die erneut auch für die Bundesrepublik die Gefahr einer Neben-
oder Reserveverfassung enthielt (»Stunde der Exekutive«) – was dann
schließlich doch mit der jetzt geltenden Regelung von 1968 vermieden

werden konnte. (Neuer Artikel 80 a des GG bestimmt: Der Bundestag
bleibt auch im Spannungsfall zuständig.)

All diese Verbesserungen aufgrund bitterer Einsicht wirkten wesentlichen Schwächen der historischen Demokratien überhaupt entgegen: ihrer potentiellen Instabilität, Funktionsschwäche, Schutzlosigkeit. Damit wurde zugleich die traditionelle Kritik an der demokratischen Prozedur abgemildert. Nicht zuletzt die jetzt so hervorgehobene
Stellung des Bundesverfassungsgerichts von 1951 war eine deutliche
Antwort auf das Versagen der Verfassungskultur gegenüber dem Zug
zur Diktatur zumal 1932/33. »Damit werden Konflikte zwischen den
politischen Gewalten nicht mehr auf Kosten, sondern mit Hilfe des
Rechts zu lösen versucht« (Hans Vorländer) – mit allen Problemen, die
eine Juridifizierung der Politik mit sich bringt. Insgesamt aber machte
die Identifizierung der Bevölkerung mit Staat und Verfassung, umgekehrt wie nach dem Ersten Weltkrieg, stetige Fortschritte. Nach
wenigen Jahren wich eine eher passive Einstellung zur westdeutschen
Demokratie der wachsenden Zustimmung einer Mehrheit; antidemokratische Gruppen schmolzen zu kleinen Minderheiten zusammen.
Diese positive Gewöhnung wurde durch die Lebensdauer der Bundesrepublik, die steten wirtschaftlich-technischen Fortschritte und das
wachsende Maß sozialer Sicherung bestärkt. Wenn Beobachter und
Kritiker der Bundesrepublik immer wieder die politische Stabilität von
der ökonomischen Leistung des Systems abhängig sehen, so rückt dies
in Zeiten größerer Arbeitslosigkeit wie heute auch wieder die Weimar-
Frage in den Blick: Soll »zusammenwachsen, was zusammen gehört«
(Willy Brandt), so geht es deshalb besonders auch um das politisch-
mentale Eingewöhnen aller Deutschen in bislang ungewohnte demokratische Strukturen und Verhaltensformen, die mehr Flexibilität er-
fordern.

Prinzipien der zweiten Demokratie

Zusammengefaßt sind es vor allem fünf leitende Prinzipien, die nach
dem Schock von Diktatur, Krieg und Krisen als politische Wertvorstellungen und stabilisierende Faktoren unserer Verfassungsordnung hervortreten, und zwar eng miteinander verbunden und anders als unter
Weimar grundsätzlich unantastbar auch jeder Verfassungsänderung

entzogen: das demokratische Prinzip, das rechtsstaatliche und das sozialstaatliche, das föderalistische und nicht zuletzt auch das supranationale Prinzip. Um dem Wertneutralismus und der Wehrlosigkeit der Demokratie gegenüber nationalistischem und kompromißfeindlichem Denken entgegenzusteuern, ist die Bundesrepublik im Unterschied zum Mißbrauch des Demokratiebegriffs in Rechts- und Linksdiktaturen auf Offenheit des politischen Prozesses und konkurrierende Willensbildung der Bevölkerung in frei gebildeten Parteien und Verbänden gegründet. Opposition gilt folglich als fundamentaler Bestandteil der Demokratie; diese bewährt sich im Wechsel zwischen Regierung und Opposition, die sich auf den Ebenen des Bundes wie der Länder in der Verantwortung ablösen. Die Mehrheitsentscheidung selbst erfolgt in repräsentativ gewählten Parlamenten und nicht in plebiszitären Verfahren, die demagogisch eher zu mißbrauchen sind; auch die Wahl des Bundespräsidenten geschieht durchaus im Gegensatz zur Weimarer Republik auf parlamentarisch-föderalistischem Weg.

Das demokratische Prinzip bleibt in den Wahlen und Regierungsbildungen der Bundesrepublik stets bezogen auf den freiheitlichen Charakter des gewaltenteiligen Verfassungsstaates.

Im Unterschied zu Weimar wird den Feinden der Verfassungsordnung die unbegrenzte Freiheit zu deren Zerstörung verweigert, indem Bürger und Parteien zuvorderst auf die Wahrung der »freiheitlich demokratischen Grundordnung« verpflichtet sind. Um diese wichtige Modifikation ist es immer wieder zu Auseinandersetzungen gekommen. Die verfassungsrechtliche Möglichkeit des Verbots antidemokratischer Parteien wurde in den fünfziger Jahren sowohl gegen Neonazis wie gegen Kommunisten angewandt. Das ist heute in seiner politischen Zweckmäßigkeit ebenso umstritten wie die Frage der Fernhaltung politischer Extremisten vom öffentlichen Dienst, behält jedoch durchaus seine Bedeutung.

Ausländische Kritik an dieser Konsequenz der wehrhaften Demokratie in Deutschland beruht freilich oft auf Unkenntnis der großen Liberalität und der strikt rechtsstaatlichen Gewährleistung der Grundrechte, die gerade das Bonner System auch vor vielen anderen Demokratien auszeichnet. Denn eben das *Rechtsstaatlichkeitsprinzip* ist nach den abschreckenden Erfahrungen mit der totalitären Diktatur besonders weitgehend ausgestaltet worden.

Am Anfang der Verfassung aber stehen mit Priorität die Grundrechte: Sie dürfen nicht in ihrem Wesensgehalt angetastet werden. Dem Schutz vor diktatorischer Machtkonzentration dient das Prinzip der Gewaltenteilung; es kommt vor allem der Unabhängigkeit der Gerichte und der zentralen Bedeutung des Bundesverfassungsgerichts zugute. Gleichzeitig wird aber auch eine Stärkung des Parlamentes und der Regierung erstrebt: Stärkung des Parlamentes durch die Anerkennung der Parteien als Träger der politischen Willensbildung (Parteienstaatsprinzip); Stärkung der Regierung durch die starke Stellung des Bundeskanzlers, dem das Parlament nur konstruktiv durch Wahl eines Nachfolgers mit Mehrheit seiner Mitglieder das Mißtrauen aussprechen kann, während ein Mißtrauensvotum gegen einzelne Minister überhaupt nicht möglich ist.

Ein drittes wichtiges Element der bundesdeutschen Demokratie ist ihr *sozialstaatlicher Charakter*. Er entspricht dem allgemeinen Verlangen nach Gleichheit der Chancen und sozialer Sicherung, aber auch den großen gesellschaftlichen Veränderungen, die der Krieg sowie die Flucht und Vertreibung von weit über zehn Millionen Deutschen mit sich brachten. Die verfassungsmäßige Verpflichtung zu sozialer Gerechtigkeit war auf den Ausgleich zwischen den verschiedenen Schichten und auf eine menschenwürdige Sozialordnung gerichtet. Im strikten Unterschied zu einer sozialistischen Ordnung sollte dabei aber die liberale Struktur von Staat und Gesellschaft gewahrt bleiben. Das ging weder durch eine Verstaatlichung der Wirtschaft noch durch schrankenlosen Kapitalismus, sondern über den immer neuen Ausgleich der sozialen und ökonomischen Interessen.

Dabei hat sich dieses durchaus gemischte System der »sozialen Markwirtschaft« als ein tragfähiger Kompromiß zwischen den sozialen und den liberalen Interessen erwiesen. Er ermöglichte ein erstaunliches Maß an Stabilität und Effizienz der bundesdeutschen Wirtschaft, höheren Lebensstandard und geringere Streikneigung der Arbeiterschaft als in anderen demokratischen Industriestaaten; Hauptproblem ist nun freilich eine vorwiegend strukturelle Arbeitslosigkeit (gerade durch den großen Fortschritt von Wissenschaft und Technik).

Ein vierter grundlegender Wesenszug der zweiten deutschen Demokratie bleibt weiterhin ihre *föderalistische Ordnung*. Auch in ihr verbin-

den sich ältere deutsche Traditionen mit der Ablehnung des nationalsozialistischen Zentralismus und dem Einfluß der Besatzungsmächte.
Das politische System ist dadurch komplizierter als in demokratischen
Zentralstaaten, wie im benachbarten Frankreich, oder in Einheitsdik-
taturen, wie einst der DDR. Aber die Vorteile sind unverkennbar. Der
Föderalismus ermöglicht durch Dezentralisierung der politischen Prozesse ein größeres Maß an Machtkontrolle und Bürgernähe; gegenüber
der drohenden Übermacht des Staates ist die Möglichkeit zu mehr
Selbstverwaltung auf regionaler Ebene ein wichtiges Korrektiv. Der
Föderalismus wirkt sich aber auch gewaltenteilig aus, er erweitert die
Chancen zu politischer Teilnahme und Verantwortung der Parteien
und Gruppen, und er vermeidet hoffentlich auch künftig eine sogenannte »Berliner Republik«, das heißt die unbalancierte Zusammen-
ballung um ein einziges Zentrum (wie London oder Paris), die der Entwicklung des übrigen Landes schaden könnte. Auch bei der Wiedervereinigung 1989/90 bot schließlich der Föderalismus den günstigsten
Weg über eine Wiedergründung der Länder. Natürlich war und ist die
Ausgestaltung des Föderalismus im einzelnen immer kontrovers, so
bleibt sie doch eine lohnende Daueraufgabe im Zeitalter des Zentralismus und Globalismus.

Endlich gehört zu den Grundfesten der zweiten deutschen Demokratie
aber auch die frühe *Einfügung in den übernationalen Rahmen* der neu-
en Europapolitik: anstelle einer historisch verhängnisvollen nationalistischen Machtpolitik das Streben nach Partnerschaft mit den Nachbarn und das Bewußtsein der wechselseitigen Abhängigkeit auf wirtschaftlichem wie auf politischem Gebiet. Diesem supranationalen
Erfordernis hat die Verfassung der Bundesrepublik denn auch in besonderer Weise Rechnung getragen, indem sie eine Selbstbeschränkung
der nationalstaatlichen Hoheitsrechte »zugunsten zwischenstaatlicher
Einrichtungen« sowie »zur Wahrung des Friedens« und zur Unterbindung eines Angriffskrieges (Artikel 24 bis 26 des Grundgesetzes, jetzt
auch Artikel 23 zur Europäischen Union) vorsieht: ein Novum in der
Geschichte der modernen Staaten. Es entspricht der Lage eines Landes
in der Mitte Europas, das von der weiteren Entwicklung im Osten und
der Nord-Süd-Problematik nach wie vor in besonderem Maße betroffen ist.

In allem war der Antitotalitarismus eine lebendige und positive Kraft, deren politische Bedeutung für die demokratische Entwicklung seit den vierziger und fünfziger Jahren auch heute nicht unterschätzt werden sollte. Bei späteren Kritikern des Totalitarismusbegriffs fehlt oft eine Anschauung davon, wie konkret die doppelte Bedrohung – jene durch die überwundenen Rechtsdiktaturen und jene durch die lange noch präsente Ausbreitung des Stalinismus – für die verletzlichen Neuanfänge der europäischen Demokratien nach 1945 tatsächlich gewesen ist.

Was schließlich die zunehmend getrennte und verfassungspolitisch gegensätzliche Entwicklung der DDR zu einer nichtdemokratischen Diktatur anging, so war diese völlig abhängig von ihrer Rolle als uneinnehmbares vorderes Bollwerk des Sowjetimperiums. Jede demokratisch-antitotalitäre Opposition mußte von Anbeginn durch die unaufhörliche Abwanderung von Verfolgten und Flüchtlingen, die zwar Grenzen und Mauern, aber nicht Sprachbarrieren zu überwinden hatten, zugleich eine immer neue Schwächung erfahren. Obwohl die Hoffnung auf Wiedervereinigung über die Jahrzehnte zurückging, so blieb die Sowjetmacht, nicht aber das so rigoros abgeschirmte DDR-Regime oder ein eigenes Nationalbewußtsein die eigentliche Stütze des Systems. Die DDR war eben gewiß auch »eine zweite deutsche Diktatur« (wie schon 1976 in meinem Buch *Die Krise Europas* dargelegt). Sie war diesmal aber, im Unterschied zu der ersten Diktatur von 1933, ein nach der Niederlage von außen oktroyierter Diktaturstaat mit dem Anspruch, eine sozialistische Demokratie deutscher Nation zu verkörpern.

Während die erste DDR-Verfassung von 1949 noch für ganz Deutschland als »Demokratische Republik« gelten wollte, war die zweite Verfassung von 1968 dezidiert als »sozialistisch« im Sinne der Parteidiktatur gefaßt, seit 1974 auch ohne Bezug auf die deutsche Nation. Am Ende ist ja diese allenfalls pseudodemokratische Verfassung der DDR noch im Dezember 1989 wesentlich verändert worden, indem die Führungsrolle der SED und dann (im Juni 1990) auch der Begriff des Sozialismus gestrichen wurden. Daß es zum »Beitritt« der DDR gemäß Artikel 23 des Grundgesetzes kam, entsprach nicht nur dem Fehlen der Wiedervereinigungsfrage in der DDR-Verfassung, sondern auch dem klar bekundeten Willen der im März 1990 erstmals frei

gewählten Volkskammer wie der Bevölkerung selbst. So ging dieser
direkte, kürzeste Weg zur deutschen Einheit über Versuche einer weiteren Verfassungsdebatte hinweg, und auch die zweite Möglichkeit
nach Artikel 146 Grundgesetz, das Gesamtvolk über eine neue Verfassungsgebung im Zuge der Vereinigungsfrage entscheiden zu lassen,
kam deshalb nicht zur Geltung. Eine realistische Chance dazu bestand
einfach nicht. Allzu akut drängte die innen- wie auch außenpolitische
Dynamik der Geschichte dieser Monate von 1989/90 als eine wahrhaft
»normative Kraft des Faktischen« (Georg Jellinek). Nach dem Beitritt
konnten die Bemühungen um geeignete Änderungen des Grundgesetzes durch eine Verfassungsreform-Kommission mit längerem Für und
Wider in Gang kommen. Sie vermochten freilich wenig an der bewährten Form zu ändern: *rebus sic stantibus* wohl eher zu Recht, auch
nach der eindringlichen historisch-politischen Erfahrung von zwei
deutschen Demokratien und Diktaturen. Bei allem Verständnis für die
Kritik an diesem Verzicht auf eine grundlegende Neugestaltung von
Staat und Verfassung, er war parlamentsdemokratisch durchaus legitimiert und entsprach einer politischen Vernunft des Möglichen wie des
Nötigen. Die Probleme der deutschen Einheit waren und sind denn
auch viel eher ökonomischer und mental-psychologischer als verfas-
sungspolitischer Art. Diese Fragen zwischen Ost- und Westdeutschen
liegen nicht zuletzt an der unterschiedlich langen und starken Integration in die westliche Gemeinschaft, und zwar mit allen Rechten und
Pflichten.

Weimar als Erfahrung

So bleibt aus den gravierenden Erfahrungen unserer zuerst postmonarchischen, dann postdiktatorisch-totalitären Epochenzeiten im zwanzigsten Jahrhundert, nach 1918, 1945 und 1989, vieles zu lernen. Allerdings erfordert die heutige Auseinandersetzung gerade im deutschen
Fall eine doppelte Anstrengung, weil sie im Gegenüber zweier Bevölkerungen mit sehr verschiedenen historisch-politischen Lebenserfah-
rungen geschieht, die unter den je höchst konträren Systemen, Ideologien und Existenzbedingungen der DDR oder der Bundesrepublik
zu durchleben waren. Aber die geschichtliche Erfahrung mit zwei Unrechtsstaaten kann helfen, jenen gewiß schmerzhaften Lernprozeß zur

Reife zu bringen, den ihre friedliche Revolution von 1989 ermöglicht hat. Schließlich war es ja die DDR gewesen, aus der heraus schon am 17. Juni 1953 der erste tapfere Versuch zur Selbstbefreiung von der kommunistischen Diktatur in Europa überhaupt gewagt wurde, den damals das Eingreifen sowjetischer Truppen zunichte gemacht hat.

Für uns alle geht es darum, Fehler zu vermeiden, die nach 1945 unsere eigenen Wege in diese zweite deutsche Demokratie kompliziert haben. Dazu gehört nun durchaus auch, die Gefahr einer teilweise »gespaltenen Geschichtskultur« (Heinrich August Winkler) zu vermeiden oder zu überwinden, die noch in bezug auf »Weimar als Erfahrung« zwischen manchen West- und Ostdeutschen zu bestehen scheint.

Das Grundgesetz (mit seinen inzwischen immerhin 43 Änderungen, die hoffentlich künftig in Grenzen bleiben), ist fast zur selben Zeit wie die von den Vereinten Nationen beschlossene *Allgemeine Erklärung der Menschenrechte* sowie die *Konvention über Verhütung und Bestrafung des Völkermords* in Kraft getreten. Als ein ebenso bleibendes wie aktuelles Dokument historisch-politischer Erkenntnis und Einsicht erinnert es uns nach einem Jahrhundert deutscher und europäischer Geschichtsbrüche mahnend an jenes freiheitlich demokratische Bemühen, das unsere zweite deutsche Republik unter dem Willen »Nie wieder Diktatur!« überhaupt erst möglich gemacht hat. Es hat Deutschland endlich in den Stand versetzt, getreu der Präambel des Grundgesetzes »als gleichberechtigtes Glied in einem vereinten Europa dem Frieden der Welt zu dienen«.

Den Anfang aber hat heute vor 80 Jahren schon die denkwürdige Verfassung der Weimarer Republik gemacht, deren Präambel damals den Willen des deutschen Volkes erklärte, »sein Reich in Freiheit und Gerechtigkeit zu erneuern und zu festigen, dem inneren und dem äußeren Frieden zu dienen und den gesellschaftlichen Fortschritt zu fördern«.

In der Stadt Goethes und im Haus der Verfassungsgebung von 1919 möchte ich schließen mit einem klugen Wort aus des Dichters und auch Staatsmannes *Maximen und Reflexionen*: »Welche Regierung die beste sei? Diejenige, die uns lehrt, uns selbst zu regieren.« Fügen wir hinzu: In der demokratischen Republik kann uns besonders auch eine gute Verfassung dazu fähig machen.

Geist und Politik:
Das Doppelgesicht der Zwischenkriegszeit

Betäubung nach Krieg und Revolution

Hoch-Zeiten der Kultur sind nicht immer Hoch-Zeiten der Politik. Im Gegenteil: manche Geschichtstheorien leben geradezu von der These, Zeiten der Krise oder selbst des Verfalls seien der Boden, auf dem die Künste sogar eher gedeihen – weil sie dann nicht im Schatten der Politik stünden, sondern vielmehr für deren Mängel entschädigten oder gerade aus der Kritik an den herrschenden Verhältnissen lebten und aufblühten. Historisch war die Frage der Relation von Kultur und Politik in der Tat schon immer umstritten. Zeigt nicht schon die klassische altgriechische Kultur ein Doppelgesicht? Sie erreichte ihre höchste Blütezeit in Philosophie und Literatur, Kunst und Architektur im 6. Jahrhundert v. Chr., das heißt gleichzeitig mit der vollen Entfaltung der größten *politischen* Leistung, der griechischen Demokratie, aber freilich auch am Vorabend und schon überschattet vom Beginn ihres Verfalls im Peloponnesischen Bürgerkrieg. Und gelangte nicht ebenso ambivalent und widersprüchlich die umfassende Zivilisation des Römischen Reiches in der Zeit des Bürgerkriegs und der Auflösung der Republik, jedoch am gloriosen Beginn der augusteischen Kaiserzeit auf den Höhepunkt? In einer Epoche des dramatischen Übergangs zur Weltmacht entfaltete sich das von den Dichtern und Tempelbauern gefeierte neue goldene Zeitalter der Roma aeterna, des ewigen Rom. Freilich, Griechenland unterlag Rom, doch die griechische Kultur wirkte als die erste und originelle, als das höhere Vorbild bis heute fort. So ist die Beziehung von Kultur und Politik geschichtlich sehr viel komplexer, als die Theorien lauten.

Auch in der neueren Geschichte Deutschlands bleibt das Verhältnis von politischer und kultureller Entfaltung und Blüte höchst doppeldeutig. Man denke nur an drei ebenso markante wie widersprüchliche Konstellationen: zum einen die Zeit um 1800, mit dem Gegensatz zwischen politischer Rückständigkeit im zersplitterten Deutschland und dem geistigen Reichtum der deutschen Klassik und Romantik; zum anderen stand die Gründerzeit nach dem Sieg über Frankreich 1870 und der nationalen Einigung im Zeichen einer stürmischen Modernisierung der materiellen und wissenschaftlichen Kultur, freilich bald auch eines national-imperialen Hochmuts, der dann im Wilhelminismus eine verhängnisvolle Zuspitzung erfahren sollte und seine Kehrseite in der Katastrophe des Ersten Weltkriegs enthüllte.

Doch am eindrucksvollsten und folgenreichsten zeigte sich das tiefe Spannungsverhältnis von Politik und Kultur in dem sowohl faszinierenden wie zugleich deprimierenden Doppelgesicht der zwanziger Jahre zwischen den beiden Katastrophenereignissen des Ersten Weltkriegs und der totalitären Diktaturen, zwischen 1917/18 und 1933. Ob und wieweit sich diese Spannungslage nach dem zweiten großen Weltkrieg und der Befreiung von 1945 zugunsten einer Renaissance nicht nur der Demokratie, sondern auch der Kultur in Europa und Deutschland entkrampft hat, ist ein weiterer interessanter Fall der Frage, auf die unser Thema hinweist.

Von den Erregungen und Widersprüchen der ersten Nachkriegszeit jedenfalls war das nach dem Aufstieg des Zweiten Reiches 1918 so tief gefallene Deutschland in besonderem Maße betroffen. Die neue Republik von Weimar hatte die volle Last der wilhelminischen Erbschaft und der in Deutschland nie akzeptierten militärischen Niederlage zu tragen. Zu ihren Problemen gehörte aber auch gerade die ausgesprochene Spannungslage der nun nostalgisch oder zweideutig sogenannten »goldenen zwanziger Jahre«, gehörte ein trotz der Symbolik des Verfassungsortes Weimar mehr denn je gestörtes Verhältnis von Geist und Politik – und zwar beiderseits, wechselseitig gestört. Es bietet sich das Bild einer ebenso vielseitig ausgreifenden wie nachhaltig gespaltenen Kultur.

Denn die literarischen, künstlerischen und philosophischen Strömungen eben dieser Jahre spiegeln gleichzeitig den schroffen Gegensatz von Kontinuität und Bruch, wie er schon für die erschütternde politische Entwicklung des ersten großen Massenkrieges charakteristisch war. Der große Aufschwung des geistigen und künstlerischen Lebens

nach dem Krieg war eine gesteigerte Fortführung und Ausführung
lange angebahnter, bereits seit der Jahrhundertwende aufbrechender
Ideen und Formen, die man in vielerlei Hinsicht überhaupt erst als
volle Modernisierung bezeichnen kann: als Abschied von der roman-
tischen und klassischen Periode der europäischen Kultur, die das
19. Jahrhundert so voll bestimmt hatte. Die bisherigen »Außenseiter«
in Politik und Kultur (Peter Gay) wurden zu emphatischen Exponenten einer erklärt »neuen Zeit«, doch sie hatten weiterhin gegen den
Strom zu schwimmen.

   Gleichzeitig wirkten nun aber sowohl der Einfluß der neuen, betont
modernen technischen Mittel und Massenmedien wie auch die exi-
stentielle Bedeutung der Kriegserfahrung und ihrer revolutionären Folgen auf die Verschärfung und Polarisierung der kulturellen wie der
politischen Ausdrucksbedürfnisse hin. Ohne den Krieg und seine Konsequenzen undenkbar, verschärften diese spezifischen, so heftigen Impulse das Bedürfnis zu einem demonstrativen Bruch mit der Vorkriegswelt und ihren längst angefochtenen Werten.

   Tatsächlich war die geistige und psychische Lage im Nachkriegs-
europa gekennzeichnet durch tiefe Risse und Konflikte, durch eine po-
larisierende Ungleichzeitigkeit der Entwicklungen und Maßstäbe im
intellektuellen wie im politischen Leben. Sie trat auch in der Schärfe
des Generationskonflikts hervor. Denn an der Spitze des politischen
Establishments stand den großen Veränderungen zum Trotz weiterhin
– und vielfach bis zum nächsten Krieg – die Vorkriegsgeneration: der
Wechsel fand hier nicht statt, war nicht einmal in Sicht, so sehr Jüngere
nach vorne drängten. Diesen Konflikt nutzten die diktatorischen Er-
neuerungs- und Führerbewegungen zumal der Rechten, die sich nicht
zuletzt als antibürgerlicher Aufstand oder »konservative Revolution«
der Frontgeneration und der Jugend verstanden. Sie blieben freilich
trotz diesem Anspruch auf Parolen und Personen gestützt, die nicht
so neu und jung als vielmehr Teil der Vorkriegs- und Kriegsgeneration waren. Das traf auch im internationalen Rahmen auf Schlüssel-
figuren wie Hindenburg und Pétain, Horthy und Pilsudski, aber auch
Lenin und Trotzkij zu – ebenso auf den Nationalismus und Sozialismus, die autoritären und revolutionären Bewegungen rechts und links,
die sie vertraten oder denen sie zur Macht verhalfen.

   Auch die furchtbaren Menschenverluste des Krieges haben dazu

beigetragen, die Wirkungszeit der Vorkriegsgeneration noch zu verlän-
gern, und dies stand im scharfen Kontrast zu den gewaltigen Erschütterungen und Veränderungen, die nach neuen Ansätzen des geistigen und politischen Lebens verlangten. Doch nur wenige Angehörige
der Kriegsgeneration vermochten in Führungspositionen aufzurücken,
und eben dies war der Vorwurf der antidemokratischen Bewegungen.
Wenn Frontsoldaten an die Spitze gelangten, wie Heinrich Brüning in
Deutschland oder Edouard Daladier in Frankreich, so blieben sie in-
nerlich unsicher, gleichsam in einer Doppelrolle befangen: als Repräsentanten des alten Staates und zugleich der neuen Impulse, hin- und
hergerissen zwischen demokratischen und autoritären Kriterien, am
Ende Gescheiterte.

Die Nachkriegszeit ging nicht allmählich zu Ende, sondern der
Krieg blieb auf der Tagesordnung, politisch in den radikalen Revisions-
bewegungen, ideell und psychisch in der Virulenz autoritärer Wertvorstellungen oder anarchistischer Tendenzen. Und schließlich wurde der
Glaube an Ideale und Werte der westlichen Zivilisation, den Krieg und
Nachkriegskrisen schon so nachhaltig erschüttert hatten, durch den
Einbruch der Weltwirtschaftskrise am Ende der zwanziger Jahre weiterhin zerstört. Ein gleichsam eisernes Klima der dreißiger Jahre, im
Kontrast zu dem hochgesteigerten Geist der »goldenen« Zwanziger,
bereitete zum neuen Krieg vor. Nun kam die ganze Schwere der Er-
schütterung, die der Weltkrieg und seine Folgen für Europa bedeuteten, zur verhängnisvollen Wirkung.

Die zwanziger Jahre waren noch von einer Art Betäubung, vom Verdrängen und Überspielen des schwer Faßbaren eines Massenkriegs und
totalitären Revolutionsgeschehens gekennzeichnet. Jetzt aber trat die
umfassende Kulturkrise voll hervor. Sie erschütterte das Vertrauen in
den steten Fortschritt der modernen Welt, in ihre technischen Errun-
genschaften und geistig-moralischen Maßstäbe. Der Rückgriff auf die
barbarischen Ideale der Gewalt, des sozialdarwinistischen Kampfes,
des Biologismus und Rassismus hatte schon mit der Technisierung
der kriegerischen Zerstörung und Vernichtung nicht nur in Europa
eine neue Dimension gewonnen: begünstigt durch die Erfahrung, wie
leicht und rasch die moralisch-humanitären Wertvorstellungen überwunden oder pervertiert wurden, wie reibungslos der Übergang vom
zivilisatorischen Friedensideal zur militanten, haßgetriebenen Massen-

mobilisierung und zur perfektionistischen Organisation von Unterdrückung und Ausrottung verlief, wie bald und fast widerstandslos in
vielen Ländern Europas soeben errungene demokratische Verfassungs-
ordnungen und liberales Geistesleben diktatorischen Erfolgsregimen
und Gewaltphilosophien Platz machten.

Kulturelles Experimentierfeld

So sehr die kulturelle Szene der zwanziger Jahre überschattet und po-
larisiert war durch die unheilvollen Erfahrungen des Krieges und die
unheildrohenden Perspektiven der Nachkriegszeit, so stark spiegelte
sie zuerst den fieberhaften Ausbruch von Gefühlen und Experimenten,
die fast etwas Endzeitliches an sich hatten, dann aber auch eine große
Verarmung und Ernüchterung hinter und jenseits dieser Illusionen
erkennen ließen. Offenkundig war der Widerspruch der Realität zu
den Proklamationen des Friedens, des moralischen Wiederaufbaus und
der politisch-sozialen Gerechtigkeit; die bestehende Ordnung gesellschaftlichen wie privaten Lebens kontrastierte mit der Stärke emotio-
naler Bedürfnisse und Triebkräfte, die Kriegserfahrung, politische Aufklärung und moderne Emanzipation je auf ihre Weise sichtbar machten.
    Rebellion und Aufstand gegen die ältere Generation, bis hin zum
Topos des Vatermords von Wedekind 1891 bis Bronnen 1920 und zu
Freuds Ödipus-Komplex, waren schon vor dem Krieg angebahnt, nicht
zuletzt auch in der Entstehung einer antibürgerlichen Wandervogel-
und Jugendbewegung. Der Nachhall einer viktorianisch-wilhelmini-
schen Unterdrückung der echten Gefühle, samt der Illusion ihrer zivilisatorischen Bändigung, war nun in das volle, grelle Licht der Existenzkrise gerückt, die Kriegs- und Nachkriegszeit bedeuteten. Unter
echten Gefühlen verstand man einerseits die Freisetzung herrschafts-
freier Bedürfnisse aus der bürgerlichen Repression, wie sie revolutionär gefordert oder von der Freudschen Psychologie analysiert wurde; andererseits aber kam es auch zur Umkehrung dieser Gefühle im
Sinne eines neuen heroischen, irrationalen Zeitalters, wie es Adepten
der Machtphilosophie Nietzsches und George Sorels oder der Lebens-
philosophie Henri Bergsons und Ludwig Klages' sowie der neuen »Exi-
stenzphilosophie« proklamierten.

Ganz besonders das militärisch besiegte, politisch instabile und zer-
rissene Deutschland erwies sich als ein kulturelles Experimentierfeld
per se, auf das für einige Jahre die zum Teil bewundernde Aufmerksamkeit des Westens konzentriert war, und nach dem Zusammenbruch
der Weimarer Republik gingen daraus auch kulturelle Impulse von
kaum zu überschätzender Tragweite flüchtend in alle Welt hinaus.
Gleichzeitig aber trug die Schärfe der geistigen Auseinandersetzung
und das politisch wie moralisch oft extreme Verhalten von Intellektuellen, die das geistig-künstlerische Leben fieberhaft vorantrieben, zur
Verunsicherung der Republik und zur schonungslosen Bloßstellung
ihrer Schwächen bei, die ihre Gegner dann um so schärfer zu nutzen
verstanden: Die republikanische Toleranz auch gegen radikale Feinde
der Republik sollte sich aufs bitterste rächen. Der tiefe innere Widerspruch des Kulturbetriebs, ihr erregender und zugleich deprimierender
Charakter, wie er kritisch in den Bildern eines George Grosz, im Kontrast von Amüsierleben und sozialem Elend, zum Ausdruck kam, mag
auch als Folge eines verzweifelten Eskapismus interpretiert werden.
Aber tödlich scharf war die Kritik nicht nur von rechts, sondern auch
von links an der Weimarer Republik selbst als einem Gebilde der
unerfüllten Hoffnungen, wiewohl diese Republik doch liberaler als
irgendein Land die Experimentierer wie die Kritiker gewähren ließ.

Gewiß standen die schärfsten Feinde der Republik rechts, wie die
politischen Morde und Putsche lange vor dem Untergang der Demokratie bewiesen: 1920 der Kapp-Putsch, 1921 die Ermordung Erzber-
gers, 1922 die Rathenaus. Dabei übten autoritäre Kräfte und obrigkeitliche Strukturen noch einen starken Einfluß auf staatliche und gesellschaftliche Institutionen aus. Aber Deutschland besaß zugleich den
bislang liberalsten Staat seiner Geschichte. Die Weimarer Liberalität
ermöglichte deutsche Filme, die in Frankreich und England verboten
wurden, und bis Ende 1932 waren Beschränkung und Zensur nicht
hemmender als in anderen freiheitlichen Staaten. Daß es trotz Dauerkrisen in Wirtschaft und Gesellschaft, in Staat und Politik zu einer so
»eruptiven Freisetzung künstlerisch-geistiger Kräfte« kam und daß,
was »der Weimarer Republik zum Verhängnis wurde, im kulturellen
Bereich anregende Wirkung hatte« – diese These einer bedeutenden
Ausstellung über »Kunst und Kultur der zwanziger Jahre« in Mannheim 1994 könnte man heute gewiß noch einmal so kontrovers disku-

tieren wie schon in den vergangenen siebzig Jahren. Aber unbestreitbar
bleibt die in so kurzer Zeit einzigartige Konzentration der Ideen und
Schöpfungen, in denen die betont avantgardistischen Einfälle und Versuche mit den traditionellen Kunstrichtungen leidenschaftlich konkur-
rierten, auch wenn sie gewiß nie repräsentativ waren oder populär
wurden.

Die ästhetisch-künstlerische Brisanz jener zukunftsweisenden, doch
mit der Zerstörung demokratischer Freiheit bald wieder abgebrochenen neuen Ansätze, Methoden und Entwürfe der Moderne standen
und fielen mit der vorhandenen kulturellen Freiheit. Das galt für einen
Großteil des Expressionismus, der »neuen Sachlichkeit«, der abstrakten Kunst und Musik, aber auch für Macht und Mißbrauch der neuen
Medien, mit denen die »Massen« voll erreichbar wurden, von der Fo-
tografie und dem Film zum Funk, zur Gestaltung der Alltagskultur und
zum Bauhaus als Versuch künstlerischer Behandlung funktionaler Bedürfnisse modernen Lebens im Industriezeitalter: Seine Gründer und
Direktoren in Weimar und Dessau, Walter Gropius und Mies van der
Rohe, beide 1969 in Amerika gestorben, haben nach 1945 nur noch
wenige Bauten in Deutschland gestaltet: Rosenthal in Selb, die Neue
Nationalgalerie in Berlin. Und im Rhein-Neckar-Raum gab die Anziehungskraft von Heidelberg, Stadt und Universität, durch Geister wie
Max und Alfred Weber, Karl Jaspers oder Friedrich Gundolf in den
zwanziger Jahren Anstöße, an die wir nach 1945 wieder anknüpfen
konnten.

So läßt sich erkennen, daß die Herausforderungen des Umbruchs
und der Krise gewiß fruchtbare Impulse vermittelten und jedenfalls
ungemein beschleunigend wirkten, daß aber gleichzeitig die Gewähr
politischer Freiheit und demokratischer Öffnung von Staat und Gesellschaft eine unabdingbare Voraussetzung des künstlerischen Aufbruchs waren, so wie dann der Einbruch der Diktatur in den dreißiger
Jahren ihr Ende oder doch ihre harte Unterbrechung und Verdrängung
bedeutete. Wenn das, was »der Weimarer Republik zum Verhängnis
wurde«, wirklich »im kulturellen Bereich anregende Wirkung hatte«
(Mannheim, 1994), so war es jedenfalls teuer erkauft: auf Kosten des
Überlebens ebenso der kulturellen wie der politischen Freiheit.

Die Verhöhnung der Republik

Damit kontrastiert nun die paradoxe und letztlich tragische Tatsache, daß allzu viele der Intellektuellen und Künstler eher mit Hohn von der glanzlosen bürgerlichen Republik sprachen und wenig Verständnis für die Probleme einer jungen Demokratie noch Voraussicht für ihre Belastbarkeit bewiesen. Und wie der Kommunismus, so wurde am Ende auch Hitler nicht wirklich ernst genommen. In der linken Zeitschrift »Weltbühne« wollte man ihn gar ans Ruder lassen, damit er abwirtschaften könne, und die verächtliche Weigerung zu wirklicher Auseinandersetzung mit einem so niveaulosen Phänomen wie dem Nationalsozialismus samt seiner Kampagne gegen moderne gleich »entartete Kunst« drückte das Wort des einflußreichen Wiener Literaten Karl Kraus aus – »Mir fällt zu Hitler nichts ein« –, das unbegreiflicherweise bis zum heutigen Tage zustimmend zitiert wird, obwohl es doch die verhängnisvolle Unterschätzung des Nationalsozialismus (aus intellektuellem Hochmut) demonstriert.

Demgegenüber förderte überscharfe Kritik an allem Bestehenden ein Klima, in dem die Verhöhnung der Republik und ihrer Repräsentanten – ob nun Bürgerliche oder Sozialdemokraten – besonders gedieh und ihre Verteidigung noch schwerer gemacht wurde. Fortschritt, Modernismus, Experimentieren – das hieß bald für viele Bürger ein Vorherrschen von Amoralismus in Kunst und Literatur, und eine demonstrative Libertinage trug dazu bei, das Vertrauen der Bürger auch in demokratie- und republikfreundliche Intellektuelle zu erschüttern oder zu unterminieren. Der von rechts geschürte Haß auf Linksintellektuelle konnte sich leicht der Empörung über verletzende Aussprüche bedienen: etwa Tucholskys Slogan vom »Deutschland der Richter und Henker«, seiner Verhöhnung der Manifestation patriotischer Gefühle (»deutsch ist doof«) oder der ätzenden Karikaturen des »typischen« Weimar-Deutschen, mit denen George Grosz den Zorn des »Normalbürgers« geradezu herausforderte.

Es kam hinzu, daß solche provokativ scharfen Kritiker deutscher Vergangenheit und Gegenwart sich mit keiner der demokratischen Parteien zu identifizieren vermochten und gerade jene Politiker als Reaktionäre und Spießer verhöhnten, die wie Ebert und Stresemann ein bislang unerhörtes Maß an kultureller und politischer Freiheit garantierten, von dem Intelligenz und Künstler in erster Linie profitierten. Daß die Kritiker über das Ziel hinausschossen, auch mit einer oft fragwürdigen Rangordnung in der Wahl vorwiegend negativer Themen, das ging nicht zuletzt auf jene enttäuschte Erwartung einer unbürgerlichen Republik der Künstler und Intellektuellen zurück, die in den Umbrüchen und Krisen von 1918/19 entstanden war, aber nun in den erforderlichen Kompromissen politischer Praxis der Folgezeit nicht erfüllt werden konnte, auch nicht von den Sozialdemokraten, die man im übrigen wegen ihres kleinbürgerlichen Lebensstils eher belächelte.

Diese Grundtäuschung und Grundenttäuschung war nichts anderes als ein neues Kapitel in der Geschichte der Entfremdung von Geist und Macht. Sie spiegelte eine allgemeine Problematik im Verhältnis des Intellektuellen zur Politik wider. Aber sie trat am deutlichsten dort hervor, wo nach der Niederlage eines überalterten politischen Systems inmitten der Verzweiflung auch die Hoffnungen auf eine neue, bessere Welt jenseits der traditionellen Politik und Gesellschaft besonders hoch aufflammten. Zerbrochen war schon in der bayerischen Räterepublik von 1919 der Anspruch, selbst zu regieren – jene revolutionär-utopische alte Sehnsucht von Intellektuellen, wie sie sich auch wieder bei den französischen Unruhen von 1968 in dem vielzitiertem Slogan meldete:»Die Phantasie an die Macht!«Es war eine Anmaßung, zu der sie, die so glühend für Demokratie und Volkswillen stritten, niemand legitimiert hatte. Der Anspruch, die Zukunft zu kennen und zu gestalten, stand gegen die Notwendigkeit, mit den Aufgaben der Tagespolitik fertig zu werden. Die volle Schärfe dieses Grundkonflikts des politischen Lebens wurde in Deutschland der zwanziger Jahre besonders sichtbar, weil auch die deutschen Sozialdemokraten (intensiver als die Sozialisten etwa Frankreichs) ein anti-intellektuelles Mißtrauen gegen Literaten und Künstler entwickelten, je mehr sie deren hochmütig anmaßende Verachtung für solide gesellschaftliche Organisation und politische Tagesarbeit, für reformistische statt revolutionäre Zielsetzung spürten.

Die Haltung der Rechten war ohnehin durch einen traditionell ausgeprägten Anti-Intellektualismus gekennzeichnet: Dabei stellten die Rechtsintellektuellen der»Konservativen Revolution«von Oswald Spengler bis Ernst Jünger eine eher exzeptionelle Erscheinung dar. Als Offiziere ohne Soldaten glossiert, schleuderten auch sie mit elitärem Anspruch der demokratischen Republik die antibürgerliche Kriegser-

klärung einer »Revolution von rechts« entgegen, bis sie schließlich –
wie bewußt oder unbewußt auch immer – dem autoritären Umbruch
gleichsam als »Trotzkisten des Nationalsozialismus« (Armin Mohler)
anheim oder zum Opfer fielen.

So saßen die geistigen Neuerer, wie radikal demokratisch oder auch
elitär ihre Ideen und Absichten sein mochten, gleichsam zwischen allen
Stühlen, während sie die Republik, die sie zur wahren Demokratie oder
zum wahren Staat machen wollten, durch ihre Agitation ruinierten
oder durch ihre Kritik nicht so stützten und stärkten, ja ermutigten,
wie dies notwendig und möglich gewesen wäre. Dem geistigen Niveau
und der künstlerischen Qualität der Nachkriegskultur, so umstritten
sie sein mochte, standen alle Möglichkeiten offen. Hat nicht sogar gerade das verhöhnte und totgesagte Bürgertum diese Kultur getragen
oder doch toleriert: Man denke an die theatralischen Erfolge der antibürgerlichen, antikapitalistischen Stücke etwa Bert Brechts, des Apo-
staten des Augsburger Bürgertums. Aber die politische Wirkung war
bestenfalls gleich null, weil ein positiver Bezug zur realen Republik im
Sinne jener kritischen Sympathie fehlte, auf die es in jeder Demokratie
so entscheidend ankommt. Meist war die Wirkung negativ, weil die
überkritische Darstellung und Deutung der Zeit eher als nihilistisch
denn als wegweisend, konkretisierbar und positiv empfunden wurde.

Es kam noch hinzu, daß die Kommunisten ihrerseits gegen die als
bürgerlich verdächtigten Linksintellektuellen standen, die sich ihnen
nicht unterwarfen, auch wenn sie ihnen nützliche Dienste im Sinne
einer kulturellen Volksfronttaktik leisteten. Die antiintellektuelle Pole-
mik der KPD konnte es zuweilen durchaus mit jener der Nationalsozialisten aufnehmen. Die beiden Extremparteien besaßen jeweils ihre
eigenen Spitzenintellektuellen, Literaten wie Goebbels und Rosenberg
oder (bei der KPD) Johannes R. Becher, und die Propagandisten des
kommunistischen Münzenberg-Konzerns wurden jeweils vom Verdikt
gegen die bürgerlichen Intellektuellen ausgenommen, während sie vir-
tuos die Kampagnen führten, die das geistige Leben vergifteten und reif
machten für die Kapitulation vor autoritären und totalitären Kräften.
Es ist beklagenswert, daß unter Intellektuellen trotz solcher Erfahrung
und den Schreckensmeldungen aus der Sowjetunion weit mehr Sympathien für die Kommunisten als für die Sozialdemokraten bestanden:
Das militante Pathos der Radikalen schien dem intellektuellen und

künstlerischen Anspruch auf volle, totale Verwirklichung eher zu ent-
sprechen als die vermeintlich »kleinbürgerliche« Kompromißpolitik der
gemäßigten Demokraten.

Auch dies war ein großes Mißverständnis, das in den sechziger Jahren wiederkehrte, als Studentenbewegung und »Neue Linke« sich auf
die großen Ideale einer abstrakten Demokratie und Gerechtigkeit be-
riefen, um die konkreten Demokratien als »spätbürgerlich – spätkapi-
talistisch« zu denunzieren und als untergangsreif zu bekämpfen. Das
Sendungsbewußtsein einer »progressiven« Kunst und Literatur war
um so schärfer gegen jeden Status quo des Weimarer Gesellschafts- und
Parteiensystems gerichtet, je mehr die Polarisierung des politischen Lebens fortschritt. Diese Polarisierung hat schließlich alles verengt zu
jener radikalen, doch verhängnisvoll irreführenden Scheinalternative,
der sich viele Intellektuelle und Künstler der zwanziger und dreißiger
Jahre als vermeintlich unausweichlich unterwarfen: Faschismus oder
Kommunismus.

Als besondere Komplikation wurde eine weitere Dimension wirksam: der große, schon über 100jährige Beitrag zumal der deutschen Juden zur Kultur der Zeit. Die dynamische Spannung von Tradition und
Modernisierung, von Sonderbewußtsein und Assimilationsdruck setzte ein bedeutendes Potential schöpferischer Kräfte frei, aber die rasch
in den Vordergrund gerückte Stellung der jüdischen Minderheit im kulturellen Leben stieß in der neuen, ihrer selbst unsicheren Republik auf
antisemitische Ressentiments, die schon im religiös und ökonomisch
getönten Nationalismus des Zweiten Reichs starke Wurzeln besaßen.
Es beeinträchtigte Wirkung und Integration der aufblühenden Kultur
von Weimar ganz besonders, daß sie von Anbeginn als Werk »undeut-
scher« Kräfte gescholten und mit jenen antisemitischen Stereotypen
belegt wurden, gegen die rationale Argumente wirkungslos waren:
Man diffamierte *die* Juden schlechthin als Repräsentanten einer anti-
national-kosmopolitischen Zivilisation, als wurzellose und destruktive
Kritiker, als Gegensatz zum »schöpferischen« deutschen Geist. Das
Klischee von der jüdisch »überfremdeten« Kultur diskreditierte zugleich überhaupt die westliche Zivilisation der nachrevolutionären
Moderne, und es verschärfte die Spaltungen zwischen rechts und links,
reformistisch und revolutionär, nationalistisch und internationalistisch
noch um eine entscheidende Nuance. So erfolgte dann auch gerade in

Deutschland, wo sich jene Spaltungen besonders tief auftaten, der Umschlag von der weltoffenen, liberalen Kulturblüte der zwanziger Jahre zur engsten totalitären und rassistischen Reglementierung mit besonderer Heftigkeit. Auf der anderen Seite kam es viel zu spät dann auch zur Desillusionierung der Intellektuellen mit der Sowjetunion Stalins, die (auf ihre ideologische Weise) ebenso repressiv auf den Traum von der herrschaftsfreien Politik, vom Vernunftreich der Intellektuellen reagierte.

Das waren Erfahrungen, die nach 1945 dann über zwei Jahrzehnte wirksam wurden und eine Renaissance liberaler Demokratie in Westeuropa ermöglichten, jedoch ein ähnlich enthusiastisches Aufblühen der Kultur eher bremsten. Seit in den sechziger Jahren die Erfahrung verblaßte, wurden fast krampfhaft kritische Positionen und Versuche der zwanziger Jahre wiederaufgenommen. Doch es kam eher zu Reprisen als zu Renaissancen. Bereits nach wenigen Jahren vor und nach 1968 erwies sich die Unwiederholbarkeit jenes geistigen und künstlerischen Aufbruchs, der auf ambivalente Weise, durch Vision *und* Destruktion, zu der so vielfältig stimulierenden, doch auch verwirrenden und irrenden Entfaltung der Zeit zwischen den Kriegen beigetragen hat. Die historische Erfahrung ist auch heute, im Zeichen unpolitischer Nostal-gien und neubelebter Extremismen, ernst zu nehmen.

Der Geist von Weimar

Blicken wir auf die immer von neuem aktuelle Diskussion über Geschichte und Scheitern der ersten deutschen Republik von Weimar, dann spielt hinter den Kontroversen über die politischen Struktur- und Entscheidungsprobleme das Für und Wider um die »goldenen zwanziger Jahre« eine besonders bedeutende Rolle. Daß jene so kurzlebige Republik so großen literarischen und künstlerischen Leistungen Raum und Antrieb geboten hat, bleibt ihr wehmütig erinnertes Ruhmesblatt. Wie die bestürzende Dramatik und Tragik im politischen Geschick unserer ersten Demokratie, so erscheint die Kultur jener Jahre, die Deutschland noch einmal in den Vordergrund der internationalen Geisteswelt rückte, als nachhaltiger Ausdruck einer Auseinandersetzung um modernistische soziale und intellektuelle Strömungen, die bis in die Gegenwart unvermindert andauert.

Bekannt ist die These des amerikanischen, aus Berlin stammenden
Historikers Peter Gay, daß in der Weimarer Republik, mit dem »Weimar Spirit«, Kräfte des Fortschritts und der Emanzipation zum Durchbruch gelangten, die zuvor nur als fragwürdige oder kuriose Rand-
erscheinungen toleriert wurden: »The outsiders as insiders«. In der Tat:
Nach den schweren Einengungen der neueren deutschen Geschichte,
die in ein nationalistisch geprägtes Sonderbewußtsein geführt hatten,
zerbrachen Revolution und Republik von 1918 die Selbstisolierung einer »deutschen Kultur« gegenüber dem Westen und gaben den Weg
frei für die auch in Deutschland längst vorhandenen Ansätze übernationaler Bestrebungen. Was sich zuvor nur in ephemeren Gruppen
am Rande der Gesellschaft entwickelt hatte, konnte endlich in das all-
gemeinere Bewußtsein eintreten. Theaterbühne und Film, Presse und
Konzertsaal, Museen und Forschungsstätten öffneten sich den Experimenten neuer Kunst, Musik, Literatur, unkonventioneller Wissenschaft
(freilich oft weitgehend außerhalb der eher konservativen Universität).

Und doch enthielt dieser glänzende Durchbruch, der rasch unab-
sehbare Ausstrahlung entfaltet und diese bis heute immer wieder erneuert hat, eine Reihe schwerwiegender Implikationen. Neben der
Spannung mit der Politik und ihren Problemen bestand eine tiefe Diskrepanz im Verhältnis zum allgemeinen Kulturkonsumenten. In beiden
Fällen war der neue Geist gegen die perhorreszierte bürgerliche Welt
gerichtet, ob er sich nun als Moderne progressiv oder als Durchbruch
des Elementaren antimodernistisch verstand. Der Angriff auf die kon-
ventionelle und traditionelle, christliche oder humanistische Moral bezog seine Wirkungskraft aus dem Bruch oder der Auflösung der Maßstäbe, die man seit 1914 erlebt hatte. Aber in den ersten Nachkriegskrisen hielt noch die Hoffnung auf Erneuerung die Balance, zumal es
in den mittleren zwanziger Jahren aufwärts ging und der Kriegspessi-
mismus in der Neublüte von Kunst und Literatur sublimiert wurde.

Um so verheerender wirkte der Zusammenbruch in der Weltwirtschaftskrise seit 1929. Von den Zweiflern und Gegnern der Demokratie als neuerliche Widerlegung der westlichen Zivilisation und ihrer
Werte angeprangert, bot sie rechtem wie linkem Radikalismus Gelegenheit zum zweiten und fatalen Ansturm. Zuerst in Hitlers Deutschland und Stalins Sowjetunion wurde die Kultur der zwanziger Jahre in
ihren modern-kontroversen Ausdrucksformen überhaupt als dekadent

oder entartet abgetan, verfemt und verfolgt, aber auch anderwärts ging ihre Kraft und Fülle zurück. Sie wich hinter dem verflachenden Pseudo-Realismus oder auch -Klassizismus eines nationalistisch oder sozialistisch auftretenden Kulturgebarens, das auch so manchen Vertreter der neuen Literatur, wie den expressionistischen Dichter Gottfried Benn, vorübergehend einzugliedern vermochte. Mit dem Siegeszug autoritärer Diktaturen ging die Bühne verloren, von der aus die Kunst experimentierend in das Zeitgeschehen einzugreifen versucht hatte.

Dieser bestürzend rasche Wandel, der zumal in Deutschland wie in Rußland so viele schwere Schicksale der Verfolgung, Emigration und Selbstverleugnung mit sich brachte, machte den schwankenden Boden der zwanziger Jahre und das unsichere Gewicht ihres Kulturaufschwungs deutlich – und zum Teil auch das Versagen der Exponenten vor der Bewältigung der Kriegs- und Nachkriegskrise. Die vielgerühmte Kulturblüte der Weimarer Republik brachte sowohl die Stärken als auch die Schwächen der geistigen Entwicklung zwischen den Kriegen wie unter einem Brennglas zum scharfen Ausdruck, bevor sie im Feuer der Bücherverbrennung und Kunstverfemung unterging.

Erst außerhalb Deutschlands, besonders in den weitreichenden Anregungen für das amerikanische Geistesleben, sind die Impulse der zwanziger Jahre zu längerer, dauernder Wirkung gediehen. Die deutsche Selbstzerstörung von 1933 tritt nirgends so lapidar in Erscheinung wie in dem Exodus des Geistes, als die Weimarer Republik in einem Inferno von Verfolgung, Vertreibung und Unterdrückung unterging. Erst spät wirkte das Vertriebene und Verleugnete in die politisch ungleich stabilere, aber geistig noch immer nachholbedürftige zweite deutsche Republik zurück. Die Voraussetzungen sind heute, im Zeichen der Vereinigung Deutschlands und Europas, ja einer weltweiten Kulturgesellschaft, günstiger denn je zuvor. Es ist unsere zweite Chance.

Eine Generation, die noch wie der Verfasser aus jener älteren Zeitgeschichte kommt, fühlt sich nun, nach dem hoffentlich nachhaltigen Sturz auch des kommunistischen Totalitarismus, mehr denn je dem Bemühen verpflichtet, den unwiederbringlichen Verlust aus den Jahrzehnten diktatorischer Verfinsterung als Erfahrung und Mahnung zu bewahren und den langen Prozeß geschichtlicher und kultureller Wiederaneignung zu fördern, ohne freilich in Epigonentum zu verharren oder gar in alte Fehler zurückzufallen.

Zwischen Staatsdienst und Widerstand: Rüdiger Schleicher

Württembergische Wurzeln

Am 2. Februar 1945 hat der nationalsozialistische Volksgerichtshof in Berlin unter seinem berüchtigten Präsidenten Roland Freisler den Juristen Rüdiger Schleicher zum Tode verurteilt. In schmählicher Weise wurde Schleicher auch noch am 24. März 1945 sein juristischer Doktortitel von 1923 durch die Universität Tübingen aberkannt, nur vier Wochen vor dem Fall Tübingens.[1] Der Ministerialrat und Honorarprofessor für Luftrecht an der Universität Berlin war am 4. Oktober 1944, drei Tage nach Klaus Bonhoeffer und 18 Monate nach Dietrich Bonhoeffer und Hans von Dohnanyi, seinen Schwägern, als Beteiligter an dem Umsturzversuch gegen Hitler verhaftet worden.

Dem brutalen Todesurteil vom 2. Februar, Tag der Hinrichtung Carl Goerdelers, folgten noch einmal elf Wochen des qualvollen Bangens im Zellengefängnis Lehrter Straße. In der Nacht vom 22. auf den 23. April 1945, nur wenige Tage vor dem erhofften Kriegsende in Berlin, wurde Rüdiger Schleicher, gerade 50jährig, ebenso wie Klaus Bonhoeffer, Bruder seiner Frau, wie Albrecht Haushofer und zwölf andere Mitgefangene, von einem Sonderkommando des SS-Reichssicherheitshauptamts auf einem Ruinengelände nahe dem Gefängnis durch Genickschuß ermordet – zwei Wochen nach Dietrich Bonhoeffer und Hans von Dohnanyi, die man am 9. April 1945 in den KZ Flossenbürg und Sachsenhausen ermordet hatte.

Zum ersten Mal hörte ich Näheres von diesen Ereignissen 1946–48, als ich nach Rückkehr aus amerikanischer Kriegsgefangenschaft mein Studium in Tübingen aufnahm und Schleichers Tochter Dorothee, meine spätere Frau, kennenlernte. Stützen konnte ich mich zuletzt auf eine sehr materialreiche Arbeit des Theologen Uwe Gerrens in Heidelberg.[2]

Zunächst einiges zum Hintergrund. Rüdiger Schleicher stammte aus einer alten württembergischen Familie. Vor einhundert Jahren, am 14. Januar 1895, ist er als ältester von vier Söhnen des Obermedizinalrats Dr. Otto Schleicher, eines angesehenen und beliebten Arztes, in Stuttgart geboren worden. Die Mutter, Gertrud Rüdinger, literarisch-künstlerisch interessiert mit großem Freundeskreis und vielseitig aktiv, betätigte sich auch beim württembergischen Roten Kreuz, in dem ihre Eltern führend tätig waren. Beide Großväter von Rüdiger Schleicher hatten sich als Juristen und leitende Verwaltungsbeamte bedeutende Verdienste um den württembergischen Staatsdienst erworben, der eine war Präsident der württembergischen Staatseisenbahnen, der andere Präsident der königlichen Oberregierung; sie waren mit dem persönlichen Adelstitel ausgezeichnet worden. Die Großmutter Rüdinger stammte aus der für die Geschichte des schwäbischen Pietismus bedeutsamen Familie Blumhardt.

Auch wenn Rüdiger Schleicher dann die zweite Hälfte seines Lebens in Berlin verbrachte, wo er in die freilich ebenfalls aus Württemberg (Schwäbisch Hall) stammende Familie Bonhoeffer hineinwuchs, blieb er nach den Worten seines Sohnes Hans-Walter doch »im Herzen ein Schwabe, der ein gewisses Heimweh nach Württemberg und seinen schwäbischen Dialekt nie ganz verlor«.[3]

Bevor der Erste Weltkrieg hereinbrach, wuchs Rüdiger Schleicher unter kulturell allseitig anregenden Verhältnissen auf. Ferienaufenthalte in England und in der französischen Schweiz förderten neben den klassischen seine modernen Sprachkenntnisse, wie dann noch in der Anklageschrift von 1944 kritisch vermerkt wurde. Er besuchte bis zum Abitur 1913 mit vielseitigen Interessen das humanistische Eberhard-Ludwigs-Gymnasium in Stuttgart, wie ein Jahrzehnt später auch die Stauffenberg-Brüder. Besonders liebte er, mit absolutem Gehör ausgestattet, die Musik und das Harmonisieren auf dem Klavier, vor allem aber seine Geige, die ihm zeit seines Lebens eine wesentliche Kraftquelle blieb; zu dem Musizieren im Familien- und Freundeskreis kam das Erlebnis der großen Oratorien. In der nahen Stuttgarter Stiftskirche konfirmierte ihn Prälat Hoffmann, ehemaliger Hofprediger, der nach 1933 der Bekennenden Kirche zugehörte und Rüdiger Schleicher stets freundschaftlich verbunden blieb; im Brief an Ricarda Huch am 30. 5. 1946 sprach er von Schleichers ernstem religiösen Interesse, sei-

ner Wahrheitsliebe und »zarten Gewissenhaftigkeit, die sich später bei
dem Mann auch als strenges Rechtsgefühl bewährte«.

Ein Mitschüler berichtete rückblickend: »Politisch waren wir Schüler natürlich durchtränkt von Patriotismus, wie es unserer Erziehung
und der Einstellung unserer Väter entsprach. Ein gewisser demokratischer Zug machte sich schon früh bei Rüdiger Schleicher bemerkbar,
der aber seiner Königstreue keinen Eintrag tat.«[4] Eigenständiges historisches Interesse zeigte der 18jährige Oberprimaner, als er in württem-
bergischem Patriotismus mit einem Artikel für das »Stuttgarter Neue
Tagblatt« 1913 leidenschaftlich gegen den pro-preußischen Historiker
Treitschke protestierte, der König Friedrich von Württemberg als einen
Vasall Napoleons betrachtet hatte.[5] Er beschrieb hier besonders das
Dilemma, in dem sich der König sah: »Ich muß Partei ergreifen, entweder gegen Frankreich – das bedeutet soviel als: mein Land von Truppen überschwemmt sehen und schon 3 Tage nach der Kriegserklärung
feindlich behandelt werden – oder ich muß mich mit Frankreich ver-
bünden gegen das Reichsoberhaupt, den römischen Kaiser, unter Verachtung meiner heiligsten Verpflichtungen, meiner einzigen wahren Interessen ...« Schon hier wird Schleichers Sensibilität für Zwangslagen
der schmerzlichsten Gewissensentscheidungen sichtbar, wie sie ihm
später auch selbst, wenngleich in anderer Weise, beim schweren Weg in
den Widerstand begegnen sollten.

Bereits im ersten Monat des Krieges (August 1914) wurde er an der
Westfront schwer verwundet. Die lebensgefährliche Beinverletzung hat
ihn mit immer wiederkehrenden Fieberanfällen und 14 Operationen
lebenslang empfindlich behindert. Schon 1915 fiel der jüngere Bruder
Hans, 1917 starb die Mutter an den Folgen eines Unfalls. Rüdiger
Schleicher studierte nach leidlicher Genesung sieben Semester Jura an
der Universität Tübingen, davon zwei im Lazarett, und absolvierte
1919 das erste, 1921 das zweite juristische Staatsexamen; 1923/24
folgte dann die Promotion bei Heinrich Pohl (später auch Doktorvater
Berthold Graf Stauffenbergs), und zwar über ein neues wichtiges
Rechtsgebiet: »Das Internationale Luftfahrtrecht«.[6]

Ein Studium im Zeichen des Krieges und weithin unerwarteter Umwälzungen von der Monarchie zur Republik stand unter den erschütternden Eindrücken und Erfahrungen, die jene Nachkriegsgeneration –
auf freilich andere Weise als unsere zweite von 1945 – in schwere Ent-

täuschungen, politische Konflikte und schließlich bürgerkriegsähnliche Irrwege gestürzt hat. Unter den Tübinger Professoren waren nicht wenige antirepublikanisch und teilweise alldeutsch gesinnt, so etwa der Begründer der »Interessenjurisprudenz« Philipp Heck oder der beliebte Historiker Johannes Haller; doch Schleicher hörte auch bei Freunden des großen Liberalen Friedrich Naumann wie dem Staatsrechtler Wilhelm von Blume, Mitautor des ersten Entwurfs einer demokratischen Verfassung Württembergs, oder bei dem sozialdemokratischen Volkswirt Robert Wilbrandt, den damals (1920) auch jüngere Kommilitonen wie Schleichers späterer Schwager Klaus Bonhoeffer als guten Ausgleich für »weit rechts« stehende Professoren empfanden.[7]

Schleicher selbst hatte sich schon früh als süddeutschen Liberalen bezeichnet und seit 1915 Naumanns Zeitschrift »Die Hilfe« gelesen. Er interessierte sich für dessen sozialliberale Demokratieauffassung, und noch in der NS-Zeit (1937) arbeitete er dann die neue Naumann-Biographie von Theodor Heuss durch. Während der Revolutionszeit 1918/19 bestärkte ihn besonders sein Onkel Rudolf Schleicher, Forstmeister in Leonberg, im Blick auf die kommende Demokratie eine aufgeschlossene Einstellung auch gegenüber der Sozialdemokratie einzunehmen: mit dem Ziel, durch eine gerechte parlamentsdemokratische Neuordnung das Abgleiten in radikale Lösungen zu verhindern (Brief vom 22. 11. 1918). Statt den Nationalliberalen trat Rüdiger Schleicher 1919 denn auch der DDP bei, die zusammen mit dem Zentrum und der SPD Träger der Weimarer Koalition war. Ein für seine Verhältnisse eher ungewöhnlicher Schritt, der sein politisches Interesse zeigt. Er bezog damit im Unterschied zu der Mehrheit der Kommilitonen und Standesgenossen seiner Generation durchaus früh und entschieden Stellung für die werdende Weimarer Republik.

Einen besonderen Ansatzpunkt zu eigener Stellungnahme bildeten bald auch die Auseinandersetzungen um ein verändertes Verhältnis von Kirche und Staat nach dem Ende der Monarchien. So meldete sich auf einer Veranstaltung im Januar 1919 laut »Tübinger Chronik«[8] nach dem Hauptredner Prof. Faber, Dekan der Evang. Theol. Fakultät, ein »stud. Schleicher: [er] wünscht von der Kirche eine versöhnlichere Haltung der Sozialdemokratie gegenüber und meint, die Kirche verstehe dem Volk oft nicht zu bieten, was es brauche« – wofür er sogleich in Leserbriefen und aus der eigenen Familie (Vater, Großmutter Rüdinger) allerhand Kritik bekam. Bruder Jörg, 14 Jahre alt (später Architekt und Schauspieler) schrieb ihm gar:»Wir sind doch Patrizier, zum Donnerwetter!«

Rüdiger Schleicher antwortete den Kritikern mit einem Bekenntnis zur neuen staatsunabhängigen Volkskirche in der parlamentarisch-parteienstaatlichen Demokratie. Anders als allzu viele Zeitgenossen aus dem Bürgertum in Staat und Gesellschaft fand er nicht nur früh ein positives Verhältnis zur demokratischen Republik, sondern bedauerte zugleich das verhängnisvolle Mißtrauen, ja die Gegenstellung, in die große Teile der christlichen Kirchen zur Weimarer Demokratie unter dem Eindruck der Revolution und des Verlusts der landesfürstlichen Obrigkeit gerieten. Das sollte sie 1933 dann um so anfälliger, ja hilfloser angesichts der Diktatur machen, und es brachte Rüdiger Schleicher, der an Fragen von Religion und Kirche stets intensiv Anteil nahm, zunehmend in eine kritische Position zum Nationalsozialismus.

Beamter im totalitären Staat

Nach Abschluß des Studiums beginnt nun für den 27jährigen Assessor jener zweite Abschnitt des Lebens in Berlin, der unter den veränderten Umständen und Erfahrungen eines reichen Familien- und Kulturlebens wie einer erregenden Zeitgeschichte steht, so stark Stuttgarter Hintergrund und schwäbische Tradition bleiben mochten. Die viel gerühmten goldenen zwanziger Jahre waren zutiefst ambivalent: ungemein stimulierend und erregend als Durchbruch der Moderne in Politik und Kultur – doch zumal in ihrem Zentrum Berlin zugleich voll der Probleme und Widersprüche politischer und sozialer Art, unter denen die erste deutsche Republik litt und schließlich zerbrach.[9] Rüdiger Schleicher konnte sich hier vor allem an den vielfältigen Möglichkeiten des Konzert- und Theaterlebens begeistern. Er nahm sogar noch einmal Geigenunterricht bei Georg Kulenkampff, dem damals wohl führenden Künstler in diesem Fach.

Seiner Dissertation »Das internationale Luftfahrtrecht« kam eine zeitlich befristete Tätigkeit als juristischer Hilfsarbeiter im Reichsverkehrsministerium zugute, wo er mit den Ausführungsbestimmungen zum neuen Luftfahrtgesetz befaßt war. Kennzeichnend für seine politisch-menschliche Sensibilität ist, daß er dann in der Dissertation selbst

und in weiteren Artikeln in Strupps Völkerrechtslexikon die besondere Meinung vertrat, nach der Haager Landkriegsordnung sei nicht
nur im Grundsatz die Bombardierung unverteidigter Orte von Flug-
zeugen aus verboten, sondern auch die Bombardierung militärischer
Ziele in unverteidigten Orten.[10] Dabei blieb er übrigens auch bei
Kriegsausbruch 1939.

Es folgten nun Zwischenstufen auch im württembergischen Staatsdienst sowie in der Deutsch-Amerikanischen Schiedskommission im
Auswärtigen Amt, wo er die Möglichkeit schiedsgerichtlicher Lösungen internationaler Streitfragen, entgegen dem Zeitgeist, schätzen und
bejahen lernte. So publizierte er eine zustimmende Bewertung der Entscheidung im Fall der Versenkung der Lusitania, durch die das Deutsche Reich zu erheblichen Entschädigungen verpflichtet wurde. Dies
läßt sein frühes Bemühen um Verständigung mit den ehemaligen Kriegsgegnern erkennen, so gewiß auch er die Beschränkungen der deutschen
Luftfahrt durch den Versailler Vertrag bedauerte. Damals wird auch
sein fortwährendes Interesse an Fragen des Völkerrechts und Minder-
heitenschutzes begründet; es regte ihn zur Teilnahme an internationalen Tagungen wie etwa der International Law Association in Wien
1926 an, über die er im Staatsanzeiger für Württemberg berichtet hat
(1. 9. 1926).

Als erstrangiger Fachmann und Kommentator des Luft- und See-
rechts wird er 1927 Beamter im Reichsverkehrsministerium. Was dieser Entschluß zum Staatsdienst aber an Belastung des Tuns und des Ge-
wissens bedeuten sollte, sobald dieser Staat, dem er diente, nicht mehr
Demokratie und immer weniger Rechtsstaat war, zeigte sich nach wenigen Jahren, als die Luftfahrt 1933 aus dem Verkehrsministerium her-
ausgenommen und ein neues Reichsluftfahrtministerium gegründet
wurde – und dies unter Hermann Göring, dem glorifizierten Kriegs-
flieger und führenden NS-Potentaten nach Hitler. Von 1935 bis 1939
leitete Schleicher dort die Rechtsabteilung.

Damit beginnt das Jahrzehnt der schweren Proben. Sie zu bestehen,
freilich mit zutiefst tragischem Ausgang, wird nur denkbar und möglich unter jenen erweiterten persönlichen und familiären Verhältnissen,
in die Rüdiger Schleicher seit seiner Tätigkeit als Assessor in Berlin hin-
eingewachsen war. Angehöriger der Tübinger Studentenverbindung
»Igel«, nichtschlagend und nichtfarbentragend, hatte er in der damals

so aufregenden Hauptstadt der Weimarer Republik 1922 die große Familie des älteren »Bundesbruders« Karl Bonhoeffer, des bedeutenden Psychiatrie-Professors an der Charité, kennengelernt. Er genoß dort die geistig-akademische Atmosphäre, ebenso wie im benachbarten Haus des Historikers Hans Delbrück, wo Gelehrte wie Harnack und Meinecke verkehrten, später auch Theodor Heuss. Als Schleicher im Inflationsjahr 1923 Bonhoeffers älteste Tochter Ursula heiratete, gewann er zu der Stuttgarter eine große Berliner Verwandtschaft von besonderer geistiger und moralischer Anspruchskraft: nicht zuletzt auch aus dem Stolz auf die Vorfahren (wie von Hase, Tafel und Kalckreuth), von denen einige im Vormärz von 1948 als Freiheitsfreunde auf dem Asperg inhaftiert waren, trug sie das Bewußtsein eines anderen Deutschland in sich. Wie sich dies ergänzte und verband mit den ursprünglichen Gaben und Impulsen aus den Traditionen der Schleicherschen Familie, zeigt nun der Blick auf jene für uns Zeitgenossen so fatalen 30er Jahre, in denen sich die Verbrechen der NS-Diktatur und die Schrecken der deutschen Katastrophe vorbereiteten.

Wichtigstes Fundament war die Ehe mit Ursula Bonhoeffer, geschlossen inmitten der Probleme des Krisenjahres 1923. Zur Berliner Hochzeit reiste auch der 17jährige Dietrich Bonhoeffer mitten im Sommersemester, vierter Klasse, aus Tübingen an und hielt eine Festrede. Es war der Auftakt zu einer ganzen Reihe weiterer Hochzeiten der sieben Bonhoeffer-Kinder (ein Sohn war noch 1918 gefallen). Sie begründeten in den nächsten Jahren einen eng zusammengehörigen Kreis, der in unvergleichlicher Weise familiäre mit geistiger und politischer Gemeinsamkeit verband. Bei mancher Verschiedenheit der Berufe sollte diese Zusammengehörigkeit in der Zeit der Diktatur, in der alles darauf ankam, eine tragfähige Grundlage für eigenständiges Denken und Handeln bilden.

Zwischen 1924 und 1930, während die vier Schleicher-Kinder (Hans-Walter, Renate, Dorothee und Christine) zur Welt kamen, heiratet zunächst Christine Bonhoeffer 1925 den Juristen Hans von Dohnanyi (Sohn des bekannten ungarischen Komponisten), der am Institut für Auswärtige Politik in Hamburg, dann im Reichsjustizministerium in Berlin tätig war. Im folgenden Jahr wurde Sabine Bonhoeffer, Zwillingsschwester des Theologen Dietrich, Frau von Gerhard Leibholz, einem Schulfreund Dohnanyis, der 28jährig 1929 als Staatsrechtsprofessor nach Greifswald und 1931 nach Göttingen berufen wurde. Indes die jüngste der vier Bonhoeffer-Töchter (Susanne) den Berliner Kirchenhistoriker Walter Dress heiratete, schloß der älteste der Söhne, Karl-Friedrich, damals bereits Professor für Physikalische Chemie an der Universität Frankfurt, mit der Schwester Dohnanyis (Grete) die Ehe. Und im selben Jahr 1930 heiratete der zweite Bonhoeffersohn Klaus die Tochter Emmi des Historikers Delbrück, zu deren Verwandten u. a. der Theologe Adolf von Harnack zählte.

Es sollte sich bald zeigen, daß und wie am Ende der Weimarer Republik eine solche Großfamilie von Geistes- und Naturwissenschaftlern, von Juristen und Theologen dahin kam und in der Lage war, den Untergang der Demokratie und die Tragweite der nationalsozialistischen Herrschaft realistischer zu erfassen als die meisten anderen Deutschen. Sogleich nach Hitlers Machtergreifung gab es gewichtige Gründe und Anlässe, die inmitten einer weitverbreiteten Stimmung der Resignation angesichts der Niederlage von Rechtsstaat und Demokratie, aber auch der Neigung zu Illusion und Verführung, auf die Notwendigkeit von Kritik und Widerstand hinwirkten. Den ersten Ansatz bildete die früh beginnende Judenverfolgung. Der junge Dietrich Bonhoeffer, bereits in Systematischer Theologie habilitiert, trat unverzüglich dem totalitären Anspruch des neuen Systems entgegen, und zwar nicht nur, wie viele Amtsbrüder, im Raum der Kirche und eines »Kirchenkampfs«. Nach dem sogenannten »Judenboykott« Anfang April 1933 mahnte er mit der politisch brisanten Schrift »Die Kirche vor der Judenfrage« die Verpflichtung der Kirche überhaupt für die »Opfer jeder Gesellschaftsordnung« an.[11]

Die unerträgliche rechts- und rassenpolitische Herausforderung, die das NS-Regime zumal für die vier Juristen der Familie bildete, von denen Gerhard Leibholz wegen seiner jüdischen Herkunft besonders betroffen war und schließlich 1938 Deutschland ganz verlassen mußte, bedeutete für Rüdiger Schleicher über das Juristische hinaus vor allem auch eine antichristliche Herausforderung. Das hat er noch in den qualvollen Verhören der Gestapo nach dem 20. Juli 1944 betont, als er allen Torturen zum Trotz die Entrechtung und Verfolgung der Juden, das Vorgehen gegen Kirche und sog. Staatsfeinde sowie die Konzentrationslager als die entscheidenden Motive für seinen Widerstand hervorhob.[12]

In diesem dramatischen Zusammenhang von 1933 steht nun aber
auch der Entschluß des so überzeugten schwäbischen Liberalen und
Demokraten, auf Druck seines neuen Ministers (Göring) am letztmög-
lichen Termin vor der Aufnahmesperre am 1. 5. 1933 der NSDAP bei-
zutreten. Es geschah,»obwohl er«, wie dann auch das Todesurteil un-
terstrich,»den Nationalsozialismus ablehnte«, trotz allen Bedenken
»aus Zweckmäßigkeitsgründen« – so seine Worte im Gestapoverhör
1944 – und nach langen Diskussionen im Kreis der weiteren Familie.
Der 9jährige Sohn, den er damals 1933 mitgenommen hatte, berichtet,
wie sie mehrfach vor der Tür des Parteibüros wieder umkehrten, bis es
geschlossen war und er klopfen mußte, um den Beitritt noch zu vollziehen.[13] Dabei ging es darum, durch ein Verbleiben im Amt wichtige
Einblicke und Kontakte zu erhalten. Zumal Klaus Bonhoeffer, der ihm
später in der Konspiration bis zum Tod eng Vertraute, scheint ihm hier-
zu geraten zu haben – er, der schon in einem Brief an Dietrich Bonhoeffer nach den Septemberwahlen 1930 prophezeit hatte:»Wenn
diese radikale Welle sich der Gebildeten bemächtigt, ist es um das Volk
der Dichter und Denker geschehen.«[14]

Es war das furchtbare Dilemma gegenüber einem pseudolegal an die
Macht gelangten totalitären Regime, das den Staat in Besitz nimmt –
eine Situation, für die es im Grunde keine Erfahrungen gab. Und es
blieb ein ungelöster Gewissenskonflikt, wobei Schleichers starke Beziehung zum Staat, geprägt vom Vorbild der schwäbischen Juristen-
Großväter, gewiß auch eine Rolle spielte. Es bedeutete eine unabläss-
ige Belastung für den Mann, der mehr als ein obrigkeitsstaatlich geson-
nener Beamter und ein nur positivistisch denkender Jurist war.

Wendung zum Widerstand

Hier sind noch einige historisch-politische Bemerkungen zum Verhältnis von Staatsgesinnung und Widerstand im neueren Deutschland angebracht. Für gewissenhafte deutsche Beamte, denen der Staat mehr
bedeutete als ein leicht in Frage zu stellendes Zweckgebilde, mußte die
Beschwörung eines Widerstandsrechts gegen die Staatsgewalt in der
Tat schwere Risiken enthalten. Es war das Grundproblem, dem sich
das staatsgesinnte Bürgertum insgesamt gegenübersah, als eine scheinbar legal auftretende, alles versprechende Diktaturbewegung unter

dem Deckmantel nationaler, sozialer und anfangs sogar christlicher Staatsideologie sich an die Macht manipuliert hatte.

Diese Fiktion der Legalität war es, mit deren Hilfe sich Hitlers Berufung zum Reichskanzler und sein so schneller Weg von einem präsidialen Koalitions- und Notverordnungsregime zur unumschränkten Diktatur vollziehen konnte. Selbst viele Staatsrechtler übersahen, daß der NS-Staatsbegriff einer ordnungs- und rechtsverpflichteten Staatsgesinnung geradezu diametral entgegengesetzt war. Während der berühmt-berüchtigte Carl Schmitt sogar von einem »nationalsozialistischen Rechtsstaat« sprach, war für Hitler und seine Apparatschiks der Staat nichts als ein Werkzeug zur Durchsetzung ihrer völkisch-rassistischen und expansionistischen Ziele. So entwickelte sich der nationalsozialistische Herrschaftsgedanke dominierend neben und zugleich über dem bisherigen Verständnis des Staates, um ihn schließlich ganz auszuhöhlen. Ich erinnere an die scharfsinnige Analyse schon von Ernst Fraenkel.[15] Dadurch aber wurden auch die Chancen eines wirksamen Widerstands entscheidend erschwert. Die rigorosen Sicherungs- und Gewaltmaßnahmen des Regimes haben dann, im Verein mit dem raffiniert gehandhabten Legalitätsanspruch, verfassungspolitisch und demokratisch orientierte Protest- und Oppositionsversuche weitgehend erstickt.

Geblieben waren nur zwei Möglichkeiten: entweder der opfervolle Weg in die sogenannte »Illegalität« für die Reste der unterdrückten Oppositionsgruppen, zumal die linken, soweit diese nicht durch Mord oder KZ ausgeschaltet waren oder aber resignierten bzw. sich anpaßten. Zum anderen aber der Versuch, Einflußpositionen im Staatsapparat zu erhalten und zu erschließen, um wenigstens Möglichkeiten für eine Lockerung des Unrechtsregimes zu gewinnen oder gar neuen Widerstand zu organisieren. Die ganze Problematik einer Opposition mittels teilweiser Kollaboration war darin enthalten und immer aufs neue, bis zum bitteren Ende aufgeworfen. Während früh Verfolgte und Verfemte längst den ersten Weg gegangen waren, zog sich das Lavieren zwischen Kollaboration und Résistance auf beschwerlichen, oft riskanten Pfaden hin – ein Weg, der dem von vielen bezeugten lauteren Wesen Rüdiger Schleichers im Grunde widersprach. Doch um politischem Terror und totalitärer Verführung entgegenzuwirken, ging es nun um Zusammenarbeit mit jenen, die sich auch im Zeichen deutscher

Traditionen auf moralisches und politisches Verantwortungsbewußtsein des Bürgers besannen, was in eine Art Doppelexistenz führte. Diese Wendung zum Widerstand bedeutete zugleich die ständige Belastung mit Mißtrauen, Skepsis und Schweigen, die akute Gefährdung der Familie und Freunde, eine Isolierung von der irregeführten Mehrheit des eigenen Volkes, nicht hingegen sichtbares Heldentum und jene politische Hochachtung, die im Unterschied zur deutschen Opposition die Widerstandsbewegungen in den besetzten Ländern gewannen. Es war ein langer, aufreibender Weg auch im Ringen um Kontakte *in* das Regime und schließlich besonders *mit* den Militärs, um diese wichtigste Macht außerhalb der Partei in eine Aktion gegen das Regime einzuschalten.

Die inneren Konflikte in dieser immer schwieriger werdenden Lage auszuhalten, wurde Rüdiger Schleicher vor allem durch den großen Zusammenhalt mit der Familie seiner Frau möglich. Anders als in vielen deutschen Familien war hier von Anfang an die Stellung zum Hitler-Reich einverständlich, schließlich auch der Wille zum Umsturz einvernehmlich – unbeschadet der verschiedenen politischen Temperamente. Dies schloß ganz wesentlich die Frauen der Familie ein, ihren ständigen Rat und die Bereitschaft, ihre ganze Existenz einzusetzen, was leider ja häufig übersehen wird.

Schon eine ähnliche Beurteilung der politischen Vorgänge in der Weimarer Republik (wie Kapp-Putsch, Ermordung Rathenaus, erste Wahl Hindenburgs, Sympathie für Brüning, gegen den Radikalismus) hatte Grundlagen und Gemeinsamkeiten geschaffen, die ein rasches Hininwachsen in den großen Geschwister- und Freundeskreis der Bonhoeffers bewirkte. Der ähnliche akademische Standard der verschiedenen Familienglieder (darunter dann sechs Hochschullehrer, zum Teil später aus politischen Gründen suspendiert), bot ständig Gelegenheit zu lebendigem Austausch. Dazu kam die gemeinsame Empörung über die Diskriminierung der Juden, die sich nicht etwa nur auf Verwandte und Freunde oder Schüler und Mitarbeiter Karl Bonhoeffers bezog. Klaus Bonhoeffer gab deshalb auch 1935 seine Rechtsanwalt-Praxis auf; er konnte aber auf Vermittlung Rüdiger Schleichers als Syndikus zur Lufthansa gehen, und beide haben sich bis in die Kriegsjahre hinein mit Grundfragen des Völkerrechts bzw. der Staatsphilosophie beschäftigt.

Getragen von dieser frühen gemeinsamen Ablehnung des NS-Systems, haben sich 1938 durch Dohnanyi, der seit Kriegsbeginn dann im Amt Abwehr unter Canaris und Oster tätig war, mit Wissen der anderen Schwäger in der Familie Kontakte einer aktiven Konspiration zur Beseitigung des Regimes entwickelt. Rüdiger Schleicher hat dabei stets eine unverbrüchlich zuverlässige Rolle gespielt. Er billigte die Sache und ließ sich besonders nach der Verhaftung von Dohnanyi und Dietrich Bonhoeffer im April 1943 durch Klaus Bonhoeffer auch in die Überlegungen zur Neuordnung nach einem Umsturz einbeziehen. Beider Rolle war in der bisherigen Widerstandsforschung durch die Namen Dietrich Bonhoeffers und Hans von Dohnanyis überschattet. Auch Karl-Friedrich Bonhoeffer, damals noch in Leipzig, hat in einem Brief an seine Schwester Ursula Schleicher (18. 4. 1946) zum ersten Jahrestag der Ermordung beider bedauert, »daß die Öffentlichkeit am Tode Rüdigers am wenigsten Anteil genommen hat.«

Klaus Bonhoeffer hatte Schleicher 1939 auf Anregung seines Mitarbeiters Dr. Otto John, der in die Verschwörung eingeweiht war, den ebenso engagierten jüngeren Bruder Dr. jur. Hans John für die Assistentenstelle in Schleichers Institut für Luftrecht empfohlen. Dieser gab Hans John Spielraum für seine konspirative Tätigkeit als Verbindungsmann zu militärischen wie auch zu linken Kreisen. Das Institut, zentral am Leipziger Platz gelegen, war für Gespräche und Treffen ein günstiger Ort. Aber auch die Wohnhäuser wurden zu derartigen Kontakten genutzt. so hatte im Haus Schleicher, dem Haus der Eltern Bonhoeffer unmittelbar benachbart, Oberst Hans Oster 1938 Dietrich Bonhoeffer kennengelernt. Oster war der aktive Organisator des Widerstands in der Militärischen Abwehr und erwirkte dann für Dietrich Bonhoeffer die historisch so bedeutsame UK-Stellung bei der Abwehr.[16]

Zum einverständlichen Umkreis gehörte, auch als Musizierfreund, der Jurist Ernst von Harnack, Vetter von Emmi Bonhoeffer und Sohn des großen Theologen, der nach seiner Absetzung als Regierungspräsident von Merseburg besonders wichtige Verbindungen zu Sozialdemokraten wie Julius Leber und Wilhelm Leuschner, aber auch zu Carl Goerdeler hielt; er wurde einen Tag vor Rüdiger Schleicher zum Tod verurteilt und am 3. März 1945 in Plötzensee hingerichtet.

Während Dohnanyi gelegentlich bemerkte, daß im Hause Schleicher zu offen über politisch heikle Themen gesprochen werde, konnten

in Schleichers Institut Gespräche u. a. mit Männern wie dem Chef der
Heeresrechtsabteilung Karl Sack, dem Rechtsberater der Bekennenden
Kirche Friedrich Justus Perels oder Adam von Trott zu Solz vom Aus-
wärtigen Amt geführt werden. Schleicher nahm auch alte Stuttgarter
Verbindungen wieder auf, so zum ehemaligen württembergischen
Staatspräsidenten Eugen Bolz und zu Robert Bosch, der ja Goerdeler
unterstützte.

Wenn Rüdiger Schleicher bei allem demokratisch-liberal motivierten Interesse für Politik nicht ein aktiv politischer Taktiker wie Dohnanyi oder Klaus Bonhoeffer war, so doch ein ebenso unbestechlich
denkender Kritiker der Diktatur. All dies ist freilich angesichts der zunehmend gebotenen Vorsicht schriftlich kaum mehr belegbar – ein gra-
vierendes Problem der deutschen Widerstandsforschung überhaupt;
erinnert sei hier an das berüchtigte »Heimtückegesetz« schon vom
31. 3. 1933, nach dem unliebsame Äußerungen praktisch als Landes-
verrat verfolgt und drakonisch bestraft werden konnten: die damit verbundenen großen Risiken waren natürlich den Juristen durch ihren Ar-
beitsbereich besonders vertraut.

Über die Erfahrungen und Berichte nationalsozialistischer Rechts-
verletzungen, von denen auch jeder in seinem Bereich erfuhr, legte
Dohnanyi als Referent im Reichsjustizministerium zwischen 1934 und
1938 in einem tausendseitigen »Diensttagebuch« ein laufendes Regi-
ster im Blick auf eine spätere Aufklärung der Bevölkerung an.[17] Zu den
persönlichen Informationen und offenkundigen Verstößen, die man in
der größeren Familie ständig besprach, kamen die geheimgehaltenen
verbrecherischen Unternehmen und Pläne des Regimes, von denen freilich die meisten Deutschen ohnehin, und sei es aus Angst, eher nichts
wissen oder gewußt haben wollten – obwohl doch Hitler selbst wiederholt und vor allem dann am 31. Januar 1939 vor dem Reichstag für
den Kriegsfall die »Vernichtung der jüdischen Rasse in Europa« und
gegebenenfalls auch des »Priesters als politischen Feind« verkündet
hatte.

Diese und andere Anzeichen des schrecklichen Vorhabens von Krieg
und Völkervernichtung, besonders die NS-Judenpolitik, ernstgenommen und daraus politische Konsequenzen gezogen zu haben, wurde
Rüdiger Schleicher und Klaus Bonhoeffer dann auch in den Verhören
und in der Anklageschrift von 1944 noch besonders vorgeworfen.

Seine berufliche Tätigkeit in verschiedenen Fachausschüssen hat Rüdiger Schleicher benutzt, um dort auf die Berufung von Mitgliedern wie Klaus Bonhoeffer, Hans John oder Berthold Graf Stauffenberg hinzuwirken. Im Luftkriegsrechtsausschuß der Deutschen Gesellschaft für Wehrpolitik trat er angesichts des drohenden Krieges im Februar und April 1939 den Positionen der Mehrheit entgegen und plädierte dafür, die Haager Landkriegsordnung auf die militärische Luftkriegsführung beim Überfliegen neutraler Gewässer anzuwenden, leider erfolglos; dabei fehlte auch Stauffenbergs Unterstützung, der Schleichers Intentionen wohl nicht erkannte.[18]

Besonders erwähnenswert unter den gegebenen Zeitumständen erscheint ein Vortrag Schleichers »Über allgemeines und spezielles Landkriegsrecht« vor Kriegsrichtern im April *und* September 1939, der wiederum auf die Haager Landkriegsordnung von 1899 und 1907 abhob. Er forderte in Kontinuität seiner Publikationen in den 20er Jahren deren Ergänzung »durch Gebote der Menschlichkeit, wie sie sich unter zivilisierten Völkern ergeben«. Bei solchen Äußerungen, die schon an die Grenze des damals Möglichen gingen, fand sich Rüdiger Schleicher übrigens im Gegensatz zu eher regimekonformen, nach dem Krieg gewendeten Staatsrechtlern wie Theodor Maunz, Ernst Forsthoff und Ulrich Scheuner. Und im Unterschied zu Carl Schmitt mit seiner damaligen Abhandlung »Totaler Feind, totaler Krieg, totaler Staat« (1937/38) hielt er ganz betont an den Regeln des Völkerrechts fest (auch bei der Unterscheidung von Kombattanten und Nichtkombattanten). Überdies verwies er auf den von der Weimarer Republik unterzeichneten Kellog-Pakt zur Kriegsächtung von 1928, dem bis 1938 über 60 Staaten beigetreten waren (und der nach dem Krieg bei den Nürnberger Prozessen eine Grundlage der Verurteilung bilden sollte).

Sehr deutlich und bemerkenswert zu diesem Zeitpunkt war in dem Vortrag von 1939 schließlich auch der mutige Hinweis auf das Gebot der Achtung der »religiösen Überzeugung« in besetzten Ländern, Ergebnis eigener Erfahrungen aus dem Kirchenkampf nach 1933, zugleich ein Versuch, den vorhersehbaren Exzessen in der Besatzungspolitik und Kriegsgefangenenbehandlung vorzubeugen, und zwar rechtzeitig vor Kriegsbeginn. Und im Völkerrechtsausschuß der Akademie für deutsches Recht, dem er allerdings nicht als Mitglied angehörte, trat Schleicher schließlich im Juni 1940, ähnlich wie Graf Moltke, später Haupt des Kreisauer Kreises, erneut für eine Anwendung der Haager Landkriegsordnung zugunsten der polnischen Bevölkerung und gegen völkerrechtswidrige Erschießungen ein, leider wiederum vergebens. Schleichers Ablösung als Leiter der Rechtsabteilung im Luftfahrtministerium war denn auch bereits zwei Wochen vor Entfesselung des Zweiten Weltkriegs erfolgt (14. 8. 1939); er wurde auf eine Referentenstelle im allgemeinen Luftamt versetzt. (Ihn für eine Apologie der Militärjustiz im Kriege in Anspruch zu nehmen, wie das im Buch von Schweling und Schwinge geschieht, ist daher nicht möglich.[19])

Eine Konsequenz war Schleichers immer schon erstrebte Hinwendung zu Wissenschaft und Lehrtätigkeit als Institutsleiter und Honorarprofessor der Universität Berlin; dazu gehörte die Herausgabe des »Archivs für Luftrecht« und Weiterarbeit an seinem als Standardwerk geltenden Kommentar, der übrigens aufgrund seiner Sachlichkeit und politischen Unvoreingenommenheit 1954 unverändert wieder aufgelegt und in den 60er Jahren fortgeführt werden konnte.

Recht und Gerechtigkeit

Für die meisten Beteiligten am deutschen Widerstand, zumal aus dem Bürgertum und der ehemaligen Aristokratie, war der Weg in den Staatsstreich alles andere als vorgegeben, und sie blieben auch bis zuletzt eine winzige Minderheit. Daß nun ein überzeugter Christ und Staatsdiener wie Rüdiger Schleicher ihn ging, obwohl er Rebellion gegen Staat und Obrigkeit bedeutete, kam eben aus dem schmerzlichen Erleben der Perversion des Rechts- zum Unrechtsstaat, also aus einer ursprünglichen und von Anbeginn vorhandenen, geschichtsbewußten und zugleich moralischen Sensibilität im Hinblick auf die Mißachtung des Anderen, des Mitmenschen: der Juden, der politischen Gegner und der Kirchen, angesichts einer Politik der brutalen Einschüchterung und bedenkenlosen Täuschung überhaupt und schließlich der systematischen Vernichtung im Zeichen der Expansionskriege.

In den Verhören von 1944 hat Rüdiger Schleicher diese Motive noch einmal geltend gemacht. Sie waren mit den Jahren gewachsen, als die Unrechtstaten des NS-Regimes sich häuften. Während gemäß dem Wort des deutschnationalen Hitler-Koalitionärs Hugenberg von 1933: »Wo gehobelt wird, fliegen Späne« allzu viele schon früh davor die Augen verschlossen und sie ob der gefeierten äußeren Erfolge jenes Regimes auch bis zum Schluß verschlossen hielten, war Rüdiger Schleichers Weg in den Widerstand Ausdruck eines tiefgegründeten Rechtsempfindens.

Alle Zeugnisse weisen auf seine innige Beziehung zu Recht und Wahrheit, durchaus auch religiös verstanden und verbunden mit einer Gewissenhaftigkeit, die ihn vom Beruf des Richters abhielt und es ihm ermöglichte, 1939 die Entfernung aus der Leitung der Rechtsabteilung im Luftfahrtministerium angesichts der politischen und rechtlichen Situation fast erleichtert hinzunehmen. Häufig zitierte er das Bibelwort: »Was hülfe es dem Menschen, so er die ganze Welt gewönne und nähme doch Schaden an seiner Seele.«

Ein alter Stuttgarter Freund erinnerte sich (Dr. Walter Scharpff): »Schon als junger Schüler hatte er oftmals Bedenken über Dinge, die den anderen ganz unbedenklich erschienen. Er machte es sich oft schwer damit, daß er niemanden weh oder unrecht tun wollte und den höchsten Maßstab der Gerechtigkeit anlegte. In seinem weiteren Leben sind diese Eigenschaften sehr bestimmend gewesen. Als Jurist war er durchdrungen von der unbedingten Gültigkeit des Rechtes, etwa gegenüber den Fragen der Macht.«

Sein Interesse für Naturrechts- und Grundrechtsfragen, das er mit Leibholz teilte, ging stets einher mit philosophischen und religiösen Fragestellungen, besonders natürlich im Gespräch mit Dietrich Bonhoeffer, wobei er diesen zuweilen zu wesentlichen Darlegungen herausforderte.[20] Beide hielten mit gelegentlicher Kritik an der Bekennenden Kirche nicht zurück, standen aber zu ihr, nicht nur im Kampf gegen die »Deutschen Christen«.

Wie weit in der Folge die Aktivitäten im einzelnen gingen, bleibt freilich schwer zu rekonstruieren; fast alle Beteiligten wurden ermordet, schriftliche Aufzeichnungen vernichtet, soweit man aus Risikogründen nicht überhaupt auf sie verzichtet hatte. Das gilt auch für alle Bemühungen um Hilfsaktionen für Verfolgte.

Offen bleibt, wie Klaus Bonhoeffer und Schleicher auf das Verfahren der Militärjustiz gegen den als Glied der sogenannten »Roten Kapelle« verhafteten Arvid Harnack, einen Verwandten des Theologen, Einfluß zu nehmen versuchten, der schon am 22. Dezember 1942 hingerichtet wurde, zwei Monate später auch seine amerikanische Frau Mildred. Die Ermittlungen gegen die Gruppe hatte der skrupellose

Kriegsrichter Manfred Roeder geführt; Schleicher kannte ihn zwar seit
seiner Einstellung als Luftwaffenrichter, damals aber noch nicht als
einen Verbindungsmann des Reichssicherheitshauptamts. Übrigens verkennt die bis heute andauernde Kontroverse über die »Rote Kapelle«
oft, daß es sich weder um eine geschlossene Gruppe noch um eine
vorwiegend kommunistische Spionageorganisation handelte, wie die
NS-Propagandaversion lautete, sondern um ein größeres Spektrum
linker, auch sozialdemokratischer Widerstandskämpfer, die durchaus
verschiedene Ziele verfolgten und zum großen Teil umgebracht wurden.

Eine bedrohliche Zuspitzung erfuhr auch Schleichers Lage schon
am 5. April 1943 mit dem verhängnisvollen Schlag, der den Wider-
stand durch die plötzliche Verhaftung Dohnanyis im Amt Abwehr,
Dietrich Bonhoeffers im Hause Schleicher traf; auch ihr Vorgesetzter
Oberst Oster wurde unglückseligerweise gleichzeitig ausgeschaltet.
Der Kriegsrichter Roeder führte auch hier die Untersuchung. Als
Schleicher ihn eilends aufsuchte, verhörte er gerade die ebenfalls ver-
haftete Frau von Dohnanyi und bezeichnete ihm gegenüber das ganze
Verfahren als eine »Geheime Reichssache«. Nach der Erinnerung Christine von Dohnanyis bemerkte Roeder dabei, er habe in seinem letzten
Prozeß (gegen die »Rote Kapelle«) schon so mancher Akademikerin
den Kopf vor die Füße gelegt. Nach dem Krieg gelang es Roeder jedoch, für seine entstellend apologetischen Aussagen bei deutschen Ge-
richten Entlastung zu finden.[21]

Laut späterer Aussage der Sekretärin Roeders (1948) hat dieser Rüdiger Schleicher damals im April 1943 eine sachliche Auskunft über
den Stand des Verfahrens gegen Dohnanyi und seine Frau verweigert.
»Er hat Schleicher sehr kühl behandelt. Wie er mir selbst erklärt hat,
war er früher mit der Familie Schleicher gut bekannt, hatte aber den
Verdacht, daß Schleicher in irgendeiner Weise an der Sache mitbeteiligt
war. Er hat mir dann, als Schleicher weg war, deutlich zum Ausdruck
gebracht, daß er ihn nicht leiden mochte.« Rüdiger Schleicher unter-
nahm damals – gemeinsam mit dem Heeresrichter Karl Sack – weitere
Versuche, das Verfahren gegen Dohnanyi und Bonhoeffer als einen
Einbruch der SS in die Wehrmacht-Abwehr zu verhindern und bemüh-
te sich das ganze folgende Jahr, bis zum 20. Juli 1944, um die Möglichkeit, den Prozeß bis zum Umsturz hinauszuzögern.

Unter solchen Umständen aber konnte dieser Widerstandskreis an den Vorbereitungen zum 20. Juli nicht mehr direkt beteiligt sein. Nun kam auf Klaus und Rüdiger sowie die Brüder John in wachsendem Maße die Aufgabe zu, die bisherigen Verbindungen zu halten und zu intensivieren. Die offenkundig durch Folter oder Drogen erpreßten Aussagen in der Anklageschrift gegen Bonhoeffer-Schleicher-Perels-John vom 20. Dezember 1944 belegen die Reichweite ihrer Aktivitäten und Initiativen:[22] genannt werden hier u. a. die konspirativen Kontakte Bonhoeffers mit Goerdeler, Ulrich von Hassel, Joseph Wirmer, Jakob Kaiser, Popitz, Leber und Leuschner. Noch drei Tage vor dem Staatsstreich am 17. Juli 1944 hatte Klaus Bonhoeffer den Ordonnanzoffizier Stauffenbergs, Werner von Haeften, getroffen,»der das bevorstehende Attentat ... in aller Deutlichkeit ankündigt«, und mit ihm über Pläne für die künftige Luftfahrt sprach. Klaus Bonhoeffer unterrichtete Schleicher, der den dort notwendigen Umbau organisatorisch planen und juristisch vorbereiten sollte.

Nach dem tragischen Scheitern des Umsturzversuchs wütete monatelang die Verhaftungswelle. Eine eigens gegründete Gestapo-Kommission unter Kaltenbrunner, dem Chef des Reichssicherheitsamts, erpreßte die Geständnisse und Informationen und lieferte dem Volksgerichthof die Opfer. Als ersten aus der weiteren Familie traf es noch am Abend des 20. Juli den Berliner Stadtkommandanten Paul von Hase, Vetter der Mutter Paula Bonhoeffer. Noch im August folgten die Verhaftungen von Hans John und von Justus Delbrück, Bruder von Klaus Bonhoeffers Frau Emmi, der nach der Befreiung aus dem Gefängnis noch 1945 in einem sowjetischen Lager starb. Und nach der verhängnisvollen Entdeckung von Geheimmaterial der Opposition in der Abwehr (Zossen) wurden auch Klaus Bonhoeffer und Rüdiger Schleicher verhaftet. Klaus war, als er am 30. September 1944 vom Dienst kam und vor seiner Gartentür ein verdächtiges Auto sah, gleich zu Schleichers gegangen, wo er seit der Evakuierung seiner Familie wiederholt wohnte. Schleichers hatten soeben Frau und Tochter des schon am 8. August 1944 erhängten Generals von Hase aufgenommen, da sie nach Entlassung aus dem Gefängnis bei näheren Verwandten nicht unterkamen. Rüdiger Schleicher begrüßte sie mit den Worten:»Es ist uns eine Ehre«, wie Frau von Hase immer wieder bewegt erzählte. In der folgenden Nacht zum 1. Oktober nun rang Klaus Bonhoeffer um den

Entschluß, sich der Verhaftung zu stellen oder sich selbst zu töten, um niemanden zu verraten. Noch an diesem 1. Oktober nahm ihn die Gestapo im Haus Schleichers fest, und am 4. Oktober wurde auch Rüdiger Schleicher verhaftet, tags darauf Perels, am 28. Oktober schließlich an der Front in Italien der Schwiegersohn Schleichers, der Theologe Eberhard Bethge, engster Freund und nachmals großer Biograph Dietrich Bonhoeffers.[23]

Das Gefängnis Lehrter Straße wurde neben der Gestapo-Zentrale in der Prinz-Albrecht-Straße zu einem Hauptgefängnis der Verschwörer, vieler bis zu ihrer Hinrichtung. Die als »Kaltenbrunner-Berichte« bekannten Verhörprotokolle, für Hitler angefertigt, vermitteln einen allerdings sehr kritisch zu lesenden Eindruck vom Ablauf der Vernehmungen. Sie enthalten auch im Fall Rüdiger Schleichers aufschlußreiche Hinweise auf seine feste Haltung, wenngleich in der Sprache der verhörenden SS-Chargen. Unter anderem heißt es da: Er erklärte »rundheraus: ›Ich lehne das nationalsozialistische Regime ab‹«; und im ersten Satz der Anklageschrift des Oberreichsanwalts Lautz ist dann geradezu zu lesen: »Dr. Schleicher, der ein Feind des Nationalsozialismus ist, ... war der Meinung, daß zur Herbeiführung eines Ausgleichs mit unseren westlichen Kriegsgegnern der Führer und die nationalsozialistische Regierung abtreten müsse.«

Über die schweren letzten Monate im Gefängnis Lehrter Straße hat der Leidensgefährte Eberhard Bethge, der einzige überlebende Gefangene aus der Familie, auf ergreifende Weise berichtet.[24] Immerhin vermochte Rüdiger Schleicher nach Abschluß der schlimmen Verhöre seine Wächter dazu zu bewegen, ihm die geliebte Geige in die Zelle bringen zu lassen; zur Freude auch von Mitgefangenen ertönten nun Choräle und Musik sogar aus der Matthäus-Passion. Auf Grund der Anklageschrift vom 20. Dezember 1944 erfolgte unter Ausschluß der Öffentlichkeit dann aber der Prozeß und die Verkündung des Todesurteils am 2. Februar 1945. Mit Schleicher wurden Klaus Bonhoeffer, Perels und John zum Tode verurteilt. Es war das letzte Urteil Freislers, den Hitler in Erinnerung an den Blutrichter der furchtbaren Moskauer Schauprozesse von 1937/38 als »meinen Wyschinsky« bezeichnet hatte. Am Tag danach ist er bei einem Bombenangriff im Volksgerichtshof umgekommen.

Schleichers Frau schrieb damals ihrem Sohn an die Front, wie Rüdigers Bruder Rolf Schleicher, von der Ostfront verspätet zum Prozeß gekommen und auf dem Weg zum brennenden Volksgerichtshof als nächster Arzt zu dem sterbenden Freisler gerufen, dort sagte:»›Ich bin der Bruder desjenigen, der gestern unschuldig von diesem Mann zum Tode verurteilt wurde‹. Worauf die Umstehenden ein deutliches, zum Teil ausgesprochenes Entsetzen ergriff.«[25]

Die fieberhaften Bemühungen, in den letzten zwei Monaten des Krieges noch Aufschub oder Änderung des Urteils zu erreichen, blieben trotz Gnadengesuchen und Rechtsgutachten ergebnislos. Als auch Justizminister Thierack das fallende Berlin schon verlassen hatte, verfügte der Gestapo-Chef Heinrich Müller wohl auf höchste Weisung in letzter Stunde am 22. April die Erschießung wichtiger Gefangener, zum Teil ohne Rücksicht auf eventuelle Urteile. Und während die Russen schon in die Vororte Berlins eindrangen, wurden unter dem Vorwand der»Verlegung« und anschließenden»Freilassung« (von der Prinz-Albrecht-Straße aus) in der Nacht vom 22. auf den 23. April Schleicher, Bonhoeffer, Perels, John und elf andere politische Gefangene auf einem Ruinengelände in der Nähe des Gefängnisses durch ein über 30köpfiges SS-Kommando hinterrücks erschossen. Erst einen Monat später erfuhren die Familien nach langem, bangen Suchen von ihrem Tod. Die Leichen waren nach Ende der Kämpfe in Berlin zuunterst in dem Massengrab eines Bombentrichters auf dem Dorotheenstädtischen Friedhof verscharrt worden, noch in der Absicht, alle Spuren des Mordes auszulöschen.[26]

Wenige der Hauptbeteiligten haben die Mordwelle überlebt, mit der die schlimmste deutsche Gewaltherrschaft von der Bühne der Weltgeschichte abgetreten ist. Unverzichtbar bleibt die Erinnerung an die Vorkämpfer von Recht und Freiheit, an die Opfer des menschenfeindlichen Unrechts und ihr Vermächtnis an die Politik, den so kostbaren, immer verletzlichen Rechtsstaat zu hüten und zu verteidigen. Rüdiger Schleicher war einer von denen, die dafür mit ihrem Leben einstanden.

Deutsch-jüdische Erinnerung: Peter Gay in Berlin und New York

Als Historiker und Zeitzeuge zugleich hat Peter Gay uns Deutschen und allen an Deutschland Interessierten ein Buch über die Jugendgeschichte in der NS-Diktatur geschenkt, das in seinem bedeutenden Lebenswerk einen ganz besonderen Platz einnimmt (Meine deutsche Frage – Jugend in Berlin 1933–39, München 1999). Er hat die Auszeichnung in hohem Maße verdient, erinnert der Geschwister-Scholl-Preis doch nicht nur an den mutigen Widerstandsakt vom 18. Februar 1943, mit dem wenige Studenten der Universität München hier in der dunkelsten Zeit Deutschlands zur Erhebung gegen das verbrecherische Hitler-Regime und die fehlende Zivilcourage seiner allzu vielen Mitläufer aufriefen. Er erinnert uns auch unmittelbar an die schändliche Irreführung und Aufhetzung der Jugend zumal gegen die Juden, deren Auswirkungen Peter Gay uns persönlich auf sehr eigene Weise nahe bringt.

Es war in der Tat die so weitgehend verführte oder auch mundtot gemachte jüngere Generation zwischen den beiden Weltkriegen, der die Geschwister Scholl und ihre Freunde mit Professor Huber damals, Anfang 1943, angesichts der unsagbaren Verbrechen der deutschen Diktatur zuriefen: »Der Tag der Abrechnung ist gekommen, der Abrechnung der deutschen Jugend mit der verabscheuenswürdigsten Tyrannis, die unser Volk je geduldet hat.«

Als ich zum Gedenken an diese mutige Aktion am zwanzigsten Jahrestag im Februar 1963 vor Münchener Studenten sprach, wußte ich noch nicht, daß meine Frau und ich wenige Monate später Peter und Ruth Gay in Stanford-Palo Alto/Kalifornien kennenlernen und auf unvergeßliche Weise unser deutsch-amerikanisches Gespräch beginnen konnten, das Gays Buch jetzt auch erwähnt. Ruth Gay hat damals schon an ihrer Geschichte der »Jews in America« geschrieben (veröffentlicht 1965) und uns später mit ihrer reichen, ergreifenden »Geschichte der Juden in Deutschland« (1992) beeindruckt. Nun aber hat Peter Gay für uns Deutsche auf bewegende Weise geschildert, wie schwer und doch letztlich notwendig ihm und vielen Verfolgten auch eine gewiß kritische Wiederanknüpfung an die Traditionen eines besseren Deutschlands wurde. Es war, wie er schreibt, seine »deutsche Frage, die auch jetzt noch nicht völlig beantwortet ist und es wahrscheinlich nie sein wird« (S. 18 f.).

Solche Nachkriegs- und Nachdiktatur-Begegnungen mit Menschen wie ihm und seiner so leidvoll prägenden Erfahrung einer bitteren, doch Leben rettenden Emigration war für uns jüngere Deutsche damals wichtig, ob wir nun wie ich aus fast dreijähriger amerikanischer Kriegsgefangenschaft kamen oder, wie meine Frau, den Vater und drei Onkel im Widerstand vom 20. Juli verloren hatten. Es ging auch um die Wahrnehmung der zweiten Chance einer demokratischen Zukunft für Deutschland, die der befreiende Kampf des Westens für eine jedenfalls vom Nationalsozialismus erlöste Welt eröffnet hatte.

Von den Problemen und Chancen solcher Wiederbegegnungen mit dem zuletzt so verwerflichen Deutschland gibt nun dieses jüngste Buch Gays einen Eindruck: Im Akt der Erinnerung auch als Mahnung für Gegenwart und Zukunft, zeigt es ganz konkret und anschaulich den Hintergrund jenseits der vielen theoretischen, generalisierenden Großkontroversen über unsere Vergangenheit. Das Buch gibt auch aufs neue Zeugnis von den historischen und literarischen Qualitäten, die das ganze Lebenswerk des Preisträgers in seiner bemerkenswerten wissenschaftlichen Vielseitigkeit und gleichzeitig Engagiertheit auszeichnen: bis hin zu seiner großen Mentalitätsgeschichte des Bürgertums im neunzehnten und beginnenden zwanzigsten Jahrhundert.

Unheilvolle dreißiger Jahre

Das alles begann mit dem schweren Weg des zehn- bis sechzehnjährigen Peter Fröhlich im Deutschland der dreißiger Jahre, in dem viele der dann bald tödlich verfolgten Juden ihr Vaterland gesehen, ihm in Frieden und Krieg gedient, es schon seit den Zeiten der Aufklärung so ungemein bereichert hatten, ja dessen Kultur und Literatur sie liebten. Als schließlich in letzter Stunde, vor nun sechzig Jahren, der Familie Fröh-

lich gerade noch die Flucht aus der zunehmend rassistischen Gewaltherrschaft jenes Deutschland gelang, übernahmen sie im Ret-
tungsland USA den neuen Namen Gay von den schon emigrierten Verwandten.

Der unglaubliche, monströse Massenmord an den Juden, dessen
Formen und Ausmaße auch Peter Gay erst nach Kriegsende in Amerika voll erfahren hat, war weder ohne den alten christlichen Anti-
judaismus noch den neueren sozialdarwinistischen Rassismus denkbar,
doch diese Wahnvorstellungen waren erst durch die »Urkatastrophe«
des Ersten Weltkrieges mit seinen Folgen einer Brutalisierung der Politik und mit den Instrumenten jenes nationalsozialistischen Totalitarismus umsetzbar geworden, vor dem Rechtsstaat und Kultur in Deutschland sich als hilflos oder verführbar erwiesen.

Es sind (nach zwei Jahren in Kuba und dem Studium in Denver und
dann an der Columbia University New York) vor allem vier große The-
menkreise, denen nach solchen Erfahrungen Peter Gays geistiges und
wissenschaftliches Interesse gelten, ja zum neuen Lebensinhalt in der
dankbar bejahten »Neuen Welt« Amerikas werden. Sie überkreuzen
sich wechselseitig in seinen so breit gefächerten, reichen und gut lesba-
ren Büchern. Da war und ist erstens die Frage nach Deutschland:
zunächst in der Dissertation über Bernsteins demokratischen Sozialismus (1951); 1968 dann das sehr anregende, brillante Buch über Geist
und Kultur in der Weimarer Zeit (den »Weimar spirit«) in einer »Republik der Außenseiter«, die nur für kurze Zeit, 1918 bis 1933, auch
»Insider« werden. 1978 folgt der wichtige Band mit den eindringlich-
gedankenreichen Essays über »Freud, die Juden und andere Deutsche«
angesichts der Herausforderung des kulturellen Modernismus: hoch-
interessant auch die Kontroversen zwischen den streitbaren Brahms-
und Wagner-Parteien sowie über die Rolle der Juden und ihrer Assimi-
lation, die heute, nach dem Holocaust, bei ihnen selbst so umstritten
ist. Aber thematisiert wird dabei auch Gays eigenes Deutschlandpro-
blem, das er 1976 bereits in der New York Times unter dem Titel
»Thinking about the Germans« angesprochen hat, mit erheblichem
Leserecho pro und contra zur Frage der Erneuerung Deutschlands.
Und nun, zwanzig Jahre später, legt er Zeugnis ab vom Problem seiner
eigenen Jugend in diesem Land, mit dem heute vor allem auszuzeich-
nenden Buch unter dem sprechenden Titel »My German Question«,

der auch in der deutschen Ausgabe zu Recht beibehalten ist. »Meine
deutsche Frage« – das heißt sowohl damals wie heute, nach über siebzig Jahren der Erfahrung mit den frühesten und den späteren Problemen unseres, und seines, Deutschland.

Neuanfang in Amerika

Ein zweiter Themenkreis bringt nicht zuletzt das starke Bedürfnis einer
Krisen- und Kriegsgeneration zum Ausdruck, sich in der Auseinandersetzung zwischen Demokratie und Diktatur, Befreiung und Unterdrük-
kung, zwischen Dogmatismus, Fundamentalismen und offener Gesellschaft um neue Lebens- und Wertorientierung zu bemühen. Für Peter
Gay, der sich keiner der Religionen verbunden fühlt, führt dies früh
schon zu den erhellenden Studien und Büchern über den Geist der Aufklärung, besonders in Frankreich und den USA. Ich erinnere mich, wie
intensiv wir uns damals in Stanford darüber verständigen konnten: Peter aus der existentiellen Erfahrung des neuen, trotz allen Beschwer-
nissen so viel überzeugenderen Amerika der Freiheit, Offenheit und
Toleranz. Auch mir verhalfen Krieg und Gefangenschaft zum besseren,
ja elementaren Verständnis für jene vorwiegend westliche Tradition
von Demokratie und Menschenrechten, von der sich Deutschland vor
und nach dem Ersten Weltkrieg zu seinem Unheil entfernt und zum Teil
auf einen verhängnisvollen Eigenweg begeben hatte – bis schließlich
zur Kriegserklärung an die westlichen Demokratien überhaupt.

Der große Neuanfang Peter Gays als Historiker im Amerika der
fünfziger und sechziger Jahre stand also im Zeichen seiner zum Teil
preisgekrönten Studien über Rousseau, Voltaire (1959) und die Aufklärung. Er sieht sie (Band 1) nicht zuletzt als Aufstieg eines »Modern
Paganism«, wie sein Buch von 1966 nennt. Es geht ihm dabei um die
Bedeutung eines säkular-religionskritischen Aufklärertums im künftigen Modernismus, dem er sich als entschiedener Freigeist verwandt
fühlt.

So schrieb er gleichzeitig denn auch über die schwindende Rolle der
puritanischen Historiker schon im kolonialen Amerika (1966). In weiteren Büchern interpretierte er die Aufklärung (Band 2) geradezu als
»Science of Freedom« (1969) und erläuterte schließlich die ihm am
Herzen liegende alte und neue Aufgabe der Aufklärung in »Bridge of

Criticism« (1970) am Beispiel eines Dialogs zwischen Religionskritikern wie Lukian, Erasmus und Voltaire: Hier werden Werte wie Geschichte und Hoffnung, Einbildungskraft und Vernunft, Beschränkung
(constraint) und Freiheit in ihrer Bedeutung als Leitwerte für unsere
zunehmend säkulare Kultur und Zeit herausgestellt.

Von hier führen uns Gays Arbeiten der siebziger Jahre nun hinüber
in einen dritten Themenkreis: Geschichtsschreibung. Hierher gehören
die Mitwirkung an großen Übersichtswerken wie »Historians at Work«
(1972 bis 75) und »History of the World« (1972), dann aber auch die
schönen Essaybände »Style in History« (1974) und »Art and Act«
(1976). Der eine mit lebendigen Studien über vier große, höchst verschiedene Historiker, beispielhaft für das 19. Jahrhundert, doch in
ihren sehr individuellen Motiven und besonderen Zielen: Edward Gibbon und Leopold von Ranke, Thomas Macaulay und Jacob Burckhardt. Der darauffolgende Band widmet sich (»Art and Act«, also
etwa: Kunst und Ausführung) den »Causes of History«; er enthält
ebenfalls vergleichende anschauliche Studien zur bildenden Kunst der
Moderne am Beispiel der Maler Edouard Manet und Piet Mondrian
sowie des aus Deutschland emigrierten Architekten und Bauhaus-
Gründers Walter Gropius.

Die große Mentalitätsgeschichte

In den achtziger Jahren schließlich, nach langer Vorbereitung, konzentriert sich Peter Gay auf seinen vierten Themenkreis, nämlich das staunenswert intensive und zugleich umfassend vergleichende Unternehmen einer Mentalitäts- und Gefühlsgeschichte im neunzehnten und beginnenden zwanzigsten Jahrhundert; er hat es soeben mit dem fünften
und letzten Band vollendet (1986 bis 1999). Namentlich aus der
reichen, freilich häufig stilisierten Literatur zeitgenössischer Selbstbeobachtungen in Autobiographien, Tagebüchern und Briefen schöpft
er eine ebenso üppige wie geistvolle Kulturgeschichte des intimen Gefühlslebens in Spannung und Gegensatz zu den Konventionen des bürgerlich-viktorianischen Zeitalters.

Schon die Titel geben uns Einblicke in die Schwerpunkte des Werkes: von der »Erziehung der Sinne« und der »Liebe im bürgerlichen
Zeitalter« über den »Kult der Gewalt« und »Die Macht des Herzens«

– also »die Erforschung des Ich« mit der Ambivalenz von Schein und
Sein des Bürgertums – bis hin zum Schlußband der Reihe, der unter
dem Titel »Bürger und Bohème« die »Kunstkriege des neunzehnten
Jahrhunderts«, zumal auch die Verfemungen und Verbote gewagter
Kunst behandelt. Es ist ein Werk, das zur Aufdeckung der inneren Be-
findlichkeiten des Menschen, der verborgenen Schichten des Seelenle-
bens nun vor allem auch die psychologischen Aspekte der Geschichte
hervorhebt. Diese Methode hat dem Autor als erklärtem Freudianer
neben Bewunderung manche Kritik eingebracht, die auch seine große
Biographie Sigmund Freuds trifft.

Peter Gay ist nicht nur ein unersättlicher Leser und Forscher, sondern zugleich ein begabter Vermittler. Wir nehmen teil an seinen Ent-
deckungen und kritischen Einsichten in Leben und Schaffen zeittypi-
scher wie auch unzeitgemäßer Personen, zum Beispiel Richard Wagner
und Oscar Wilde, oder Dickens, Stendhal und Balzac. Unleugbar ist die
Bedeutung und Pionierkraft, die solcher Analyse und Darstellung in
kultur- und sozialgeschichtlicher, zugleich psychologischer Hinsicht
zukommt, auch wegen der Fülle der Zeugnisse und geistvollen Interpretationen.

Dabei geht es wesentlich darum, die durchbrechende Moderne sowie die neuen Anfechtungen des Modernismus zu zeigen: und dies alles am Vorabend der dann so verwüstenden, dezidiert antibürgerlichen
Totalitarismen von rechts wie von links im zwanzigsten Jahrhundert.

Der Autor schließt seine vergleichende Bilanz einer gleichsam europäischen »Sittengeschichte« von Queen Victoria bis Sigmund Freud
mit der »Coda: Eine bürgerliche Erfahrung«. Darin spricht er auch von
seiner Wendung zur Psychoanalyse Mitte der siebziger Jahre: »Genau
diese Seite meiner Arbeit hat die beharrlichste Kritik hervorgerufen ...:
einerseits etwas Lob für die ›korrekte‹ Geschichtsschreibung, andererseits das unüberhörbare Befremden angesichts meines scheinbar mas-
siven Rekurses auf Freudsche Ideen. Ich sage ›scheinbar‹, weil ich
reduktionistische Erklärungen immer abgelehnt und an der ursächli-
chen Bedeutung der Außenwelt für historische Ereignisse oder Epochen festgehalten habe. Den Kritikern scheint entgangen zu sein, daß
beides, förmliche Geschichtsschreibung und psychoanalytische Deutung, in meiner Arbeit unlöslich miteinander verquickt ist (sic) und es
ohne die letztere zur ersteren nicht gekommen wäre. Vielleicht müßte

ich herbe Genugtuung darüber empfinden, daß ich von zwei entgegen-
gesetzten Polen zugleich aufs Korn genommen werde: Die ›normalen‹
Historiker monieren, daß ich Freud zu sehr, die Psychohistoriker, daß
ich ihm zu wenig verpflichtet bin.« Hinter diesem Bekenntnis steht sein ganzes Leben seit den besonderen Erfahrungen der Berliner Jahre und danach. Für Peter Gay ist die
Psychoanalyse also mehr als eine Hilfswissenschaft, worüber wir in der
Tat als Historiker und Politik- oder Sozialwissenschaftler (der er ja wie
ich auch einmal war) getrost und mit Gewinn immer wieder streiten
können – auch an Hand seines Buches »Freud for Historians« von
1987.

»My German Question«

Auch unser heute preisgekröntes Buch, gleichzeitig mit dem Schlußband der Mentalitätsgeschichte Gays erschienen, steht auf dem Grund
der Entwicklung, die sein Denken und Schreiben während und nach
der deutschen Diktatur in nun fast fünfzig Jahren genommen hat. »My
German Question« handelt nicht so sehr von der Diktatur selbst, vielmehr verbindet es nun die ursprüngliche persönliche, sozusagen vor-
literarische Erinnerung der Jugend in Berlin und des Emigrationswegs
mit den vielschichtigen Einsichten und zugleich festen Überzeugungen,
die Gay als Forscher und Autor in diesen langen Jahrzehnten gewonnen hat. Die neue Annäherung an Deutschland nach den Jahren der tiefen Enttäuschungen und des fundamentalen Erschreckens, in das ihn
die wachsende Kenntnis der im deutschen Namen und mit deutsch-
österreichischem Ideologie-Fanatismus verübten Massenverbrechen
stürzte, stand im Zeichen eines langen Ringens zwischen Verbitterung
und Hoffnung auf Erneuerung des Zerstörten – aber auch einer festen
und entschiedenen Ablehnung aller apologetischen Tendenzen. So hat
er sich ähnlich wie Felix Gilbert schon 1976, also lange vor dem sogenannten »Historikerstreit« von 1987, sehr kritisch zu den Thesen in
den Werken eines Ernst Nolte geäußert, besonders zum Beispiel gegen
Noltes den Nationalsozialismus bagatellisierende Unterstellung, »jeder
bedeutende Staat der Gegenwart, der sich ein außerordentliches Ziel
setzte«, habe »seine Hitlerzeit mit ihren Ungeheuerlichkeiten und ihren
Opfern gehabt«. Mit Recht fordert Peter Gay demgegenüber vor allem

eine Sensibilität für die Unterschiede und Ambivalenzen zwischen guten und üblen oder trüben Traditionen gerade deutscher Politik- und Geistesgeschichte seit der entscheidenden Zeit der Aufklärung und besonders dann zwischen Weimarer Republik und nationalsozialistischer Diktatur samt ihren Nachwirkungen.

Was mir nun aber für den besonderen Rang seines Erinnerungsbuchs innerhalb des Gayschen Gesamtwerks zu sprechen scheint, ist die überzeugend ressentimentfreie Art, mit der er nach diesem Schicksal über seine eigene Geschichte und Entwicklung berichtet.

Anschaulich und lebendig wird hier scheinbar mühelos und doch höchst treffend der Leser zum Mitfühlen und Nachvollziehen des Lebens dieser geächteten und zunehmend rechtlosen Minderheit gebracht. Das Bild der dreißiger Jahre und die Befindlichkeit des Erzählers werden nicht etwa tagebuchartig gespiegelt, sondern unter Einbeziehung späterer Betrachtung und Empfindung gezeichnet. Es ist bei einer melancholischen Grundstimmung, die auch die aufschlußreichen Familienbilder nicht leugnen, ein Buch klarer Berichte und Reflexionen, detailliert, abgewogen und glaubwürdig – kurz, das Erinnerungsbuch eines Historikers, der eindringlich und bewundernswert offen auf die auch für die weitere Familie unvorhersehbar wechselvolle Zeit und bedrohliche Umwelt blickt: so im Kapitel »Überlebensstrategien« auf ihren Alltag, das Schwanken und die Probleme um eine schließlich 1939 doch unvermeidlich notwendige Emigration und die schwierigen Anfangsjahre in der Fremde.

In Amerika dann erlebt er immer wieder die vorwurfsvolle Frage, warum man so lange in Deutschland geblieben sei. Die Antwort: Sie lebten dort noch unter »widersprüchlichen Signalen«, »mixed signals«, wie das entsprechende Kapitel lautet. Der Vater konnte als verwundeter Frontsoldat des Ersten Weltkrieges zunächst mit gewissen Rücksichten rechnen und das Geschäft fortführen; der Onkel bekommt aus gleichem Grund groteskerweise sogar noch Mitte 1935 »im Namen des Führers und Reichskanzlers« das von Reichspräsident Hindenburg gestiftete »Ehrenkreuz für Frontkämpfer«, unterschrieben vom Berliner Polizeipräsidenten (am 25. 6. 1935). Die Zukunft war lange nicht abzusehen, das Pro und Contra einer Emigration auch ohne Sprachkenntnisse und mit tuberkulosekranker Mutter schwer abzuschätzen, die Hoffnungen und Illusionen auf ein rasches Ende des NS-

Regimes verbreitet unter vielen Gegnern:»Hitler wird schnell abwirtschaften«, wurde zunächst weithin angenommen.

Geschichtliche Erfahrung

Dies ist in der Tat ein Buch »ohne Anklage, ohne Selbstmitleid, ohne
Klischee«, wie auch ein kenntnisreicher Rezensent schreibt (Hartmut
Jäckel, FAZ vom 3. Dezember 1998). Daß die schreckliche Katastrophe, in der sich Deutschlands schwere moralische Schuld und Unfä-
higkeit zur demokratischen Politik damals vereinten, vor allem aufs
Furchtbarste jenes Judentum treffen würde, das für die deutsche Kultur und Wissenschaft der Moderne so Wesentliches bedeutete, wird
vielen Betroffenen erst spät ganz faßbar. Peter Gay zeigt auf anrüh-
rende Weise, wie es um eine durchaus deutsche Familie und ihren den
bedrückenden Zeitumständen entsprechend bemühten »guten Jungen«
steht, trotz der im allgemeinen nicht unfreundlichen Atmosphäre seines Wilmersdorfer Goethe-Gymnasiums wird es doch Jahr für Jahr
einsamer um ihn, bis ihn im Unheilsjahr 1938 auch seine Schule fallen
läßt. Es blieb nur die Lehrstelle bei einem taubstummen Zahntechni-
ker.

Eindrucksvoll, wie Peter Gay es immer wieder vermag, uns an der
eigenen Geschichte und der Familie in dem Klima jener Jahre der zunehmenden Isolation, der seelischen Nöte und äußersten Gefahren teil-
nehmen zu lassen. Wie er die Auswirkung des Erlebten und die der
Flucht folgenden schweren Jahre auf die eigene weitere Entwicklung
nachzeichnet, besonders packend durch die ständige psychologisch-
kritische Selbstanalyse, gibt dem Leser das Gefühl, in der einsichtsvol-
len Schilderung auch die unmittelbaren Umstände seines vielschichtigen und facettenreichen, so schweren und dann doch erfolgreichen
Weges durch diese Zeit hautnah und nachdenkend mitzuerleben.

Auch im Licht der heutigen Erkenntnisse ist diese Erzählung des
Deutschland-Kapitels seines Lebens im Auf und Ab jener Jahre von
bleibendem Wert: eine Geschichte, wie sie nicht aufrichtiger, treffender
und überzeugender denkbar ist, dabei überaus differenziert in ihrem
alltagsgeschichtlichen Realismus wie in ihrem politischen und moralischen Gehalt. Sie hält auch die scheinbaren Positiva fest: die den Juden
zeitweise noch verbleibenden Nischen und Ersatzbetätigungen in der

deutschen Umwelt, bei Peter Gay und seinem Vater besonders auch
die gemeinsam genossene Leidenschaft für den Fußball und das Brief-
markensammeln – durchaus auch eine Art »Überlebensstrategie«.
Dann freilich, in jenem Schicksals- und Entscheidungsjahr 1938, bricht
die bisherige, schon kümmerliche Hoffnung gänzlich zusammen. Der
»Anschluß« Österreichs mit seiner schubartigen Verschärfung des
schlimmsten Antisemitismus (der auch Sigmund Freud aus Wien ver-
treibt), die kriegsnahe Bedrohung und schließlich auch Besetzung der
Tschechoslowakei und die mit bitterem Humor so genannte »Reichskristallnacht« vom 9. November (im Juni hatte schon die Münchner
Synagoge gebrannt), Pogrome, Zerstörung und Erpressung nun gegen
alle Juden überhaupt lassen keine Wahl mehr: Die kärglichen Aussich-
ten auf ein baldiges Ende des Regimes sind zunichte.

Doch mittels einer zum Glück unbemerkt bleibenden Manipulation
des Datums gelingt endlich am 27. April 1939 die Abfahrt mit dem
letzten Flüchtlingsschiff, das wenigstens noch Kuba erreichen wird;
viele Verwandte fallen später dem Holocaust zum Opfer. Daß in diesem Jahr 1939 schon mit den Euthanasie-Aktionen das Vorspiel zur systematischen Ermordung der Juden begann, ahnten damals freilich
noch wenige.

Wiederbegegnung

Um so zögernder stand Peter Gay auch lange nach 1945 dem Gedanken an einen Deutschlandbesuch gegenüber. Kein Zufall, daß mit dieser seiner »deutschen Frage« einer »Rückkehr nach Berlin« (»Return
of the Native«) dramatisch das ganze Buch beginnt. Als Franz Neumann, durch sein Buch »Behemoth« (1941) über das NS-System unter
den Professoren der Columbia University der bekannteste Emigrant
von 1933, im Jahre 1950 nach Berlin fährt, um beim Aufbau der gegen kommunistische Gleichschaltung neu gegründeten »Freien Universität« zu helfen, wirft der junge Dozent Peter Gay ihm unverhohlen
»Sentimentalität« vor, was Neumann freilich mit dem nämlichen Vorwurf an Gay quittiert. Das zwingt ihn, wider Willen doch wieder an
Deutschland zu denken. Aber erst 1961 kann er sein so verständliches
Zögern vor einer Reise, dann von Frankreich aus, nach Berlin überwinden, als ihn ein amerikanischer Kollege zu seinen Gastvorlesungen

an der FU Berlin einlädt: Es wird ein kritisch gestimmter und beobachtender Versuch der Wiederbegegnung mit noch zwiespältigen Eindrücken und Gedanken. Um so lebendiger geschildert dann die Rückkehr in längeren regelmäßigen Besuchen seit Ende der sechziger Jahre, die nun auch in das Erinnerungsbuch eingeht.

Gays Buch ist von großem Wert nicht nur für Historiker und Politiker, sondern für alle, die wissen wollen, wie verschieden jene Geschichte die einzelnen treffen und ein Leben lang begleiten konnte, wie die Ausgestoßenen mit diesem Schicksal leben konnten, und worin Peter Gays »Deutsche Frage« eigentlich besteht. Es geht nicht nur die Altersgenossen oder nachträglich Interessierten auf allen Seiten an, sondern besonders jene hoffentlich vielen, die in Deutschland und anderwärts aus der Geschichte einer solchen Diktatur noch in sogenannten »Friedenszeiten« auch heute zu lernen bereit sind: die also hinsehen und nicht wegsehen, wenn es um die Geschichte unseres Jahrhunderts geht – um unserer besserer Zukunft willen.

Für uns ist das Buch eines der bewegendsten Zeugnisse über diese Jahre des Unheils, die wir gleichzeitig, doch in so verschiedener Weise erlebt und schließlich überlebt haben. Und wir sind aufrichtig dankbar, daß Peter Gay diese sein ganzes weiteres Leben so nachhaltig prägende Jugendgeschichte nicht für sich behalten, sondern sie ganz offen und ungeschützt uns allen überliefert hat. Diese Erfahrung zeigt uns, welche neuen Dimensionen gegenseitigen Verstehens gerade auch die Offenbarung solch anscheinend weniger spektakulär verlaufener Schicksale vermitteln kann. Ein Bericht wie dieser wird neben Schmerz und Trauer über das unwiderruflich Geschehene doch zugleich Bewunderung für die Bewältigung und Darstellung dieser Erfahrungen und so auch Ermutigung zum politischen Engagement für eine demokratische Gesellschaft wecken. Es ist ein beispielhaftes Stück Zeitgeschichte.

Zeitgeschichte und Gegenwart

Der 9. November – ein historischer Schicksalstag

Es gibt historische Daten, die ein eigentümliches, fast magisches Gewicht besitzen, weil sie nicht nur einmal ein bestimmtes Ereignis von geschichtlicher Bedeutung markieren, sondern mehrmals in verschiedenen Zeiten jeweils besonders signifikante Entwicklungen oder Entscheidungen, ja Schicksalstage signalisieren. In unserem nun vergangenen Jahrhundert trifft dies auffallend häufig für die meist eher düsteren Tage um den 9. November zu. Sie bezeichnen zunächst vor allem zwei tief einschneidende, weltpolitische Geschehnisse, die den Bogen vom Beginn bis zum Ende der Sowjetunion und ihrer kommunistischen Herrschaft spannen: nämlich von der sogenannten Oktoberrevolution am 7. und 8. November 1917 bis zum Fall der Berliner Mauer 72 Jahre später, am 9. November 1989 – Inbegriff also, Anfang und Ende der großen politischen und ideologischen Umwälzungen der Epoche der Weltkriege, der Diktaturen und Demokratien in unserem 20. Jahrhundert.

Wir denken aber nach 1917 an eine Reihe weiterer gewichtiger Novemberdaten der deutschen und zugleich europäischen Geschichte, die nicht zufällig ein Jahr später mit dem 9. November 1918 beginnen: mit *dem* Tag also, der das Ende des Ersten Weltkriegs und gleichzeitig den Durchbruch demokratischer Revolutionen in Mittel- und Osteuropa bedeutete. Dieser deutsche 9. November im Reich und in den deutschen Ländern ist ein ambivalentes Datum; es steht für militärische Niederlage und Staatsumbruch, für politische Krise und Demokratie zugleich. Und mit ihm hängen in problematischer Verflechtung auch die anderen Novemberdaten zusammen, an die heute zu erinnern ist.

Denn fünf Jahre nach 1918 erschüttern die Novemberereignisse von 1923, mit dem Höhepunkt des mißglückten Hitler-Putsches in München vom 8. auf den 9. November, die von Wirtschafts- und Staatskri-

sen und zunächst auch kommunistischen Umsturzversuchen geplagte
erste deutsche Republik von Weimar. Und in der Zeit des »Dritten Reiches« dann sind es die kriegsnahen Jahre 1937 bis 1939, in denen jeweils an Novembertagen unheilvolle Entscheidungen stattfinden, das
totalitäre Regime des Nationalsozialismus zum Schlag ausholt: mit der
geheimen Expansionsplanung vom November 1937, dem antisemitischen Reichspogrom vom November 1938, dem Niederhalten der Opposition sowie dem gescheiterten Attentat auf Hitler im November
1939. Ein Jahr danach schließlich, im November 1940 (12./13.), finden in Berlin die letzten deutsch-sowjetischen Verhandlungen zwischen
Molotow und Ribbentrop im Beisein Hitlers statt: in düsterer Atmosphäre angesichts britischer Luftangriffe (die Molotow sarkastisch re-
gistriert) wird vergeblich über die Abgrenzung künftiger Eroberungen
in Europa und Asien gesprochen, was Hitler in der Überzeugung bestärkt, daß sein schon im Sommer 1940 gefaßter Entschluß zum Angriff auf die Sowjetunion die richtige und einzige Lösung bedeuten
würde.

Und dann schließlich, ein halbes Jahrhundert nach der Katastrophe,
der Befreiung und der Teilung Deutschlands und Europas zugleich, der
große 9. November von 1989. An diesem hoffentlich glücklichen Ende
unserer Novemberfolge besiegelt der Fall der Berliner Mauer auch das
Ende des letzten sowjetkommunistischen Kolonialimperiums und
Ideologiestaates – außer dem verspäteten China und Kuba, der Spezi-
aldiktatur Fidel Castros. Das so unerwartete Ereignis ist von manchen
optimistischen Betrachtern etwas vorschnell gar als Erfüllung und
Ende der Geschichte gesehen worden.

Mag man gegen eine solche novemberbezogene Form der Betrachtung einwenden, sie stütze sich allzu künstlich auf ein zufälliges Zusammentreffen von Geschichtsdaten, so erscheint sie mir doch auch
aufschlußreich im Hinblick auf die Lage am heutigen 9. November. Die
häufige Zuspitzung dramatischer Ereignisse an gewöhnlich zwielichti-
gen Novembertagen unseres Jahrhunderts ist zudem interessant im Blick
auf die Frage nach gewissen jahreszeitlichen Rhythmen der Politik.

Vor allem aber zeigt der 9. November, gleichsam als Zufalls-Bei-
spiel, situationshaft die vielgestaltige Problematik deutscher und europäischer Geschichte in diesem Jahrhundert; er läßt uns punktuell, doch
blitzartig deutlich der Ähnlichkeit wie Verschiedenheit der Entschei-

dungslagen vor 75, 70 und 55 Jahren im Vergleich zu 1989 und zu 2000 gewahr werden.

Betrachten wir nun des näheren die verschiedenen Beispiele oder Fälle (Zufälle oder nicht), so geht es hierbei – das sei wiederholt – natürlich nicht um Zahlenmagie, sondern längsschnittartig um Ansatzpunkte der historisch-politischen Besinnung und um das Verhältnis jeweils zwischen dem geschichtlichen Kontext und den politischen Interpretationen damals und heute, wobei auch die unterschiedlichen sozio-ökonomischen Umstände und Faktoren zu bedenken sind.

Von heute aus gesehen, ist es außer 1989 jeweils das Auftreten einer extremen Form des politischen Radikalismus in Deutschland, der in seiner linken Version vor zehn Jahren scheinbar endgültig durch den Fall der zweiten deutschen Diktatur und die Wiedervereinigung im Zeichen der freiheitlichen Demokratie überwunden wurde. War dies eine verfrühte Hoffnung? Ist nun wieder der Rechtsextremismus die Neuauflage einer alten deutschen Malaise mit schlimmen Folgen, fragen wir: Am letzten 9. November des Jahrhunderts, nun schon im Blick auf das neue Säkulum und Millennium.

Die Revolution von 1918

Unser erster deutscher Fall ist der 9. *November 1918*. Er beleuchtet und symbolisiert das deutsche Revolutionsproblem im Übergang zur parlamentarischen Demokratie, mit den Stichworten: militärische Niederlage und politische Revolution, zugleich Sozialismus versus Kapitalismus als wirtschaftlich-soziale Machtfrage. Noch 1918 war der große Krieg nicht eigentlich zu Ende. Dieser Eindruck gehörte wesentlich zu Lenins Erwartung der nun anbrechenden Weltrevolution und mehr noch zu den Überzeugungen künftiger Revolutionäre wie Mussolini und Hitler, die aus diesem Krieg kamen und ihn auf ihre Weise weiterführen wollten. So waren auch in der deutschen Revolution vom November 1918 Krieg und Frieden eng miteinander verflochten. Ihren Hintergrund bildeten die fortdauernden Kämpfe in Osteuropa, die mit der Russischen Revolution und ihrem Bürgerkrieg wie mit den Problemen der Nachfolgestaaten des Habsburger Reiches und der Türkei zusammenhingen, vor allem aber die Auseinandersetzungen um Kriegsfolgen und Friedensordnung.

Der Ausbruch revolutionärer Unruhen auf Kriegsschiffen und in Häfen der deutschen Marine und ihre Ausbreitung in den Tagen vom 5. bis 9. November 1918, dem Tag der Abdankung des Kaisers, stellte sich zunächst als ein gewaltiger Streik zur Beendigung der Krieges dar; er war die natürliche Antwort auf den Schock der deutschen Niederlage, die sich zuvor schon im Zusammenbruch der verbündeten Staaten abgezeichnet hatte. Man hat deshalb von einer ungewollten, nur improvisierten, einer halben oder abgebrochenen Revolution gesprochen. Freilich bleibt dann die Frage, was denn unter einer vollendeten Revolution zu verstehen sei, die bürgerliche oder erst eine sozialistische, wo doch soeben auf abschreckende Weise ein Experiment über die russische Bühne ging, für das nur radikale, militante Minderheiten zu gewinnen waren.

Auch in Deutschland waren erst im Oktober 1918, einen Monat vor dem militärischen Zusammenbruch, Parlamentarisierung und demokratische Reform eingeleitet worden, zu spät, um den revolutionären Bruch vermeiden zu können. Zu den inneren Antrieben des Systemwechsels kam die Hoffnung auf erträgliche Friedensbedingungen für ein demokratisches Deutschland, die sich an Wilsons Erklärungen knüpfte. Es bleibt strittig, ob nicht ein rechtzeitiger Verzicht des Kaisers eine parlamentarische Monarchie hätte retten können. Die eigentlich revolutionären Akte des 9. November 1918 sind wohl durch die Verzögerung der Abdankung erst provoziert worden. Zu ihnen zählen der Rücktritt des letzten monarchisch-konstitutionellen Reichskanzlers Max von Baden, die extralegale Regierungsübernahme durch den sozialdemokratischen Parteiführer Friedrich Ebert, die vorzeitige Ausrufung der Republik durch den Sozialdemokraten Philipp Scheidemann, die Flucht des Kaisers für immer nach Holland und der Sturz aller deutschen Fürstenhäuser in den Ländern. In diesem Vakuum kam es dann erst in den folgenden Wochen und Monaten zu der bürgerkriegsförmigen, blutigen Verschärfung der inneren Auseinandersetzungen. Sie beschleunigten das Erstarken gegenrevolutionärer und antidemokratischer Kräfte und besiegelten den schweren, letztlich fatalen Dauerkonflikt der Republik mit ihren rechten und linken Feinden.

Aber es war den Sozialdemokraten gelungen, noch 1918 die von der kommunistischen Spartakus-Bewegung unter Rosa Luxemburg und Karl Liebknecht geforderte Entscheidung gegen die parlamentarische

Demokratie und für ein Rätesystem zur Errichtung der Diktatur des Proletariats zu verhindern – eine grundlegende Entscheidung, die schon am 16. Dezember 1918 von den Arbeiter- und Soldatenräten mit großer Mehrheit bestätigt wurde. Anders als in Rußland ein Jahr zuvor mußten die Kommunisten dann zusehen, wie sich eine freigewählte Nationalversammlung konstituierte und in Weimar die demokratische Verfassungsordnung der ersten deutschen Republik beschloß. Allerdings diente zuvor schon die Niederschlagung des von Anfang an aussichtslosen, nur vier Wochen dauernden bayerischen Räte-Experiments zur regelrechten Erprobung und Sammlung paramilitärisch-antidemokratischer Macht. Dort hat auch Hitler seinen Weg in die Politik gefunden – im Kampf gegen den Kommunismus, den Versailler Friedensvertrag und die Juden schon damals. Denn mit den Kräften der konservativ-monarchistischen Rechten erstarkten nicht nur vordemokratische, sondern auch radikal-nationalistische Befürworter einer postdemokratischen Diktatur mit plebiszitärem Führer. Diese Tendenzen wurden noch gefördert durch die bis 1923 andauernden Versuche der Kommunisten, durch Aufstände doch noch die sozialistische Revolution zu erzwingen. Am Ende stand der nationalsozialistische Putschversuch Ludendorffs und Hitlers in München. Erst nach vier Jahren der Krise, im November 1923, ging die revolutionäre Nachkriegsperiode mit diesem gescheiterten Putsch gegen die Weimarer Republik zu Ende.

Der Hitler-Putsch 1923

Wir sind damit beim Fall 2, dem 8./9. November 1923. Er steht unter dem Thema: Krise der Demokratie und Putschversuch der Diktaturbewegung.

Auch dabei handelt es sich um ein europäisches Problem. In Deutschland war es schon 1920 mit dem gescheiterten Kapp-Putsch aufrührerischer Offiziere, in Italien mit Mussolinis aufsehenerregendem Marsch auf Rom im Oktober 1922 aufgebrochen. Die wirtschaftspolitische Krise der Inflation und der Reparationsfrage gipfelte 1923 noch einmal in bürgerkriegsförmigen Unruhen und Aufstandsbewegungen von links wie von rechts.

In München kam es seit September 1923 zum Zusammenspiel monarchisch-reaktionärer Bestrebungen unter dem Generalstaatskommissar v. Kahr und dem Reichswehrkommissar v. Lossow mit den diktatorisch-revolutionären Bewegungen unter Hitler und General Ludendorff. Täglich konkreter wurde der Gedanke eines Marsches auf Berlin: Vorbild war bereits Mussolinis glorifizierter Marsch auf Rom, das europäische Muster einer vielbewunderten ersten faschistischen Diktatur in Italien.

Bei den Vorbereitungen war Hitler ganz besonders bemüht, seine Eigenständigkeit und Führungsrolle in dem Durcheinander der Gerüchte, Hoffnungen und Ambitionen zu verstärken. Deshalb entschloß er sich auch zur Flucht nach vorn, als er von Absichten Kahrs und Lossows hörte, möglicherweise ohne ihn und im Bündnis mit General v. Seeckt in Berlin (den sie zu gewinnen hofften) am 9. November, dem fünften Jahrestag der verhaßten Revolution, ihre politischen Machtpläne durchzusetzen. Falls diese aber nur eine Aktion wie bisher weiter hinauszögern wollten, suchte nun Hitler sie in eine endgültige Entscheidung zum Staatsumsturz hineinzustoßen.

Schon am 23. Oktober hatte Göring als SA-Führer auf einer militärischen Besprechung der nationalsozialistischen Verbände den Putsch und die Diktatur angekündigt, dabei auch schon drohend eine Liste der »Persönlichkeiten« gefordert, »deren Beseitigung notwendig ist. Mindestens einer muß zur Abschreckung nach Erlaß des Aufrufes [zur Übernahme der Gewalt] sofort erschossen werden.«

Am 6. November nun, als die Verwirrungen der Inflation und des Konflikts zwischen München und Berlin auf dem Höhepunkt angekommen waren, fand eine Besprechung des »Triumvirats« Kahr-Lossow-Seißer (Polizei) mit Vertretern der »Vaterländischen Verbände« statt, von der Hitler ausgeschlossen blieb, was wohl den Ausschlag zu seiner Flucht nach vorne gab. Vergeblich versuchte Ludendorff noch am 8. November in einem Gespräch mit dem Triumvirat Hitler ins Spiel zu bringen; Kahr lehnte ab. Man wußte von den Putschvorbereitungen Hitlers, nahm sie jedoch nicht ernst; man kannte ihn als fähigen Agitator, eine eigene Aktion dieses Ausmaßes gegen die Inhaber der Macht traute man ihm kaum zu.

Die große Gelegenheit bot eine als Vertrauensversammlung für Kahr geplante »Vaterländische Kundgebung«, zu der sich am Abend des 8. November Minister und hohe Beamte sowie Militärs und Wirtschaftler von Rang und Namen, darunter auch der Geschichtsprofessor Karl Alexander von Müller, im überfüllten Saal des Bürgerbräukellers einfanden. Zur Erinnerung an den Ausbruch der Revolution fünf Jahre zuvor verlas Kahr einen Vortrag gegen den »Marxismus«. In diese Versammlung nationalistischer Honoratioren brach kurz vor 21 Uhr Hitler mit bewaffneten Anhängern unter dem SA-Chef Göring ein. Er feuerte pathetisch den berühmt gewordenen Revolverschuß in die Saaldecke, um sich Gehör zu verschaffen, und eröffnete damit seinen Umsturzversuch, der freilich schon am Mittag des folgenden Tages ein unrühmliches Ende finden sollte.

Vom Podium aus erklärte Hitler pistolenschwingend, die »nationale Revolution« sei ausgebrochen, der Saal von Schwerbewaffneten besetzt, die bayerische Regierung gestürzt, eine provisorische Reichsregierung werde gebildet. Dann forderte er Kahr, Lossow und Seißer auf, ihn in ein Nebenzimmer zu begleiten, wo er ihnen mitteilte, Polizeipräsident Pöhner sei zum bayerischen Ministerpräsidenten mit diktatorischen Vollmachten, Kahr zum Landesverweser ernannt, während er selbst an die Spitze einer neuen Reichsregierung trete, in der Ludendorff die neue »nationale Armee« mit den Kampfverbänden als Kernbestand befehlige (zum Marsch auf Berlin), Lossow als Reichswehrminister und Seißer als Polizeiminister vorgesehen sein.

Im Saal führte inzwischen Göring das große Wort: Er hatte seine Rede ebenfalls mit einem Schuß gegen die Decke begonnen. Hitler kam zurück und verkündete der zunächst kritischen, dann jubelnden Versammlung die neuen Machthaber. Schließlich erschien unter neuen Heilrufen auch Ludendorff im Zimmer und erklärte seine Bereitschaft zur Mitwirkung. Das Triumvirat kapitulierte vor dieser Situation. Es kam zur großen Verbrüderungsszene. Neue Reden, das Deutschlandlied. Dann freilich folgten Verhaftungen im Saal. Ministerpräsident von Knilling und mehrere bayerische Minister wurden von Rudolf Heß und seiner SA-Studentenkompanie abgeführt. Aber Kahr, Lossow und Seißer konnten die Stätte des Putsches frei verlassen; Ludendorff verbürgte sich für ihr Ehrenwort als Offiziere. Es begann nach der Aktion jene seltsame Nacht zum 9. November, in der die Putschisten die Chancen nicht zu nutzen verstanden, die sie in der Hand hielten, den überrumpelten Rivalen vielmehr Zeit ließen, sich zu Gegenmaßnahmen zu formieren.

Ernsthafte Versuche zur Besetzung der wichtigsten Regierungs-
gebäude, der Telegraphenämter oder des Bahnhofs blieben aus; das
Triumvirat konnte in die Kasernen des regierungstreuen Regiments 19
entkommen, um Militär- und Polizeieinheiten zu mobilisieren. Die
allgemeine Verwirrung zwischen den Fronten wirkte sich nun gegen
Hitler aus. Kurz vor drei Uhr nachts ging an alle deutschen Funksta-
tionen der Spruch, das Triumvirat sei mißbraucht worden und lehne
den Hitler-Putsch ab.

München befand sich am Morgen des 9. November in großer Erre-
gung. An den Litfaßsäulen prangte der Revolutionsaufruf der Putschisten. Auch ein Aufruf Kahrs wurde allenthalben angeschlagen und der
Presse übermittelt. Und während kurz vor 12 Uhr Reichswehreinhei-
ten zur Rückgewinnung des Kriegsministeriums (Wehrkreiskommando)
antraten, befanden sich die Putschisten auf dem berühmt-berüchtigt
gewordenen Marsch durch München, der gegen 13 Uhr vor den Ge-
wehren der Landespolizei an der Feldherrnhalle endete.

Ein innerer Nachhall war in München und Bayern noch über Wochen zu vernehmen. Besonders in turbulenten Studentenversammlun-
gen an der Universität trat dies in Erscheinung. So am 12. November
im Beisein beider Rektoren und von Professoren wie Sauerbruch, dessen Klinik die Verletzten des 9. Nov. behandelt hatte. Diese versuchten
zwar – nach einem Polizeibericht – »unter Anerkennung der guten nationalen Ziele Hitlers und seiner Anhänger, zum Teil auch unter Verurteilung der Staatsleitung« (!) die radikale Stimmung zu beruhigen,
konnten aber stürmische Demonstrationen für die Hitler-Aktion nicht
verhindern (zu denen am Schluß auch noch ein Mann wie der Frei-
korpsführer Ehrhardt aufrief, der im übrigen Reich steckbrieflich gesucht wurde). Die Stimmung blieb erregt, ähnliche Versammlungen
heizten sie auch weiterhin an: so noch eine Veranstaltung am 21. November in der Nürnberger Universität. Der »Verrat vom 9. November«
(nämlich sowohl 1918 wie 1923) wurde zum großen Schlagwort der
Rechtsradikalen; es hat dann auch sogleich eine bedeutende Rolle im
Hitler-Prozeß selbst und in dessen Urteilsbildung gespielt. Mit der Ermordung Kahrs anläßlich des »Röhmputschs« am 30. Juni 1934 hat
Hitler schließlich verspätet, aber um so blutiger Rache genommen.

Hitlers Putschversuch und sein Scheitern am 9. November 1923
aber war in doppelter Hinsicht von entscheidender Bedeutung für die

künftige Geschichte des Nationalsozialismus: sowohl für den weiteren Kurs der Partei, die nun eine neue politische Taktik einschlug, wie auch für ihr Verhältnis zur Reichswehr. Hitler mußte erkennen, daß sein Fehlschlag auf die Tatsache zurückzuführen war, daß es ihm nicht gelungen war, die Unsicherheiten innerhalb der militärischen Führung auszunutzen, und daß es ebenso nicht gelingen würde, diese durch eine plötzliche Aktion auf seine Seite zu bringen, soviele Sympathien auch die Reichswehr für diesen »nationalen Trommler« aus Österreich hegen mochte. Der 9. November 1923 hinterließ die eindrückliche Lehre, daß nicht ein Putsch gegen die bestehenden Gewalten, sondern nur deren Unterwanderung zum Erfolg führen konnte.

Die Konsequenz war jene ausdrückliche »Legalitätspolitik«, die der zweiten Phase der NS-»Kampfzeit« das Gepräge gab: nämlich die Taktik, durch rücksichtslose Ausnutzung der im Rahmen einer toleranten, wohl übertoleranten Demokratie gebotenen legalen und pseudolegalen Möglichkeiten, nicht mehr durch einen offenen Gewaltstreich zur Macht zu kommen. Nach 9 Jahren hatte er dieses Ziel erreicht.

Der 9. November im Dritten Reich

Die folgenden Novemberdaten liegen nun tatsächlich in der Zeit des »Dritten Reiches«. Auch sie stehen einerseits unter der politisch-militärischen Zwangsvorstellung, von der Hitler und die NS-Führer geradezu manisch besessen waren: der 9. November 1918 müsse wiedergutgemacht werden, er dürfe sich nie mehr wiederholen. Andererseits stehen diese Daten unter dem ideologischen, ja pseudoreligiösen NS-November-Kult der »Feldherrnhalle«: »Uns sind Altar die Stufen der Feldherrnhalle«, dichtete der oberste Hitlerjugend-Führer namens Baldur von Schirach.

Vier Daten treten hervor:

Im November 1937 kam erstmals der expansionistische Kriegskurs Hitlers (im sogenannten Hoßbach-Protokoll festgehalten) zur konkreten Planung und Besprechung Hitlers mit der militärischen Führung.

Am 9. November 1938 zeigte das totalitäre Regime seine radikal rassistische Stoßrichtung in der bagatellisierend sogenannten »Reichskristallnacht«, den von oben gesteuerten Partei- und SA-Pogromen gegen die Juden in ganz Deutschland, mit der Zerstörung der Synagogen.

Im November *1939* treten die Probleme und Versuche des Widerstands gegen dieses Regime im ersten gescheiterten Attentat auf Hitler durch Georg Elser hervor, das freilich, wie viele Attentate in der Geschichte, der Initiative eines einsam entschlossenen Einzelgängers entsprang.

Und im November *1940* findet noch ein (schon erwähntes) unheilschwangeres Ereignis statt: der letzte Besuch des sowjetischen Außenministers Molotow in Berlin, der die Weichenstellung zum Rußlandkrieg Hitlers beförderte, fast unausweichlich machte. Zu erinnern ist aber vor allem an die Reichspogromnacht vom 9. zum 10. November 1938. Insgesamt ein wahrhaftes Schicksalsjahr! Das NS-Regime in Deutschland befand sich nun voll auf totalitärem Kurs: so wie gleichzeitig der russische Totalitarismus in Gestalt der großen Moskauer Schauprozesse und so wie die rassistische Wende 1938 auch des italienischen Faschismus und der endgültige Sieg Francos im spanischen Bürgerkrieg.

Dies alles war möglich angesichts des allzu schwachen Appeasementkurses der Westmächte gegenüber der Politik der Diktatoren (Münchener Konferenz). Schon der Anschluß Österreichs im März 1938 brachte eine unerhörte Radikalisierung und Bestialisierung der Judenpolitik. Und die für alle Deutschen zutiefst beschämenden Ereignisse vom 9. zum 10. November 1938 unter dem so bagatellisierenden wie irreführenden Schlagwort »Reichskristallnacht« markieren einen weiteren Höhepunkt von Entrechtung und Verfolgung der Juden im ganzen »Dritten Reich«. Darin offenbarte sich jener wahnhaft ideologische Kernbestand des Nationalsozialismus, aus dem heraus sein totalitärer Anspruch am radikalsten begründet und schließlich aufs schrecklichste durchgesetzt wurde. Vor allen anderen politischen Antrieben stand nun der rassistische Antisemitismus: die pseudowissenschaftlich drapierte Totalerklärung von Geschichte und Gesellschaft, Kultur und Politik überhaupt aus der sogenannten »Judenfrage«, die zu lösen sei, so oder so!

Schon in der Periode der NS-Machtergreifung 1933 hatte von Staats wegen die Entrechtung begonnen. Sie wurde 1935 mit den rassepolitischen »Nürnberger Gesetzen«, die jede Vermischung von Juden und »Ariern« verboten, strafrechtlich brutal sanktioniert. In der Judenverfolgung griffen antisemitische Terrorakte der Partei »von unten« und staatliche Sanktionierung von oben ineinander. Dabei zeigte sich, daß

die NS-Judenpolitik in Deutschland zwar keineswegs so allgemein
»populär« war, wie die Propaganda es wollte, daß aber die pseudolegale Steuerung der Neigung des unpolitischen Bürgers entgegenkam,
die Maßnahmen eben als »notwendiges Übel« einer sonst so erfolgreichen Politik hinzunehmen und die Augen vor der Wirklichkeit und vor
der schrecklichen Konsequenz der kommenden Judenvernichtung zu
verschließen.

Die Organisation dieser Pogrome verfolgte einen dreifachen Zweck:
Anheizung der psychologischen Kampfstimmung, Ausschaltung der
Juden auch aus der Wirtschaft, dem letzten Bereich beschränkter
Tätigkeit, und Bereicherung der durch Kriegsvorbereitung strapazier-
ten Staatskassen. Die materiellen Motive waren schon vorher in der
»Arisierung« zahlreicher Betriebe, die oft genug einer Enteignung
gleichkam, sichtbar geworden. Auch »Arier«, die Juden bei der Ret-
tung ihrer Geschäfte durch Scheinübertragung zu helfen versuchten,
wurden mit Zuchthaus und Geldstrafen bedroht. Ab April 1938 nun
mußte jüdisches Vermögen angemeldet werden und Göring als dem
Chef der Kriegswirtschaft zur Verfügung stehen. Den Vorwand zum
großen Schlag bot am 7. November 1938 das Attentat eines siebzehn-
jährigen Juden (Herschel Grünspan) auf den Botschaftsbeamten Ernst
vom Rath in Paris. Großangelegte Propagandakampagnen und bom-
bastische Feierstunden in den Schulen und Betrieben, mit Trauermusik
aus der Eroica garniert, gipfelten in einer hemmungslosen Hetzrede
von Goebbels zum 9. November in München. Sie löste die geplante
Aktion in jener psudospontanen Form aus, die das Oberste Parteige-
richt nachher zynisch charakterisierte: Goebbels sei wohl von sämtli-
chen anwesenden Parteiführern so verstanden worden, daß die Partei
nach außen nicht als Urheber der Demonstrationen in Erscheinung treten, sie in Wirklichkeit aber organisieren und durchführen sollte.

Diese »Demonstrationen« von Partei- und SA-Trupps zerstörten in
einer Nacht der Barbarei fast alle Synagogen und über 7000 jüdische
Geschäfte. Ihr wahrer Zweck trat hervor, als anschließend den Juden
überdies die Wiedergutmachung der Schäden, Zahlung einer Buße von
über 1 Milliarde Mark auferlegt und die Beschlagnahme der Versiche-
rungsgelder verfügt wurde. Die vandalierenden Täter und ebenso diejenigen, die im Zuge des Pogroms mehr als hundert Juden ums Leben
gebracht hatte, gingen straffrei aus, falls sie nicht »Rassenschande«

verübt hatten. Auch sie hatten nach dem Spruch des Parteigerichts den
»richtig erkannten Willen der Führung in die Tat umgesetzt« – so wie
kaum ein Jahr später die Mordkolonnen der SS und Polizei in Polen.
Die SS ihrerseits widmete sich der lautloseren Verhaftung von 25 000
bis 30 000 »wohlhabenden« Juden, die über das KZ zur Auswande-
rung (ohne Vermögen) gezwungen werden sollten. Die Barbarei war
alles andere als spontan, sie wurde auch gewiß von der Mehrheit der
Deutschen mißbilligt, wie der britische Geschäftsträger damals berichtete. Besonders beschämend war das Schweigen der christlichen Kirchen auf die schamlose Zerstörung der jüdischen Gotteshäuser.

Konsequenzen haben allerdings auch weder die britische noch die
französische Regierung gezogen; Paris schloß vier Wochen später einen
Freundschaftsvertrag mit Ribbentrop ab. Die Konsequenzen zog vielmehr Göring in einer Konferenz aller beteiligten Ministerien mit der
Erklärung, Hitler habe ihn beauftragt, in der Judenfrage »jetzt die entscheidenden Schritte zentral zusammenzufassen«. Arisierung, Gettoi-
sierung, Abschiebung waren die Maßnahmen, die den Judenterror zum
Bestandteil des Vierjahresplans machten.

Auch die wirtschaftliche Aspekte dieser unmenschlichen Maßnahmen treten hier klar hervor: der Aufrüstungs- und künftige Kriegskurs
wird nun völlig rücksichtslos auf die Judenpolitik der Erpressung und
der Kontributionen angewandt:

War nicht all dies bereits die endültige Kriegserklärung an die Juden, deren Hitler dann 1939 seinerseits die Juden gegen Deutschland
beschuldigte – mit der Drohung ihrer Vernichtung und als Begründung
für ihre tatsächliche Ausrottung?

Der nächste Fall war ein Jahr später das Attentat auf Hitler vom 8.
auf 9. November 1939. Es beleuchtet blitzartig das Widerstandspro-
blem in der Diktatur. In der Tat war damals wegen der Erfolge Hitlers
der so problemreiche Widerstand gegen ein totalitäres Regime wie dieses nach Scheitern der bisherigen Versuche, zumal 1938 zuletzt des Generals Beck und der Gruppe um Oster und Hans von Dohnanyi, zu
Beginn des Zweiten Weltkriegs an einem Tiefpunkt angelangt. Die NS-
Herrschaft schien unüberwindbar, ihr Erfolgskurs unaufhaltsam, die
Lage der Widerstandsgruppen in Deutschland ungleich schwieriger als
sonstwo, auch in stetem Konflikt mit dem nationalen Patriotismus begriffen.

In dieser Situation war es, wie öfters in der Geschichte, ein Einzelgänger, der erstmals das Attentat gegen den Tyrannen wagte, das allein noch eine Wende hätte bewirken können. Tatsächlich entging Hitler am Abend des 8. November im Bürgerbräukeller zu München um Haaresbreite dem Anschlag des schwäbischen Schreiners Georg Elser, mit der Folge dann noch verschärfter Wachsamkeit gegen alle Opposition. Da der Attentäter aber keine Verbindung mit anderen Kreisen der Opposition hatte, dauerte es auch nach dem Krieg noch lange, bis seine Aktion voll gewürdigt werden konnte. Elser gehörte zwar vorübergehend einer kommunistischen Organisation an, hat seinen Versuch aber allein gemacht. Durch Sorgfalt, Ausdauer und Geschicklichkeit ist er dem Erfolg erstaunlich nahegekommen. In den Tagen kurz vor der alljährlichen Veranstaltung zur Erinnerung an den mißglückten Putsch von 1923, bei dem eine Anzahl Alter Kämpfer ums Leben gekommen war, gelang es Elser, sich in der Zeit von Anfang August bis 8. November 1939 unbemerkt über Nacht in dem kaum gesicherten Löwenbräusaal aufzuhalten, der teilweise Besuchern als historische Stätte gezeigt, im übrigen aber als Gastwirtschaft betrieben wurde. In der mit Holz verkleideten Säule aus Steinen und Mörtel, vor der Hitler seine alljährliche Ansprache halten sollte, baute Elser eine Sprengladung ein und koppelte die Zündung mit zwei Westminsteruhren. Den Sprengstoff (Donarit) hatte er teilweise in einem Steinbruch entwendet, in dem er nur zu diesem Zweck Arbeit angenommen hatte. Außerdem verwendete er für die Höllenmaschine militärischen Sprengstoff aus einer 7,5-cm-Granate, sowie Schwarzpulver. Die Vorbereitung der Sprengkammer in der Säule, die übrigens für die Stützung der Decke eine entscheidende statische Funktion hatte, nahm etwa 30 Nächte in Anspruch.

So der Bericht Peter Hoffmanns in seinem Werk über den deutschen Widerstand. Er berichtet auch, daß Elsers Opposition gegen Hitler und sein Regime besonders der auf Krieg gerichteten Außenpolitik galt und daß er durch die Beseitigung Hitlers eine gute Tat tun wollte.

Zum Ablauf: Saal und Empore im »Löwenbräu« waren am Abend des 8. November 1939, zwei Monate nach Beginn des Krieges, den Hitler bereits entfesselt hatte, dicht gefüllt mit 3000 alten Kämpfern der Partei und Führern wie Himmler, Rosenberg, Frank, Goebbels, Ribbentrop, Sepp Dietrich; wegen Nebels wird die Hitlerrede vorverlegt, dieser verläßt unerwartet früh wieder den Saal, 13 Minuten später erfolgt die Explosion, acht Tote, der Tyrannenmord gescheitert. War er moralisch überhaupt erlaubt? So fragen heute noch immer Ahnungslose und Diktaturfreunde. Elser wurde noch in der Nacht zum 9. November verhaftet, als er über Konstanz versuchte, in die Schweiz zu entkommen. Angesichts der mageren Untersuchungsergebnisse und mangels Beweisen für die voreilige Behauptung, ausländische Geheimdienste steckten dahinter, verzichtete man im Krieg auf einen großen Prozeß. Erst im Frühjahr 1945 holte Gestapo-Chef Müller über Himmler Hitlers Entscheidung ein und wies am 5. April den KZ-Kommandanten von Dachau an:»Bei einem der nächsten Terrorangriffe auf München bzw. auf die Umgebung von Dachau ist angeblich ›Eller‹ tötlich [sic] verunglückt. Ich bitte, zu diesem Zweck ›Eller‹ in absolut unauffälliger Weise nach Eintritt einer solchen Situation zu liquidieren ... Die Vollzugsanzeige hierüber würde dann etwa an mich lauten ›Am ... anläßlich des Terrorangriffs auf ... wurde u. a. der Schutzhäftling ›Eller‹ tödlich verletzt.‹«

Der Fall der Mauer

Wir kommen schließlich fast 50 Jahre später zum letzten Fall, zum weltgeschichtlichen 9. November 1989: Er steht für das Ende der Spaltung Europas und Deutschlands, und er bedeutet das Ende nun auch der zweiten deutschen Diktatur und eines zweifachen, zweimaligen deutschen Sonderwegs nach 1933 und 1949.

Auch das Novembergeschehen von 1989 vollzieht sich zwischen Zusammenbruch und Freiheitsrevolution, doch steht es am Ende des Jahrhunderts im Unterschied zu 1918 im Zeichen viel längerer Erfahrungen mit der Demokratie und Gegenerfahrung mit totalitären Diktaturen von rechts und von links, und es besitzt einen positiven, zukunftsweisenden Sinn. Fast unvergleichbar mit der Situation von 1918 sind vor allem auch für Deutschland und seine Demokratie die positiven Perspektiven der großen Veränderung, zunächst 1949 und nun 1989, im Vergleich zu Weimar:

1) in der Systemfrage – Verfassungspatriotismus statt Verfassungsfeindschaft

2) in der Nationalfrage – Einheit ohne Revisionismus
3) in der Europafrage – supranationale Strukturen statt Autarkismus
4) universale UNO-Bindung statt verachteter Völkerbund

Es bleibt als spezielles, schwerstes Problem: der unerwartete, unvermittelte Übergang von der Plan- zur Marktwirtschaft.

Der deutsche Weg hatte mit einer Reihe von Umständen zu rechnen, die ihn vom Verlauf der Befreiungsrevolutionen in den anderen Ländern unterschieden. Da war erstens die besondere militärische wie politische Stärke der sowjetischen Besatzung, die der DDR den Ruch einer uneinnehmbaren Festung des Sowjetimperiums verlieh. Zudem hatte die antikommunistische, antitotalitäre Opposition in der DDR seit Anbeginn durch die nie endende Abwanderung von Verfolgten und Flüchtlingen, die zwar Grenzen und Mauern, aber nicht Sprachbarrieren überwinden mußten, zugleich eine immer neue Schwächung erfahren. Andererseits vermochte die wachsende Präsenz der westdeutschen Funk- und Bildmedien auf einen erheblich vielseitigeren Informations- und Meinungsstand der Bevölkerung hinsichtlich der tatsächlichen Verhältnisse im Westen und Osten hinzuwirken. Während die Hoffnung auf Wiedervereinigung über die Jahrzehnte zurückging, blieb die Sowjetmacht, nicht aber das so rigoros abgeschirmte DDR-Regime oder ein eigenes Nationalbewußtsein, die eigentliche Stütze des Systems; eine eigene Identität haben die heutigen Nostalgiker erst nachträglich erfunden.

Der plötzliche Einbruch der Realitäten von 1989 überholte die alt-neuen Diskussionen und enthüllte nicht zuletzt die Illusionen einen Appeasement-Kurses gegenüber der DDR, auf den auch Teile der SPD immer stärker gedrängt hatten: so seit 1984 mit ihrem Eingehen auf Honeckers Forderung nach getrennter deutscher Staatsbürgerschaft und Streichung des Wiedervereinigungsgebots in der Präambel des Grundgesetzes; und so auch mit dem Drängen nach Auflösung jener Zentralen Erfassungsstelle in Salzgitter, die nach dem Bau der Mauer 1961 zur Registrierung von Gewalttakten gegen Flüchtlinge an der DDR-Grenze, von Menschenrechtsverletzungen und Unrechtsurteilen der DDR gegründet worden waren; SPD-regierte Bundesländer verweigerten deren Finanzierung. Andererseits verstärkten gewisse Lockerungen des Reiseverkehrs, auch wenn oder gerade weil sie unter enger

Beschränkung vor allem auf Rentner und privilegierte »Reisekader«
standen, letztlich den inneren Druck auf das SED-Regime. Die an-
schwellende Forderung nach Reisefreiheit wurde zu einem der wichtigsten Motive der Rebellion und jener Massenflucht besonders jüng-
ster DDR-Bürger in den Sommermonaten 1989, die den endgültigen
Verfall der zweiten deutschen Diktatur auslöste.

Gegenüber den wachsenden Protesten von Menschenrechts-, Um-
welt- und Friedensgruppen, die teilweise unter dem Schutz der Kirchen
auftraten und es anläßlich der Kommunalwahlen im Mai 1989 erstmals wagten, auch die üblichen Wahlfälschungen anzuprangern,
glaubte die DDR sich fast bis zuletzt auf das so dichte Netz eines perfektionistischen Staatssicherheitsdienstes mit Hunderttausenden offizi-
eller und nichtoffizieller Mitarbeiter samt einem uferlosen, riesenhaf-
ten Schatz von »Stasi«-Akten verlassen zu können. Als am 7. Oktober
1989 Honecker noch einmal den nun 40. Jahrestag der DDR-Grün-
dung unter politischem und militärischem Pomp feiern ließ, war zwar
auch Gorbatschow als Gast anwesend. Doch sein indirekt zu Reformen mahnender Ausspruch vor Ostberlinern wurde sogleich besonders
bekannt: »Wer zu spät kommt, den bestraft das Leben.«

Inzwischen waren längst die Bilder der über Ungarn, Prag und auch
Warschau fliehenden DDR-Bürger um die Welt gegangen. Die Durch-
fahrt der Botschaftsflüchtlinge vor Prag durch die DDR in die Bundesrepublik, die Ostberlin absurderweise noch zum Beweise seiner legalen
Zuständigkeit bei der »Ausreise« forderte (10. September), hatte die
Schwäche des nun ohne sowjetische Hilfe operierenden Regimes schon
offenbart und dessen Zurückweichen vor den folgenden Massende-
monstrationen zumal in Leipzig am 9. Oktober und schließlich in Berlin am 4. November beschleunigt. Der Zusammenbruch bahnte sich
bereits mit der Absetzung Honeckers durch das ratlose Politbüro der
SED an (18. Oktober); er vollendet sich mit dem Rücktritt der gesam-
ten DDR-Regierung (7. November) und tags darauf des Politbüros.
Unter bis heute umstrittenen Umständen nahm schließlich das wan-
kende Restregime am schon mehrfach historischen 9. November die
turbulente Öffnung und bald auch Beseitigung der Berliner Mauer hin:
über 28 Jahre nach der Errichtung des »häßlichsten Bauwerks der
Welt«, das nach Honeckers Meinung freilich noch hundert Jahre hätte
stehen sollen.

Vor den Augen einer bewegten Weltöffentlichkeit war das fast Unvorstellbare geschehen. Noch im Juni 1987 hatte US-Präsident Reagan vor dem Brandenburger Tor ausgerufen:»Mr. Gorbatschow, open the gate! Mr. Gorbatschow, tear down this wall!« Nun ereignete sich, lange vor den staats- und völkerrechtlichen Entscheidungen, im Hochgefühl der über die Berliner Mauer und die Staatsgrenzen der DDR strömenden Menschen, die so oft beschworene und bezweifelte deutsche Wiedervereinigung, drängten die Slogans der Demonstrationen in der nun ehemaligen DDR von der demokratischen Forderung »Wir sind das Volk« zum Bekenntnis nationaler Einheit:»Wir sind ein Volk«. Und Altkanzler Willy Brandt formulierte entgegen seiner bisherigen Kritik an der Wiedervereinigungsparole (als »Lebenslüge«) nun als erster den geflügelten Satz:»Jetzt wächst zusammen, was zusammengehört.«

Treffend charakterisierte damals ein kundiger Beobachter wie Günther Gillessen die wesentlichen Zusammenhänge: Auch »die Einheit der Deutschen kam als ein Geschenk der Geschichte, nicht als Verdienst einer Regierung, auch nicht als Erfüllung eines großen Planes. Sie kam auch nicht einfach aus einer deutschen Nationalbewegung, sondern als Teil einer größeren internationalen Bewegung ganz Osteuropas zustande. Sie wurde, anders als 1870/71, ohne Blut und Eisen, mit der raschen Entschlossenheit des Bundeskanzlers Kohl, dem Beistand Amerikas und der Zustimmung der europäischen Nachbarn vollbracht.«

Die Aufarbeitung des 9. November

Doch die Schlagzeilen begannen sich ebenso rasch zu wandeln. Nun erst zeigte sich die ganze Tragweite, wurden die Kosten und Konsequenzen des Umbaus und Wiederaufbaus aus der desolaten Hinterlassenschaft eines zerrütteten Imperiums auf nationaler wie europäischer Ebene offenbar. Sie waren vornehmlich in Deutschland zunächst weit unterschätzt worden. Hier wirkten nicht nur die gewaltigen wirtschaftlichen Belastungen besonders ernüchternd bis enttäuschend, hier drohten zugleich die schwierigen Probleme einer »Aufarbeitung der Vergangenheit« nun nach zwei Diktaturen, also nach 57 Jahren und angesichts einer fast erdrückenden Fülle der Überwachungsdokumente des DDR-Regimes, die Gefühle der Befreiung in solche der Frustration zu verkehren.

So gehört zum Thema einer Aufarbeitung des 9. November heute auch wieder das Wiederauftauchen eines rechtsextremen Neonazismus, nun zunehmend aktuell in den »neuen Bundesländern«. Dabei bewegt erneut, wie schon 1952 und 1968, die Frage eines Parteienverbots Staat und Öffentlichkeit. Einem möglichen Verbotsantrag gegen Parteien wie die NPD wird freilich das Risiko des Scheiterns vor dem Bundesverfassungsgericht entgegengehalten; das würde erst recht zu einer Art Anerkennung oder gar Legitimierung der Partei führen.

Man kann dies Argument jedoch durchaus auch umkehren. Denn gerade die Nichteinleitung eines Verbotsantrags und Verfahrens bewirkt entsprechend dem ursprünglichen Sinn des Grundgesetzes, daß diese Partei als verfassungsmäßig gilt. Andernfalls wäre ja nach Art. 21,2 GG ein Verfahren gegen sie einzuleiten. Geschieht dies nicht, gilt die NPD auch weiterhin als verfassungsmäßig. Das Risiko einer Ablehnung des Verbotsantrags durch das BVG ist also nicht größer als das eines Nichtantrags. Die so heftig beschworenen negativen Folgewirkungen eines Antrags beruhen ja in erster Linie auf unbewiesenen Vermutungen über die Haltung des Bundesverfassungsgerichts.

Die große öffentliche Aufmerksamkeit aber, die befürchtet wird, entsteht schon durch die jetzige Diskussion im Vorfeld und kann ja auch keineswegs nur der Propagierung, sondern ebenso der Bekämpfung der Partei und des Rechtsextremismus überhaupt dienen. Das gilt bereits für eine öffentliche Diskussion während des Verfahrens und nicht erst nach einem allzu verfrüht angenommenen Scheitern, das die kritische Aufmerksamkeit auch verstärken könnte. Es ist jedenfalls sinnvoll, in dieser Situation der unbewiesenen Vermutungen und Prognosen Klarheit zu schaffen, und dies geschieht nur durch einen Antrag der dazu Berechtigten und die darauf ergehende Entscheidung des BVG. Bundesregierung, Bundestag und Bundesrat sind unter diesen Umständen im Interesse einer dieses Mal verteidigungsbereiten zweiten deutschen Demokratie dazu geradezu verpflichtet.

Die abschreckende Wirkung eines Verbotsantrags, ja bereits die Diskussion desselben, die auch verwandten »Parteien« wie DVU und REP nicht verborgen bleibt, ist meines Erachtens stärker als die vielbeschworenen Gefahren einer »Illegalisierung« der wohl eher kleinbürgerlich verwurzelten NPD, die im Unterschied zum Fall des Linksextremismus überschätzt wird. Immerhin zeigen sich auf die Verbotsdiskussionen hin bereits erste Reaktionen wie ein gewisser Rückzug von jenen demonstrativ-provozierenden nationalistischen Aufmärschen, die so verheerende Folgen für das Deutschlandbild haben.

In einer anderen kritischen Phase der Entwicklung der Bundesrepublik, nach der Gründung der NPD (1964), habe ich im Rahmen meiner Geschichte des Nationalsozialismus und seiner Fortwirkungen (»Die deutsche Diktatur«, 1969) zu der damaligen Diskussion über »Die NPD – ein neuer Anlauf?« die Sätze geschrieben: »Man kann geteilter Meinung über das Verbot von Parteien sein. Wenn aber die auf Sicherung der Demokratie angelegte Verfassung der Bundesrepublik schon zweimal zu Parteiverboten geführt hat, so gibt die getarnte, aber umfangreiche Fortsetzung des Nationalsozialismus in der NPD allen Anlaß, das Vergiftungswerk rechtzeitig zu unterbinden. Geschieht das nicht, so folgt daraus implicite, daß die NPD auch nach den strengen Maßstäben des Grundgesetzes als demokratische Partei anerkannt, ihre Legalitätstaktik für bare Münze genommen wird. Historia doceat.«

Wenn damals, zwischen 1967 und 1969, wirtschaftliche Rezession, Unmut über die Große Koalition und auch schon beginnender Terrorismus extremistische Strömungen von rechts wie von links begünstigten, so sind es heute Verunsicherung durch soziale und wirtschaftliche Folgen der Arbeitslosigkeit, Ängste vor multikultureller Bevölkerungsmigration und Globalisierung sowie Spannungen zwischen nationalstaatlichen und europapolitischen Zielsetzungen, die den Hintergrund und Vorwand vor allem für »national – soziale« Propaganda unter Mißmutigen und Frustrierten, fanatischen Jugendaktivisten und Rabauken bilden. Sie stellen mit ihrer Bereitschaft zu Gewalt gegen Minderheiten und »Ausländer«, mit militantem Nationalismus und alt-neuem Antisemitismus, eine zunehmend ernste Bedrohung der politischen Strukturen und ideellen Wertsetzungen unserer freiheitlich-demokratischen Grundordnung dar, wird ihnen nicht auch konsequenter das Gewaltmonopol des demokratischen Staates und der rechtsstaatliche Schutz der Gesellschaft entgegengehalten.

Heute ist es anders als vor 30 Jahren nun keineswegs zu erwarten, daß diese Belastungen bald verschwinden, denen sich die Bundesrepu-

blik mit ihrer zentralen Lage in Europa ausgesetzt sieht – und die zur
Wiederkehr überwunden geglaubter extremer Denk- und Verhaltensformen aus antidemokratischen Vergangenheiten in größerem Ausmaß
und weiteren Kreisen führen können.

Was immer in dieser Lage die gutgemeinten Aufrufe an die Anstän-
digen oder die Kritik an politischer Bildung in Schule und Elternhaus,
schließlich das Ideal einer civil society bewirken mögen, sie ersetzen
nicht, was der Rechts- und Verfassungsstaat als wehrhafte Demokratie
zu tun hat: die Politik und die Justiz dazu anzuhalten, den ausdrücklich vorgesehenen Weg zum wirksamen Schutz unserer freiheitlich-demokratischen Grundordnung und der Unantastbarkeit der Menschenrechte einzuschlagen und zu sichern. Auch heute, im wiedervereinigten
Deutschland, gilt noch immer jene Pflicht zur Selbstverteidigung der
Demokratie gegen ihre Feinde, welche die Schöpfer unserer Verfassung
vor 51 Jahren als Frucht leidvoller Erfahrung nach der selbstverschul-
deten »deutschen Katastrophe« von 1933–1945 allen Deutschen aufgegeben haben.

Wir blicken zurück. Alle November-Ereignisse, die zu erörtern waren, sind im 20. Jahrhundert sowohl mit der russisch-kommunisti-
schen Revolution von 1917 wie vor allem auch den deutschen No-
vember-Revolutionen von 1918 verknüpft. Denn sie sind gegen deren
Folgen gerichtet: 1923 antidemokratisch gegen die Weimarer Republik, 1938 zur diktatorischen Durchsetzung eines menschenfeindlichen
Antisemitismus und Rassismus. Endlich aber folgt zum Schluß des
Jahrhunderts die glückliche Wende einer Revolution nun auch gegen
die Diktatur und die Teilung Europas durch den Kommunismus und
seine Oktoberrevolution – weltweit sichtbar im Fall der Berliner Mauer am 9. November 1989. In dieser Auseinandersetzung zwischen Freiheit und Knechtschaft liegt ein gemeinsamer Nenner jener Schicksals-
daten, der eine zusammenhängende Betrachtung deutscher und europäischer Novemberereignisse sinnvoll macht.

Geschah 1917 in Rußland der erste Sieg des Totalitarismus, das
bis heute umstrittenste Ereignis des Jahrhunderts, so bildete der 9. November 1989 das große positive Gegenstück dazu, nämlich die mittel-
und osteuropaweite Revolution *gegen* den Totalitarismus und dessen
hoffentlich nachhaltiges, wenn nicht endgültiges Verschwinden aus
Europa.

Diesem Europa und besonders Deutschland ist heute mehr denn je die unbedingte Verteidigung der Demokratie aufgegeben, und zwar gegen Rechts- und Linksextremismus, wie es unsere Verfassung des GG von 1949, anders als die von Weimar 1919, so nachdrücklich fordert. Der Blick auf die Millionen Opfer der Diktaturen seit 1917 und 1933 verpflichtet uns, die historische Erfahrung ernst zu nehmen und allen neuen Anfängen zu wehren. Mit dem alten Römerspruch (Ovid, Seneca): Principiis obsta!

Bonn war nicht Weimar

So können wir heute sagen. Als aber das bekannte Buch aus der Feder des Schweizer Journalisten Fritz René Allemann im Jahr nach meinem Weimarbuch erschien (1956), war sein Titel »Bonn ist nicht Weimar« gewiß eine kühne Behauptung – nur wenige Jahre nach dem tiefsten Fall der deutschen Geschichte und so kurz nach Gründung einer zweiten deutschen Republik. Die Vergleichsformel Weimar – Bonn ist denn auch in der Folge immer wieder in Frage gestellt worden. Fast in jeder Kontroverse über die Demokratie der Bundesrepublik ertönte zuerst oder zuletzt auch die umgekehrte Frage: Ist Bonn nicht doch Weimar – oder könnte es werden? Nicht einmal seit der Wiedervereinigung der so viel dauerhafteren Bundesrepublik ist sie ganz verstummt. Sie enthält eben von Anfang an beides: eine Tatsachenfeststellung und einen Imperativ.

Denn tatsächlich gehörte es seit dem Ende der NS-Diktatur zu den wichtigsten Anliegen der Verfassungsväter (und -mütter) nach 1945, sich nicht nur über Verbrechen im NS-System, sondern ebenso über die Schwächen und Fehler der Weimarer Republik von 1918–1933 klarzuwerden. Die Beratungen des Parlamentarischen Rates 1948/49 in Bonn zeigen, wie stark man sich schon bei der Verfassungskonstruktion des Grundgesetzes (GG) der Bundesrepublik Deutschland an der teils schmerzlichen, teils auch perhorreszierten Erfahrung von Weimar zu orientieren suchte.

Es gibt aber noch einen weiteren Grund für das große historisch-politische Interesse, das bis heute andauert und auch international auf das GG übertragen wird, zumal in den neuen Demokratien. Nämlich: In der Weimarer Republik haben wir mehr als irgendwo sonst das überschaubare Beispiel einer vielfach belasteten Neudemokratie vor uns, die im knappen Zeitraum von 14 Jahren alle Stufen von der Entstehung bis zum Untergang durchläuft: Typologie des inneren Machtverfalls einer Demokratie unter den modernen Verhältnissen einer krisenanfälligen Massen- und Industriegesellschaft.

So klar und typisch wie einst in den Phasen der Französischen Revolution wird hier die Pathologie eines pluralistischen Staates im Umbruch manifest, der die Möglichkeiten und Bedrohungen eines demokratischen Experiments zwischen Revolution von unten und pseudolegalem Staatsstreich von oben durchlebt. Auch deshalb spielen Vergleiche zwischen der ersten und zweiten deutschen Republik eine solche Rolle.

Schon die Überlegungen und Entwürfe der Widerstandsbewegung gegen Hitler hatten die fast überkritische Auseinandersetzung mit der Weimarer Katastrophe bewegt. Seither holt sich die staats- und verfassungsrechtliche wie publizistische und tagespolitische Betrachtung der zweiten deutschen Nachkriegspolitik immer von neuem ihre Argumente aus der Berufung auf das fatale Schicksal und die konkreten Erfahrungen der ersten deutschen Demokratie. Ob es um Mahnung oder Warnung, um Bestätigung demokratischer Tradition vor 1933 oder Anspruch auf einen Neubeginn nach 1945, um Diagnose, Therapie oder auch Prognose von Gegenwart und Zukunft geht: fast immer greift man sogleich auf die so vielfältige Beispielsammlung zurück, die uns die krisenreiche Begründung und Entwicklung, schließlich das Scheitern jener ersten Demokratie Deutschlands darbieten.

Wenn wir auf die Entscheidungen vor über fünfzig Jahren zurückblicken, die aus der schlimmsten Katastrophe unserer deutschen Geschichte einen neuen Weg eröffnet haben, so gedenken wir auch jener Zeit vor 80 Jahren, als die erste deutsche Demokratie mit großen Hoffnungen ihre Verfassung in Weimar beschloß und dann in wenig mehr als 13 Jahren scheiterte. Die nach langen Irr- und Umwegen endlich erreichte zweite deutsche Demokratie von 1949 und ihre Verfassung, das Grundgesetz (GG) der Bundesrepublik, war vor allem eine dezidierte Anwort auf jene totalitäre Diktatur des Nationalsozialismus, die den Zweiten Weltkrieg entfesselt und die Völker Europas, vor allem aber die Juden und die Slawen, mit Unterdrückung und Vernichtung überzogen hatte. Als Grund und Antrieb sollte dieser verhängnisvolle historisch-politische Zusammenhang von einzigartiger Bedeutung auch für den wesentlichen Gehalt und den dauerhaften Erfolg des Grundgesetzes sein.

Gewiß sind Verfassungen überhaupt meist in Situationen der politischen Umwälzung oder Staatsgründung entstanden. Aber nach dem Scheitern der ersten deutschen Republik samt ihrer Verfassung von 1919 und nach der totalen Niederlage der deutschen Diktatur von 1933–1945 war diese zweite deutsche Chance zur Demokratie unerwartet rasch mit der Zuspitzung der Ost-West-Spannung gekommen, und sie wurde ungleich erfolgreicher als die bisherigen Versuche demokratischer Revolutionen im Deutschland von 1848/49 und 1918/19 genutzt. Allerdings mußte dies mit der zwar vorläufigen, doch langdauernden Abtrennung einer sowjetisch besetzten »Ostzone« als DDR von Moskaus Gnaden bezahlt werden.

Um so bestimmter ging aber im verfassungsgebenden Parlamentarischen Rat von 1948/49 die Blickrichtung dieser zweiten deutschen Demokratie der Bundesrepublik und ihres zunächst als Provisorium gedachten Grundgesetzes von Anbeginn gegen die Diktatur – vor allem gegen die alte, nationalsozialistische, doch nun auch in Anschauung der neuen, werdenden kommunistischen Diktaturen im Osten Deutschlands und Europas. Denn dies war, nach 1933 und 1945 und bis 1989, eben das nicht Provisorische, sondern Definitive am Grundgesetz: Das »nie wieder Diktatur« stand vor allem anderen, es bedingte und schloß auch das »nie wieder Faschismus und Krieg« und »nie wieder Auschwitz« ein. Das Urübel war zuerst und vor allem: die Diktatur, die überhaupt erst alle jene Verführungen und Verbrechen möglich macht. Und das hieß zugleich: Nie wieder sollten wie 1933 auch scheinlegale Unterwanderung und Mißbrauch der Verfassung zur Überwältigung freiheitlich rechtsstaatlicher Demokratie möglich sein. Es ging daher um eine verteidigungsbereite und antitotalitäre, stabilitätssichernde und wertbetonte Verfassung.

Das zeigen schon die so verschiedenen Anfangssätze. Die Weimarer Verfassung begann nur mit der Feststellung der Staatsform: »Das Deutsche Reich ist eine Republik. Die Staatsgewalt geht vom Volke aus« (Art. 1). Das Grundgesetz von Bonn hingegen mit der Präambel: »Im Bewußtsein seiner Verantwortung vor Gott und den Menschen, von dem Willen beseelt, seine nationale und staatliche Einheit zu wahren und als gleichberechtigtes Glied in einem vereinten Europa«, und mit dem unveränderbaren Art. 1: »Die Würde des Menschen ist unantastbar. Sie zu achten und zu schützen ist Verpflichtung aller staatlichen

Gewalt.«Sowie:»Das deutsche Volk bekennt sich darum zu unver-letzlichen und unveräußerlichen Menschenrechten als Grundlage jeder menschlichen Gemeinschaft, des Friedens und der Gerechtigkeit in der Welt.«Und anders als in der WV binden auch die folgenden Grund-rechte»Gesetzgebung, vollziehende Gewalt und Rechtsprechung als unmittelbar geltendes Recht.«

Dahinter steht nun die Erkenntnis der vollständigen eigenen Nie-derlage als Voraussetzung des Neuanfangs, an der es ja nach dem Ersten Weltkrieg gefehlt hatte; und andererseits auch die sogleich be-gonnene Auseinandersetzung mit der jüngsten Geschichte, die freilich politisch und ideologisch zwischen den Besatzungsmächten durchaus kontrovers verstanden wurde, nach dem Ende der relativ kurzlebigen, doch politisch-ideologisch so machtgewaltigen und menschenfeindli-chen Totaldiktatur des Nationalsozialismus.

Denken wir noch an das Jahr 1989, so steht Deutschland also min-destens dreimal in diesem zu Ende gehenden Jahrhundert vor dem Pro-blem eines nationalen und zugleich demokratischen Geschichtsbruchs. Zuerst geschah dies nach der Katastrophe des Ersten Weltkrieges, und die notwendige Auseinandersetzung mit der Vergangenheit ist damals mit schweren Folgen für das ganze Jahrhundert mißlungen – übrigens nicht nur in Deutschland. In Deutschland selbst debattierte man seit 1918 heiß und unversöhnlich über den Zusammenbruch des Kaiser-reichs und die Ursachen des Krieges, die man so eifrig wie meist ein-seitig zu dokumentieren suchte – im Streit über die»Kriegsschuldfrage« vor allem. Andererseits geriet man über die Schuld an der deutschen Niederlage und die Folgen der Revolution in erbitterte historisch-politi-sche Auseinandersetzungen der ganzen Nation und zwischen den Na-tionen. Es war diese andauernde Nichtbewältigung der Erbschaft des Krieges, die dann wesentlich zum Niedergang der ersten deutschen Re-publik und zur Diktatur Hitlers beitrug. Schon der Kampf gegen den als äußerst scharf und ungerecht empfundenen Friedensschluß von 1919, das»Diktat«von Versailles, fand angesichts einer vermeintlich unglücklichen, unverdienten Niederlage bei Nationalsozialisten wie auch Demokraten und Kommunisten weiten Widerhall, ja, man kann in der Anti-Versailles-Parole überhaupt den fast einzigen Grund- oder doch Minimal-Konsens der politisch verhängnisvoll zerspaltenen und prinzipiell umstrittenen ersten deutschen Demokratie sehen.

Nach 1945 entbrannte eine nun erfahrungsschwere, selbstkritische
Auseinandersetzung um die Grundfrage, wann und wie die verhängnisvolle Weichenstellung der deutschen Geschichte zu einem letztlich
totalitären Rassismus, Sozialdarwinismus und Führerkult erfolgt sei.
Deren Wurzeln lagen gewiß schon im Europa des 19. Jahrhunderts. Politisch konkretisierbar und verhängnisvoll freilich werden sie erst mit
den schwerwiegenden deutschen Fehlbeurteilungen und schließlich
Fehlentscheidungen auf dem Weg vom verlorenen Weltkrieg zur nationalsozialistischen Machtergreifung von 1933: Aus einem älteren deutschen Sonderbewußtsein führt ein diktatorisch-totalitärer Sonderweg
in die selbstverschuldete, von Zerstörung und Verbrechen gebrandmarkte Katastrophe des »Dritten Reiches«.

Bei der zum zweiten Mal und ungleich dringender geforderten
Bemühung um historisch-politische und moralische Selbsterkenntnis
spielte aber nach 1945 anders als 1918 gerade das Ausmaß der Katastrophe und der Schuld eine bedeutsame Rolle. Denn es brachte mit der
Spaltung Deutschlands und Europas zugleich im bald einsetzenden
»Kalten Krieg« eine lange Kraftprobe zwischen Ost und West, das
heißt zwischen Kommunismus und liberaler Demokratie mit sich. Es
war gerade die tief und schmerzlich einschneidende Spaltung, die den
Prozeß vorantrieb; von der Berlin-Blockade 1948 über die beschleunigte Gründung zweier so verschiedener deutscher Staaten schuf sie
den Raum und die politisch-geistigen Impulse für eine Aufarbeitung
von Vergangenheit, das heißt einer westlich-freiheitlichen und möglichst umfassenden Geschichtsbemühung im Unterschied zur einseitig
kommunistischen, selektiv-dogmatischen Aufklärungsmethodik in Ostdeutschland. Dies trug neben dem wirtschaftlichen Aufschwung im
Westen sehr bald zur politischen und internationalen Glaubwürdigkeit
der größeren Bundesrepublik bei, die in die europäisch-atlantische Po-
litik- und Geschichtskultur hineinwachsen konnte – anders als nach
1918 im Zeichen der großen Nationalismen und Sonderwegsideen.

Schon in diesen frühen 50er Jahren haben wir damals jüngeren Zeithistoriker und Politikwissenschaftler uns bemüht, historische Beispiele
zur Aufklärung des Scheiterns der ersten deutschen Demokratie und
der Machtergreifung einer totalitären Diktatur von scheinbar grenzenloser, weil unbeschränkter Verführungs- und Wirkungskraft zu erarbeiten. Es geschah mit dem Ziel, nicht nur Ursachen und Katastrophen

des miterlebten Zweiten Weltkriegs zu verstehen – wie war es möglich? –, sondern diese Vergangenheit auch politisch und moralisch – im Sinne des Wortes – zu »bewältigen«, soweit dies überhaupt ging. Natürlich wollte man damit auch besser für die Auseinandersetzungen mit den politischen Gegenwartsproblemen einer neuen deutschen Demokratie gerüstet sein.

Dies geschah mit der Forderung und dem Bemühen eines Lernens aus der Geschichte mittels freier Information durch ein möglichst weit gespanntes politisches Bildungswesen, an dem mit freien Trägern auch Staat und Parteien (Stiftungen) gleichermaßen konkurrierend beteiligt waren. Das so oft bezweifelte Lernen aus der Geschichte hat in diesem Zusammenhang jedenfalls, durch die historisch fundierte Anschauung von Gewaltherrschaft und Diktatur einst und jetzt einerseits, durch die uns tragende erfolgreiche westeuropäisch-atlantische Kooperation und Integration andererseits, jenes bald geflügelte Wort F. R. Allemanns hervorgebracht: »Bonn ist nicht Weimar«. Das bedeutete Geschichte also zugleich als Abschreckung.

Denn um so mehr steht daher, wie kein anderes Staatswesen, die Bundesrepublik vom Beginn ihrer 50jährigen Geschichte bis zum heutigen Tag unter dem ausdrücklichen Bemühen, historisch-politische Erfahrungen zu beachten und daraus Nutzen für die Zukunft zu ziehen. Sie bietet ein Beispiel für die Bedeutung sowohl der Positiv- wie der Negativlektionen (Hans-Peter Schwarz) jener Geschichte, deren Gewicht ganz wesentlich schon die Verfassungsentscheidungen des Parlamentarischen Rats 1948/49 in Bonn bestimmte. Freiheit, Einheit, Europa waren die Zielvorstellungen, aber der Schaffung einer neuen, stabileren Demokratie mußte die Hauptsorge gelten. So waren es damals gerade ehemalige Weimar-Politiker, die sich dagegen gewandt haben, den demokratiehemmenden Dualismus von Parlaments- und Präsidialsystem zu wiederholen und die zweite Republik allzusehr mit plebiszitären Einrichtungen zu belasten. Nie mehr auch sollte eine bloß negative Mehrheit den Kanzler stürzen (daher konstruktives Mißtrauensvotum, ja Kanzlerdemokratie), nie der Präsident mehr als Ersatzgesetzgeber das Parlament ausschalten können, die Demokratie überhaupt nicht auf legalem Weg zu beseitigen sein. Auch die dezidierte Anerkennung der Parteien gehörte zum künftigen demokratischen Verfassungsverständnis.

Geschichtlicher Erfahrung entsprach es aber auch, daß als Grundlage einer modernen Verfassung die Trias: Menschenrechte – Demokratie – Gewaltenteilung verankert und zugleich mit der stärkeren Gewichtung der Grundrechte das Prinzip der »wehrhaften Demokratie« dem Weimarer Beispiel demokratischer Wehrlosigkeit entgegengesetzt wurde. Es galt, einer deutschen Tradition zu wehren, die immer wieder zwischen Staatsvergottung oder Staatsenthaltung geschwankt hat. So haben in der Grundrechtsdebatte auch Liberale wie Theodor Heuss neben den Rechten des einzelnen, die nach der Zwangsherrschaft besonders schutzwürdig waren, zugleich die Pflichten des Bürgers und die Kraft des Staates als Gemeinwesen zur Grundbedingung jeder demokratischen Ordnung erklärt: »Jeder Staat, auch der demokratische Staat, ruht auf Befehlsgewalt und Gehorsamsanspruch, und der demokratische Staat hat darin sein Wesenhaftes, daß er einen Herrschaftsauftrag auf Frist, also auch kündbar, enthält.« Das war die Überzeugung, die beiden Seiten entgegengehalten wurde: den allzu Staatsbeflissenen die deutliche Befristung der Macht, dem antistaatlichen Mißtrauen der starke Begriff des Herrschaftsauftrages.

Diese doppelte Bedeutung des Verfassungsbegriffs, dieses Wechselverhältnis von konstitutioneller Ordnung und politischer Kultur ist für die Geschichte der Demokratie in Deutschland grundlegend. Denn um zu verstehen, warum die erste Republik von Weimar gescheitert ist und warum die Demokratie von Bonn sich behauptet, genügt weder eine bloß politische noch ein bloß verfassungsrechtliche Betrachtung. Vielmehr bedarf es vor allem eines geschärften Verständnisses des veränderten geschichtlichen Zusammenhangs.

Das Scheitern der ersten deutschen Republik lag vor allem auch an der geringen Vorbereitung von Bevölkerung und Parteien für eine Staatsform, die ohne die positive Teilnahme und auch politische Einsicht der Staatsbürger in die Notwendigkeit von Kompromissen und Minimalkonsens nicht bestehen kann Nicht die Verfassung von Weimar war so sehr »schuld« an der Auflösung und Zerstörung der ersten deutschen Demokratie; das waren vor allem ihre Gegner und Unterminierer in Politik, Publizistik und leider auch in der Wissenschaft; aber dieses so perfekte Verfassungswerk erwies sich eben leider als allzu theoretisch, lückenhaft und leider überaus mißbrauchsfähig, im Grunde verteidigungsunfähig.

Letztlich dominierte oder überwog doch jenes »antidemokratische Denken«, das Kurt Sontheimers inzwischen klassisches Buch von 1962 so eindrucksvoll beleuchtet hat.

Andererseits aber gab es fortdauernde Zeugnisse von Weimarer Kultur und demokratischer Politik, wie sie Horst Möller besonders in seinem großen Werk über den Parlamentarismus gerade im Preußen der Weimarer Koalition (bis zum verhängnisvollen »Papenstreich« am 20. Juli 1932) mit vollem Recht hervorgehoben hat.

Es war also keine verdammenswerte Republik, wie Kommunisten und Nazis in totalitärem Unisono sagte, sondern eine im Grunde unglückliche, von Gegnern umstellte Republik, aus deren Scheitern wir aber das lernen konnten, was unserer Zweiten Republik zu fast unerwartetem Erfolg und 50jähriger Dauer verhalf. Und dazu gehören jene elementaren Hauptvoraussetzungen einer freiheitlichen Demokratie, die schon im Grundgesetz von 1949 klarer, verbindlicher und wirkungsvoller ausgesprochen wurden als je zuvor. Sie wurden vor allem aber in der Praxis ernster genommen und zur tatsächlichen Basis der politischen Entwicklung selbst gemacht. Mit solchen Verbesserungen aufgrund bitterer Erfahrung wurde wesentlichen Schwächen der historischen, nicht nur der deutschen Demokratie entgegengewirkt: ihrer potentiellen Instabilität, Funktionsschwäche, Schutzlosigkeit. Damit wurde auch die traditionelle Kritik an der demokratischen Prozedur abgemildert. Auch die starke Stellung des Bundesverfassungsgerichts war eine Antwort auf das Versagen der Verfassungskultur gegenüber dem Zug zur Diktatur zumal 1932/33.

Die Identifizierung der Bevölkerung mit Staat und Verfassung machte, umgekehrt wie nach dem Ersten Weltkrieg, stetige Fortschritte. Nach wenigen Jahren wich eine eher passive Einstellung zur westdeutschen Demokratie der wachsenden Zustimmung einer Mehrheit; antidemokratische Gruppen schmolzen zu kleinen Minderheiten zusammen. Diese positive Gewöhnung wurde durch die Lebensdauer der Bundesrepublik, die steten wirtschaftlich-technischen Fortschritte und das wachsende Maß sozialer Sicherheit bestärkt. Kritiker der Bundesrepublik bemängeln bis heute die Abhängigkeit der politischen Stabilität von der ökonomischen Leistung des Systems. Dies rückt im Zeichen höherer Arbeitslosigkeit auch wieder die Weimarfrage in den Blick: Dabei geht es beim Zusammenwachsen für Ostdeutschland be-

sonders um das politisch-mentale Eingewöhnen in bislang ungewohn-
te demokratische Strukturen und Verhaltensformen. Schließlich der letzte wichtige Unterschied: Weimar stand allein.
Das Grundgesetz von 1949 dagegen stellt Deutschland in die europäi-
sche Gemeinschaft der Demokratien. Es stammt aus derselben Zeit wie
die von den Vereinten Nationen beschlossene Allgemeine Erklärung
der Menschenrechte und die Konvention über Verhütung und Bestrafung des Völkermordes und erinnert uns nach einem Jahrhundert deutscher und europäischer Geschichtsbrüche immer wieder mahnend an
jenes freiheitlich demokratische Bemühen, das unsere zweite deutsche
Republik unter dem Willen: »Nie wieder Diktatur!« überhaupt erst
möglich gemacht und instand gesetzt hat, getreu der Präambel des
Grundgesetzes »als gleichberechtigtes Glied in einem vereinten Europa
dem Frieden der Welt zu dienen«. So können wir heute sagen: Bonn
war nicht Weimar. Berlin wird es hoffentlich auch nicht.

Adenauer und die Kanzlerdemokratie

Blickt man auf das erste Vierteljahrhundert deutscher Geschichte nach
dem Zweiten Weltkrieg, dann zeigt sich vor allem die große Bedeutung
der »Ära Adenauer« für die Gewöhnung der Westdeutschen an ein sta-
biles, verläßlich funktionierendes politisches System mit dezidiert demokratischen Institutionen: die 1949 gegründete Bundesrepublik, die
80 Prozent der Deutschen umfaßte.
    Dies war im Kontrast zu den Krisen und Katastrophen der Weima-
rer Republik von 1918 wie der deutschen Diktatur von 1933 der historisch entscheidende Vorgang. Viele jener Eigenschaften und Aktionen des ersten Bundeskanzlers, des 1949 schon 73jährigen Konrad
Adenauer, unterlagen damals der begründeten Kritik der Zeitgenossen,
aber sie gewannen im Blick auf das erstaunliche Gelingen des Übergangs von einer totalitären Diktatur zur zweiten deutschen Demokratie eine zunehmend positivere Qualität: das hohe Alter Adenauers und
seine lange Regierungszeit, seine Verachtung von Theorien und Ideologien, die Skepsis gegenüber moralisierenden oder spekulativen Auf-
fassungen von Politik und die in langer Verwaltungs- und Kommunal-
erfahrung geschulte, nüchterne, taktisch versierte Regierungs- und
Führungstechnik.

So kam ein Element der Dauer in jenen politischen Fluß und Wechsel, der für neue Demokratien charakteristisch ist, sie oft genug schwächt und sie als instabil gelten läßt. Mehr noch: Die Vaterfigur des Kanzlers war eine Brücke nicht nur zur Weimarer Republik, sondern zurück bis zum Kaiserreich.

Der Mittelkurs zwischen einer skeptischen Distanz zur deutschen Geschichte und gleichzeitig ihrer Fortführung unter veränderten Umständen war es, der Adenauer zu einem Symbol der Verbindung zwischen Altem und Neuem machte. Es war die Kontinuität des »anderen Deutschland«, denn an der Gegenposition zum Nationalsozialismus bestand kein Zweifel. Aber es war zugleich das von schwerer und begründeter Kritik begleitete Unterfangen, auch ehemalige Nationalisten und Nationalsozialisten, Enttäuschte und Vertriebene einzubeziehen, wobei viele zweifelhafte Kompromisse in der Koalitions- und der Personalpolitik stattfanden. Was aber vielen als machiavellistische Bedenkenlosigkeit erschien, wurde zur Wegbereitung für die Integration. Sie führte in den neuen Staat und in die wenigen Parteien, die den Weg zu integrierenden »Volksparteien« zu gehen vermochten: Neben der CDU gelangte auch die SPD auf den Kurs einer Integration aller gesellschaftlichen Gruppen; nur die FDP konnte sich noch gegenüber der Sogwirkung behaupten.

Der patriarchalische Stil des Kölner Oberbürgermeisters von 1917 bis 1933 ging nun in die Auffassung einer Kanzlerregierung ein, die weniger auf kollegialer Kabinettspolitik denn auf persönlicher Führung mit Hilfe einer starken und zuverlässigen Verwaltung beruhte. Einige klare Grundgedanken, an denen er stark und starr festhielt, machten die charakteristische Sicherheit aus, mit der Adenauer die politischen Möglichkeiten seines Amtes ergriff und sie oft genug ohne Skrupel nutzte, weil er den intellektuellen Zweifel kaum kannte. Aber mit dieser einlinigen Verfolgung seiner Politik vermochte er die Position des Kanzlers voll auszuschöpfen und zugleich die klare Frontstellung zu vertreten, aus der die Entwicklung der Bundesrepublik so rasch in die wirtschaftliche und politische Stabilisierung führte.

Es war die Frontstellung des kalten Krieges. Aber nicht ein preußischer Militarist vom Schlage Wilhelms II. oder Hindenburgs repräsentierte sie, sondern ein bürgerlich-katholischer Zivilist, dessen Stärke im taktischen Geschick und in der Ausdauer lag, mit der er die Grund-

position des Staates von 1949 gegenüber allen anderen Möglichkeiten
behauptete und ausbaute: außenpolitisch die volle Westorientierung
gegen jeden Neutralismus, innenpolitisch den bürgerlichen Rechtsstaat
gegenüber radikaldemokratischen Experimenten. Eine Politik des effi-
zienten Verwaltungs- und Wirtschaftsstaates, abgesichert in einer anti-
kommunistischen Sicherheitsallianz, die vor allem die Stabilisierung
einer souveränen Bundesrepublik im europäisch-atlantischen Verband
zum Ziel hatte – das war die historisch zu nennende Weichenstellung
der Ära Adenauer.

Nicht zuletzt aber war es die neue Form der »Kanzlerdemokratie«,
die im Vergleich zur permanenten Autoritätskrise der Weimarer Republik schon bald eine veränderte Einstellung der Bevölkerung bewirkte.[1]
Die Konsolidierung der Republik wurde mit dem Kanzlerregime Adenauers identifiziert, und auch jene Konzentration des Parteiensystems
auf wenige große Gruppierungen, die einen grundlegenden Wandel gegenüber der Zersplitterung des Weimarer Parteienfeldes ausmacht. Der
persönliche Stil Adenauers, seine oft als autoritär kritisierte »Politik
der einsamen Beschlüsse«, die eher auf die Diskussion mit einem enge-
ren Kreis von Gesprächspartnern als mit den zuständigen Gremien von
Partei, Parlament und Regierung zurückging, ist zuweilen mit Bismarcks
oder de Gaulles Regierungsweise verglichen worden. Doch der Unterschied ist beträchtlich. Adenauer wirkte durch Einfachheit, Nüchtern-
heit, betonte Bürgerlichkeit.

Diese positive Perspektive der umstrittenen Innenpolitik Adenauers
tritt wohl erst heute so richtig hervor, da sich das Obrigkeitliche in der
innenpolitischen Atmosphäre jener Zeit verflüchtigt hat und die stabilisierende, integrierende Wirkung dieser durch und durch zivilen
Regierung in ihrer historischen Konsequenz sichtbar wird: endlich die
Begründung und Bestätigung einer demokratischen Tradition aus den
Brüchen der neueren deutschen Geschichte geschaffen zu haben.

Zunächst schien der Preis dafür fast zu hoch: Stagnieren der
Deutschlandpolitik, Tabuisierung des Problems der Ostgrenze, Gegensatz zwischen Wiedervereinigungsanspruch und faktischer Westinte-
grationspolitik. Seit den Berlin-Krisen von 1958 und 1961 wurde zunehmend deutlich, daß die Zeit nicht für eine Taktik des Verschiebens
und des Vertrauens auf automatische Verknüpfung von Westpolitik,
Wirtschaftswunder und Wiedervereinigung arbeitete.

Diese Basis der Kanzlerschaft sollte sich als brüchig erweisen. Ihre Widersprüche haben die Auseinandersetzungen und Veränderungen am Ende der Ära Adenauer (1963) bestimmt und schließlich auch zum Wechsel der Regierungskonstellation selbst (1969), zum »Machtwechsel« Willy Brandts beigetragen.

Aber die Zustimmung der Westdeutschen zur zweiten Republik war zu dem Zeitpunkt, als Adenauer dem zweiten Bundeskanzler Platz machte, größer als jemals in der Geschichte der deutschen Demokratie. Während 1951 noch fast die Hälfte der Bevölkerung der kaiserlichen Zeit vor 1914 und fast ebenso viele der Hitlerzeit nachgetrauert hatten, waren 1964 zwei Drittel der Westdeutschen überzeugt, es sei Deutschland noch nie in diesem Jahrhundert so gut gegangen wie jetzt. Wenngleich vor allem ökonomisch motiviert, bewies dieses Maß an Zustimmung zur Bundesrepublik im Unterschied zur Ablehnung der Weimarer Republik sowohl die Tiefe der Zäsur der »deutschen Katastrophe« (Friedrich Meinecke) von 1945 wie auch die stabilisierende Wirkung der neuen Kanzlerdemokratie. Obwohl die nationalen Einbußen viel schwerer waren als nach der Niederlage von 1918, wurde jetzt nicht mehr kurzschlüssig die Demokratie dafür verantwortlich gemacht.

Die Wandlungen der Adenauer-Interpretationen gehen einher mit den Wandlungen des Demokratieverständnisses. In den letzten zwei Jahrzehnten sind sie besonders gekennzeichnet durch den Wert, der wieder der innenpolitischen Stabilität der Bundesrepublik beigemessen wird.

Das kontrastiert deutlich mit den Reformtendenzen der 60er Jahre; mancher Kritiker der vielerörterten »Tendenzwende« um 1980 fühlt sich an die so umstrittene wie populäre Parole »Keine Experimente« erinnert, unter der Adenauer seine größten Wahlsiege errang. Aber im selben Maße, in dem lange vermißte Reformen und erwünschte Veränderungen mehr und mehr auch in ihren problematischen Aspekten erfahren werden, tritt die Bedeutung der Ära Adenauer hervor und die Rolle, die sie bei der Anpassung der Deutschen an die moderne Demokratie und ein funktionsfähiges Parteiensystem gespielt hat.

Es bleibt die große, entscheidende Leistung des ersten Bundeskanzlers, die auch der politische Gegner anerkennt, durch seine Person wie seine Politik den notwendigen »Abstand zu dem geschaffen zu haben, was zuvor geschehen war, Zeit gewonnen zu haben für diesen neuen Staat« (Willy Brandt). So trug er wesentlich dazu bei, daß Weimarer Verhältnisse nicht wiederkehrten. Von dem verhängnisvoll scheiternden Heinrich Brüning, dem einstigen jüngeren Rivalen um die Reichskanzlerschaft der Weimarer Republik, unterschied ihn das tiefere Verständnis für die Realität der Politik. Noch in einem Gespräch mit Golo Mann (1966) hat Adenauer dies auf seine Weise deutlich gemacht: »Aber Brüning war so sehr theoretisch! Ein grundanständiger, integrer Mann, aber kein Politiker, durchaus theoretisch.«

Man mag Adenauer einen Konservativen nennen, aber er durchbrach die deutsche Tradition, auf unpolitische Weise angeblich überparteiliche, ja überpolitische Politik zu machen. Das bewirkte eine Veränderung des politischen Selbstverständnisses, auf dem die zweite deutsche Demokratie beruht. Sie ist nicht mehr der »Adenauer-Staat«, als der sie gerühmt oder getadelt wurde; aber sie ist ohne Adenauer heute so wenig wie damals zu denken – in ihrem Aufstieg wie in ihren Grenzen.

Abschied von Bonn?

Fünfzig Jahre nach Gründung der Bundesrepublik Deutschland in Bonn ist nun die zweite deutsche Demokratie dabei, unter mancherlei Bedenken und tönenden Schlagworten wie dem von einer künftigen »Berliner Republik« aus der länger als zunächst erwartet provisorischen in die sehr betont definitive Hauptstadt umzuziehen. Sie folgt also nicht der Abneigung fast aller föderalistischen Staaten, die größte Metropole auch noch zum Sitz von Parlament und Regierung samt Präsident zu machen (Ausnahme: Wien). Es geht auch um mehr als den Streit über Nomenklaturen und Selbstbezeichnungen, wie ihn wohl kein anderer Staat führt; Bezeichnungen wie »Weimarer Republik« wurden ja erst nachträglich für die erste deutsche Demokratie verwendet – und dann leider eher als Abschreckung denn als ehrende Erinnerung an den historischen Verfassungsort von 1919.

Es geht heute vielmehr um die 50jährige Dauer und die erwarteten Veränderungen in der Bundesrepublik, nachdem die Verfassung des Grundgesetzes sowie Parlamente und Regierungen eines freien Westdeutschland mit Sitz in Bonn dieser zweiten deutschen Republik über vier Dezennien bis zur Wiedervereinigung und dann noch ein weiteres Jahrzehnt bis heute auch Gesamtdeutschland das Gepräge gegeben haben. Dabei hoben scharfsinnige Betrachter auch von außen schon früh den betonten Unterschied oder Gegensatz der »Bonner Demokratie« zur Weimarer Republik hervor (wie u. a. etwa Alfred Grosser 1960) und prägten die klassische Kurzformel: »Bonn ist nicht Weimar« (Fritz René Allemann 1956).

Nicht zuletzt war es die Geschichte einer geteilten Nation, die sich im Westen mit dem Aufbau einer neuen Demokratie erfolgreicher als das erste demokratische Experiment von Weimar in der verhängnisvollen Zwischenkriegszeit Europas von 1918 bis 1939 zu behaupten wußte, in der Parlamentspolitik weithin mit Krise und Scheitern gleichgesetzt und darum auch das Kommen der ersten deutschen Diktatur hingenommen oder gar erstrebt wurde. Doch wurde im selben Jahr 1949 auf sowjetisches Geheiß eine gegensätzliche »Volksdemokratie« in Ostdeutschland gegründet: die DDR, die über 40 Jahre unter faktischer Einparteiherrschaft der SED eine zweite deutsche Diktatur war.

In dieser Doppelheit deutscher Zeitgeschichte nach der totalen Niederlage von 1945 lag eine tiefe Spannung und Problematik beschlossen, die den beiden so unerwartet raschen Staatsbildungen wesentlich wurde. Sie war Nachkriegsgeschichte, die aus der »deutschen Katastrophe« des Hitlerregimes herausführte, und zwar in steter Auseinandersetzung mit der Grunderfahrung der »deutschen Diktatur« von 1933 bis 1945. Aber sie erhielt einen starken zusätzlichen Antrieb aus der höchst aktuellen Konfrontation zwischen den Supermächten in Ost und West – und aus den so gegensätzlichen politischen Werten, die sie vertraten: diktatorische Einparteiherrschaft oder freiheitliche Demokratie. Dieses Spannungsgefüge hat die Begründung und Entwicklung von zwei so unterschiedlichen Regierungssystemen auf dem Boden des durch Vertreibung und Besetzung verkleinerten deutschen Nationalstaats bestimmt, und es wurde noch kompliziert und verschärft durch die militärischen und ökonomischen Strategien eines »Kalten Krieges«, der in seinen Grundzügen trotz allen Beteuerungen der Entspannung bis ans Ende der achtziger Jahre reichte.

Zumal die Bundesrepublik Deutschland war aber nicht nur Objekt, sondern zunehmend auch Subjekt jener Entwicklung, die binnen weniger Jahre zu scheinbar unumstößlichen Entscheidungen geführt hat.

Die Abhängigkeit deutscher Politik von der internationalen Machtlage
trat vor allem in den großen Weichenstellungen von 1948/49 klar zu-
tage. Von Anfang an hingen die Bewältigung der Kriegsfolgen, die
Organisation des Wiederaufbaus und die Sicherung der dafür notwendigen Kooperation mit den westlichen Alliierten aufs engste mit der
Einordnung des besetzten Deutschland in die bipolar gespaltene Euro-
pa- und Weltpolitik zusammen. Die Handlungsfähigkeit deutscher Politik gewann dadurch aber bald wieder an Gewicht.

Das galt vor allem für die politische Orientierung und demokratische Entfaltung der Bundesrepublik Deutschland. In ihr erfuhr man
den wesentlichen Unterschied zur sowjetisch bestimmten Gründung
der DDR und ihrer politisch-gesellschaftlichen Form als einer diktatorisch gesteuerten »Volksdemokratie«. Beide Staaten standen zwar im
Zeichen der Blockbildung und unter der Kontrolle der Siegermächte,
doch trat der grundlegende Unterschied von Anfang an aufs deutlichste hervor: Im Osten kam es anstelle der in den ersten Nachkriegsjahren proklamierten »Demokratisierung« zur Durchsetzung einer von
der Sowjetunion abhängigen kommunistischen Parteidiktatur, im Westen hingegen wurde die stufenweise Änderung des Besatzungsregimes
in ein System der internationalen Kooperation erreicht – mit dem historisch so bedeutsamen Ziel, die negative Kontrolle Deutschlands in
eine positive Kontrolle durch Integration mit europäischer und atlan-
tischer Ausrichtung zu verwandeln.

Diese Zielsetzung war denn auch die zukunftsträchtige Substanz
der Verhandlungen und Verträge, die in wenigen Jahren vom Marshall-
Plan über die Westeuropäische Union, den Europarat, die Europäische
Gemeinschaft für Kohle und Stahl schließlich zu den Deutschland-
verträgen und zur Europäischen Gemeinschaft geführt haben. Hier lag
auch der fundamentale Unterschied zur Nachkriegszeit von 1918/23,
als der Rückfall in ein Europa der Nationalstaaten die tödliche Krise
der Demokratie und den diktatorischen Aufstieg aggressiv-revisionisti-
scher Bewegungen und Systeme, voran des italienischen Faschismus
und dann des deutschen Nationalsozialismus, ermöglicht hatte. Nun
aber eröffnete diesseits des sowjetischen Machtbereichs eine Politik der
engen europäischen Zusammenarbeit in Anlehnung an die USA mit der
Zielvorstellung ökonomisch-politischer Integration, die sich auf Pläne
der Widerstandsbewegungen im Kriege und eine Vielfalt von Europa-

Bewegungen in der frühen Nachkriegszeit berufen konnte, auch konkretere Perspektiven für eine übernationale, eine »postnationale« Lösung des deutschen Staatsproblems. Sowohl mit Blick auf die Wirtschafts- und Sicherheitspolitik wie besonders auf die Stabilisierung der neuen deutschen Demokratie gewann die Europa-Idee eine machtvolle Funktion: Sie bot ein neues, weiter gefaßtes Bezugssystem, nachdem der übersteigerte Nationalimperialismus des NS-Regimes nationalstaatliches Denken als letzte Instanz in schwerste Krisen geführt hatte.

Es gibt keine einfache Antwort auf die Frage, welcher der zahlreichen Faktoren in erster Linie für die letztlich so viel glücklichere Bundesrepublik, verglichen mit der kurzlebigen Weimarer Demokratie oder andererseits mit der allzu langdauernden zweiten deutschen Diktatur in der DDR, namhaft zu machen ist. Außen-, Wirtschafts- und Innenpolitik sind gleichermaßen beteiligt. Der Verfassung, ihrer Anerkennung und Realisierung, sowie der Abwehr diktatorischer und radikaler Tendenzen kommt ebenfalls hohe Bedeutung zu. Grundlegend ist und bleibt aber schließlich die Einfügung zuerst West-, dann Gesamt-Deutschlands in den übernationalen Rahmen der Europapolitik; mithin der Verzicht auf eine in der Vergangenheit so verhängnisvolle nationalistische Machtpolitik, statt dessen das Streben nach Partnerschaft mit den Nachbarn und das Bewußtsein der wechselseitigen Abhängigkeit auf wirtschaftlichem wie auf politischem Gebiet.

Diesen supranationalen Erfordernissen hat die Verfassung der Bundesrepublik in besonderer Weise Rechnung getragen, indem sie eine Selbstbeschränkung der nationalstaatlichen Hoheitsrechte »zugunsten zwischenstaatlicher Einrichtungen« sowie »zur Wahrung des Friedens« und zur Unterbindung eines Angriffskrieges (Artikel 24 bis 26 des Grundgesetzes) vorsieht. Dies ist ein Novum in der Geschichte der modernen Staaten. Es entspricht – unabhängig von den Konsequenzen aus der jüngsten deutschen Geschichte – aber durchaus der Lage eines Landes in der Mitte Europas, das von den Entwicklungen im Osten und der Nord-Süd-Problematik nach wie vor in besonderem Maße betroffen ist. Die übernationale Offenheit, die auch die Verfassung zeigt, kommt der Europapolitik und den dafür grundlegenden deutsch-französischen Beziehungen zugute, die den tiefen Wandel gegenüber der früheren Geschichte besonders eindringlich demonstrieren. »Verfas-

sungspatriotismus« (Dolf Sternberger) statt Nationalismus lautete
denn auch ein Stichwort, das neben dem problemreichen Bemühen um
eine Wiederherstellung des deutschen Nationalstaats zum Kern des
Staatsverständnisses erhoben wurde.

Die Politik des ersten Bundeskanzlers Konrad Adenauer, der von
1949 bis 1963 unerwartet lange (73- bis 87jährig) an der Regierung
blieb, stützte sich von Anbeginn voll auf jenen supranationalen Aspekt
der Europapolitik. Angesichts der machtpolitischen Verhältnisse in Osteuropa am Ausgang der vierziger Jahre wurde die nationalstaatliche
Argumentation der sozialdemokratischen Opposition unter Führung
Kurt Schumachers von der Mehrheit der westdeutschen Bevölkerung
nicht als realisierbare Alternative angenommen. Das proklamierte Ziel
einer Wiedervereinigung rückte zwar immer weiter in die Ferne,
während die Stabilisierung der Kooperation mit dem Westen dem unmittelbaren Bedürfnis nach Wiederaufbau und Sicherheit entsprach.
Adenauer folgte aber, wie seit 1947 auch schon Schumacher auf seine
Weise, der sogenannten »Magnetheorie«, der zufolge die wachsende
Anziehungskraft des westlichen Lebensstandards letztlich zur Überwindung der Teilung Deutschlands und Europas führen würde (nur
in der Dauer täuschte man sich). Unter diesem Vorzeichen stand aber
für CDU und FDP die Entscheidung für eine liberal-demokratische,
marktwirtschaftlich-soziale Staats- und Gesellschaftsordnung. Zwangs-
wirtschaft und Sozialismus waren mit dem Odium der Diktatur, des
Kriegs- und Nachkriegselends belastet, und die aktuelle osteuropäische
Zwangssozialisierung, die ökonomische Dauerkrisen zur Folge hatte,
wirkte in unmittelbarer Nachbarschaft besonders wenig attraktiv, wie
auch die unaufhörlichen Flüchtlingsströme von Ost nach West bewiesen.

Im Hinblick auf die Herausbildung einer demokratischen politischen Kultur wirkte überzeugend die liberal-demokratische Erscheinung eines Theodor Heuss, der von 1949 bis 1959 erster Bundespräsident war. Die Bundesrepublik vermied mit ihm verfassungspolitische
Schwächen, die der Weimarer Republik schon früh zum Verhängnis geworden waren: Die Stellung von Kanzler und Regierung wurde gestärkt, das politische Gestaltungsvermögen des Präsidenten hingegen
begrenzt, und der parlamentarische Prozeß wurde gefestigt, indem der
Sturz eines Kanzlers von der Wahl eines neuen abhängig gemacht wird

–»konstruktives Mißtrauensvotum«–, auch ein Verbot antidemokratischer Parteien durch das Bundesverfassungsgericht wurde ermöglicht, schließlich die Zersplitterung des Parteienfeldes durch eine Fünf-Prozent-Klausel in den Wahlgesetzen erschwert. Der Sinn all dieser Bestimmungen war, eine Zerstörung der Demokratie mit pseudodemokratischen Mitteln zu verhindern, wie dies 1933 geschehen war; die modifizierte, wehrbereite Demokratie von Bonn sollte dem prinzipiellen Gegner nicht die unbeschränkte Toleranz gönnen, an der die Weimarer Republik zugrunde gegangen war.

Die Erfahrungen mit einem besser funktionierenden Parteiensystem führten – neben der Leistungsfähigkeit des Systems der Sozialen Marktwirtschaft – zu einer zunehmend positiven Bewertung der Demokratie selbst, an der es zwischen 1918 und 1933 gefehlt hatte. Über das Kanzlerregime eines großen alten Mannes mit fast patriarchalischer Autorität wurde eine Brücke von der obrigkeitsstaatlichen Tradition Deutschlands zur stabilen pluralistischen Demokratie geschlagen. Die historische Zersplitterung des Parteienwesens wurde durch eine Konzentration der politischen Gruppierungen auf zwei fast gleich große Parteien abgelöst – die alte SPD und die neue CDU –, neben denen sich als kleinere dritte Partei auf Dauer nur die Liberalen (FDP) und im letzten Jahrzehnt die »Grünen« behaupten konnten. Das Bonner System vermochte sich von den Problemen zu lösen, die für die zerklüfteten kontinental-europäischen Parteisysteme typisch waren und es zum Teil noch sind. Es war das Ergebnis eines längeren Prozesses der Entideologisierung und Pragmatisierung der Parteien, der im Godesberger Programm von 1959 die Liberalisierung der SPD und schließlich – wie in den Ländern, so auch im Bund – den Test eines vollen Regierungswechsels von der CDU zur SPD ermöglichte, wie dies zuerst 1969 durch die Bundestagswahl geschah.

Seit Mitte der sechziger Jahre – nach dem Ende der Ära Adenauer –, im Zeichen eines Wechsels der Generationen und der Veränderung der internationalen Situation gegen Ende des Kalten Krieges, kamen freilich auch die fortdauernden deutschlandpolitischen Probleme, das Unfertige des Bonner Staates stärker zum Vorschein, besonders dann im Zeichen der Entspannungspolitik der siebziger und achtziger Jahre. Gewiß hat das Bundesverfassungsgericht immer erneut das Offenhalten der deutschen Frage als verfassungspolitisches Gebot bestätigt. Von

einer Schaukelpolitik zwischen West und Ost konnte dabei nicht die
Rede sein. Die Bundesrepublik blieb angewiesen auf ihre Zugehörigkeit zu Westeuropa und auf Fortschritte der europäischen Integrationspolitik, der sie ihre Existenz und Entwicklung verdankte. Doch
wenn die Möglichkeit einer gesamteuropäischen Kooperation im Zeichen der KSZE seit 1975 konkrete Formen gewann, mußte sich auch
die Frage einer politischen Annäherung der zwei Staaten in Deutschland und ihrer Wiedervereinigung neu stellen. Dies setzte freilich Änderungen der weltpolitischen Konstellation voraus, die sich erst 1989
als Folge der Perestroika in der Sowjetunion ergaben.

Wie zwangsläufig war nun die deutsche Wiedervereinigung von
1989/90? Der Begriff »Wiedervereinigung« setzt ja voraus, daß eine
solche der beiden Staaten historisch begründet ist. Wie stark war die
Forderung nach staatlicher Einheit im Laufe der letzten 150 Jahre
wirklich? Tatsächlich hat sich der Wille zu einem deutschen Nationalstaat als Reaktion auf die Französische Revolution und den Imperialismus Napoleons erst relativ spät entwickelt. Die Bemühungen um
eine deutsche Staatsbildung waren von Anfang an geprägt vom Konflikt zwischen zwei schwer zu vereinbarenden Forderungen: dem Ruf
nach Freiheit und dem Verlangen nach Einheit. Dieser Konflikt, der in
seiner Komplexität hier nicht weiter zu erörtern ist, wurde schließlich
nach langen, auch revolutionären Auseinandersetzungen erst im Krieg
gegen Frankreich 1870 zugunsten der Einheit entschieden.

Unter dem Eindruck der Niederlage der Hitler-Diktatur und der sowjetischen Dominanz im Osten Deutschlands und Europas rangierte in
der Bundesrepublik nach der Spaltung von 1949 die Forderung nach
Freiheit vor dem Ruf nach Einheit. Die Forderung nach staatlicher
Einheit ist denn auch 1989 konkret eher politisch als historisch begründet worden: gerichtet gegen die Unterdrückung und Diktatur im
Osten Deutschlands und Europas.

Die westdeutschen Parteien spielten bei dieser Auseinandersetzung
eine wichtige, doch unterschiedliche Rolle. Die Christdemokraten gingen mehrheitlich vom Primat der Freiheit durch Westbindung aus
(Adenauer), während die Sozialdemokraten anfänglich (unter Schumacher) dadurch die Einheit gefährdet sahen. In der SPD war man der
Meinung, die Partei habe nach 1918 zu wenig für die nationalen Be-

dürfnisse getan. Nach der Rückkehr aus der Emigration hatten führende Sozialdemokraten auch die Sorge, die SPD könne wiederum als »unnational« gelten. Die Folge waren heftige Konflikte mit der CDU: So nannte der erste Oppositionsführer Kurt Schumacher den ersten Bundeskanzler Konrad Adenauer im Bundestag einen »Kanzler der Alliierten«, während dieser im Wahlkampf von 1957 einen eventuellen Sieg der SPD ebenso polemisch als »Untergang Deutschlands« bezeichnete. Die Position der SPD zur Einheitsfrage hat sich seitdem noch mehrfach gewandelt. In den letzten zwei Jahrzehnten tendierte sie, wie immer mehr Deutsche, angesichts der Sowjetmacht zur Hinnahme der faktischen Zweitstaatlichkeit, wobei die SPD noch kurz vor der Wende die Bewahrung einer gesamtdeutschen Staatsbürgerschaft überhaupt in Frage stellte.

Aber war der Konflikt zwischen Freiheit und Einheit für die Bevölkerung im Westen nicht eher theoretisch? Die Tatsache, daß die SPD bei den Wahlen in den fünfziger Jahren nie über dreißig Prozent hinauskam, zeigt in der Tat, daß die Mehrzahl der Westdeutschen unter dem Druck des Kalten Krieges vor allem auf die Sicherung der Freiheit, auf den Wiederaufbau und auf den ökonomischen Aufstieg setzte. Die Forderung nach Wiedervereinigung trat immer mehr in den Hintergrund, als die Westeinbindung der Bundesrepublik in NATO und EG erfolgt war und vor allem dann gegen den Bau der trennenden Mauer keine Hilfe kam.

Unter den großen Parteien gab es nach den heftigen Auseinandersetzungen um die Deutschlandpolitik seit Ende der fünfziger Jahre eine Art »nationalen Konsens«: Die Bundesrepublik war Teil der westlichen Allianz. Sie spielte in der Europapolitik eine aktive Rolle. Die Sicherheit der Bundesrepublik war völlig angewiesen auf die Westbindung, der ihre demokratische Wertbindung entspricht.

Fragt man, ob 1989 nicht eine deutsche Konföderation eine echte Alternative zum im Ausland befürchteten »großdeutschen« Einheitsstaat gewesen wäre, so ist doch offensichtlich, daß von »großdeutsch« bei dieser Vereinigung nicht die Rede sein konnte. Eine Konföderation war in der ersten Phase der »Wende« sehr stark im Gespräch. Dann aber überholte die aktuelle revolutionäre Entwicklung diese theoretische Möglichkeit. Das war allerdings nicht allein eine Folge des politischen Willens der Bundesrepublik, sondern lag vor allem an der inneren Schwäche der DDR als Staat, deren Bevölkerung aus der politisch-ökonomischen Not so rasch wie möglich herauswollte und an das Zusammengehörigkeitsgefühl aller Deutschen appellierte. Besonders aber hatte auch Bundeskanzler Kohl einen Blick dafür, daß das »Zeitfenster« für das »unerhörte Ereignis« der staatlichen Einheit vielleicht nicht unbegrenzt lang geöffnet war.

Angesichts dieses raschen Drängens nach staatlicher Einheit dürfen wir historische Erfahrungen mit früherem deutschem Nationalismus nicht überbewerten. Es ging den Menschen in der DDR zuallererst darum, eine Diktatur durch ein freiheitlich-demokratisches Staatswesen zu ersetzen. Dieses Ziel war ihnen wichtiger als die nationale Komponente. Heute stehen wir – anders als in früheren Perioden – unter dem Eindruck einer primär demokratischen Entwicklung. Aber bereits 1953 versuchte die Bevölkerung der DDR den Aufstand gegen ein undemokratisches System. Die Ereignisse von 1953 und 1989 sind durchaus vergleichbar. Der Unterschied besteht darin, daß 36 Jahre zuvor die sowjetischen Truppen eingriffen und im November 1989 nicht. Der Motor war bei beiden Entwicklungen die Befreiung von einem totalitären Regime und die Aufhebung der künstlichen Trennlinie zwischen den beiden deutschen Staaten. Vor allem der Wunsch nach Befreiung und Selbstbestimmung und nicht zuerst die Sehnsucht nach nationaler Einheit hat die Menschen in der DDR auf die Straße getrieben. Die nationale Sehnsucht kam erst danach hinzu. Zunächst hieß es: »Wir sind das Volk«, dann: »Wir sind ein Volk«. Das Wesentliche war die Ablehnung des eigenen, diktatorischen Staatswesens.

Die damalige Wiedervereinigungsstimmung in beiden Teilen Deutschlands erweckte den Eindruck, daß die nationale Einheitskomponente wieder stärker geworden war. Aber weder in der DDR noch in der Bundesrepublik gab es eine große nationalistische Welle. Die Parolen und Transparente in Leipzig waren weniger national als menschenrechtlich und ökonomisch begründet: Die Vereinigung wurde als Weg zu einem menschenwürdigen Leben verstanden. Die freiheitliche Komponente war – wie schon im Juni 1953 – auch im November 1989 der dominierende Faktor. Es war in der Tat »ein Aufstand gegen Zwang und Lüge«, wie Helmut Schmidt damals sagte. Wiedervereinigungsforderungen fanden dann vollen Widerhall, nachdem der Umfang der Wirtschaftsmisere sich immer stärker abzeichnete und der gigantische

Unterdrückungsmechanismus des eigenen Staates immer mehr offenbar wurde.

Auch nach den Ereignissen von 1989/90 und nach der wiedergewonnenen staatlichen Einheit befindet sich Deutschland weiterhin auf dem Weg zu einer supranational orientierten Demokratie, in der eine wünschenswerte Relativierung des Nationalstaatsprinzips gelingt. Gewiß besteht auch im größer gewordenen demokratischen Europa erneut die Gefahr eines Rückfalls in nationalistische Interessenkonflikte. Diese Gefahr scheint mir aber im deutschen Fall nicht sehr groß, da unsere europapolitische Einbindung überaus stark ist und auch die »Wiedervereinigung« seit je an konkrete Vorbedingungen geknüpft war: Wir wollten unsere Bindungen zur Europäischen Gemeinschaft, zu unseren westlichen Nachbarn, zu den USA nie in Frage stellen und entschieden uns deshalb stets eindeutig gegen ein »neutrales« Deutschland. Wir wollten nicht einfach heraus aus diesem Beziehungsgeflecht oder gar aus den Westverträgen. Das vereinigte Deutschland wird, wie bis 1989 die Bundesrepublik, weiterhin eine föderale, supranational orientierte Demokratie sein. Auch die so rasch mögliche Einbeziehung der DDR mittels einer Wiederherstellung ihrer Länder lief klar auf eine föderalistische Lösung hinaus.

Wir sind uns dabei bewußt, daß Deutschland keine Großmacht ist und dies auch nicht mehr anstrebt. Es ist ein Gebilde entstanden, das nicht als Machtstaat auftritt, sondern das mit vielen Aufgaben und Belastungen behangen ist, wobei die zentralen Fragen der Europa- und Sicherheitspolitik vorrangig sind. Eines aber ist mit aller Deutlichkeit zu sagen: Der Europäische Binnenmarkt und die Europäische Union sind für Deutschland von erstrangiger Bedeutung. Die Wiedervereinigung ist uns aus Gründen der nationalen Solidarität wie der demokratischen Verfassung, aber auch unserer europäischen Loyalität unmittelbar zugewachsen. Wir leben in einem interdependenten europäischen Staatensystem, in dem die nationalstaatliche Souveränität zunehmend relativiert wird. Auch der Entspannungs- und Abrüstungsprozeß ist in Gang gekommen. Daß die Bundesrepublik durch eine nationalistische Wende zur neuen Gefahr werden könnte, ist faktisch ausgeschlossen.

Inzwischen zeigte sich freilich auf schmerzhafte Weise, so auf dem Balkan, daß auch die ältere Weltgeschichte durchaus weitergeht, und

damit die Gefahr einer Wiederkehr nationalstaatlicher Konflikte auf
Kosten funktionsfähiger Demokratien. Es besteht die Möglichkeit einer Störung demokratischer Rekonstruktion durch nationalfundamen-
talistische Bewegungen, also eines Rückfalls in die Zwischenkriegszeit
mit dem Vorrang nationalistischer vor demokratischer Politik.

Den alt-neuen Problemen des Nationalstaats kann auf Dauer nur
durch eine Föderalisierung Europas mit abgestuften Formen politischer und ökonomischer Integration begegnet werden. Dies ist die Aufgabe, vor der wir heute vor allem stehen. Dafür bieten, das Vorbild der
Europäischen Gemeinschaft, der Europarat sowie der KSZE-Prozeß
institutionell bessere Voraussetzungen denn je zu einer Modifizierung
sowohl des Nationalstaats- wie auch des Souveränitätsprinzips. Nur so
kann es auch zu einer Entschärfung der historischen Minderheiten-
und Regionalprobleme kommen, sowohl in menschenrechtlicher wie
in ökonomisch-sozialer Hinsicht. Diese geschichtliche Aufgabe, an der
das 20. Jahrhundert bislang gescheitert war, ist auch mit dem Jahr
1989 nicht gelöst, vielmehr erneut bewußt und aktuell geworden. Zumal der plötzliche Übergang von diktatorischer Plan- zu sozialer
Marktwirtschaft ist allenfalls europäisch zu verkraften. Nur soweit es
gelingt, diesen Prozeß zu fördern und zu befestigen, ist die Wende ganz
Europas zur Demokratie von Dauer, sind die Gefahren neuer Macht-
konflikte zu bannen, in denen das vereinigte Deutschland erneut in die
problematische Lage einer Zwischenmacht zwischen West und Ost
hineingedrängt werden könnte.

Eine solche Perspektive bietet keinen Grund für Pessimismus, aber
um so mehr für eine entschieden fortschreitende Politik der europäischen Einigung und Föderation, in steter Verbindung mit der bewährten atlantischen Gemeinschaft. Ein deutscher Parteiführer hat dies in
einer für die meisten Politiker repräsentativen Weise vor dem Deutschen Bundestag erklärt: »Wir wollen nicht in Europa stark sein, wir
wollen für Europa stark sein« (Graf Lambsdorff 1992).

Die aus den Katastrophen zweier Weltkriege entstandene Leitidee
eines neuen Europas bietet zum ersten Mal konkret und praktikabel
nach Jahrhunderten der Kriege und Unterdrückung der Welt ein Modell der übernationalen Konfliktlösung und Zusammenarbeit zur Sicherung sowohl der Freiheit wie des Friedens und des wirtschaftlichen
Wohlstands. Uns, den Deutschen, bleibt die Erfahrung und Verant-

wortung einer Epoche mit so schrecklichen Folgen für die Völker Europas; es bleibt die Verpflichtung auf die Grundwerte europäischer Kultur, voran die Bewahrung und Verteidigung der Menschenrechte. Das Vermächtnis der politischen Kultur der Bundesrepublik, die Kurt Sontheimer jüngst in seinem lesenswerten Buch: »So war Deutschland nie. Anmerkungen zur politischen Kultur der Bundesrepublik« (1999) erneut gegen überzogene, realitätsferne Kritik treffend verteidigt hat, gilt auch für die kommende Zeit einer Bundeshauptstadt Berlin – mit einer Bundesstadt Bonn.

Das Glück der neuen Chance

Zur deutschen Frage

WELT: Die Feiern zum fünften Jahrestag der deutschen Vereinigung liegen hinter uns; in diesen Tagen gedenken wir der großen Demonstrationen in Leipzig, Dresden und Berlin im Herbst 1989. Welche Empfindungen bewegen Sie als Historiker?

BRACHER: Zunächst bewegt mich ein Gefühl der Freiheit und der Freude. Es hat sich wieder einmal gezeigt, daß die Geschichte immer offen ist, auch zum Besseren. 1989 war ein Jahr ungeahnter Chancen und glücklicher Entwicklungen, ein annus mirabilis, wie man sagte, mit der richtigen Orientierung der Entscheidungen und einer unglaublichen Beschleunigung der Ereignisse in ihrer Verkettung, auch weltpolitisch betrachtet. Aber schon bald zeigte sich auch, daß wir es keineswegs mit einem »Ende der Geschichte« zu tun hatten. Neue und alte Belastungen traten in den Vordergrund.

WELT: Ist aber nicht gerade das Gefühl der Freiheit inzwischen in den Hintergrund getreten?

BRACHER: Darin sehe ich keinen außergewöhnlichen Vorgang. Historische Entwicklungen durchlaufen häufig zunächst eine euphorische Phase, auf die eine Phase der Enttäuschung folgt. Genau das erleben wir. Die äußere Wiedervereinigung gelang innerhalb eines Jahres, ihre innere Vollendung benötigt viel Zeit und Geduld. Von einer ähnlichen Phase der Enttäuschung werden auch die Länder Ostmitteleuropas heimgesucht; dort ist die Enttäuschung vielleicht noch stärker ausgeprägt. Ein mehr oder weniger natürlicher Prozeß.

WELT: Günter Grass und andere Linksintellektuelle bezeichnen die Wiedervereinigung als ein von Anfang an mißglücktes Unternehmen. Wo sehen Sie die tieferen Ursachen dieser verbiesterten Anti-Position?

BRACHER: Grass hat sich verrannt in eine einseitige, fast dogmatische Rechtfertigung der Teilung, in eine Art Geschichtsmoral, die die

Teilung als Buße für von den Deutschen an anderen Völkern begangenes Unrecht erklärte. Leider hat er dabei allzu wenig an die einseitige Belastung der Bewohner der DDR gedacht. Eine Rolle spielte auch die Neigung von Grass und anderen zum Sozialismus als deutsches Experiment in der DDR, oder mehr noch, eine Abneigung gegen den Kapitalismus im Westen. Tatsächlich nimmt dieser Kapitalismus in den Augen vieler Menschen in den neuen Bundesländern und in Ostmitteleuropa immer härtere Formen an und droht die Gegensätze in der Gesellschaft zu verschärfen. Im übrigen sind auch die meisten Intellektuellen von der Entwicklung, die zum Ende des Sowjetsystems und zur deutschen Wiedervereinigung führte, völlig überrascht worden. Ihre Sprachlosigkeit war unüberhörbar. Meist hatten sie die Größe des historischen Augenblicks nicht voll erfaßt. Und es gab nicht wenige, die die Entwicklung lange Zeit nicht wahrhaben wollten. Zu ihnen gehörte Grass. Andere Linke wiederum, etwa Walter Jens als Präsident der Akademie der Künste, versuchten recht schnell in die Kurve der nationalen Wiedervereinigung einzubiegen.

WELT: Sie teilen auch nicht den Pessimismus mancher Beobachter, Deutschland könne über Jahrzehnte hinweg ein in Ost und West gespaltenes Land bleiben?

BRACHER: Nein. Von einer dauerhaften oder auch nur Jahrzehnte währenden »Spaltung« kann keine Rede sein, denn dazu fehlen schon rein geschichtlich die Voraussetzungen. Was die DDR einmal war, wird ganz sicher keine Separationsbewegung hervorrufen. Selbst bei der SED-Nachfolgepartei PDS läßt sich kaum ein ernsthafter Versuch ausmachen, eine »neue DDR« anzustreben. Ihr kommt es lediglich darauf an, einen Rest Sozialismus und alter Ideologie in die neue Bundesrepublik mit einzubringen und gleichzeitig die eigene Biographie zu rechtfertigen. Diese »DDR-Nostalgie« dürfen wir nicht überschätzen. Bleiben wird natürlich ein regionales Gefälle. Andererseits gibt es ja nirgendwo je eine völlige Gleichheit der Regionen.

WELT: Nun gibt es allerdings einen gewissen Widerstand gegen die »Bonner Republik«. Viele Menschen in Ostdeutschland haben das Empfinden, Bürger zweiter Klasse zu sein.

BRACHER: Freiheit, die man erlangt hat, wird schnell als selbstverständlich empfunden. Das Schlagwort von der »Bonner Republik« scheint mir in jeder Beziehung abwegig zu sein. Darin schwingt eine

Abwertung der zweiten deutschen Demokratie mit, obgleich diese die
DDR 1989/90 geradezu aufgefangen hat. Schon zuvor war die Bundesregierung immer bestrebt gewesen, den Menschen in der DDR zu
helfen, indem sie sogar der maroden DDR-Wirtschaft Finanzspritzen
in Milliardenhöhe zukommen ließ. Wichtig bleibt, daß wir mehr Informationen bieten müssen über vergangene Ursachen und die heutigen
ökonomischen Notwendigkeiten, um die Gefahren des Gefühls einer
Wirtschafts- und Staatskrise wie in der Weimarer Republik zu vermeiden. Dabei können Wünsche nach sozialer Sicherheit in Widerspruch
zu marktwirtschaftlichen Erfordernissen geraten. Ich bin jedoch sicher,
daß die von der PDS angeheizten Minderwertigkeitsgefühle in dem
Maße zurückgehen werden, wie die Angleichung und der Generationswechsel fortschreiten.

WELT: Wenn wir »Bonner Republik« durch »Berliner Republik« ersetzen, dann gewinnt man den Eindruck, daß diejenigen, die dieses
Schlagwort so plakativ gebrauchen, tatsächlich eine Koordinatenver-
schiebung beabsichtigen.

BRACHER: Beides halte ich für unangemessen. Gewiß haben früher
manche, so etwa Alfred Grosser, gelegentlich von der »Bonner Republik« gesprochen. Das mag mit Blick auf die DDR oder im Vergleich
zu Weimar eine gewisse Berechtigung gehabt haben, sollte aber nicht
abschätzig als Epochenmarkierung gebraucht werden. Allenfalls könnte man von der »Bonner Periode« der zweiten deutschen Demokratie
oder der Bundesrepublik sprechen. Ich würde es sehr bedauern, wenn
mit dem Begriff »Berliner Republik« nun der Eindruck entstünde, für
Deutschland stehe jetzt eine völlig andere Politik auf dem Programm.
Daraus würden uns nicht zuletzt auch international eine Menge
Schwierigkeiten erwachsen.

WELT: 1990 hieß es, Deutschland werde nun preußischer, prote-
stantischer. Hat sich diese Voraussage bestätigt?

BRACHER: Sicher hat sich Deutschland in seiner Gesamtheit verändert, aber wohl weniger, als dies im allgemeinen behauptet wird. Im
wesentlichen fand ein Angleichungsprozeß statt. Gewiß hat dieses
Fünftel der deutschen Bevölkerung – um mehr handelt es sich bei den
früheren DDR-Bürgern nicht – andere Erfahrungen gesammelt. Den
Protestantismus würde ich hier allerdings nicht zu stark betonen. Zwar
spielten die Kirchen in der DDR teilweise eine gewisse Rolle in der po-

litischen Opposition, zumal in der Endphase des SED-Regimes, aber sie haben sich nach dem Wegfall des totalitären Drucks leider wieder sehr geleert. Heute gehören über 70 Prozent der früheren DDR-Bewohner keiner der christlichen Konfessionen mehr an, während sich im Westen 70 Prozent der Menschen zu diesen bekennen.

WELT: Bundespräsident Herzog hat auf die Frage nach den mentalen Unterschieden der Deutschen geantwortet: Den »Einheitsdeutschen« hat es nic gegeben ...

BRACHER: Trotz der nicht ganz erfolglosen Versuche Hitlers hat es so etwas sicher nie gegeben. Man muß aber auch sagen, es stellte sich 1989 zu keinem Zeitpunkt die Frage: Vertragen sich die Deutschen? Dieses Problem tauchte erst mit den ökonomischen Schwierigkeiten auf. 1989 war das Bewußtsein »Wir alle sind Deutsche« selbstverständlich. Die Zugehörigkeit zur deutschen Nation ist im Unterschied zum 19. Jahrhundert heute überhaupt nicht mehr fraglich.

WELT: Dennoch läßt sich eine verbreitete Furcht vor dem Begriff »Nation« nicht von der Hand weisen ...

BRACHER: Tatsächlich ist der Nationsbegriff mit einer gewissen Ambivalenz behaftet, weil er durch den übersteigerten Nationalismus besonders, aber nicht nur in der NS-Zeit gröblich mißbraucht wurde. Deshalb ist er auch nicht mehr als einziger Maßstab aller Dinge in der politischen Diskussion am Platz. Wie die Dinge liegen, ist heute vielen die Demokratie wichtiger als die Nation. Die Menschen betrachten die Demokratie als das wesentliche Element der Bundesrepublik, und je stärker dieses Bewußtsein oder diese Überzeugung lebendig ist, desto weniger droht Deutschland die Gefahr eines neuerlichen Rückfalls in den Nationalismus früherer Epochen. Fragt man nach den notwendigen politischen Wertvorstellungen oder auch nach den »Mythen« des heutigen Deutschland, dann geht es weniger um den historisch-politisch durch den Nationalsozialismus zweideutig gewordenen Mythos »Nation«, sondern es geht hauptsächlich um die Werte, auf denen die alte Bundesrepublik gründete: Demokratie, Freiheit, Menschenrechte und Europa. Diese Werte sind die tragfähigsten auch in einer schwierigen Situation wie der gegenwärtigen. Dennoch empfinden wir uns natürlich als Nation, was 1989 ja überwältigend spontan zum Ausdruck kam. Heute allerdings ist in den neuen Ländern schon wieder sichtbar, daß sich die nationale Normalität dort problematischer und

etwas anders entwickeln könnte als im Westen. Die Ostdeutschen erscheinen fremdenfeindlicher als die Westdeutschen. Der Grund liegt
einfach darin, daß der Westen auch das Transnationale, das Supranationale unmittelbarer und positiver erfahren hat. Sofern man nicht
vom Gedanken des Kommunistischen Internationalismus überzeugt
war, galt das Supranationale im Osten als etwas Negatives. Das war
die Sowjetunion, der nicht funktionierende RGW und der Warschauer
Pakt, die keine andere als eine Beherrschungsfunktion durch Moskau
erfüllten.

WELT: Bei aller Ambivalenz des Begriffs »Nation«, auf die Sie verweisen: Eint die Deutschen die Nation, oder was eint sie sonst?

BRACHER: Darauf gibt es viele Antworten. Wesentlich ist, daß
die lange verzögerte staatliche Zusammengehörigkeit auf sprachlicher,
kultureller wie auf historischer Ebene nun vor allem auch auf ver-
fassungspolitischer Ebene erfolgt. Damit verbunden ist zugleich die
Aufarbeitung des verfehlten nationalimperialen Größenwahns von
1933–1945 und die Realisierung freiheitlich-rechtsstaatlicher Werte.
Deutschland ist in mehreren Etappen »erwachsen« geworden. Das beginnt 1813 mit den Freiheitskriegen, setzt sich 1848 fort mit der liberalen Revolution, 1871 folgt die Bildung des Nationalstaates. 1918
kommt es zur Gründung der ersten demokratischen Republik. Das
Neue, das wir seit 1949 dem bisherigen Nationsbegriff voraushaben,
ist ein positiver Verfassungsbegriff: das Bekenntnis der Nation zur
demokratischen Verfassung des Staates. Ein solcher Begriff hat in der
Weimarer Republik kaum existiert. Rechts wie links war die Verfassung teilweise geradezu extrem unpopulär. Heute ist sie ein vorran-
giges Gut. Und wenn wir die jüngsten Auseinandersetzungen um Entscheidungen des Bundesverfassungsgerichts betrachten, dann artiku-
liert sich so viel Enttäuschung, eben weil das Verfassungsgericht von
den Bürgern so hoch eingeschätzt wurde. Die Deutschen erkennen sich
in diesem Verfassungsbegriff vor allem deshalb, weil darin ihre Geschichte mit den guten und bösen Erfahrungen sichtbar wird. Am Ende
aber eint uns doch das Glück der neuen Chance für ein Deutschland,
integriert in Europa. Wir sind heute besser denn je gesichert, auch gegenüber dem neuen nationalstaatlichen Gewirr in der früheren Sowjetunion und in Südosteuropa, wo die Demokratie durch einen Zug
zur Ethnokratie bedroht ist.

WELT: Gesetzt den Fall, es wäre letztlich nur die erfolgreiche westdeutsche Wirtschaft, die Deutschland und die Deutschen geeint hätte: Könnte eine überwiegend ökonomisch bestimmte Einheit politisch tragfähig sein?

BRACHER: Diese Frage ist durchaus berechtigt. Auch der politische Konsens der alten Bundesrepublik beruhte zunächst ganz wesentlich auf einem ökonomischen Benefizsystem. Es mag etwas zugespitzt klingen, doch gab es immer die Sorge: Was passiert, wenn die Bundesrepublik in ernste wirtschaftliche Schwierigkeiten gerät? Schließlich waren 1949, nach dem Verlust der Ostgebiete und angesichts der Teilung Deutschlands, wirtschaftlicher Erfolg und Wohlstand die überzeugendsten Argumente für die neue Demokratie. Heute gibt es ein weiteres Problem: Selbst die erfolgreichste Wirtschaft ist nicht mehr rein national möglich. Was aber bleibt, sind die Gemeinsamkeiten der Sprache und der Geschichte. Die neue Einigung beruht nach der schrecklichen Erfahrung von zwei deutschen Diktaturen ganz wesentlich auf der positiven Verarbeitung einer Vergangenheit und einer Erinnerung, die nicht unter den Tisch gekehrt, sondern zur gemeinsamen Anerkennung gebracht wird.

WELT: Aber gerade die »Aufarbeitung« der DDR-Diktatur ist ins Stocken geraten. Kritiker meinen, die Versäumnisse bei der Verfolgung von NS-Tätern fänden ihre Fortsetzung in der weitgehenden Nichtverfolgung von Trägern des SED-Regimes.

BRACHER: Es handelt sich hier um eine ziemlich natürliche Tendenz, die wir in allen postdiktatorischen Staaten seit 1945 antreffen. In unserem deutschen Fall zeigt sich, daß verfassungsrechtliche Grenzen gegen die Verfolgung der früheren Machtträger bestehen, die es sehr schwer, wenn nicht unmöglich machen, diese zur Rechenschaft zu ziehen. Bei uns gilt nun einmal der berühmte Grundsatz: Niemand darf verurteilt werden, es sei denn nach den Gesetzen, die damals herrschten. Die DDR-Gesetze haben freilich all das begünstigt, was an Schändlichkeiten geschah. Daß nachträglich juristisch dagegen kaum etwas unternommen werden kann, ist zweifellos ungerecht und für die meisten uneinsehbar, insbesondere für die Opfer. Im Blick auf die Lebensinteressen dieser Benachteiligten scheint es mir ein Gebot der Stunde zu sein, den Opfern, unabhängig von Wiedergutmachungsgesetzen, die ja rein materielle Dinge wie Haftentschädigungen usw. betreffen,

eine beträchtlich weitergehende Förderung, beispielsweise auf berufli-
cher Ebene, anzubieten. Damit könnte wenigstens zu einem Teil das
unangenehme Bild korrigiert werden, die Verantwortlichen des SED-
Regimes würden bevorzugt. Im übrigen ist es bezeichnend, daß heute
nicht selten dieselben Leute für einen Schlußstrich oder für eine »Amnestie« plädieren, die sich nach 1945 sehr erregt über die ihrer Meinung nach ungenügende Entnazifizierung gebärdeten und die mangel-
hafte Strafverfolgung von ehemaligen Nationalsozialisten beklagten.
Eine Amnestie aber kann es nur geben, wenn zuvor ein entsprechendes
gerichtliches Verfahren und eine Verurteilung stattgefunden haben.
Hier liegt im Augenblick ein großes Mißverständnis in der deutschen
Diskussion vor.

WELT: Ihr französischer Kollege Joseph Rovan hätte es gerne gesehen, »daß allen SED-Leuten, die auf verschiedenen Ebenen politische
Verantwortung trugen, die Ausübung öffentlicher Ämter und die Wahl
in repräsentative staatliche Gremien auf Lebenszeit untersagt worden
wäre«.

WELT: Die Forderung läßt sich nicht verwirklichen, es sei denn, man
würde bestimmten Personen auf Lebenszeit die bürgerlichen Ehren-
rechte aberkennen. In Österreich hatte es nach 1945 so etwas gegeben,
aber schon nach wenigen Jahren wurde davon Abstand genommen.
Was bei uns geschieht, ist eine Art Spagat zwischen politischer Aufarbeitung und personeller Integration. Schließlich geht es der Demokratie
darum, möglichst viele Menschen in den demokratischen Prozeß ein-
zubinden. Wir können aber einigermaßen beruhigt feststellen, daß
führende Systemträger der DDR nirgendwo in politische Positionen
gelangten. Daß ehemalige Anhänger der SED auch nach dieser Wende
in relativ großer Zahl in den mittleren und unteren Funktionsebe-
nen verblieben, zeigen jüngste Meinungsumfragen, nach denen etwa
30 Prozent der Angehörigen des öffentlichen Dienstes in den neuen
Ländern sich gegen die demokratische Ordnung der Bundesrepublik
aussprachen. Das ist freilich schockierend.

WELT: Also, was bleibt zu tun?

BRACHER: Erforderlich ist zunächst einmal eine rückhaltlose Aufklärung anstelle der Fortsetzung der Tabuisierung der totalitären Sy-
stemrealität der zweiten deutschen Diktatur, wie sie bis in die achtziger
Jahre bei uns geübt wurde. Ich erinnere nur an Teile der westdeutschen

DDR-Forschung, die weitgehend darauf verzichtete, die DDR als Diktatur zu betrachten. Totalitär galt ihr als ein Unwort. Als ich in den frühen siebziger Jahren für die DDR den Begriff von der »zweiten deutschen Diktatur« prägte, stand ich mit wenigen anderen allein auf weiter Flur. Die DDR durfte keine Diktatur sein, schon gar nicht eine »zweite deutsche«, weil dadurch ein Vergleich mit dem Nationalsozialismus assoziiert wurde. Aufzudecken bleibt auch die tatsächliche Funktionsweise der DDR-Wirtschaft samt ihrer verfälschten doppelten Buchführung. Daß die DDR ein »führender Industriestaat« sei, wurde nicht nur von vielen propagiert, sondern auch von einer großen Anzahl von Experten als Tatsache übernommen, so daß es leicht fiel, diesem »blühenden Staatswesen« auch noch hohe Kredite zuzubilligen. Des weiteren wird viel zu wenig hervorgehoben, daß es sich um ein absolut verlogenes System handelte. Wie oft hören wir, einige »positive Seiten« hätte die DDR doch gehabt. In der Realität bestand dieses System einzig aus Unterdrückung, Überwachung, Verführung, Fälschung.

WELT: Sind die Streitigkeiten über historische Symbole und Gedenktage nicht Belege dafür, daß Deutschland noch weit von der »Normalität« entfernt ist?

BRACHER: Daß in all diesen Meinungsäußerungen verschiedene Elemente des historischen Bewußtseins hervortreten, empfinde ich keineswegs als »unnormal«. Zeugt es doch von der Vielseitigkeit und dem Reichtum der deutschen Geschichte. Die große Vielfalt der historischen Erinnerung macht es freilich nicht leicht, einen zentralen Bezugspunkt zu finden. Mir scheint, 1989 ist ein sehr guter Bezugspunkt. Die Reichs- und Nationalsymbolik des 19. Jahrhunderts sollte nach den totalitären Ideologismen und den Erfahrungen des Mißbrauchs durch die Diktaturen von rechts und links hier ihre heilsame Beschränkung finden. Wir sollten uns also auf das Tragfähige und Zumutbare eines Gedenkens, Mahnens oder Freuens beschränken. Dazu gehört auch, daß wir die föderalen Traditionen berücksichtigen und damit der Vielfarbigkeit Deutschlands nach innen und außen gerecht werden.

WELT: Es wird über die künftige Benennung des Reichstages gestritten. Welche Bezeichnung wäre denn angemessen?

BRACHER: Selbstverständlich ist dem Reichstagsgebäude die Bezeichnung »Reichstag« adäquat. Überhaupt soll man den Gebäuden ihre historischen Namen belassen. Seit mehr als 100 Jahren ist der Name

»Reichstag« nicht nur eingeführt, das Bauwerk ist auch Träger bedeutender historischer Ereignisse. Zunächst einmal repräsentiert das Gebäude eine Stufe unserer Entwicklung, als Deutschland Deutsches Reich hieß. Der Reichsgedanke ist mit Hitler verschwunden. Wir können uns jetzt des Reichsgedankens als einer großen historischen Epoche bedienen. Er bezieht sich ja vor allem auf das Mittelalter, aber auch auf die Gründung Deutschlands als Nationalstaat 1871. Während der Weimarer Zeit diente das Reichstagsgebäude als zentraler parlamentarischer Tagungsort der ersten deutschen Demokratie und ist von daher durchaus mit demokratischer Legitimation versehen, während er im »Dritten Reich« nach der Brandstiftung Ruine blieb. Der Bundestag sollte sich glücklich schätzen, daß er Einzug in ein so historisches Gebäude halten kann. Dennoch begrüße ich die öffentliche Diskussion über den Namen, führt sie doch zum Nachdenken über Fragen wie: Welches ist der Platz des Bundestages in unserer Demokratie? Welche Rolle spielt er im Erscheinungsbild der Nation? Worin besteht sein symbolischer Wert?

WELT: Herr Professor Bracher, hat sich der Traum Thomas Manns von einem »europäischen Deutschland« erfüllt?

BRACHER: Er ist dabei, sich zu erfüllen. Dieser Begriff aus einer schon 1953 vor Hamburger Studenten gehaltenen Rede war ein wichtiges Stichwort; der Weg, den man einschlagen wollte, wurde auf eine sehr schöne Formel gebracht. Jenes Wort von Thomas Mann bleibt für unsere Zukunft hervorragend geeignet. Wenn man seine Rede heute wieder liest, stellt man fest, daß in ihr bereits vieles enthalten war, das auf unsere Situation zutrifft – übrigens auch im Hinblick auf unser Verhältnis zu unseren Nachbarn.

Zwischen Geschichte und Politik
Ein Gespräch mit Werner Link

Prägende Erfahrungen – Krieg und Gefangenschaft

WERNER LINK: In den USA gibt es seit geraumer Zeit einen Quellentypus, der als »Oral History« bezeichnet wird – Interviews mit Zeitzeugen, die aus ihrer Erinnerung über zeitgeschichtliche Vorgänge und ihre eigene Mitwirkung berichten und damit eine wichtige Ergänzung zu schriftlichen Quellen und zu deren Verständnis liefern. Unser Gespräch dient einem ähnlichen Zweck, freilich bezogen auf die Politik- und Geschichtswissenschaft in Deutschland nach 1945, die von Ihnen, verehrter Herr Bracher, maßgeblich mitgestaltet worden ist.

Auf die »Ouvertüre« in der Alten Geschichte folgen, ab 1955, die »Hauptsätze« im Bereich der Zeitgeschichte und Politikwissenschaft. Und so entsteht kontinuierlich ein vielsätziges, wahrhaft großes wissenschaftliches Œuvre (meist auch in andere Sprachen übersetzt), dessen Rang und Bedeutung schließlich dadurch gewürdigt wird, daß Sie 1992 in den Orden Pour le Mérite für Wissenschaften und Künste berufen werden.

Unser Gespräch, das sich auf einige Knotenpunkte konzentrieren wird, soll zunächst die lebensgeschichtliche Ausgangssituation thematisieren. Ich nenne kurz einige Stichdaten: Kindheit in der Weimarer Republik; Jugend im Dritten Reich; Abitur im ersten Kriegsjahr; Soldat, Afrika-Feldzug; 1943 bis 1946 Kriegsgefangenschaft in den USA; dann ab 1946 Studium der Geschichtswissenschaft und Philosophie in Tübingen.

Wie stellte sich für Sie und für Ihre Studentengeneration die Ausgangssituation dar? Wie haben Sie als Student in den ersten Nachkriegsjahren Ihren Standort und Ihren Standpunkt in der politischen und geistigen Situation der Zeit, in der Zeit des Neuanfangs nach der deutschen Katastrophe, gefunden? Was bewog Sie, statt eines Themas

aus der neuesten Geschichte, die Sie ja auch (nämlich bei Rudolf Stadelmann) studierten, »Verfall und Fortschritt im Denken der frühen
römischen Kaiserzeit« zu erforschen? War dies eine Art Selbstvergewisserung und Standortbestimmung in historischer Distanz – am klassischen Beispiel?

KARL DIETRICH BRACHER: Soweit ich für meine Generation sprechen kann, war zunächst nach dem Krieg unser erstes Bemühen, möglichst rasch das Studium zu absolvieren. Es war uns aber auch daran
gelegen, die neuen Eindrücke, die wir aus Amerika mitbrachten, in der
alten Umwelt, die wir nun als anachronistisch empfanden, umzuset-
zen: nicht nur, weil der Krieg so eindeutig und mit so schrecklichen Folgen verloren war, sondern weil viele Deutsche überhaupt noch nicht
wahrnehmen wollten, worum es eigentlich ging. Wir waren insofern
schon aufgeklärter, hatten jedenfalls den Eindruck. Im Bestreben nun,
angesichts der allgemeinen Notlage möglichst rasch das Studium ab-
zuschließen, stürzte man sich auf das, was man konnte. Mit meiner hu-
manistischen Bildung war die Alte Geschichte nicht so sehr leichter zu
behandeln, weil sie so weit weg war, sondern weil mit weniger Büchern
und Quellen rascher eine gute Arbeit zu schreiben war. Das ist mir
dann auch in knapp anderthalb Jahren gelungen; die Dissertation
konnte freilich erst vierzig Jahre später doch auch noch als Buch erscheinen.

Es kam hinzu, daß ich ein Thema gefunden hatte, das mir besonders
interessant erschien. Das Fortschrittsdenken hatte ich in Amerika kennengelernt. Und in Europa war es üblich geworden, die Bedeutung des
Zweiten Weltkriegs zu vergleichen mit der Krise und dem Umbruch des
Römischen Reiches von der Republik zur Monarchie. Sind die Europäer die alten Griechen, die von den Römern besetzt und dem Impe-
rium einverleibt wurden? Sind die Amerikaner die neuen Römer, wie
1946 ein Buch des Althistorikers Hans Erich Stier (Münster) sugge-
rierte? So schrieb ich eine Studie des Krisendenkens in der Antike im
Blick auf das Krisendenken in Europa nach dem Ersten (Spengler) und
nun dem Zweiten Weltkrieg. Einen Tacitus oder Seneca in unser mo-
dernes Verfalls- und Fortschrittsdenken einzuführen, erschien mir
höchst interessant. Und so kamen in gewisser Weise mein amerikani-
sches Erleben, die althistorischen Kenntnisse und die unmittelbare Erfahrung in Deutschland und in der »Alten Welt« zusammen. Verdank-

te diese nicht der »Neuen Welt« ihr Überleben? War es nicht ein möglicher Beitrag auch zu der Frage: Wie kann man die Krise nach der großen Katastrophe interpretieren und wie kann man sie historisch und politisch verarbeiten?

Meine wichtigsten Tübinger Lehrer waren Joseph Vogt und Rudolf Stadelmann, Otto Herding und Eduard Spranger. Aber zunächst noch zur frühen Biographie. Meiner Generation ist die Zeitgeschichte ja besonders drastisch nahegebracht worden. Die ersten Eindrücke stammen aus der späten Weimarer Republik im verhängnisvollen Übergang zum »Dritten Reich«. Es war der Kontrast zwischen dem schwäbisch-humanistischen Elternhaus einer kinderreichen, bildungsbeflissenen Familie und den wachsenden Erschütterungen der Wirtschafts- und Staatskrise in der untergehenden demokratischen Republik; er zwang uns früh dazu, neben dem Reich des Wahren und Schönen in Musik, Literatur und Philosophie eine zunehmend antiliberale, schließlich totalitäre Politik wahrzunehmen, die durch Verführung und Zwang zugleich wirkte.

LINK: Haben Sie daran noch direkte Erinnerungen?

BRACHER: Ja, durchaus. Im fatalen Jahr 1930, als in Berlin die letzte Mehrheitsregierung der Weimarer Republik fiel, begann auch der Sieben- bis Achtjährige auf seinem Weg zum Klavierspiel im Stuttgarter Konservatorium die Politik konkret wahrzunehmen – und zwar vor allem als erschreckend gewalttätige Auseinandersetzung auf der Straße und als zunehmende Resignation der Demokraten vor der Ordnungs- oder Revolutionsverheißung diktatorischer Bewegungen.

All das spielte sich für den Gymnasiasten seit 1932 in einem eigentümlichen Zwielicht ab. Alte Ideale des Gymnasiums, in dem nur wenige Lehrer zur »Partei« gehörten, vielmehr die klassischen Ideale der Bildung hochgehalten wurden, stießen mit den großen, doch brutalen Parolen einer neuen Zukunft zusammen und gingen öfters noch allzu leicht ineinander über. So erfuhr man die geringe Widerstandskraft einer hohen, doch politisch eher naiven Geisteskultur gegenüber totalitären Versuchungen, die auch einem Teil der alten Werte ihren Platz, ja ihre Erfüllung zu gewähren schienen. Die rasche Überwältigung der deutschen Kultur nach Beginn der Verfolgung aller Opposition 1933, ihre Überführung in totalitäre Strukturen durch Gleichschaltung (und Selbstgleichschaltung) erlebte auch der Elfjährige als

Mitglied einer christlichen Jugendgruppe, der evangelischen Pfadfin-
der, die Ende 1933 von der Kirche Württembergs einfach in die »Hitlerjugend« (Jungvolk) überführt wurde, ohne daß man eigentlich wußte, wie einem geschah. Man spricht heute oft von der »Generation der
Hitlerjugend« und bedenkt doch kaum, daß die älteren Generationen
damals über die Jugend verfügten. Es war ein gigantischer Gleichschal-
tungsvorgang, zunächst ja durchaus auch in der evangelischen Kirche.
Und doch verlief die Jugend im »Dritten Reich« für mich und viele
andere eher im Zeichen individueller Interessen: Da war weiterhin die
Musik, neben dem Klavier und der Kammermusik (mit beiden Brü-
dern) der Kontrabaß, den ich im Schul- und dann auch im HJ-Orche-
ster spielte, und zwar mit klassischer Musik; das half hier wie später in
der Gefangenschaft über manches hinweg. Auch meine übrigen, nicht-
musikalischen Interessen, die ziemlich breit gefächert waren, hatten
weitaus den Vorrang vor den meist mißliebigen Aktivitäten, die mit
dem »Dritten Reich« zusammenhingen. Ich schwankte länger zwischen naturwissenschaftlichem Wissensdurst auf der einen Seite –
Astronomie und Geographie vor allem – und den Geisteswissenschaf-
ten, besonders Philosophie und Literatur. Das Interesse für Geschichte
entstand eigentlich relativ spät, im Grunde erst unter dem Eindruck des
Krieges und der Gefangenschaft.

LINK: Sie haben im ersten Kriegsjahr Abitur gemacht, und dann war
klar, daß nicht der Beginn des Studiums, sondern die Zeit des Wehr-
dienstes die nächste Phase sein würde, sehr rasch der Einsatz im Kriege selbst. Wie haben Sie die damalige Zeit in Erinnerung? War das eine
Phase, in der Sie trotz der anfänglichen Siege skeptisch waren? Es gab
ja viele, die auch sehr begeistert waren, nicht unbedingt vom Krieg,
aber doch von den ersten militärischen Erfolgen.

BRACHER: In der Tat, bestürzend und dann befreiend waren die entscheidenden Erfahrungen der vierziger Jahre: zwei Jahre Kriegsdienst
in Nordafrika, fast drei Jahre Kriegsgefangenschaft in den USA und zuletzt in Frankreich, endlich das Studium in Tübingen und Harvard,
und seitdem (1950) das Bemühen eines nach ursprünglicher Neigung
eher unvorhergesehenen Historikers und Politikwissenschaftlers, der
katastrophengeschichtlichen Dimensionen unseres Zeitalters habhaft
zu werden. Die Zeit nach dem Abitur war zuerst ziemlich hart, denn
ich kam 1940 in den Arbeitsdienst und damit in eine völlig andere

Welt, die ich bisher nicht kannte. Es war auch die brutale Welt der absoluten Egalität und Unterwerfung. Wir Abiturienten, die wir weit in der Minderheit waren, wurden besonders drangsaliert. Andererseits war es eine Umwelt, in der – politisch gesehen – große Euphorien herrschten, auch in den Kreisen der Nicht-Nationalsozialisten. Ich erinnere mich daran, daß selbst die führenden Historiker, bis hin zu Friedrich Meinecke, begeistert waren in dem Augenblick, als es 1940 gelang, die Scharten des Ersten Weltkriegs auszuwetzen. Das erschien wie ein Gottesgeschenk. Und so kam Hitler in eine Lage, die man nie hätte erwarten können. Es wirkte weithin wie ein Rausch. Im Arbeitsdienst und Militär freilich hat man das zwar zur Kenntnis genommen, man war aber, aus der untersten Perspektive, viel eher an der Frage interessiert: Wie gestaltet sich die eigene Zukunft? Ich wünschte vor allem, möglichst bald studieren zu können. Davon konnte nun keine Rede sein. Ich hatte aber immerhin das Glück, muß man nachträglich sagen, berücksichtigt zu werden, als man 1941 nach Soldaten suchte, die sich eigneten, einem neu zu bildenden Afrika-Korps anzugehören. Nach Afrika zu fahren und es kennenzulernen, entsprach meinen lebhaften geographischen Interessen.

Ich glaube, für viele meiner Generation war der Krieg nolens volens zunächst einmal die Möglichkeit zum Kennenlernen der Welt. Ich war ja zuvor nicht weiter als von Stuttgart bis Heidelberg gekommen, nach Süden bis zum Bodensee. Auch meine liberalen Eltern, Lehrer und Beamte, waren nicht im Ausland gewesen. So öffnete sich sozusagen die Welt. Die Zeit des Kriegsdienstes führte mich 1941 zunächst bis nach Libyen und an Ägyptens Grenze, dann im zweiten Anlauf 1942 bis Tunis und nach der Kapitulation, im Mai 1943, in englisch-amerikanische Gefangenschaft mit allen Schwierigkeiten und Konflikten, die das mit sich brachte. Ich habe sie damals politisch kaum bewertet. Die Eltern haben den Krieg im Grunde abgelehnt, und für mich war er Gott sei Dank zu Ende.

Für mich war nun die Frage, wie bringe ich die Zeit gut hinter mich und mache etwas daraus. Ich habe vor allem in der Gefangenschaft viel gelesen. So viel Zeit wie wir nun, wenn wir wollten, zum Lesen hatten, hat vor und nach uns wohl keine Studentengeneration gehabt. Ich habe damals von Thukydides und Tacitus bis Ranke und Mommsen viele der klassischen Texte aufgenommen, weniger die spärlich vorhandene

Sekundärliteratur. Meine Kenntnis von Primärliteratur beruht wesentlich auf dieser Zeit des Noch-Nicht-Studierens oder Halb-Studierens
vor und während der Gefangenschaft.

LINK: Haben Sie in dieser Lagerzeit einen spezifischen Eindruck von
den USA bekommen oder waren Sie isoliert?

BRACHER: Gewiß, das Lager am Rande des kleinen Städtchens Con-
cordia in Kansas war isoliert, denn die Amerikaner haben sich, im
Unterschied zu anderen Gewahrsamsmächten, überhaupt nicht einge-
mischt in die Verhältnisse des Lagers. Wir hatten also Selbstverwaltung
unter ihrer Führung sozusagen, bekamen mit den Amerikanern selbst
nicht viel zu tun. Wir hatten aber andererseits einen sehr starken Zu-
fluß an Informationen. Wir erhielten die täglichen Nachrichten, sie
wurden beim Essen vorgelesen; wir hatten Radio, bekamen die Mi-
litärberichte aus allen Teilen der Welt, auch von der deutschen Wehrmacht, und wir konnten amerikanische Zeitungen und Zeitschriften
lesen; so vor allem die »New York Times« auf der einen Seite und die
»Chicago Daily Tribune« auf der anderen Seite, also die beiden Zeitungen, die sich pro und contra Roosevelt befehdeten. Das war voll-
kommen neu für uns Deutsche. Dabei ist das Hineinwachsen in die
amerikanische Politik- und Weltbetrachtung verhältnismäßig rasch geschehen, auch deswegen, weil uns bald klar wurde, daß wir uns auf
eine längere Zeit einrichten mußten. Und die amerikanischen Bücher,
die wir dann bekamen, waren sehr interessant; Lehrbücher, sehr praktisch, sehr »to the point« und eindrucksvoll, es gab bei uns nichts Ver-
gleichbares an Informationen über den Staat, über die Gesellschaft.
Das war für uns völlig neu; es war in gewisser Weise eine Vorschule zu
einer politikwissenschaftlichen Betrachtungsweise, wie sie uns in Europa, zumal in Nazi-Deutschland, zu keinem Zeitpunkt begegnet war.

Einstieg in Geschichte und Politikwissenschaft

LINK: Als Sie aus der Gefangenschaft zurückkamen und Ihr Studium in
Tübingen begannen, gab es ja auch noch nicht die Politikwissenschaft.
Aber es gab Vorläufer und die Neue Geschichte.

BRACHER: Gewiß, der Übergang von der klassischen Bildung zur
allerneuesten Geschichte und Politikwissenschaft zeichnete sich schon
vor 1945 in meinem wachsenden Interesse für amerikanische Demo-

kratie- und Ideengeschichte ab. Noch vor der Promotion 1948 besuchte ich das Seminar for American Studies in Leopoldskron bei Salzburg und arbeitete über den Pragmatismus sowie über Turner und die Frontier-Idee als Motiv des Fortschrittsdenkens. Damals lernte ich auch meine Frau Dorothee Schleicher kennen, die aus dem Kreis des deutschen Widerstands (Familie Bonhoeffer) kam. Und natürlich gab es das elementare Bedürfnis, sich mit dem Nationalsozialismus auseinanderzusetzen. Aber das ist im Grunde genommen erst richtig in Gang gekommen, als die Akten der Nürnberger Prozesse vorlagen. Wir waren nicht wirklich Zeugen der Nürnberger Prozesse, aber wir hatten verhältnismäßig rasch, schon 1947, die 43 Bände des Nürnberger Gerichts mit einer Fülle von Material. Und sogleich haben wir in der Neuen Geschichte bei Stadelmann († 1949) damit gearbeitet. Es war ein sehr brauchbarer Quellenbestand. So war es möglich, schon in den Seminaren von 1946/47 Referate etwa über das deutsch-englische Verhältnis in den dreißiger Jahren und zur Entfesselung des Zweiten Weltkriegs zu machen, wozu auch die Jahrgänge der »Neuen Zürcher Zeitung« seit 1933 in der Universitätsbibliothek halfen.

LINK: Kommen wir zu der zweiten Phase Ihres Werdegangs, also zum eigentlichen Einstieg in die Neueste Geschichte und in die Politikwissenschaft. Haben Sie überlegt, welche Alternativen sich ergaben; haben in diesem Zusammenhang das Salzburg-Seminar und dann die Möglichkeit, nach Harvard zu gehen, eine gewisse Weichenstellung bedeutet in dem Sinne, daß damit eine klare Fixierung auf die akademische Laufbahn gegeben war?

BRACHER: Das war ein früher Wunsch, und im Gefangenenlager probten wir Universität; es wurde auch anerkannt, mit Unterstützung der University of Kansas. Ich habe zum Beispiel Lateinunterricht gegeben, studierte mit dem Wiener Historiker Adam Wandruszka Kunstgeschichte.

Gleich nach der Rückkehr habe ich mich bemüht, die amerikanischen Studien, die ich im Gefangenenlager angefangen hatte, fortzusetzen. Und dann hörte ich auch von jenem Seminar for American Studies in Salzburg und bewarb mich sogleich. Ich wurde in den zweiten Kurs aufgenommen, und so konnte ich meine amerikanischen Studien zum Geschichtsdenken bei Henry Nash Smith fortsetzen. Es war sehr nützlich, auch im weiteren, daß ich eine Vielfalt an Grundstudien vor-

weisen konnte. Das hat mir später dann in Berlin die Aufnahme erleichtert. Es gab natürlich eine Menge Konkurrenz und blieb sehr
schwierig seit 1945, eine wissenschaftliche Position zu bekommen.
Aber die Tatsache, daß ich verhältnismäßig rasch promoviert hatte,
lange in Amerika gewesen war, das Salzburg-Seminar mitgemacht hatte und dann Harvard besuchte, hat die Dinge wesentlich erleichtert. Ich
konnte mich fachlich-sachlich verhältnismäßig rasch umorientieren.

LINK: Wenn ich nochmals auf die Harvard-Zeit zurückkommen
darf: Sie haben sich bereits in Harvard stärker auf die Probleme der
neueren Zeit konzentriert. Haben bestimmte Professoren Sie besonders
beeinflußt in dieser Zeit? An wen würden Sie denken?

BRACHER: Ich war in Harvard vor allem mit dem Interesse tätig, le-
send, an weitere Arbeiten denkend, meine Kenntnisse nicht nur in der
amerikanischen Geschichte und Geistesgeschichte, sondern eben auch
in der Soziologie, in der Regierungslehre, Politikwissenschaft im weitesten Sinne weiterzuentwickeln, ohne das bereits Getane, also mein
Geschichtstudium, zu vernachlässigen. Ich habe mein postdoctorales
Studium in Harvard möglichst breit angelegt. Ich betrachtete das als
eine Möglichkeit, sozusagen den internationalen Aspekt der Wissenschaft kennenzulernen, nachdem ich in Tübingen erfahren hatte, wie
doch in Deutschland noch alles sehr eng auf die nationalgeschichtliche,
auf die rein deutsche Betrachtungsweise abgestimmt war. In Harvard
lehrten damals u. a. die Historiker William Langer und Samuel Mori-
son, der Politikwissenschaftler Carl Joachim Friedrich, der schon in
den zwanziger Jahren nach den USA gegangen war. Heinrich Brüning
war ja auch da, ist allerdings kaum in Erscheinung getreten; ich habe
ihn nicht gehört. Dann gab es den sehr eindrucksvollen Pitrim Sorokin,
emigrierter russischer Soziologe und Philosoph. Er war Mitglied der
Regierung Kerenski (1917) gewesen, hatte in Amerika eine Karriere als
Hochschullehrer gemacht. Von deutschen Emigranten gab es in Harvard eine ganze Reihe: Karl Viëtor, ein Germanist; Werner Jaeger, der
bekannte klassische Philologe, der das berühmte Buch »Paideia« geschrieben hatte; einige Soziologen, u. a. Carl Zimmermann. Es würde
zu weit führen, das im einzelnen darzustellen. Ich habe nicht eigentlich
systematisch studiert, sondern mehr im Sinne einer möglichst breiten
Orientierung in bezug auf die amerikanischen, aber auch die internationalen Studien, zu Geschichte und Politik sodann vor allem bei Perry

Miller und Kenneth Murdock auf dem Gebiet der »intellecutal history«. Gerne habe ich auch die beiden Schlesinger gehört. Der alte Schlesinger war ein sehr guter Historiker und der damals junge Arthur Schlesinger jr. war zudem in der amerikanischen Politik selbst engagiert, später bei John F. Kennedy und anderen als Berater tätig und hat sich – ähnlich wie Kissinger – auf dem klassischen Grenzgebiet zwischen Politik und Wissenschaft bewegt. So lernte ich diese Art von Kombination, die für Amerika sehr charakteristisch ist, kennen. Es war eine sehr wesentliche Erweiterung meines Horizonts nach der Promotion in Geschichte und Philosophie.

So habe ich eine Grundlage bekommen, die es mir dann ermöglichte, nach der Rückkehr im Jahre 1950, als ich mich um eine Stelle in dem neuen Institut für politische Wissenschaft in Berlin bewarb, mich sehr rasch und flexibel einzustellen auf die dortigen Erfordernisse in bezug auf Neueste Geschichte und Politikwissenschaft. Schon im Gründungsjahrgang unserer Zeitschrift »Politische Literatur« (1952) publizierte ich zwei Literaturberichte: »Zum Verständnis der Weimarer Republik« und: »Das ›Phänomen‹ Adolf Hitler«. Im gleichen Jahr erschien meine Vorstudie im Band 2 der Schriften des Instituts für Politische Wissenschaft Berlin: »Auflösung einer Demokratie. Das Ende der Weimarer Republik als Forschungsproblem«.

Die Politikwissenschaft steckte damals in Deutschland ja noch in den Anfängen, und es war ein weites Feld, auf dem man etwas Neues tun konnte. Es war die Zeit der großen Probleme, aber auch der großen Offenheit. Ich übernahm das Forschungsprojekt über den Untergang der Weimarer Republik, das von verschiedenen Leuten empfohlen worden war, auf deutscher Seite etwa durch Otto Heinrich von der Gablentz von der Deutschen Hochschule für Politik. Otto Suhr und mehrere »Weimaraner« Emigranten waren kritisch interessiert. So wurde das Projekt anfangs auch gestützt durch Franz Neumann von der Columbia University, später besonders von Sigmund Neumann (Wesleyan University), der noch 1932 eine Parteiengeschichte der Weimarer Republik, ein bis heute viel gelesenes Buch, geschrieben hatte, schließlich von dem vielerfahrenen Ernst Fraenkel, den ich 1952 kennenlernte. Mit ihm konnte ich sehr eingehend auch die Probleme der deutsch-amerikanischen Studien besprechen. Er wurde 1954/55 einer meiner beiden Habilitationsväter, neben Hans Herzfeld.

Auseinandersetzung mit der Machtfrage in der Demokratie

LINK: Wenn ich Revue passieren lasse, was Sie in diesen ersten Jahren in Berlin erarbeitet haben, und noch nicht auf das Endprodukt, sondern zunächst auf die Fragestellung eingehe, so ist mir aufgefallen, daß Ihr spezifischer Ansatz, also die Frage nach den strukturellen und strukturgeschichtlichen Bedingungen und machtpolitischen Verschiebungen in der Weimarer Republik, zumindest was die theoretische Reflexion anbelangt, auch von Arkadi Gurland sehr nachhaltig bedacht worden ist. Wie war die Zusammenarbeit mit Gurland?

BRACHER: Gurland war ein Soziologe, der als guter Kenner der amerikanischen Politikwissenschaft aus der Emigration an das Berliner Institut kam. In seiner deutschen Zeit vor 1933 hatte er in Leipzig promoviert und war dann – im Kontakt auch zur Frankfurter Schule – journalistisch tätig gewesen. Es war ein interessanter und anregender Mann, der allerdings das Problem hatte, daß er zwar Pläne entwarf, jedoch selten abschloß und zu meiner Fragestellung und zur Arbeit selbst nicht mehr viel beitrug. Er wirkte eigentlich eher als Redakteur, der lehrte, wie man Manuskripte druckreif macht. Für mich war er nur in der Anfangszeit von einer gewissen Bedeutung als Zeuge des Exils, während ich im weiteren mehr mit den Kollegen zusammenarbeitete, die an der wiedergegründeten Deutschen Hochschule für Politik aktiv tätig waren, also mit von der Gablentz und Eugen Fischer-Baling, mit Martin Drath und Gert von Eynern, mit Walter Hofer, Ossip Flechtheim und Fraenkel, mit Wolfgang Sauer, Gerhard Schulz und Wolfgang Hirsch-Weber. Ich dozierte dann ja auch selbst an der Hochschule und hatte die Freude, Sie dort vor nun über vierzig Jahren kennenzulernen.

LINK: Das war eine anregende Zeit, in der Tat. Ich darf nochmals auf den Grundsatz zurückkommen, die starke Konzentration auf die Machtproblematik als diejenige, die für die politische Analyse eine Schlüsselproblematik darstellt. Das ist von Ihnen im einzelnen ja auch theoretisch entwickelt worden in dieser Phase, in der Sie sich dann mit dem empirischen Problem, der Auflösung der Weimarer Republik, beschäftigt haben. Können Sie sich noch erinnern, wie dieser analytische Zugriff zustandekam?

BRACHER: Die Machtfrage hat mich immer schon beschäftigt. Jemand, der Althistoriker ist und Thukydides wie auch Tacitus studiert

hat, der weiß, inwiefern es in der Geschichte um Macht geht. Die griechische Geschichte ist ja voll von Machtkämpfen; sie zeigt beispielhaft,
was ein Bürgerkrieg ist und welche Rolle Machtverschiebungen,
Machtvakuum und derartige Fragestellungen spielen. Die Begriffe, die
ich damals aufgenommen habe, waren mir schon geläufig, bevor ich
die Weimarer Arbeit anfing. Dann kam ich bei der intensiven Lektüre
der umfangreichen alten und neuen Literatur zu Weimar, der Quellen
sowie der Diskussion mit Zeitzeugen und ihren Erfahrungen zu dem
Eindruck, daß die Machtfrage von den demokratischen Parteien und
Politikern speziell in der ersten deutschen Republik sträflich vernachlässigt wurde; man erkannte und beklagte im nachhinein, daß man
versäumt hat, rechtzeitig zumal den Nationalsozialisten als Feinden
der freiheitlich-rechtsstaatlichen Demokratie den Weg zur Macht zu
versperren, und daß sich die nichtdiktatorischen Parteien schließlich
gegenseitig blockiert oder ausmanövriert haben und so jenes Machtvakuum entstand, welches den pseudolegalen, pseudodemokratischen,
zugleich revolutionären Machtergreifungsprozeß einer Minderheit ermöglicht hat.

Wie bei meinen philosophischen Interessen hatte ich auch hier das
Bedürfnis, an die Geschichte systematische Fragen zu stellen. Schon in
meiner Vorstudie von 1952 ging es mir um Probleme des Machtver-
lusts einer Demokratie. Warum hat die Republik die Möglichkeiten,
die durch die demokratischen Prozesse gegeben waren, nicht wahrge-
nommen? Warum wurde vor allem der Reichstag nie seiner zentralen
Rolle gerecht, warum sind die in der Verfassung gegebenen Kompetenzen nicht zugunsten der Demokratie ausgeschöpft worden, um
ihren entschlossenen Feinden zu begegnen? Solche Fragen rückten bald
in den Mittelpunkt meiner Arbeit. Dabei betrat ich, methodisch gesehen, Neuland: auch mit sozio-politischen Wahlstudien, wie sie bislang
nur in wenigen Ansätzen vorhanden waren. Es ging um den Versuch,
die Entwicklung der Weimarer Republik auch wahlsoziologisch nach
Möglichkeit zu erklären und so die Grundlagen der Machtverhältnisse
und -verschiebungen in den Griff zu bekommen. Die Rolle der Personen ist gewiß ebenso wichtig, doch nur vor dem Hintergrund jener
Machtsituation verständlich zu beschreiben. Wenn mir dann später
von eher traditionellen Historikern wie Werner Conze der Vorwurf gemacht wurde, daß ich diese anonymen Machtstrukturen an die Stelle

des handelnden Subjekts der Geschichte gesetzt hätte, dann kann ich
nur sagen, umgekehrt wird ein Schuh daraus: Nur wenn ich die Machtverhältnisse kenne und die Voraussetzungen, unter denen Politiker
handeln (das wußten schon Machiavelli und Montesquieu), nur dann
kann ich auch die Rolle der Person zutreffend beurteilen. Konkret auf
einen Mann wie Hitler bezogen: Wie war es möglich, daß er solche
Chancen bekam? Leute wie Hitler gab es ja häufig: gescheiterte Künstler und solche, die glühend gerne zu Macht und Einfluß gekommen
wären und vielleicht auch begabte Demagogen waren. Warum sind die
einen zum Zuge gekommen und die anderen nicht? Das zu erklären,
das ist nicht einfach nur mit Hilfe irgendeiner Art von Individualpsy-
chologie oder Psychohistorie möglich. Sie erklärt zwar, warum der Be-
treffende die Chance hatte, ein begabter Demagoge zu werden, aber
nicht, warum er zum Zuge kam. Die Frage nach den Strukturen war
einer der Ausgangspunkte, wir haben sie vor und nach der Arbeit in
vielen Gesprächen auch außerhalb des Instituts diskutiert.

Für die neue deutsche Demokratie war die Weimarer Frage ganz
entscheidend. Bis heute ist sie natürlich wichtig, aber damals brannte
sie vielen Menschen auf den Nägeln. Denn sie waren doch beteiligt gewesen, waren enttäuschte oder gescheiterte Politiker, die sich erklären
wollten: Wie ist 1933 überhaupt möglich gewesen, und natürlich auch:
Wie kann man Rückfälle vermeiden? Sie dürfen nicht vergessen, daß
zwischen 1933 und der Zeit, als ich darüber arbeitete, nur 17 Jahre
lagen. Man war also von den Ereignissen am Ende der Weimarer Republik ungefähr so weit entfernt wie heute von der Endphase der Regierung Schmidt. Es bestand ein brennendes Interesse an einer brauchba-
ren Erklärung, die mehr war als nur eine Entschleierung von Intrigen.
Gewiß spielen Intrigen in der Geschichte eine wichtige Rolle, genau
wie Personen. Aber das Wesentliche sind schließlich doch immer wieder die Verhältnisse, unter denen operiert und gehandelt werden kann.
Die Umstände, in denen eine letztlich verbrecherische politische Mafia
sich ausbreiten und durchsetzen konnte, galt es aufzuklären. So war
ich schon bald entschlossen, eine Zweiteilung der Arbeit vorzunehmen: zuerst einen analytischen Teil mit all jenen auch vergleichenden
Fragestellungen zur Auflösung einer Demokratie und dann, darauf
fußend, den zweiten Teil mit den Fakten und Zusammenhängen im einzelnen, mit der Rolle der Personen und dem Gang der Ereignisse.

Link: Diese Verbindung ist ja in der Tat das Spezifische, das heißt daß Sie Strukturanalysen mit der Prozeßanalyse verbinden. Und das war gerade so faszinierend für die jüngeren Studenten, die Ihr Werk lasen; die Verbindung zwischen einer spezifizierenden und einer typologischen Betrachtung.

Ihr Weimar-Buch von 1955 fand denn auch in den Rezensionen große Anerkennung, aber es wurde ebenfalls prinzipielle und auch spezielle Kritik geäußert. Wenn Sie sich diese Rezeption vor Augen halten: Inwieweit war es eine grundsätzliche wissenschaftliche Auseinandersetzung hinsichtlich der Frage, wie man Geschichtswissenschaft und Politikwissenschaft zusammenbringen kann? Inwieweit war es – wie Sie eben angedeutet haben – auch eine politische Auseinandersetzung, weil die Rechtfertigungsversuche doch eine große Rolle spielten? Können Sie diese beiden Elemente einmal etwas kontrastieren, die wissenschaftliche und die mehr politische Auseinandersetzung?

Bracher: Die wissenschaftliche Aufgabe war natürlich, die Quellen zu erschließen, möglichst viel aufzuhellen, aufzuklären, Zusammenhänge darzustellen. Wissenschaftlich bestand m. E. auch noch die Notwendigkeit, Antwort zu geben, nicht nur auf die Fragen »Wie war das möglich?«, sondern auch »Wie ist das zu beurteilen?«. Es ging zugleich um die Bewertung, um die moralische Dimension eines Geschehens, das in die furchtbarste deutsche Diktatur und den »Holocaust« mündete. Diese moralische Frage war nur richtig zu beantworten, wenn man die Fakten parat hatte. Ohne gesicherte Fakten sind keine moralischen Aussagen zu machen. Das war von vornherein Teil unseres wissenschaftlichen Selbstbewußtseins oder, wenn man so will, unseres öffentlichen Auftrags. Denn es sollte nicht zuletzt auch eine Art von politischer Bildungsarbeit geleistet werden. Das war das große Anliegen nach 1945, mag man es heute polemisch als »volkspädagogisch« abtun. Und auch die Wissenschaft war dazu aufgerufen.

Das freilich widersprach einem älteren Wissenschaftsverständnis, das entweder ganz positivistisch war oder aber noch orientiert an Wertvorstellungen, die vordemokratisch waren und es als unwissenschaftlich erachteten, wenn jemand zum Beispiel die Strukturen und den Aufbau der Demokratie wie ich als eine Notwendigkeit, als eine historische Gegebenheit und Aufgabe betrachtete, hinter die man nicht mehr zurück kann.

Die deutsche Geschichtsschreibung blieb auch nach 1945 noch weitgehend orientiert an der nationalstaatlichen und nationalpatriotischen Idealvorstellung des 19. Jahrhunderts. Man war zwar im Ersten Weltkrieg gescheitert, aber das Scheitern wurde weithin nicht anerkannt, und die Weimarer Republik galt als ein bloßes Zwischenstadium, ein unglückliches Intermezzo, das eher hinderlich war beim Bestreben, die deutsche Entwicklung nach den beiden verlorenen Kriegen wieder in die Höhe zu bringen. Von daher wurde der als störend betrachtet, der offen erklärte, daß die Weimarer Demokratie die neue Verfassung Deutschlands war, hinter die man nicht mehr zurück konnte. Und die in Fachkreisen einflußreichste Rezension, die mein Buch zunächst bekommen hatte, die negative Besprechung von Werner Conze in der »Historischen Zeitschrift« (1957), beruhte ganz wesentlich auf dem Standpunkt, daß die Begriffsbildung, die ich in meinem Buch entwickelt hatte, sofern sie vornehmlich orientiert war an den Vorstellungen des demokratischen Verfassungsstaates, »unhistorisch« sei. Das war eine in Wahrheit pseudohistorische Beurteilung, die in Deutschland noch weitgehend akzeptiert wurde, weil die Demokratie von Weimar ja in der Tat sehr schlecht funktioniert hatte und als ein schlechter Nachklang der Wilhelminischen Zeit empfunden wurde. Die meisten oder sehr viele Deutsche haben in der Tat damals nicht daran geglaubt, daß die Demokratie zu verwirklichen sei. Und es galt als schick, die reale Demokratie von rechts wie ganz links in Frage zu stellen.

Wenn nun meine Untersuchung davon ausging, es wäre die gegebene Entwicklung für Deutschland gewesen, diese neue Verfassung mit Leben zu erfüllen und eine funktionsfähige Demokratie zu schaffen, dann galt das als utopisch, unrealistisch oder unhistorisch. Vielleicht sei es modellmäßig richtig im Sinne der Sozialwissenschaften oder der Politikwissenschaft, aber damit hätten eigentlich Historiker nichts zu tun. Das war das Urteil Conzes und anderer. Daher wurde meine Arbeit von vornherein als methodisch fragwürdig und, historisch gesehen, als nur teilweise haltbar bewertet. Man sagte allenfalls: weil der Autor kein schlechter Historiker ist, ist trotzdem etwas daraus geworden, obwohl er die falschen Methoden hat.

Das war sozusagen ein Diktum von oben, von der älteren und teilweise (Conze war ja etwas jünger) auch noch von der jüngeren etablierten Geschichtswissenschaft. Sehr viel positiver und hilfreicher war die Aufnahme in der internationalen Diskussion sowohl seitens der Politik- wie der Geschichtswissenschaft, und auch das weite Echo in den Zeitungen durch kenntnisreiche Journalisten aus sehr verschiedenen Lagern hat dazu beigetragen, daß das Buch trotz Umfang und Komplexität besser bekannt wurde. Gleichwohl ist mir regulär wohl von Harvard (1966), doch nie in Deutschland ein Lehrstuhl für Geschichte angeboten worden.»Die Auflösung der Weimarer Republik« ist binnen weniger Jahre schon in vier Auflagen erschienen. Nimmt man unser 1960 folgendes Werk über »Die nationalsozialistische Machtergreifung« (mit Schulz und Sauer) hinzu, so war damit die vielzitierte Aufarbeitung der Vergangenheit in Wahrheit durchaus bereits in den fünfziger Jahren in Gang, nicht erst mit der bekannten Fischer-Kontroverse über die Kriegsziele des Ersten Weltkrieges und lange vor der Studentenrevolte von 1968.

Liberalismus und wehrhafte Demokratie

LINK: Sie haben vorhin angedeutet, daß die politische Auseinandersetzung eine gewisse Rolle gespielt hat in der wissenschaftlichen Diskussion. Ich darf hier vielleicht anknüpfen: Sie haben aufgrund Ihres großen Buches und dann aufgrund weiterer Publikationen in dieser Zeit der Auseinandersetzung zwischen den verschiedenen Richtungen der Politikwissenschaft und der Geschichtswissenschaft gerade wegen der Breitenwirkung, die Ihre Studien erzeugten, das Image eines Linksliberalen erhalten. Ihre Beschäftigung mit der Widerstandsbewegung hat sicherlich ebenfalls dazu beigetragen. Haben Sie sich selbst in dieser Zeit als linksliberal definiert? Hat dabei vielleicht auch der amerikanische Erfahrungshintergrund die Wirkung gehabt, daß Sie sich im amerikanischen Sinne als »liberal« verstanden haben und so perzipiert wurden? Wie sehen Sie diesbezüglich Ihre Position in der Phase, die man als »Adenauer-Ära« bezeichnen könnte?
BRACHER: Ich habe mich ja seit Beginn der fünfziger Jahre neben diesen Büchern auch in vielen Rezensionen oft geäußert zum Gang der Forschung und zu den Publikationen auf zeitgeschichtlichem Gebiet. Ob das nun eine linksliberale Position war, weiß ich nicht; das kommt auf die Definition an. Sicherlich war ich zeitweise der SPD näher als der CDU, als diese an der Macht war. Es ging mir darum, den noch be-

stehenden Defiziten und den neuen Gefährdungen der jungen zweiten deutschen Demokratie anhand der Erfahrungen und mit Hilfe der Analyse der Weimarer Entwicklung entgegenzutreten. Es war ja in den fünfziger Jahren noch keineswegs gesagt, daß sich nun über ein halbes Jahrhundert lang in der zweiten Republik eine so viel dauerhafter stabile politische, wirklich demokratische Konstellation etablieren würde, während in den kurzen vierzehn Jahren der Weimarer Republik die Mehrheitsfrage verhängnisvoll ungelöst blieb.

Linksliberal war vielleicht das Anmahnen der liberalen Bedürfnisse der Gesellschaft zu einem Zeitpunkt, als diese Gesellschaft noch sehr konservativ und teilweise auch noch wirklich vordemokratisch oder vorindustriell orientiert war, mitsamt ihren Wertsetzungen. Als politische Intellektuelle, die sich dann auch in der Spiegel-Affäre von 1962 kritisch äußerten, waren wir aber, im Unterschied zur Studentenrevolte, gegen Revolution, doch für Reformen und für möglichst große Weltoffenheit. Wie weit das nun dem Ansatzpunkt des amerikanischen »liberal« entsprach, ist bei der Verschiedenheit des Hintergrunds schwer zu sagen. Ich würde mich eigentlich eher als alt- oder gemäßigt liberal im Sinne von Dahlmann oder von Tocqueville und John Stuart Mill, schließlich von Heuss, Helmut Schmidt oder Golo Mann betrachten.

In dieser Tradition habe ich mich am wohlsten gefühlt – auch deswegen, weil ich den Eindruck hatte, daß in dieser Hinsicht noch oder wieder große Defizite bei uns bestanden. Die SPD war stark, die Arbeiterbewegung war stark, und auch die Kirchen waren einflußreich, aber sie alle hatten die deutsche Katastrophe nicht verhindern können. Auch die Konservativen waren stark und zutiefst ambivalent. Doch was dazwischenlag, das war nach dem großen Aufbruch im 19. Jahrhundert inzwischen schwach geworden, die liberale Mitte zumal. Meine Neigung zur süddeutschen Variante erklärt sich gewiß auch durch die Herkunft aus einer schwäbischen Familie: der Vater politisch immer liberal, die Mutter sozial; beides in Württemberg einst eine starke Tradition, der ja auch die Familie meiner Frau überwiegend entstammte. Ich habe mich daher letztlich beim »Spiegel«-Liberalismus, obwohl ich einige Gelegenheiten wahrnahm, auch dort zu publizieren, nicht wohl gefühlt. Sein Sensationsstil entsprach nicht meinen eigenen Vorstellungen von demokratischem Liberalismus.

Vor allem aber habe ich den Liberalismus immer so verstanden, daß er eine wehrhafte Demokratie nicht ausschloß. Das war meine Grundüberlegung von Anfang an. Ich habe in den fünfziger Jahren das Verbot der SRP und auch das Verbot der KPD durchaus bejaht, weil ich der Meinung war, die Demokratie müsse hier die Zähne zeigen. Sie hat das nicht getan in Weimar. Ich bedauere, daß in den sechziger und vor allem in den siebziger Jahren eine gewisse Nachlässigkeit eingerissen ist, und dies bis heute. Nach der Erfahrung von Weimar gilt, daß die Demokratie auch mit demokratischen Mitteln beseitigt oder in Frage gestellt werden kann. Da ist die Grenze der Toleranz; sie gilt nur denen, die ihrerseits die Toleranz gewährleisten, nicht gegen die Toleranz verstoßen. Und dieser Grundgedanke ist nach meiner Überzeugung mit Liberalismus zu vereinbaren, aber nicht mit Selbstaufgabe – wie 1933.

Die Schatten von Weimar

LINK: Im Zusammenhang mit den Auseinandersetzungen über die Notstandsgesetze in der zweiten Hälfte der sechziger Jahre hat diese Frage dann auch eine große Rolle gespielt, nämlich inwieweit die Erfahrung in Weimar gegen eine bestimmte Ausformung der Notstandsgesetzgebung sprach. Und Sie haben da sehr vehement vor den Schatten von Weimar gewarnt, diese Schatten am politischen Horizont gesehen. Sie waren auch gegen die Bildung der Großen Koalition, sahen darin einen Fehler, insbesondere auch einen Fehler der Sozialdemokratie, sich auf diese Koalition eingelassen zu haben. Wenn Sie sich heute an diese Diskussionen, die sehr heftig geführt wurden, erinnern, würden Sie sagen, daß die starke Fixierung auf das, was in Weimar geschehen war, den Blick geschärft hat oder vielleicht eher dazu beigetragen hat, daß man Gefahren dort gesehen hat, wo sie zu diesem Zeitpunkt gar nicht mehr bestanden? Also mit anderen Worten: Ist die Warnung vor den Schatten von Weimar, rückblickend betrachtet, eine adäquate Warnung gewesen? Hat sie vielleicht dazu beigetragen, daß die Schatten von Weimar verjagt wurden und Weimar sich trotz Notstandsgesetzgebung nicht wiederholte? Wie sehen Sie diese Auseinandersetzung heute?
BRACHER: Ich würde sagen, als die Notstandsgesetzgebung in der Planung war – das begann schon unter Innenminister Schröder Ende der fünfziger Jahre —, da war sie in der Tat haarsträubend. Der Not-

stand erschien als die Stunde der Exekutive. Die Entwürfe waren teilweise in Richtung auf Artikel 48, den Notstandsartikel der Weimarer Verfassung, konzipiert. Die Mängel dieses Artikels waren jedenfalls nicht vermieden. Das Parlament wäre mehr oder weniger ausgeschaltet worden. Das heißt also, viele Dinge, die das Ende von Weimar mitbestimmt hatten, waren hier mit im Spiel. Und diejenigen Politiker oder Bürokraten und Juristen, die das konzipierten, hatten nach meinem Eindruck in falscher Weise an die Weimarer Erfahrungen angeknüpft. In jener Anfangszeit ist es nach meiner Auffassung richtig und unsere Pflicht gewesen, als Politikwissenschaftler auf diese Gefahren hinzuweisen. Das tat ich nicht nur wegen des Artikels 48, sondern auch im Hinblick auf den aktuellen Parlamentarismus selbst, der dadurch faktisch wie psychologisch geschwächt wurde. Wenn eine solche Umgehung verfassungsgemäß möglich ist, kann sie immer dazu führen, daß das Parlament seinen Pflichten nicht mehr genügend gerecht wird und außerparlamentarische Lösungen als bequemer hingenommen werden. So war es in Weimar 1930–33, diesen Zusammenhang habe ich gesehen. Heute mag man sagen, vielleicht habe ich ihn zu lange für akut gehalten.

Die Bildung der Großen Koalition Ende 1966 war insofern nicht unbedingt notwendig, als es unter Umständen damals schon die Möglichkeit gegeben hätte, eine sozial-liberale Koalition zu bilden und damit den vollen Wechsel von Regierung und Opposition vorzunehmen, was ich als Nichtparteimitglied und Demokrat begrüßt hätte. Allerdings bietet die deutsche Demokratie den Parteien ja auch die stete Chance, über den Föderalismus an der Macht und Verantwortung von Regierungen in den Ländern teilzuhaben. Das ist ein großes Plus unserer bundesstaatlichen Demokratie im Unterschied zu zentralistischen Staaten.

Die Lösung, die schließlich mit der Notstandsgesetzgebung der großen Koalition gefunden wurde, habe ich dann bejaht. Ich habe sie als einen Erfolg auch unserer Bemühungen gesehen, obwohl diese nun mißbraucht wurden von der Linken für ihre zum Teil gewaltsamen Zwecke, also vor allem von der außerparlamentarischen Opposition. Ich war der Meinung, dieser Mißbrauch wiege nicht so schwer wie eine Gesetzgebung, die unter Umständen nicht mehr rückholbar ist. Vielleicht haben wir das zu stark betont. Alle, die über den Fall Weimar gearbeitet haben, stehen in der Gefahr, oder im Verdacht, daß sie ihn überbewerten. Natürlich ist unsere Situation heute eine andere. Weimar ist aber immer noch lehrreich darin, daß äußerste Vorsicht bei allen Notstandserwägungen in einer parlamentarischen Demokratie am Platze ist und daß man auch sorgfältig überlegen muß, ob eine Große Koalition wirklich geboten ist. Es hat sich herausgestellt, das sage ich heute ohne weiteres, daß die Große Koalition überwiegend positive Folgen hatte. Insbesondere hat sie die SPD voll in die Regierungsposition hineingebracht, auf welche Weise auch immer. Und das war auf jeden Fall ein ganz wesentlicher Schritt auf dem Weg zur Reife der zweiten deutschen Demokratie. In der Weimarer Republik hatte ein solcher Wechsel überhaupt nie in vernünftiger Weise stattgefunden. Sie war ähnlich wie Italien nach 1945 unfähig, den demokratischen Wechsel zu vollziehen; Italien oder Japan blieben darum fast bis heute unfertige Demokratien. Die Bonner Demokratie ist eine »fertige« Demokratie gewesen in dem Augenblick, in dem dieser Wechsel reibungslos und mit wesentlichen Erfolgen, wenn man an die Ostpolitik denkt, möglich geworden ist. Die Große Koalition als eine natürliche Zwischenstufe war wahrscheinlich weniger riskant als schon 1966 ein völliger Wechsel zur vollen Regierungsverantwortung der SPD. So würde ich das heute sehen. In der Einleitung zu dem Band 4 unserer Geschichte der Bundesrepublik von Klaus Hildebrand über die Große Koalition habe ich es so darzustellen versucht und im wesentlichen positiv bewertet. Es schadet aber nichts, wenn bei derartigen Fragen wie Notstandsgesetzgebung oder Große Koalition oder auch Parteienverbot eine starke Auseinandersetzung stattfindet. Das ist ganz natürlich, und es zeigt, daß eine Demokratie lebendig ist.

Totalitarismus als doppelte Herausforderung

LINK: Nun ist in der gleichen Zeit eine Entwicklung entstanden, die vielleicht charakterisiert werden kann mit zwei widersprüchlichen Tendenzen: einmal eine Tendenz zum Neo-Nationalismus, andererseits eine Tendenz zum Neo-Marxismus. Und in diesem Zusammenhang haben Sie insbesondere darauf verwiesen, daß in diesem Prozeß eine Tabuisierung des Totalitarismus-Begriffs und die Inflationierung des Faschismus-Begriffs stattgefunden habe. Eine Entwicklung, die Sie sehr stark kritisiert haben. Sie haben insbesondere die revisionistischen Tendenzen herausgestellt, die hier zu beobachten waren. »Europa in der Krise«, Ihr großes Werk, nimmt hingegen den Totalitarismus-Begriff als einen Schlüsselbegriff, um die Epoche zu charakterisieren. Meine Frage ist: Würden Sie sagen, daß dieser Begriff nach wie vor eine zentrale Rolle spielt bei der Verständigung und beim Verstehen dieser Epoche? War der Totalitarismus die Herausforderung der Epoche, auch die Herausforderung der Politikwissenschaft?

BRACHER: Ja, das würde ich eindeutig bejahen, nach wie vor. Ich bin der Meinung, daß der Totalitarismus nicht gänzlich verschwunden ist. Ich bin der Meinung, daß der Totalitarismus-Begriff noch immer ein nützlicher Begriff ist. Über die Totalitarismus-Theorie kann man lange diskutieren. Die habe ich nie vertreten. Ich vertrete den Totalitarismus-Begriff als einen Hilfsbegriff zur Erläuterung bestimmter Züge der absoluten Diktatur, wie es sie in dieser Weise nur in der modernen Diktatur gibt, zum Beispiel ihr pseudo-demokratischer Anspruch und ihr ideologischer Charakter. Dadurch unterscheidet sie sich von klassischen Diktaturen älterer Art, von konservativ-autoritären Diktaturen oder von Militär- und Entwicklungsdiktaturen. Diese Unterscheidung muß man machen; nur dann bekommt man ein volles Bild auch von dem grundlegenden Gegensatz zwischen Demokratie und Diktatur, der unser Jahrhundert bestimmt und nach wie vor für unsere Wissenschaft von großer Bedeutung ist. Sozusagen der Totalitarismus als Zuspitzung der Entscheidungsfrage Demokratie oder Diktatur.

Ich darf vielleicht noch etwas hinzufügen: Sie haben meine Widerstandsstudien erwähnt. Der Totalitarismus-Begriff ist auch sehr wichtig für ein Verständnis von Widerstand, für die Möglichkeiten und Grenzen von Widerstand in den Diktaturen des 20. Jahrhunderts. Früher gab es ja einen legalen Widerstand, gesellschaftlich oder organisatorisch etabliert. Heute gibt es die Möglichkeit, ein System durch Überwachung und Terror so auszubauen, daß Widerstand praktisch ineffektiv ist und zur sofortigen Liquidation führt.

Die frühen Widerstands-Studien, die ich mit Annedore Leber, der Witwe von Julius Leber, und mit Willy Brandt, damals Vorsteher des Berliner Abgeordneten-Hauses, veröffentlicht habe, untersuchten jenen besonderen Charakter von Widerstand unter totalitären Verhältnissen. Wir haben auch Lebensbilder von Kommunisten, aus dem kommunistischen Widerstand, aufgenommen, womit wir damals (1954) gegen gewisse Tabus verstießen. Allerdings waren wir, auch Willy Brandt, immer der Meinung: Nur solche, die ihren Widerstand mit dem Leben bezahlt haben bzw. nicht nachher ihrerseits auf der Seite der Unterdrücker standen, werden berücksichtigt. Eine ganz klare Trennung! Diejenigen, die einen anderen Totalitarismus vertraten und irgendwie nachher geholfen haben, die zweite deutsche Diktatur zu errichten, gehörten nicht in einen Widerstandsband. Ich glaube, das war und bleibt richtig.

LINK: Die Einwände gegen den Totalitarismus-Begriff kamen ja insbesondere von »links«, wo argumentiert wurde, daß eine Gleichsetzung von linker Diktatur und rechter Diktatur nicht angebracht sei. Sie haben immer betont, daß die Elemente, die hier wie dort im Zentrum der Bewegung standen, sehr wohl nicht nur vergleichbar seien, sondern in ihrer Wirkung in die gleiche Richtung gingen.

BRACHER: Ich habe natürlich immer betont: Man muß unterscheiden zwischen Gleichsetzen und Vergleichen. Vergleichen ist selbstverständlich. Es gibt keine Sozialwissenschaft, übrigens auch keine vernünftige Geschichtswissenschaft, die nicht den Vergleich anwenden muß, um überhaupt zu Ergebnissen zu kommen. Ich kann ja auch den Unterschied nur dann feststellen, wenn ich vergleiche. Ich bin der Meinung, daß es durchaus berechtigt war, in meinem Buch über Europa, das im Jahre 1976 erschien, wohl als erster ein Kapitel zu überschreiben: »Eine zweite deutsche Diktatur: die DDR«. Das hat mir damals in Moskau ein Verbot des Buches auf der Buchmesse eingetragen, und selbst der Propyläen Verlag war damals nicht besonders glücklich darüber. Aber heute bin ich eigentlich in dieser Hinsicht, glaube ich, bestätigt worden.

Es ist unleugbar, daß Unterschiede bestehen zwischen Diktatur und Diktatur, nationale, traditionelle und ideologische Unterschiede, auch funktionelle und systematische Unterschiede. Die Frage ist, ob es nicht nützlicher wäre, zunächst einmal Vergleichsebenen zu schaffen, um zum Beispiel festzustellen, daß die Abfolge von zwei Diktaturen über mehrere Generationen katastrophale Wirkungen haben kann, wie wir das in der DDR vor uns haben. Meines Erachtens ist die Tatsache, daß es sich um 12 plus 40 Jahre mehr oder weniger totalitärer Diktatur handelte, mindestens so gravierend wie die Tatsache, daß die erste

deutsche Diktatur nach sechs kurzen Friedensjahren unmittelbar in
den Krieg geführt hat. Wie man das moralisch im einzelnen beurteilt,
ist eine andere Frage. Für die Opfer aber, und das pflege ich immer wieder ins Gedächtnis zu rufen, für die Opfer ist es nicht sehr wesentlich,
ob sie unter dieser oder unter jener Ideologie einer völligen Rechtlo-
sigkeit unterworfen werden. Und es ist auch rechtlos, wenn einer erschossen wird, nur weil er die Grenze überschreitet. Ich glaube, eine
ideologische oder ideologisch gestützte Diktatur wie die der SED oder
eine andere kommunistische Diktatur ist jedenfalls in der elaborierten
Form ebenso totalitär wie eine Diktatur, die teilweise auch mit kon-
ventionellen oder pseudo-legalen Mitteln der Unterdrückung arbeitet
wie der Nationalsozialismus.

Historisierung der Vergangenheit?

LINK: Sie haben gerade darauf hingewiesen, daß diese lange Erfahrung,
im Fall der DDR besonders lange Erfahrung mit Diktatur, ein gravie-
rendes Problem gewesen ist und vielleicht auch noch ist, nämlich hinsichtlich unseres Geschichtsbewußtseins. Diese Frage hat im Zusammenhang mit dem Historikerstreit eine wesentliche Rolle gespielt, die
Frage, inwieweit man durch eine Historisierung eine Relativierung erreichen könne, inwieweit es möglich sei, so etwas zu sichern, was Sie
einmal als positive Orientierungspunkte in einer gebrochenen Geschichte bezeichnet haben. Würden Sie meinen, rückblickend betrachtet, daß der Historikerstreit dazu beigetragen hat, daß diese Erfahrung
aufgearbeitet wurde und daß solche Orientierungspunkte klarer ins
Blickfeld gerückt wurden?
    BRACHER: Ich glaube nicht, daß der Historikerstreit wesentlich Po-
sitives erbracht hat. Ich hielt ihn von Anfang an für unergiebig. Er war
von Anbeginn zu stark personalisiert – Habermas versus Nolte. Er betraf eigentlich gar nicht die Historiker. Er hieß »Historikerstreit«, aber
die Historiker waren gar nicht die Auslöser. Nolte ist eigentlich mehr
als zur Hälfte Philosoph und Habermas ja ebenfalls. Das heißt also,
Nicht-Historiker und Medien haben versucht, die Historiker in einen
Streit hineinzutreiben, den diese dann erst und auch nur teilweise angenommen haben. Er war personalisiert in einem beinahe unerträgli-
chen Maße und hat im Grunde statt Klärung der Totalitarismus-Pro-

blematik, darum ging es ja eigentlich, wenig mehr als persönliche Rankünen mit sich gebracht, die jetzt teilweise wieder ausgebügelt werden – so allmählich, weil man mit dem zweiten angeblichen Historikerstreit um Goldhagen gemerkt hat, daß keine wirklich fachliche Klärung erreicht, sondern nur Emotionen erzeugt werden.

LINK: Und würden Sie es für möglich ansehen, daß man, abgesehen von diesen verfehlten Auseinandersetzungen, positive Ansätze in der gebrochenen Geschichte Deutschlands stärker ins Bewußtsein bringt?

BRACHER: Ja, das würde ich sagen. Ich sehe keinen Anlaß zur Beunruhigung. Wir haben eine wirklich florierende historische und vor allem zeitgeschichtliche Forschung. Das gibt es in keinem anderen Land in dieser Intensität und auch in dieser Offenheit. Ich erinnere nur an die Diskussion über die Wehrmacht. Wenn Sie fragen, ob wir auf dem richtigen Weg sind, würde ich sagen, wir waren jedenfalls auf dem richtigen Weg bis 1989, solange die Revolution gegen den Totalitarismus, wie ich das genannt habe, primär demokratisch orientiert war und verstanden wurde und nicht so sehr nationalistisch. Die Gefahr scheint mir darin zu liegen, daß diese demokratische Revolution gegen den Totalitarismus zu stark in die nationalistische Richtung gedrängt oder entwickelt wird.

LINK: Wo würden Sie diese Gefahr festmachen?

BRACHER: Erstens bei den befreiten Völkern in Osteuropa; diese sind natürlich an Demokratie interessiert, aber vor allem brennt ihnen die Frage nach ihrer nationalen Identität auf den Nägeln. Aber auch wir Deutschen sollen offenbar der Meinung sein, daß Wiedervereinigung als solche noch nicht genügt, daß es jetzt einer Identitätsstärkung bedarf, nicht so sehr im verfassungspatriotischen, sondern im nationalpatriotischen Sinne. Wenn das neue Buch von Hagen Schulze nun sagt: Die neue deutsche Demokratie muß jetzt erst noch voll ausgebaut werden, dann würde ich sagen, es ist keine *neue* deutsche Demokratie. Wir *haben* bereits eine deutsche Demokratie, die weiter zu entwickeln sein wird und jetzt nationalstaatlich verfaßt ist. Wir haben kein nationales Defizit mehr und können eigentlich zufrieden sein, daß wir nach einem verlorenen Krieg schließlich unseren, wenn auch verkleinerten, Nationalstaat wiederbekommen haben und in einer besseren Lage als viele andere Nationen sind, die am Krieg nicht so stark beteiligt oder gar schuldig waren wie wir. Wir sollten nicht wieder zu neuen Ufern aufbrechen. Der Nationalstaat ist eine unter verschiedenen Formen und Rahmenbedingungen, in denen sich unsere politische Entwicklung vollzieht. Der höchste politische Wert ist meines Erachtens nicht die Nation, sondern ein demokratisches Gemeinwesen.

LINK: Da würde ich Ihnen sicherlich zustimmen. Gleichwohl würde ich gerne nochmals nachfragen: Sie haben in der Zeit der Teilung, als die Bundesrepublik Deutschland eine sehr schwierige Standortbestimmung vornehmen mußte, einerseits als geteilter Staat, andererseits als durchaus normaler Staat sich einzuordnen in die westliche Gemeinschaft, in dieser Phase haben Sie argumentiert, daß die Bundesrepublik Deutschland so etwas sei wie eine postnationale Gesellschaft oder ein postnationaler Staat, der unter Nationalstaaten zu leben habe. Meine Frage ist, nachdem Sie eben darauf hingewiesen haben, daß ja durch die Wiedergewinnung der nationalen Einheit die demokratische Fundierung nach wie vor das Entscheidende ist, ob nicht auch die andere Seite der Entwicklung zu sehen ist: Könnte jetzt in dem stärker kooperierenden, zum Teil sich integrierenden Europa die Gefahr entstehen, daß eine Bundesrepublik Deutschland, die sich als postnational versteht, eine Intention entwickelt, die abzielt, bewußt oder unbewußt, auf einen Sonderweg in diesem Europa, in dem die anderen Staaten sich ganz selbstverständlich als Nationalstaaten verstehen und definieren? Ist nicht doch eine gewisse Revision Ihrer Einschätzung hinsichtlich des Verständnisses »postnational« notwendig?

Postnationaler Nationalstaat?

BRACHER: Dazu möchte ich folgendes sagen. Ich habe 1976 den Begriff »postnational« zum ersten Mal gebraucht im Schlußsatz meines Buches »Die deutsche Diktatur«. Ich habe gesagt, daß wir solange noch als »postnationale Demokratie unter Nationalstaaten« zu leben haben, als diese Teilung Deutschlands besteht. Ich habe damit nicht gesagt, daß wir immer und nur eine postnationale Demokratie sind. In der Tat ist heute unsere Lage nicht mehr zu definieren als eine besondere Situation unter anderen Nationalstaaten. Wir sind ein Nationalstaat wie diese. Die praktische Situation der Teilung und auch die zweite deutsche Diktatur ist nicht mehr vorhanden. Aber als ein Nationalstaat unter Nationalstaaten stehen wir doch unter der Notwendigkeit, den bleibenden Gewinn der trans- und supranationalen Orientierung zu erhalten, die wir erreicht haben in der Zeit, als wir eine post-diktatorische, post-totalitäre und auch postnationale Demokratie waren. Wir haben die zweite deutsche Demokratie in einem gewissen Maße als eine postnationale Demokratie aufgebaut, immer natürlich mit der Forderung nach Wiedervereinigung, das heißt unter Vorbehalt. Wir haben ja gesagt: Die Bundesrepublik ist ein Provisorium. Und ich gehöre auch nicht zu denen, die gefordert haben, wir müßten die Präambel des Grundgesetzes abschaffen. Es gab ja gewichtige Stimmen dafür. Ich bin aber der Meinung, wir sollten den Gewinn, den wir als ein unverrückbar »europäisches Deutschland« (Thomas Mann) erreicht haben, die Festigkeit unserer Demokratie durch Ausschaltung einer nationalistischen oder gar revisionistischen Orientierung, nicht verkennen und nicht verspielen, indem wir zurückfallen in den bloßen absoluten Nationalstaat. Was an supra- und transnationalen Elementen da ist, wie immer man das im einzelnen beschreibt, muß erhalten werden. Die Interdependenz ist unausweichlich. Und es funktioniert nichts mehr, wenn sich die Nationalstaaten nicht untereinander durch die Kooperation und Integration wie in der Europäischen Union eng aufeinander beziehen. Das ist das Gegenteil von nationalstaatlicher Autarkie. Die Gefahr des Rückfalls in einen autarken Nationalstaat wächst in dem Maße, wie die Nation zum höchsten Wert erklärt wird.

LINK: Und sehen Sie auch die andere Gefahr, daß, wenn man nicht von der Realität nationalstaatlicher Verfaßtheit in diesem Prozeß der Integration ausgeht, dann die mögliche Fehlentwicklung einsetzen könnte, die Deutschland gewissermaßen abhebt und auch abgrenzt von den anderen Nationalstaaten, die diese nationalstaatliche Verfaßtheit als selbstverständlich und als nicht aufhebbar ansehen? Also sehen Sie die Gefahr eines postnationalen Sonderwegs?

BRACHER: Wir sind sehr gut gefahren damit, daß wir uns in der Welt nationalpolitisch nicht revisionistisch verhalten und uns beschieden haben mit dem, was zu erreichen war. Dabei haben wir einen solchen Vorteil gezogen aus den Ereignissen der letzten Jahre, daß wir nicht befürchten müssen, in eine mindere Rolle zu geraten. Das gilt m. E. auch für unsere Bemühungen um einen ständigen Sitz im Sicherheitsrat der Vereinten Nationen. Lassen wir mal das »Postnationale« beiseite. Ich habe das auch in Frage gestellt in der erweiterten Neuausgabe (1993) meiner beiden Bücher »Europa in der Krise« und »Die deutsche Diktatur«. Ich bin nicht der Meinung, daß wir festhalten sollten an dem alten postnationalen Konzept, wohl aber an den nicht- oder übernationalen Elementen unserer Demokratie, die uns unverbrüchlich verweisen auf die internationale Zusammenarbeit. Das ist das Gute, daß dies im Grundgesetz steht, und wir sollten nicht versuchen, es aus dem Grundgesetz womöglich wieder herauszunehmen. Es gibt ja auch diese Tendenz.

LINK: Ich würde sie nicht als sehr stark einschätzen.

BRACHER: Da bin ich mir nicht sicher. Die deutsche Erfahrung ist doch, daß es nach dieser Seite eher Gefahren gab. Ich würde deswegen sagen: Das, was postnationale Demokratie war, war eine Errungenschaft in der Zeit, in der der deutsche Nationalstaat nicht möglich war. An dieser Errungenschaft müssen wir festhalten. Es schadet dem deutschen Nationalstaat in gar keiner Weise, wenn wir sagen, der Nationalstaat ist nicht das Höchste und Letzte. Es gibt nicht nur Notsituationen, in denen Souveränitätsverzicht geboten ist, es gibt vielmehr heute eine Form der internationalen Zusammenarbeit, ja einer Integration, die unverzichtbar, für uns lebensnotwendig ist. So würde ich sagen: die deutsche Staatsräson verlangt es, daß wir weiterhin festhalten an dem, was ich früher postnational genannt habe. Heute ist es die europäisch-atlantische Gemeinschaft, der wir angehören, die wir weiterhin mit allen Mitteln stützen, die wir als unsere eigentliche Staatsräson anerkennen sollten.

Kritik der Politikwissenschaft

LINK: Herr Bracher, wir nähern uns dem Ende des Gesprächs, und ich möchte versuchen, nochmals den Bogen zu schlagen von den Anfängen unserer Disziplin, der Politikwissenschaft, zu denen Sie ja wesentliches beigetragen haben, die Sie mitgeprägt haben, hin zu unserer Gegenwart. Ich glaube, Sie werden mir zustimmen, daß spätestens seit den siebziger Jahren der anfängliche Konsens in der Politikwissenschaft nicht mehr vorhanden ist, daß nämlich die Bezugnahme auf die freiheitlich-demokratische Ordnung das Entscheidende sei, daß also hier eine Wertbezogenheit vorhanden ist. Wir haben die weitere Entwicklung beide miterlebt. Einerseits eine starke Betonung szientistischer, ahistorischer Ansätze, andererseits die Versuche, die Politikwissenschaft zu instrumentalisieren zur revolutionären Umgestaltung von Staat und Gesellschaft. In der Geschichtswissenschaft haben wir in den siebziger Jahren eine mehr soziologisierende, sozialwissenschaftliche Fragestellung beobachten können. Die Versuche, die Politikwissenschaft als revolutionäre Kraft zu gestalten und zu instrumentalisieren, diese Versuche waren verbunden mit einem schrecklichen Niveau-Verlust in der wissenschaftlichen Forschung. Eine Konsequenz aus dieser Entwicklung war die Gründung der Deutschen Gesellschaft für Politikwissenschaft. Sie haben bei dieser Neugründung sehr aktiv mitgearbeitet. Wenn Sie aus heutiger Sicht diese Entwicklung beurteilen, würden Sie sagen, daß diese damaligen Auseinandersetzungen inzwischen Geschichte sind, daß unsere Disziplin eine Entwicklung genommen hat, die gewissermaßen die Grabenkämpfe von damals überwunden hat? Wie würden Sie die heutige Situation der Politikwissenschaft sehen im Lichte der jahrzehntelangen Entwicklung?

BRACHER: Ich würde einerseits sagen und auch bedauern, daß der ursprüngliche Konsens von 1950 nicht beibehalten werden konnte und auch weiterhin nicht mehr vorhanden ist. Das hängt mit der zunehmenden Aufgabe des Konzepts der wehrhaften Demokratie zusammen. Sie haben andere Dinge genannt. Auch der Begriff »freiheitliche Demokratie« wird ja nicht mehr sozusagen zu dem anfänglichen Wert gehandelt, sondern oft bedauerlicherweise lächerlich gemacht. Der Ruf nach Werten wird häufig von denselben erhoben, die auf diesem Gebiete sich tummeln und in einer etwas zynischen Weise auf die Mängel der Demokratie, gemessen an einem übermächtigen Demokratie-Begriff, hinweisen. Das kennen wir ja alle aus der Weimarer Republik: Ich höre Carl Schmitt oder sein Echo im Hintergrund.

Das, worauf es mir ankommt, ist in dieser Situation immer wieder zu betonen: daß die Politikwissenschaft steht und fällt mit einer möglichst konkreten Entfaltung und Fruchtbarmachung der interdisziplinären Forschung und Lehre. Dieses Konzept der Politikwissenschaft ist entstanden, wie Ernst Fraenkel und andere betont haben, aus der Fähigkeit, Forschungen und Ergebnisse verschiedener Disziplinen unter bestimmten Fragestellungen zusammenzuführen. Das ist der entscheidende Punkt. Dazu muß man aber Methoden wie Sachverhalte auch einigermaßen beherrschen und in der Lage sein, konkrete For-

schung zu betreiben und nicht nur Sprachmagie. Die Sprachmagie hat
sehr überhandgenommen. Auf der einen Seite abstrakte Verallgemei-
nerung: Ich möchte keine Namen nennen, aber es gibt da erschrecken-
de Beispiele von Leuten, die schreiben ganze Bücher, die nur abstrakt
sind, wo also eigentlich gar keine gegenständlichen Entwicklungen
mehr greifbar sind. Auf der anderen Seite die Sprachverwirrung, eine
Entwicklung unserer Wissenschaftssprache, die meines Erachtens doch
grob fahrlässig ist, nicht mehr verstanden wird von der Allgemeinheit
und uns selbst oft nur vormacht, wir hätten etwas wissenschaftlich getan. Wenn ich manchmal unsere führende Zeitschrift lese und auf über-
komplizierte Aufsätze stoße, dann frage ich mich wirklich: Haben wir
da nicht vor vierzig, fünfzig Jahren etwas klarere und im Ergebnis doch
nützlichere Arbeit geleistet als mit den vielen Mitteln, die hier und
heute zur Verfügung stehen? Auch der geforderte Praxisbezug führt oft
in Parteilichkeit und Ideologisierung statt in staatsbürgerliche Aufklärung und Wissenschaft für die Demokratie. Ich bin durchaus dafür,
daß wir Politikwissenschaft als Wissenschaft für die Demokratie verstehen, aber natürlich nicht nur als die Wissenschaft der Demokratie,
sondern gerade auch der Nicht-Demokratie. Sie muß in der Lage sein,
vor allem Orientierung zu vermitteln im Hinblick auf die Werte der Demokratie, die erst zu verwirklichen sind. Und die Auseinandersetzung
um diese Werte und die Auseinandersetzung um die richtige Form der
Politischen Wissenschaft war und bleibt berechtigt. Ich begrüße diese
Auseinandersetzung; wenn etwas dabei herauskommt, gut! Aber nicht,
wenn sie nur benutzt wird, um persönliche Eitelkeit zu befriedigen,
statt die Sache selbst zu fördern.

Immerhin hat in den letzten Jahren ja eine gewisse Versachlichung
stattgefunden, auch eine Annäherung der verschiedenen Richtungen,
selbst im Hinblick auf die verschiedenen Gesellschaften für Politikwissenschaft. Ich hoffe auf eine Regeneration unserer Disziplin durch Besinnung auf die tatsächlichen Leistungen der Politikwissenschaft, wie
sie nicht zuletzt aus der Wiederbegründung der freiheitlichen Demokratie in Deutschland nach 1945 erwachsen sind. Da hat sie nützliche
Arbeit geleistet, sowohl im Hinblick auf die Bestandsaufnahme – em-
pirische Parteien- und Wahlforschung etwa – wie auch für die Werte-
diskussion. Und sie stand auch, wie ich meine, im steten Bemühen um
die Abwehr von Verführungs- und Destruktionskräften ideologischer

wie technokratischer Provenienz. Sie ist diesen Gefahren heute wiederum, wenn auch in anderer Weise ausgesetzt, da moderne Medien und Kommunikationstechniken besonders rasch und durchschlagend politische Desorientierung wie Indoktrination bewirken können. Da liegt mit den Chancen zugleich eine stete Gefahr für die demokratische Gesellschaft. Es geht hier um die Grundlagen der Verfassung unseres Gemeinwesens, nicht zuletzt um die Gewährleistung und den Schutz der Menschenrechte. Es geht ferner um die stete Möglichkeit friedlicher Konfliktlösung; auch die so vielschichtige Gewaltfrage, die mit Recht immer wieder analysiert und diskutiert wird, ist eine Grundfrage der Demokratie, ja jeder Gesellschaft. Und es geht bei alledem existentiell um die europäisch-atlantische Wertegemeinschaft – um die Frage, wieweit sie integrationsfähig, integrierbar oder unter sich ändernden internationalen Verhältnissen weiterzuentwickeln ist, um wenigstens in einem Teil der Menschheit die Werte zu verankern, für welche die westlichen Demokratien nach 1945 unablässig und nicht zuletzt aus Erfahrung mit den großen Katastrophen und Verbrechen unseres Jahrhunderts eingetreten sind. Die Frage ist um so wichtiger, als wir in den allerletzten Jahren nach dem Glück der Befreiungen und Hoffnungen von 1989 so große Enttäuschungen erleben mußten bei dem Versuch, diese europäisch-atlantische Wertegemeinschaft zur gemeinsamen Schlichtung von Konflikten und zur Lösung von Problemen, zumal im ehemaligen Jugoslawien, nutzbar zu machen. Hier liegen die innen- wie außenpolitisch wichtigen Aufgaben einer auch praktisch verstandenen Politikwissenschaft auf geschichtlicher Basis, die mögliche Hilfestellungen für demokratische Politik leisten will und kann, ohne zur Magd der Politik zu werden.

Anhang

Anmerkungen

Ideologien ohne Ende?

*1 Mir selbst halfen bei meinen Studien nach 1945 übrigens neben den Dokumenten der Nürnberger Prozesse früh auch die ganzen Jahrgänge der *Neuen Züricher Zeitung* seit 1933, die glücklicherweise alle in der Tübinger Universitätsbibliothek greifbar waren und unschätzbare Dienste im Bemühen um eine objektive zeitgeschichtliche Forschung leisteten, der ich mich neben meiner althistorischen Dissertation widmete. Der Essay ist Hans-Peter Schwarz zum 65. Geburtstag gewidmet.

Deutsche Diktatur in Europa

1 Zum folgenden ausführlicher meine Bücher: Die Krise Europas, Berlin-Frankfurt-Wien 1976, 1979 und 1993; Die deutsche Diktatur, Köln 1997[6]; Zeit der Ideologien, Stuttgart 1985[2]; Die totalitäre Erfahrung, München 1987; Zeitgeschichtliche Kontroversen um Faschismus, Totalitarismus, Demokratie, München 1984[5]; Faschismus und Nationalsozialismus (Hrsg. mit Leo Valiani), Berlin 1991.

2 Hugh Seton-Watson, The Age of Fascism and its Legacy, in: International Fascicsm. New Thoughts and New Approaches, hrsg. von George L. Mosse, London 1979, S. 368 f.

3 So Arno J. Mayer, The Persistence of the Old Regime. Europe to the Great War, New York 1981.

4 Vgl. Andreas Hillgruber, Der historische Ort des Ersten Weltkrieges, in: Manfred Funke/Hans-Adolf Jacobsen/Hans-Helmuth Knütter/Hans-Peter Schwarz (Hrsg.), Demokratie und Diktatur, Düsseldorf und Bonn 1987 (auch in: Schriftenreihe der Bundeszentrale für politische Bildung, Bd. 250), S. 109 ff.

5 Vgl. Karl Dietrich Bracher, Geschichte und Gewalt, Berlin 1981, S. 151 ff. (»Ende des bürgerlichen Zeitalters?«). Zum weiteren auch meine Aufsätze: Der historische Ort des Zweiten Weltkrieges, in: Klaus Hildebrand/Jürgen Schmädeke/Klaus Zernack (Hrsg.), 1939. An der Schwelle zum Weltkrieg, Berlin – New York 1990, S. 347 ff.; Nationalsozialismus, Faschismus und autoritäre Regime, in: Gerald Stourzh/Birgitta Zaar (Hrsg.), Österreich, Deutschland und die Mächte, Wien 1991, S. 1 ff.

6 Dazu jetzt besonders Hans Maier, Ideen von 1914 – Ideen von 1939? Zweierlei Kriegsanfänge, in: Vierteljahreshefte für Zeitgeschichte, 38 (1990), S. 525 ff.

7 George L. Mosse, Der Erste Weltkrieg und die Brutalisierung der Politik, in: M. Funke/H.-A. Jacobsen/H.-H. Knütter/H.-P. Schwarz (Anm. 4), S. 127 ff. Zur Bedeutung von 1918/19, vgl. Francis L. Carsten, Revolution in Mitteleuropa 1918—1919, Köln 1973.

8 Vgl. Jens Petersen, Die Entstehung des Totalitarismusbegriffs in Italien, in: Manfred Funke (Hrsg.), Totalitarismus (Bonner Schriften zur Politik und Zeitgeschichte 14), Düsseldorf 1978, S. 105 ff.; K. D. Bracher, Zeitgeschichtliche Kontroversen (Anm. 1), S. 13 ff.; ders., Schlüsselwörter in der Geschichte, Düsseldorf 1978, S. 103 ff.

9 So schon 1932 Sigmund Neumann, Die Parteien der Weimarer Republik (Berlin 1932), Neuaufl. Stuttgart 1965, S. 107. Zum (italienischen) Faschismus vor allem die Werke von Renzo De Felice. Vgl. auch meinen Artikel »Faschismus«, in: Staatslexikon, Bd. 2, Neuaufl. Freiburg-Basel-Wien 1986, Sp. 549 ff.

10 Die gleichnamige Schrift Freyers erschien 1931. Dazu jetzt besonders Jerry Z. Muller, The Other God That Failed, Princeton 1987, S. 193 ff. Zur historischen Faschismus-Nationalsozialismus-Diskussion auch Gerhard Schulz, Faschismus – Nationalsozialismus. Versionen und theoretische Kontroversen 1922–1972, Frankfurt am Main-Berlin-Wien 1974. Zur Revolutionsfrage Leo Valiani, Il fascismo: controrivoluzione e rivoluzione, in: Karl Dietrich Bracher/Leo Valiani (Hrsg.), Fascismo e nazionalsocialismo, Bologna 1986, S. 11 ff.

11 Revolution der Deutschen, Oldenburg 1933, S. 155 (Rundfunkrede am 1. April 1933). Vgl. Karl Dietrich Bracher u. a., Die Nationalsozialistische Machtergreifung, Opladen 1962, S. 7 ff.; ders., Zeitgeschichtliche Kontroversen (Anm. 1), S. 68 ff. (zur Ambivalenz Tradition und Revolution); David Schoenbaum, Hitler's Social Revolution, New York 1966; auch Renzo De Felice, Mussolini il Rivoluzionario, Turin 1965; sowie Eugen Weber, Revolution? Counterrevolution? What Revolution?, in: Journal of Contemporary History, 9 (1974), S. 3 ff.

12 Vgl. Emilio Gentile, Partito, Stato e Duce nella mitologia e nella organizzazione del fascismo, in: K. D. Bracher/L. Valiani (Anm. 10) S. 293 f.; Konrad Repgen, Artikel »Faschismus«, in: Katholisches Soziallexikon, Innsbruck-Graz 1980, Sp. 699 ff.

13 Vgl. Juan J. Linz, Totalitarian and Authoritarian Regimes, in: Fred I. Greenstein/Nelson W. Polsby (Hrsg.), Handbook of Political Science, Vol. 3, Reading, Mass., 1975, S. 175–411; jetzt auch deutsch in: Potsdamer Textbücher 4, Berlin 2000; Juan J. Linz/Alfred Stepan (Hrsg.), The Breakdown of Democratic Regimes, Vol. 2: Europe, Baltimore-London 1978, S. VII f.; sowie besonders der Beitrag von Walter B. Simon über Österreich, ebenda, S. 80 ff.; Alfred Ableitinger, Artikel »Autoritäres Regime«, in: Katholisches Soziallexikon (Anm. 12), Sp. 209 ff.

14 Vgl. Othmar Spann, Der wahre Staat, Wien 1921. Vgl. aus seiner Schule etwa Walter Heinrich, Ständische Ordnung und Diktatur, in: Jahrbücher für Nationalökonomie und Statistik, 136, 3. F. 81 (1932), S. 868 ff. Eine frühe deutsche Parallele: Heinrich Herrfahrdt, Das Problem der Berufsständischen Vertretung

von der Französischen Revolution bis zur Gegenwart, Stuttgart-Berlin 1921, S. 181 ff. Vgl. K. D. Bracher, Zeit der Ideologien (Anm. 1), S. 253−262.

15 Karl Dietrich Bracher, Die Auflösung der Weimarer Republik. Eine Studie zum Problem des Machtverfalls in der Demokratie, Neuauflage Düsseldorf 1984⁷, S. 471 ff. Zu den ideellen und ökonomischen Elementen die Darstellung von Ulrich Kluge, Der österreichische Ständestaat 1934−1938, München 1984; A. Ableitinger (Anm. 13), S. 213.

16 Vgl. die Darstellungen von Stanley Payne, A History of Spain and Portugal, 2 Bde., Madison, Wisconsin 1973; Raymond Carr (Hrsg.), The Republic and the Civil War in Spain, New York 1971; Hugh Thomas, Der spanische Bürgerkrieg, Stuttgart 1962; sowie Richard Konetzke, Die iberischen Staaten vom Ende des I. Weltkriegs bis zur Ära der autoritären Regime 1917−1960, in: Theodor Schieder (Hrsg.), Handbuch der europäischen Geschichte, Bd. 7/I, Stuttgart 1979, S. 663/698.

17 Hermann Graml, Wer bestimmte die Außenpolitik des Dritten Reiches? Ein Beitrag zur Kontroverse um Polykratie und Monokratie im NS-Herrschaftssystem, in: M. Funke/H.-A. Jacobsen/H.-H. Knütter/H.-P. Schwarz (Anm. 4), S. 234; Manfred Funke, Starker oder schwacher Diktator? Hitlers Herrschaft und die Deutschen, Düsseldorf 1989, S. 72 ff.

18 Essay über Arthur Koestler, in: Bernard Crick, George Orwell. A Life, London 1980, S. 340; vgl. K. D. Bracher, Die totalitäre Erfahrung (Anm. 1), S. 50 ff.

19 Zuletzt: Jakob Talmon, The Myth of the Nation and the Vision of Revolution, London 1981, S. 535.

20 Alfred Seidl, Die Beziehungen zwischen Deutschland und der Sowjetunion 1939−1941, Tübingen 1949, S. 84 ff. Weitere Nachweise bei K. D. Bracher, Die deutsche Diktatur (Anm. 1), S. 345 ff. Jetzt: Erwin Oberländer (Hrsg.), Hitler-Stalin-Pakt 1939, Frankfurt am Main 1989.

21 In einer Fernsehsendung des Westdeutschen Rundfunks (WDR/ARD Aktuell) am 15. Mai 1989, 23 Uhr:»Hitler und Stalin − Mordgesellen«.

22 Zur Sonderwegsdebatte vgl. unseren Band: Deutscher Sonderweg − Mythos oder Realität?, München-Wien 1982, S. 46 ff.; sowie Klaus Hildebrand, Der deutsche Eigenweg, in: M. Funke/H.-A. Jacobsen/H.-H. Knütter/H.-P. Schwarz (Anm. 4), S. 15 ff.

23 Zum folgenden auch K. D. Bracher, Zeit der Ideologien (Anm. 1), S. 271 ff., über Nachkriegserfahrung und Denkstrukturen des Wiederaufbaus.

24 Im Gegensatz zu großen Teilen unserer neueren DDR-Forschung, die dies − anders als die ältere DDR-Forschung − unter dem Eindruck der Entspannungspolitik bis zuletzt geleugnet hat, wurde der totalitäre Anspruchscharakter des Systems schon *vor* der »Wende« in der vergleichenden Arbeit von Otmar Schneider, Rechtsgedanken und Rechtstechniken totalitärer Herrschaft, aufgezeigt am Recht des öffentlichen Dienstes im Dritten Reich und der DDR (Berlin 1988), noch einmal nachdrücklich herausgearbeitet.

25 So Helmut Schmidts Leitartikel in der »Zeit« vom 8. November 1989.

26 So damals viel kritisiert meine Überschrift über das DDR-Kapitel in: Die Krise Europas (Anm. 1), S. 377 ff.

Internationalisierung und Demokratie

1 Eine ausführlichere frühe Vorstudie hat der Verfasser bereits in seinem Band »Deutschland zwischen Demokratie und Diktatur« (Bern-München-Wien 1964) veröffentlicht.

2 Dietrich Schindler, Verfassungsrecht und soziale Struktur, 2. Aufl. Zürich 1944, S. 145.

3 James Bryce, Moderne Demokratien, Band III, München 1926, S. 54.

Nationalität und Ethnizität

1 Vgl. K. D. Bracher, Die totalitäre Erfahrung, München-Zürich 1987, S. 204f.

2 Eva G. Reichmann, Hostages of Civilisation, Boston 1951, deutsch: Flucht in den Haß, Frankfurt am Main 1956, S. 129ff.

3 Siehe oben, Kapitel Deutsche Diktatur in Europa, Anmerkung 2

4 Hans Herzfeld, Die moderne Welt, Teil 2, Braunschweig 1970[4], S. 260.

5 Walter Sulzbach, Imperialismus und Nationalbewußtsein, Frankfurt am Main 1959; sowie in: Politische Vierteljahresschrift 3 (1962), S. 154f; Christian Graf von Krockow, »Nationalbewußtsein und Gesellschaftsbewußtsein« in: ebenda 1 (1960), S. 142.

6 Zitate bei Friedrich O. Hertz, »Nation, Nationale Ideologie und Nationalismus«, in: Grundbegriffe der Geschichte (Hrsg. Europarat und Internationales Schulbuchinstitut), Gütersloh 1954, S. 254; derselbe, Nationality in History and Politics, Oxford 1944. Zu unserem Thema überhaupt vgl. Hans Kohn, »Nationalism«, in: Encyclopedia of the Social Sciences, Band 11, New York 1968, S. 63ff; sowie mehrere Artikel über Ethnologie in Band 5, ebenda, S. 167ff.

7 Entwurf des Ausschußvorsitzenden Alber (CDU) einer EG-Charta der Volksgruppenrechte: Frankfurter Allgemeine Zeitung vom 26.8.1993.

8 Harald Weinrich, in: Zeitschrift Dokumente, August 1993.

9 Le Monde, Paris, vom 25.8.1993.

10 Dieter Grimm, in: Der Spiegel vom 19.10.1992, S. 57.

11 Thomas Ross, in: Frankfurter Allgemeine Zeitung, vom 27.6.1992.

12 Curt Gasteyger, Europa zwischen Spaltung und Einigung 1945–1990, Bonn 1991[2], S. 456.

Aufarbeitung von Vergangenheit in Deutschland

1 Vgl. das folgende Kapitel, Anmerkung 22

2 Eröffnungsvortrag auf dem Deutschen Soziologentag 1992, zit. nach Frankfurter Allgemeine Zeitung vom 27. April 1994, S. 11.

1918 – 1945 – 1989: Umgang mit Zeitbrüchen

1   Veröffentlicht in: K. D. Bracher, Zeitgeschichtliche Kontroversen, 1976 (1984⁵), S. 13–33.

2   Das Thema ist besonders auch immer wieder von Eckhard Jesse behandelt worden, vgl. zuletzt sein Buch: Die Demokratie der Bundesrepublik Deutschland, Berlin 1977, S. 15 ff. u. a.

3   K. D. Bracher, Zeit der Ideologien, Stuttgart 1985²; sowie vgl. ders., Die totalitäre Erfahrung, München/Zürich 1987, S. 13 ff.; ders., Geschichte und Gewalt, Berlin 1981, S. 127.

4   Vgl. Joachim Mehlhausen (Hrsg.), Zeugen des Widerstandes, 2. Aufl., Tübingen 1998, S. 217–242. In diesem Band unten S. 186 ff.

5   Dazu besonders Bernd Rüthers, Carl Schmitt im Dritten Reich, München 1989; sowie in: Deutsche Juristen-Zeitung, Nr. 10, Jg. 1998, S. 494–501.

6   Vgl. K. D. Bracher, Die deutsche Diktatur, Köln 1969 (1997⁷), S. 251 ff. und 370 ff.

7   Ernst Rudolf Huber, Verfassungsrecht des Großdeutschen Reiches, Hamburg 1939, S. 213 und S. 230.

8   So im Sinne des Regimes, der Staatsrechtler Gottfried Neeße, Führergewalt, Tübingen 1940, S. 54.

9   Werner Best, Die deutsche Polizei, 2. Aufl., Darmstadt 1941.

10 Hans Frank, Recht und Verwaltung, München 1939, S. 16.

11 Gottfried Neeße, Führergewalt, Tübingen 1940, S. 55.

12 Hans Buchheim, Die SS, in: Anatomie des SS-Staates, Bd. I, Olten/Freiburg 1965, S. 29.

13 Die genannten Bücher: Friedrich Meinecke, Die deutsche Katastrophe, Wiesbaden 1946; Karl Jaspers, Die Schuldfrage, Heidelberg 1946; Alfred Weber, Abschied von der bisherigen Geschichte, ebendort 1946. Vgl. auch: Autoritarismus und Nationalismus – ein deutsches Problem?, in: Wanda v. Bayer-Katte (Hrsg.), Schriftenreihe Politische Psychologie, Frankfurt a. M. 1963; sowie Heinrich Oberreuter/Jürgen Weber (Hrsg.), Freundliche Feinde? Die Alliierten und die Demokratiegründung in Deutschland, München 1996, mit mehreren wichtigen Beiträgen.

14 Dazu besonders auch Bernd Faulenbach, Ideologie des deutschen Weges, Köln 1980; Kurt Sontheimer, Antidemokratisches Denken in der Weimarer Republik, München 1962; Eberhard Kolb, Die Weimarer Republik, München 1984 (Neuaufl. 1988); Karl Dietrich Bracher, Die Krise Europas seit 1917, Berlin 1976 (Neuausg. 1993).

15 Beste Darstellungen der Forschungslage (mit der umfangreichen Literatur): Klaus Hildebrand, Das Dritte Reich, München 1979 (mehrere Neuaufl.); Horst Möller, Europa zwischen den Weltkriegen, München 1998.

16 So Norbert Frey, Vergangenheitspolitik, München 1996 (sehr kritisch für die Anfänge der Bundesrepublik; ein Vergleich mit 1918 und 1989 wäre aufschlußreich).

17 So Jeffrey Herf, Zweierlei Erinnerung. Die NS-Vergangenheit im geteilten
   Deutschland, Berlin 1998.

18 Karl Dietrich Bracher, Die Auflösung der Weimarer Republik, Villingen 1955
   mit dem bezeichnenden Untertitel: »Eine Studie zum Problem des Machtverfalls
   in der Demokratie«; ferner (mit Wolfgang Sauer und Gerhard Schulz), Die nationalsozialistische Machtergreifung, Köln/Opladen 1960; Hans-Adolf Jacobsen, Nationalsozialistische Außenpolitik, Frankfurt a. M. 1968; ferner Erich
   Matthias/Rudolf Morsey (Hrsg.), Das Ende der Parteien 1933, Düsseldorf
   1960; Fritz Fischer, Griff nach der Weltmacht, Düsseldorf 1961; Bernd Naumann, Der Auschwitzprozeß, Frankfurt a. M. 1965; Hans-Peter Schwarz, Vom
   Reich zur Bundesrepublik 1966 (Neuausg. 1980).

19 Fritz René Allemann, Bonn ist nicht Weimar, Stuttgart 1956.

20 Dieses Buch wurde denn auch prompt von der Moskauer Buchmesse von 1976
   ausgeschlossen, übrigens neben Klassikern der Totalitarismuskritik wie George
   Orwells 1984, London 1949.

21 »Revolution gegen den Totalitarismus«: Karl Dietrich Bracher, Wendezeiten der
   Geschichte, Stuttgart 1992, S. 329–350.

22 Zu deutschen und europäischen Erfahrungen vor allem: Klaus-Dietmar Henke/
   Hans Woller (Hrsg.), Politische Säuberung in Europa, München 1991. Ferner
   die umfangreichen Veröffentlichungen der Enquete-Kommission des Deutschen
   Bundestages, in: Materialien der Enquete-Kommission »Aufarbeitung von Geschichte und Folgen der SED-Diktatur in Deutschland«, Deutscher Bundestag,
   12. Wahlperiode, besonders Band IX: Formen und Ziele der Auseinandersetzung mit den beiden Diktaturen in Deutschland, Baden-Baden 1995, S. 574 ff.
   und 679 ff. (Totalitarismus-Diskussion).

23 Zu diesem umstrittenen Faktor vgl. besonders den oft kritisierten Aufsatz von
   Hermann Lübbe. »Der Nationalsozialismus im deutschen Nachkriegsbewußt-
   sein«, in: Historische Zeitschrift 236 (1983), S. 579 ft.

24 Vgl. nun auch den neuesten Sammelband zur (kritischen) Diskussion vom Nutzen und Nachteil des Totalitarismusbegriffs und -konzepts: Alfons Söllner/Ralf
   Walkenhaus/Karin Wieland (Hrsg.), Totalitarismus. Eine Ideengeschichte des
   20. Jahrhunderts, Berlin 1997 (reichhaltig und differenziert).

Der erste deutsche Demokratieversuch

Zur Diskussion der in diesem Essay behandelten Probleme haben über die Jahre die
folgenden Bücher (neben vielen anderen) beigetragen: Kurt Sontheimer, Antidemokratisches Denken in der Weimarer Republik, München 1962; ders., Das
Elend unserer Intellektuellen, Hamburg 1976; ders., Zeitenwende?, Hamburg
1983; und zuletzt Sontheimers vortreffliche »Anmerkungen zur politischen Kultur der Bundesrepublik«: So war Deutschland nie, München 1999; Werner Weidenfeld (Hrsg.); Die Identität der Deutschen, Bonn 1983; Wolfgang Bergsdorf,
Herrschaft und Sprache, Pfullingen 1983; ders., Über die Macht der Kultur,
Stuttgart 1988; Dolf Sternberger, Verfassungspatriotismus, in: 25 Jahre Akade-

mie für politische Bildung, Tutzing 1982, S. 76–81; zum Begriff der »postnationalen Demokratie«: K. ᵭ. Bracher, Die deutsche Diktatur, 5. Aufl., Köln 1976, S. 544; ders., Politik und Zeitgeist, in: Geschichte der Bundesrepublik Deutschland, Band V/1, Stuttgart-Mannheim 1986, S. 296–406; zuvor: Die Auflösung der Weimarer Republik, Villingen 1955, S. 3; Gregor P. Boventer, Grenzen politischer Freiheit im demokratischen Staat. Das Konzept der streitbaren Demokratie in einem internationalen Vergleich, Berlin 1985; Eckhard Jesse, Die Demokratie der Bundesrepublik Deutschland, 7. Aufl., Berlin 1986; besonders aber die Arbeiten von Alexander Schwan u. a., Grundwerte der Demokratie, München 1978; ders., Wahrheit – Pluralität – Freiheit, Hamburg 1976; ders., Verfassungspatriotismus und nationale Frage, in: Zum Staatsverständnis der Gegenwart, München 1987, S. 85–100 sowie im Nachlaß (besorgt von Gesine Schwan): Ethos der Demokratie, Paderborn 1992; Ludger Kühnhardt, Revolutionszeiten, München 1994.

Zwischen Staatsdienst und Widerstand: Rüdiger Schleicher

1 Schreiben des Rektors der Universität vom 24. 3. 1945, abgedruckt in: Zeugnis für ein anderes Deutschland. Ehemalige Tübinger Studenten als Opfer des 20. Juli 1944, 1984², 21.
2 Uwe Gerrens, Rüdiger Schleicher – Staatsdienst und Verschwörung. Eine Biographie, Manuskript Heidelberg 1989. Vgl. schon das Lebensbild in: Annedore Leber, Willy Brandt, K. D. Bracher (Hrsg.), Das Gewissen steht auf, 1954, 134–136.
3 Mitteilungen von Hans-Walter Schleicher, in: Eberhard und Renate Bethge (Hgg.), Letzte Briefe im Widerstand. Aus dem Kreis der Familie Bonhoeffer, 1984, 17.
4 Dr. jur. J. Milczewsky, Stuttgart, an Ricarda Huch, 18. 6. 1946 (Sammlung Ricarda Huch, Archiv des Instituts für Zeitgeschichte München).
5 Rüdiger Schleicher, Napoleon und König Friedrich von Württemberg, in: Stuttgarter Neues Tagblatt, Nr. 273 vom 6. 10. 1913, 12.
6 Internationales Luftfahrtrecht, Dissertation Tübingen 1924.
7 Klaus Bonhoeffer, Brief an die Eltern vom 9. 5. 1920, in: U. Gerrens (s. Anm. 2), 14.
8 Tübinger Chronik vom 8. 1. 1919, Jg. 75, Nr. 5. Zum folgenden U. Gerrens (s. Anm. 2), 22–26.
9 Vgl. K. D. Bracher, Die Krise Europas seit 1917, Neuausg. 1993, 88 ff., 122 ff.
10 Näheres bei U. Gerrens (s. Anm. 2),31 ff.
11 D. Bonhoeffer, Die Kirche vor der Judenfrage, Vortrag, April 1933, in: Eberhard Bethge (Hrsg.), Dietrich Bonhoeffer, Gesammelte Schriften, Bd. 2, 1959, 44–53.
12 Hans-Adolf Jacobsen (Hrsg.), »Spiegelbild der Verschwörung«, Geheime Dokumente aus dem ehemaligen Reichssicherheitshauptamt, 1984, Bd. 1, 443 f.
13 Letzte Briefe im Widerstand (s. Anm. 3), 18.
14 Brief vom 3. 11. 1930; vgl. E. Bethge, Dietrich Bonhoeffer, 1967, 205 f.

15 The Dual State, 1941 (dt. 1973).

16 Anklageschrift Oster-Dohnanyi vom 16. 9. 1943 (Gedenkstätte Deutscher Widerstand, Berlin).

17 Vgl. Elisabeth Chowaniec, Der »Fall Dohnanyi« 1943–1945, 1991, 11 ff.; Winfried Meyer, Unternehmen Sieben. Eine Rettungsaktion. Begleitwort Klaus von Dohnanyi, 1993, 12 ff.

18 Zum folgenden U. Gerrens (s. Anm. 2), 70 ff.

19 Insoweit irreführend die Widmung Erich Schwinges als Hg. von Otto Peter Schweling, Die deutsche Militärjustiz in der Zeit des Nationalsozialismus, 1977, V.

20 Vgl. schon Dietrich Bonhoeffers Brief an Rüdiger Schleicher vom 8. 4. 1936, in: Gesammelte Schriften, Bd. 3, 1960, 26–31.

21 Roeder-Akten, bei U. Gerrens (s. Anm. 2), 104 f., auch zum folgenden.

22 Anklageschrift vom 20. 12. 1944 (Gedenkstätte Deutscher Widerstand, Berlin).

23 Dazu E. Bethges aufschlußreicher Bericht: In Zitz gab es keine Juden. Erinnerungen aus meinen ersten vierzig Jahren, 1989, 152 ff.

24 Ebda., 157–200.

25 Brief vom 9. 2. 1945 an Hans-Walter Schleicher, in: Letzte Briefe im Widerstand (s. Anm. 3), 27–29.

26 Dazu die Berichte von E. Bethge (185–211) sowie seine zusammenfassende Darstellung im Namen der Stiftung »Hilfswerk 20. Juli« unter dem Titel: »Fünfzehn im letzten Augenblick ermordet. Die Sonderabteilung der ehemaligen Geheimen Staatspolizei im Berliner Gefängnis Moabit«, in: Frankfurter Allgemeine Zeitung, Nr. 164 vom 18. 7. 1962, 11.

P. S. Bezeichnend für die zumal juristisch so schwerfällige Aufarbeitung der Vergangenheit nach 1945 ist, daß erst zehn Jahre später, 1955, nach langen Bemühungen das Todesurteil gegen Rüdiger Schleicher aufgehoben und die Pension für seine Frau (rückwirkend erst ab 1950) bewilligt wurde.

Bonn war nicht Weimar

1 Dazu schon K. D. Bracher: »Die Kanzlerdemokratie – Antwort auf das deutsche Staatsproblem?« in: Zeitgeschichtliche Kontroversen. München 1976, S. 119–159, Karlheinz Niclauß: »Kanzlerdemokratie«, Stuttgart 1988.

Quellennachweise

Ideologien ohne Ende?

Erstmals veröffentlicht unter dem Titel »Zeit der Ideologien – Ende oder Dauer? Erfahrungen aus dem Jahrhundert der Totalitarismen« in: P. R. Weilemann, H. J. Küsters, G. Buchstab (Hrsg.), Macht und Zeitkritik. Festschrift für H. P. Schwarz, Paderborn usw. 1999, S. 677–692.

Deutsche Diktatur in Europa

»Nationalsozialismus, Faschismus, Totalitarismus. Die deutsche Diktatur im Macht- und Ideenfeld des 20. Jahrhunderts«, in: K. D. Bracher, M. Funke, H. A. Jacobsen (Hrsg.), Deutschland 1933–1945. Neue Studien zur nationalsozialistischen Herrschaft, 2. Aufl. Bonn 1993, S. 566–590.

Internationalisierung und Demokratie

»Internationalisierung und Demokratie. Die Nahtstelle zwischen Innen- und Außenpolitik«, in W. Weidenfeld (Hrsg.), Demokratie am Wendepunkt, Berlin 1996, S. 329–346.

Europa zwischen Demokratie und Nationalstaat

»Europa zwischen Demokratie und Nationalstaat«, in: W. Weidenfeld (Hrsg.), Reform der Europäischen Union, Gütersloh 1995, S. 243–255.

Nationalität und Ethnizität in ideologiekritischer Sicht

»Nationalität und Ethnizität. Eine ideologienkritische Betrachtung«. Vortrag auf der ORF-Konferenz »Migration und Kulturwandel« in Wien, 3.–7. Oktober 1993 (unveröffentlicht).

Aufarbeitung von Vergangenheit in Deutschland

»Aufarbeitung der Geschichte und Bestand der Demokratie. Auseinandersetzung mit den beiden Diktaturen in Deutschland«, in: Dokumentation der Enquete-Kommission, Deutschland-Archiv 27 (Sept. 1994), S. 1004ff.

1918 – 1945 – 1989: Umgang mit Zeitbrüchen

»Formen und Probleme des Umgangs mit der Vergangenheit aus deutscher Sicht«, in: L. Kühnhardt, A. Tschubarjan (Hrsg.), Rußland und Deutschland auf dem Weg zum antitotalitären Konsens, Baden-Baden 1999, S. 31–46 (Vortrag in Moskau).

Der erste Demokratieversuch und seine Folgen

»Der erste Demokratieversuch und seine Folgen«, in: Die politische Meinung 358 (Sept. 1999), S. 5–19 (Festvortrag vor dem Thüringer Landtag im Nationaltheater zu Weimar am 80. Jahrestag der Weimarer Verfassung vom 31. Juli 1919)

Geist und Politik

»Das Doppelgesicht der zwanziger Jahre«, in: Politik–Bildung–Religion, (Hrsg. Th. Stammen, H. Oberreuter, P. Mikat), Hans Maier zum 65. Geburtstag, Paderborn usw. 1996, S. 197–207.

Zwischen Staatsdienst und Widerstand: Rüdiger Schleicher

»Rüdiger Schleicher«, in: Zeugen des Widerstands. Ehemalige Studenten der Universität Tübingen, die im Kampf gegen den Nationalsozialismus starben (Hrsg. J. Mehlhausen). 2. Aufl. Tübingen 1997, S. 217–242.

Deutsch-jüdische Erinnerung: Peter Gay in Berlin und New York

»Deutsch-jüdische Erinnerung«. Laudatio auf Peter Gay am 22. November 1999 in der Aula der Universität München, in: Die politische Meinung 364 (März 2000), S. 1–8.

Der 9. November – ein historischer Schicksalstag

Vortrag vor dem Bayerischen Landtag am 9. November 2000 (unveröffentlicht).

Bonn war nicht Weimar

Zusammenfassung dreier Beiträge: »Bonn ist nicht Weimar«, in: Bayern und das Grundgesetz, Bayerischer Landtag, München 1999, S. 67–92; »Die Kanzlerdemo-kratie«, in: Hamburger Abendblatt 14, 18. Januar 1999, S. 3; »Rückblick auf Bonn«, in: Aus Politik und Zeitgeschichte, Beilage zu: Das Parlament B 32–33, 6. August 1999, S. 3–8.

Das Glück der neuen Chance

»Uns Deutsche eint das Glück der neuen Chance«, in: Die Welt, vom 9. Oktober 1995, S. 6.

Zwischen Geschichte und Politik

»Von der Alten Geschichte zur Politikwissenschaft«, in: Neue Politische Literatur 42 (1997), S. 257–274 (Gespräch mit Werner Link).

Personenregister